D1730679

Kohlhammer

Der Autor

Professor Dr. Karsten Ruppert ist emeritierter Inhaber des Lehrstuhls für Neuere und Neueste Geschichte an der Katholischen Universität Eichstätt-Ingolstadt. Schwerpunkte seiner Forschungen sind die Geschichte politischer Bewegungen in Deutschland und Europa sowie die internationalen Beziehungen im 19. und 20. Jahrhundert und die deutsche Verfassungsgeschichte seit der Frühen Neuzeit.

Karsten Ruppert

Für Freiheit und Einheit

Die deutsche Revolution von 1848/49

Verlag W. Kohlhammer

Umschlagabbildung: Ausschnitt aus der kolorierten Lithografie des Angriffs auf die Barrikaden an der Allerheiligengasse in Frankfurt am Main durch das königlich-preußische 38. Infanterieregiment am 18. September 1848. Quelle: Bundesarchiv Berlin, ZSg 5-090; R 935.

1. Auflage 2023

Alle Rechte vorbehalten
© W. Kohlhammer GmbH, Stuttgart
Gesamtherstellung: W. Kohlhammer GmbH, Stuttgart

Print:
ISBN 978-3-17-043817-0

E-Book-Format:
pdf: ISBN 978-3-17-043818-7

Inhaltsverzeichnis

Vorwort

Im Jahre 2023 jährt sich der Ausbruch der deutschen Revolution von 1848 zum 175. Mal. Dies schien mir ein gegebener Anlass zu sein, meine verschiedenen Studien zur Epoche des Vormärz und den Umwälzungen von 1848/49 in einem Buch zusammenzuführen. Ergänzt wurden die eigenen Untersuchungen durch zentrale Werke der Forschung wie veröffentlichte Quellen. Nicht zuletzt ging es mir auch darum, den reichen Ertrag des 150-jährigen Jubiläums der Revolution im Jahre 1998 auszuwerten. Denn obwohl danach einige Zusammenfassungen erschienen sind, ist dies in erstaunlich geringem Maße geschehen. Nachdem das Interesse abflaute, ist kein Versuch mehr unternommen worden, auf breiter wissenschaftlicher Grundlage eine Synthese zu wagen.

Die deutschen Ereignisse werden in den europäischen Zusammenhang eingebettet. Damit wird unterstrichen, dass sie aus diesem hervorgegangen sind und dass Verlauf und Scheitern der Revolution in Deutschland kein „Sonderweg", sondern der Normalfall waren. Einigkeit besteht darüber, dass die wirtschaftlichen Krisen und die gesellschaftlichen Verwerfungen des Vormärz konstitutiv für den Ausbruch der Revolution gewesen seien. Doch waren sie nicht in dem Sinne Ursachen, dass sie bestimmte Wirkungen ausgelöst hätten. Vielmehr haben sie die Voraussetzungen für eine Revolution gelegt, deren Ursprung, Verlauf und Ziel politisch waren.

Denn im Kern war sie ein Machtkampf zwischen einer bürgerlichen Bewegung, die zwischen Revolution und Reform schwankte, und den Fürsten wie den Kräften, deren Interessen mit den ihren verbunden waren. Trotz anfänglicher Verunsicherung und zeitweisen Zusammengehens mit der Reformbewegung behielten sie ihre traditionellen Machtmittel in den Bundesstaaten in der Hand. Zusammen mit der Diffusion der ursprünglich geschlossenen revolutionären Dynamik brachte sie das in eine Position, von der aus sie die politische, rechtliche, gesellschaftliche und wirtschaftliche Umgestaltung Deutschlands, wie sie in der Reichsverfassung festgelegt war, zurückweisen konnten. Alles andere wäre ihrer Selbstaufgabe gleichgekommen.

Gerade in der Reichsverfassung als ihrem Kern zeigt sich die ganze Widersprüchlichkeit dieser bürgerlichen Revolution. Sie wollte ihre Ziele nicht mit der Gewalt der Straße erreichen, sondern mit den Mitteln des Rechts im Parlament. Dabei ist in einem intensiven und ernsthaften Ringen ein Dokument von beeindruckendem intellektuellen Niveau entstanden. Faszinierend ist, in welchem Ausmaß schon die Zivilgesellschaft von heute vorweggenommen wird. Doch war die Reichsverfassung auch eine Kopfgeburt aus illusionärer Selbstüberschätzung und dem Willen, die lange aufgeschobene Entscheidung um jeden Preis zu suchen. Sie erwies sich nicht als das geeignete Mittel für das, was in den ersten Monaten des Jahres 1849 anstand und möglich war.

Ein Schwerpunkt der folgenden Darstellung liegt darauf, herauszuarbeiten, welche Entwicklungen und Bedingungen in dem schnell wechselnden revolutionären Geschehen dazu beigetragen haben, eine Entscheidungssituation herbeizuführen, die so ausweglos war, dass sie eben nicht mehr durch Verständigung und Kompromiss zu lösen war.

Fast alle bisherigen Zusammenfassungen schildern das Geschehen als eine Interaktion zwischen der Nationalversammlung, der Volksbewegung wie den Aufständen der Straße und den Regierungen der Bundesstaaten. Demgegenüber wird hier auf der Grundlage neuerer Forschungen die Provisorische Zentralgewalt, sowohl das Reichsministerium als auch der Reichsverweser, als gleichwertige Mitgestalterin gewürdigt. Dies ist um so mehr geboten, als die Revolution nicht nur bis zur Auflösung der Nationalversammlung im Mai 1849 analysiert wird, sondern bis zu ihrem formalen Ende im Dezember.

Die Revolution von 1848/49 ist immer mehr zum Fixstern der demokratischen Erinnerung in Deutschland geworden. Die zahlreichen Veranstaltungen unterschiedlichster Art des Gedenkjahres 2023 werden wieder unterstreichen, dass sie nicht nur ein Gegenstand der Wissenschaft ist, sondern auch ein Element des Selbstverständnisses der Bundesrepublik. Dieses Buch hätte seinen Zweck erreicht, wenn es dazu beitrüge, eine durch Einsicht und Kenntnis vertiefte Erinnerung zu fördern. Sie wäre die Grundlage für ein Gedenken, das die Distanz zum historischen Ereignis nicht verleugnet, dennoch die Leistungen der Demokraten von damals verständnisvoll würdigt und die Kostbarkeit des Erbes zu schätzen weiß.

Neben dem Kohlhammer Verlag, insbesondere dem Leiter des Lektorats Geschichte/Politik/Gesellschaft, Dr. Peter Kritzinger, danke ich den folgenden Institutionen für Zuschüsse zum Druck dieses Buches: der Kulturstiftung Speyer (Dr. Heinz Danner-Stiftung), der Siebenpfeiffer-Stiftung Homburg, dem Historischen Verein der Pfalz, der Hambach-Gesellschaft für historische Forschung und politische Bildung e. V. und der Eichstätter Universitäts-Gesellschaft.

Mechtersheim, Anfang 2023
Karsten Ruppert

1 Europäische Voraussetzungen

LA BALANCE POLÍTIQUE.

Karikatur auf den Wiener Kongress, Frankreich, 1815. Radierung

1.1 Die historischen Triebkräfte

Der Begriff „Revolution" wird in der Geschichtswissenschaft vielfältig verwendet. Schon in der Frühen Neuzeit gab es Umwälzungen und Aufstände, die mit guten Argumenten mit diesem Rubrum belegt werden. Dennoch erscheint es wegen der Andersartigkeit der Verhältnisse zielführender, von einem eigenen Revolutionsverständnis der Neuzeit auszugehen. Die frühesten Ereignisse, die in diesem Zeitraum mit dem Begriff Revolution belegt werden, sind die Kämpfe in den Kolonialreichen Großbritanniens, Spaniens und Portugals auf dem nord- und südamerikanischen Kontinent am Ende des 18. und zu Beginn des 19. Jahrhunderts, deren Ziel die Begründung unabhängiger Staaten war. Mit zahlreichen Revolutionen sollte in den kommenden Jahrzehnten ebenfalls die Bildung einer Nation einhergehen.

Eine entscheidende weitere Dimension wurde dem Begriff durch die Erfahrung der Französischen Revolution von 1789 hinzugefügt: der radikale Regimewechsel innerhalb eines Staates. Der Begriff, der damit eine vorläufige Abrundung erfuhr, wurde nun vor allem zur Beschreibung von politischen Umwälzungen in Europa verwandt. Die erste Hälfte von dessen 19. Jahrhundert wurde sogar zum Zeitalter der Revolutionen ausgerufen. Die recht unterschiedlichen Phänomene, die dabei zusammengefasst wurden, haben den Begriff so erweitert, dass er sich zu einem universalen wandelte; in diesem Sinne wird er bis heute in Öffentlichkeit, Wissenschaft und Politik verwendet. Er bezeichnet seitdem den meist gewaltsamen Griff einer Gruppe innerhalb eines politischen Systems nach der Macht; sie will diese ganz oder teilweise für sich gewinnen, um die bestehende Ordnung zu verändern oder zu beseitigen.

Die deutsche Revolution von 1848/49 ist Teil einer Epoche, die mit der Französischen Revolution von 1789 beginnt und mit der Hochzeit der europäischen Revolutionsbewegungen 1848/49 endet. Es ist die Epoche der europäischen Revolutionen bürgerlichen Typs. Sie ist gekennzeichnet durch vergleichbare geschichtliche Entwicklungen in den Staaten des Kontinents, aus denen die Herausforderungen entsprangen, welche die Revolutionen auslösten. Was außer der Zeitgleichheit berechtigt dazu, von der Französischen Revolution über die frühen Sonderfälle Spanien und Griechenland bis zu den Umwälzungen der Dreißiger- und Vierzigerjahre einen Bogen zu schlagen?

Da ist zunächst das neue Menschenbild als Vermächtnis der Aufklärung. Es ist in mehreren Deklarationen von Grund- und Menschenrechten im letzten Drittel des 18. Jahrhunderts vom Bürgertum Amerikas und Europas formuliert worden. Diese schmale Schicht beiderseits des Atlantiks hat dann auch die Revolutionen in Gang gesetzt. Sie bestand überwiegend aus Angehörigen akademischer Berufe; es waren Männer aus den freien Berufen, dem Bildungs- und Finanzwesen, aus der Verwaltung und dem Handel; auch Handwerker und Unternehmer wie einige hohe Militärs und Adelige befanden sich darunter. Da dieses Bürgertum keine materielle Not litt und sich vor allem über Kultur und Bildung definierte, glaubte es umso mehr an die wirklichkeitsverändernde Kraft der Ideen. Zentral war das Verständnis vom Menschen als einem vernunftbegabten Individuum.

Im Namen der Individualität wurde die Auflösung der Stände, Zünfte und Korporationen gefordert. Da sich in einer vernünftigen Welt alles rechtfertigen musste, löste dies nicht nur Traditionen auf, sondern verhalf Zweckrationalität und Nutzendenken zum Durchbruch. Dass in den Machtverhältnissen und gesellschaftlichen Hierarchien vieles vor der Vernunft keinen Bestand mehr hatte, motivierte reformerisches und revolutionäres Handeln. Der Einzelne sollte zum Träger politischer Rechte, zum Subjekt der Wirtschaft und Element des Aufbaus einer Gesellschaft werden, in der ihm sein Platz nicht durch Geburt, sondern durch Leistung und Besitz zugewiesen wird. Dies führte zu neuen Partizipationsansprüchen. Sie richten sich vor allem gegen die bisherigen Herrschaftsträger, den Adel und die Fürsten.

Das Verständnis des Menschen als vernunftbegabtes Wesen löste ihn noch nicht aus den ältesten Institutionen, den christlichen Kirchen. Es eröffnete aber immerhin die Möglichkeit dazu. Glaubens- und Gewissensfreiheit als Menschenrechte waren die logische Konsequenz; genau wie die Meinungsfreiheit es dort war, wo der Diskurs und nicht mehr die autoritative Entscheidung bestimmt, was gilt. Die christlichen Kirchen taten sich schwer, Offenbarungsglauben und Vernunft in ein rechtes Verhältnis zu bringen. Von Splittergruppen abgesehen, suchten sie daher ihren Ort an der Seite der gegenrevolutionären Kräfte. Das Trauma, dass die Anfänge des Zeitalters der Vernunft und Revolutionen in Europa von dem blutigen Kirchenkampf während der Französischen Revolution begleitet worden war, wirkte lange nach.

Das vernünftige Individuum musste zwangsläufig auch frei sein. Das hatten bereits die Menschenrechtsdeklarationen erkannt, indem sie die Freiheit zu dem das Wesen des Menschen vorrangig auszeichnenden Merkmal machten. In den Unabhängigkeitsbewegungen Amerikas und den Revolutionen Europas wandelte sich diese philosophisch-moralische Kategorie zu einem politischen Wert. Freiheit forderten jetzt nicht nur Einzelne, sondern soziale Gruppen und Kollektive, Völker wie Staaten; und alle verstanden darunter recht Verschiedenes. Freiheit wurde so zum strapaziertesten Schlagwort des Zeitalters.

Die frei geborenen Individuen sollten auch gleich sein. Mit der Rechtsgleichheit glaubten die bürgerlichen Revolutionäre, dem Genüge getan zu haben. Damit wollten sich ihre entschiedeneren Standesgenossen und die unteren Schichten nicht zufriedengeben. Beide beharrten darauf, dass die bestehende Ungleichheit der Lebensverhältnisse, Bildungschancen wie gesellschaftlicher Anerkennung und politischer Teilhabe mit dem neuen Menschenbild nicht vereinbar seien. So entzweite die Frage, wie weit die Gleichheit der Individuen gehen sollte, öfters die Bewegung. Doch unterminierte diese Spaltung auch das Selbstverständnis des Bürgertums, allein dazu berufen zu sein, einen historischen Auftrag im Namen des gesamten Volkes zu erfüllen.

Das Bürgertum propagierte so eine Weltanschauung der Vernunft und schuf sich eine Moral mit einem genuinen Tugendsystem, in dessen Mittelpunkt das selbstverantwortliche und autonome Individuum stand. Das dadurch wachsende Selbstbewusstsein steigerte sich bis zur historischen Gewissheit vom Heraufkommen eines bürgerlichen Zeitalters, je mehr Rationalität und bürgerliche Werte zum allgemein akzeptierten Maß von Gesellschaft und Politik wie individueller Lebensführung wurden.

Mit der Französischen Revolution von 1789 traten „Nationalismus" und „Liberalismus" als neue Triebkräfte der europäischen Geschichte hervor. In dieser Zeit wurde das Leitbild des Nationalstaats geprägt, an dem sich die Revolutionäre der folgenden Jahrzehnte orientierten, und zwar in zweierlei Hinsicht.

Zum einen hatte die Französische Revolution gezeigt, dass nicht mehr der Fürst den Staat machte, ihn zusammenhielt oder vererbte, sondern der Wille des Volkes. Sie hatte die praktische Anschauung von der Kraft der Volkssouveränität gegeben, die immer präsent war, wenn sich die Revolutionäre in Zukunft auf diese Idee beriefen. Zum anderen war seitdem der Staat nicht mehr nur die verfasste Ordnung eines Volkes oder von Völkern, die einem

Herrscher untertan waren. Vielmehr musste das Gehäuse der Nation nun bestimmten Wertvorstellungen entsprechen. Diese waren negativ und positiv von der Nationalversammlung in Versailles formuliert worden. Negativ, indem darunter die Beseitigung von dem verstanden wurde, was in der Nacht des 4. August als Ancien Régime definiert worden war; positiv durch die Proklamation der Rechte des Menschen und Bürgers am 26. August 1789.

So war der Nationalismus noch stark mit der Wirkung nach innen konzipiert worden. Denn die Nation war die Gemeinschaft der rechtsgleichen Individuen ohne alle Formen ständischer Organisation oder Restriktionen. Durch die enge Verbindung der Grund- und Menschenrechte mit der Nation stand der Nationalstaat zugleich für die Delegitimierung jeglicher monarchischer-aristokratischer Bevorzugung oder Herrschaft. Wenn die meisten Liberalen, Reformer und Demokraten außerdem nicht so weit gehen wollten wie die französischen Revolutionäre, um dann schließlich in der Republik zu landen, so blieben die damals formulierten Prinzipien, oft auch nur selektiv, die Leitlinien aller Reformbestrebungen der Zukunft. Erst im Laufe der Revolution ist sie erweitert worden zur „nation une et indivisible". Das war der Nationalstaat eines Volkes, das durch gemeinsame Sprache, Kultur und Geschichte verbunden ist und dessen Gemeinwesen auf der „volonté générale" politischer Grundüberzeugungen ruht. Es war diese doppelte Wirkrichtung von Nation, Nationalstaat und Nationalismus, die diese Ideen für das Bürgertum so attraktiv machten.

Die Idee der Freiheit, die mit der Französischen Revolution aufgekommen war und zum Kennzeichen der folgenden Epoche wurde, war nicht nur die Freiheit der Person, die so feierlich und pathetisch verkündet werden konnte. Mit diesem Ideal sollte nicht nur die Menschheit und der Einzelne beglückt werden, sondern es war auch Voraussetzung für eine völlige Neuordnung der Lebensverhältnisse. Denn die Freiheit der Person war die Bedingung für eine Gesellschaft individueller Eigentümer und Unternehmer, die wiederum unverzichtbares Element eines freien Marktes für Waren, Arbeitskraft und Kapital waren.

Die Begründung einer Nation mit Berufung auf die Volkssouveränität nach den Vorgaben des August 1789 und die Ausgestaltung von Wirtschaft und Gesellschaft gemäß dem Ideal der Freiheit wurde das Programm des Bürgertums, dessen Aufstieg damit begann. Er war gekennzeichnet durch die enge Verbindung von Nationalstaat und Reform. Denn jener wurde als

Voraussetzung für die fundamentale Umgestaltung angesehen. Soweit die Bürger politisch aktiv wurden, sammelten sie sich in den Bewegungen des „Liberalismus" und der „Demokratie". Trotz der Sammlung in verschiedenen Lagern blieben sie durch ihre Herkunft und gemeinsame Ideen verbunden. So wurde das Bürgertum die politische Triebkraft einer Epoche, deren Charakteristikum dessen enge Verwobenheit mit Nation und Freiheit war.

Freilich, die Ideen waren das eine Erbe, die Erinnerungen an die revolutionäre Praxis das andere: die die gesamte Revolution begleitende, aus Furcht und Fanatismus geborene Gewalt, vom Sturm auf die Bastille über die Ermordung der Gefangenen bis hin zum gnadenlosen Terror gegen alle wahren und vermeintlichen „Feinde der Revolution"; die ideologische Intoleranz zwischen den Lagern, die sich bis zur Verfolgung und Hinrichtung steigern konnte; die von Not, Neid und Gier angetriebenen Aufstände der Massen, die nicht selten von den sich bekämpfenden Parteien instrumentalisiert wurden; und nicht zuletzt das Trauma, dass eine bürgerliche Emanzipationsbewegung über die Diktatur Robespierres und seiner Jakobiner in der Napoleons geendet hat.

Die Französische Revolution hat so die historischen Triebkräfte freigesetzt und die politischen Ideale der Epoche vorgegeben, ihr aber ebenso die Erfahrung von der Gewalt, Irrationalität und Unbeherrschbarkeit aller Umwälzungen beschert. So wurde sie Vorbild und Schreckbild zugleich. Auf sie beriefen sich die verschiedensten Gruppierungen der Revolutionäre und Anti-Revolutionäre. Sie machten Anleihen an dem, was sie von ihr gebrauchen konnten, und bedienten sich ihrer Symbole und Schlagworte, wann immer es ihnen von Nutzen schien. Durch die Truppen der Revolution und Napoleons wie durch die Reformen in dessen Satellitenstaaten gerieten große Teile Europas in ihren Sog. Doch wie sich das Erbe weiter würde entfalten können, wurde von seinen siegreichen Gegnern auf dem Wiener Kongress entschieden.

1.2 Die Wiener Nachkriegsordnung und ihre Erschütterung

1.2.1 Der Wiener Kongress

Nach glänzenden militärischen Erfolgen neigte sich die Vorherrschaft Napoleons über Europa nach der Katastrophe seiner Grande Armée im russischen Winter von 1812 ihrem Ende zu. Besiegelt wurde der Niedergang des Kaisers der Franzosen von eigenen Gnaden durch mehrere militärische Niederlagen durch die vereinigten Armeen Preußens, Österreichs, Russlands, Großbritanniens und auch Schwedens zwischen 1813 und 1815. Der gemeinsame Kampf sollte nach einem Vierteljahrhundert Krieg durch eine Neuordnung des Kontinents gekrönt werden. Sie sollte vor allem die Folgen der Französischen Revolution überwinden. Denn diese hatte nach Meinung der Sieger die legitime monarchische Ordnung zerstört und dadurch die Kriege hervorgebracht, in deren Gefolge sich die Ideen des Aufruhrs und der Umwälzung auf dem ganzen Kontinent verbreitet hatten. Um ihr Vorhaben zu verwirklichen, trafen sich unter dem Vorsitz der Großmächte Vertreter fast aller Staaten Europas seit November 1814 in Wien. Vertreten war auch Frankreich, wo im Frühjahr mit Ludwig XVIII., dem Bruder des im Januar 1793 hingerichteten Königs, die Dynastie der Bourbonen restauriert worden war.

Die territoriale Neugestaltung des Kontinents erfolgte nicht in erster Linie im Geiste der Restauration. Die Rückkehr zu vorrevolutionären Verhältnissen wurde nicht einmal erwogen – zum Leidwesen manches deutschen Duodezfürsten, Bischofs oder einiger Reichsstädte. Viel stärker dominierte die Absicht, ein Staatensystem zu schaffen, das den Kontinent im Gleichgewicht hielt und das zugleich das Wiederaufleben französischen Hegemonialstrebens unmöglich machen sollte. Das Prinzip der Legitimität kam vor allem bei der Wiedererrichtung einiger Monarchien zum Zuge. Davon profitierten in erster Linie die Bourbonen; sie erhielten nicht nur in Frankreich, sondern auch in Spanien, Neapel-Sizilien und später noch in Parma ihre Throne zurück.

Mit der Neuordnung Europas hing das Schicksal Deutschlands eng zusammen. So musste Österreich für die Vormachtstellung, die es in Italien und

Südosteuropa gewann, seine westeuropäischen Besitzungen aufgeben und sich aus dem Reich zurückziehen. Im Gegenzug wandte sich Preußen nach Westen und wuchs gegen seinen Willen in das Reich hinein. Statt eigene Ambitionen zu befriedigen, musste es die Rolle übernehmen, die ihm die Großmächte zugeschrieben hatten: Frankreich von einem erneuten Ausgreifen nach Deutschland abzuhalten. Durch die ihm dazu übertragenen Gebiete im Rheinland und in Westfalen wurde Preußen eine westliche Macht und dadurch, dass die Neuerwerbungen keine Verbindung zu den Stammlanden hatten, zu einer deutschen – beides mehr, als ihm lieb war.

Das deutsche Staatsproblem sollte durch die Gründung eines „völkerrechtlichen Vereins" der meist während der Umwälzungen des vorangegangenen Vierteljahrhunderts in der Mitte Europas entstandenen Staaten gelöst werden. Durch die Bundesakte vom Juni 1815, deren Ausgestaltung sich noch über fünf Jahre hinzog, wurden vier freie Städte und 35 Fürstentümer zusammengeschlossen. Sie waren souverän, ihre völkerrechtliche Handlungsfreiheit war nur im Kriegsfalle eingeschränkt. Das Kaisertum Österreich und das Königreich Preußen waren die Vormächte, die den politischen Kurs bestimmten. Sie traten nur mit den Gebieten bei, die einst zum Heiligen Römischen Reich gehört hatten; daher lag ein Teil ihres Staatsgebietes außerhalb des Bundes. Dafür umfasste er mit Böhmen, Mähren, Teilen Norditaliens und der Krain auch nicht-deutsche Länder. Die Könige von Großbritannien, der Niederlande und Dänemarks waren für ihre deutschen Besitzungen Mitglieder.

Dieser „Deutsche Bund" erfüllte weder die in den Freiheitskriegen entfachten Hoffnungen der Patrioten noch löste er die damals gegebenen Versprechen auf größere politische Beteiligung ein. Er entsprach vielmehr vor allem der Räson der Gleichgewichts- und Eindämmungspolitik der Großmächte. Er war stark genug, um sich zwischen den Mächten zu behaupten, doch zu schwach, um selbst eine Macht zu werden. Sein weiterer Zweck war gewesen, im nationalstaatlichen Europa sowohl das Überleben der deutschen Klein- und Mittelstaaten als auch den Frieden zwischen ihnen zu garantieren. Daher war auch sein einziges zentrales Beratungs- und Entscheidungsorgan, die Bundesversammlung, als eine Zusammenkunft fürstlicher Gesandter konzipiert. Das Volk war ausgeschlossen.

Für seine monarchischen Urheber war der „beständige Bund" der „souverainen Fürsten und freien Städte Deutschlands" nicht nur die Lösung des deutschen Verfassungsproblems, sondern ihm war darüber hinaus ein politischer Auftrag zugedacht worden. Denn mit der Berufung auf die „Erhaltung der äußeren und inneren Sicherheit Deutschlands und der Unabhängigkeit und Unverletzbarkeit der einzelnen deutschen Staaten" bekämpfte er alle als bundesfeindlich eingeschätzten Bestrebungen: nationale, die auf seine Umgestaltung abzielten, ebenso wie demokratische, liberale und soziale, die die monarchische Allein- und die aristokratische Vorherrschaft oder die Wirtschaft und Gesellschaftsordnung infrage stellten. Er schränkte die Presse- und Meinungsfreiheit wie das Versammlungsrecht ein und zentralisierte wie koordinierte bundesweit die Verfolgung. So nahmen ihn die Deutschen vor allem wahr, auch wenn er darüber hinaus vereinheitlichend, pazifizierend und modernisierend wirkte. Daher war für alle oppositionellen Bewegungen der Wunsch, diese Konstruktion zu beseitigen, ein starker Antrieb.

Die Wiener Schlussakte war die letzte große Leistung europäischer Kabinettsdiplomatie. Diese hatte noch einen rationalen Machtausgleich zwischen den Staaten ohne Rücksicht auf das Volk und die Völker suchen können. Umso erstaunlicher ist es, dass nach einem Vierteljahrhundert von Umstürzen und Kriegen eine Staatenordnung begründet wurde, die zwei Generationen Bestand hatte. Dreh- und Angelpunkt war das Konzert der fünf Mächte, die über die europäische Entwicklung bestimmten und sich selbst gegenseitig in Schach hielten. In dieses System war – ebenso weitblickend wie großzügig – das geschlagene Frankreich von Beginn an integriert worden und in seinem Rahmen war Preußen als Großmacht wiederhergestellt worden.

Der Epoche des Friedens zwischen den europäischen Staaten korrespondierte freilich in der ersten Hälfte des Jahrhunderts eine ebenfalls noch nie da gewesene Vielzahl von Revolutionen und Umbrüchen. Verantwortlich dafür war, dass die monarchische Herrschaft in den Staaten Europas und die politische wie gesellschaftliche Vorherrschaft der alten Eliten– des Fürsten, seiner Bürokratie und der Aristokratie – in ihnen wiederhergestellt worden war, ohne das Vermächtnis der Französischen Revolution, wie es unter den historischen Signaturen „Volkssouveränität", „Nation" und „Freiheit" überkommen war, zu beachten. Da dieses Erbe nicht aufgenommen und mit den Interessen und politischen Vorstellungen der versammelten Sieger zu einer neuen Ordnung verschmolzen wurde, entstand ein Ungleichgewicht der

Macht. Es war eine der Ursachen für den Druck, der sich in den Revolutionen entlud. Das Bürgertum nahm sich des Bündels von Problemen, die offen geblieben waren, an und trieb so die Entwicklung weiter. Dabei entstand ein Gefälle zwischen den Teilen Europas, die die Französische Revolution und Napoleon in die Modernisierung gestoßen hatten, und denen, die davon kaum berührt worden waren. Es verlief in Europa von West nach Ost und in Deutschland von Süd nach Nord. Diese epochale Spannung trieb die Entwicklung bis zur Julirevolution in Frankreich 1830 und zum Hambacher Fest von 1832 und darüber hinaus vorwärts.

Dies zeigt, dass die Ausbalancierung der Macht zwischen den Staaten und die notfalls gewaltsame Aufrechterhaltung ihrer Herrschaftsordnung im Innern keine dauerhafte politische Stabilität mehr schaffen konnten. Die in Bewegung geratene Gesellschaft ließ sich in ein solches Konzept nicht mehr integrieren. In weiten Teilen West-, Nord- und auch noch Südeuropas waren die Weichen zur Ablösung der ständischen Ordnung durch eine bürgerlich-kapitalistische Ordnung unwiderruflich gestellt. Mit Hilfe einer von ihr geprägten Öffentlichkeit hatte sie sich die Teilhabe an der Politik ertrotzt, die nach 1815 zum Teil auch durch parlamentarische Formen erweitert wurde. Diese Gesellschaft kannte die Freiheit der Person, die Gleichheit vor dem Gesetz und sie schätzte die staatliche Garantie des Eigentums.

1.2.2 Revolution und Reaktion in Europa bis 1830

Aufgrund dieser Entwicklung wuchs der europäischen Konferenzdiplomatie eine doppelte Aufgabe zu: Sie diente sowohl der Aufrechterhaltung der neu geschaffenen Staatenordnung als auch der Sicherung der monarchischen Autokratie und der ihr zugrunde liegenden Gesellschaftsordnung.

Doch schon wenige Jahre nach der Etablierung des Mächtekonzerts war eine Grundannahme brüchig geworden. Es zeigte sich nämlich, dass eine reine Staatenordnung unter Ausklammerung der Herrschafts- und Gesellschaftsformen im nachrevolutionären Europa sich nicht lange aufrechterhalten ließ. Schon ab 1820 wurde dies sichtbar. Während bezeichnenderweise die Mächte der „Heiligen Allianz", Russland, Preußen und Österreich, den Auftrag der Pentarchie auch auf die Unterdrückung von liberalen, konstitutionellen oder revolutionären Bewegungen ausdehnen wollten, widersetzten sich dem die konstitutionellen Westmächte Frankreich und Großbritannien. Entsprechend der wieder stärker hervortretenden unterschiedlichen Interessenlagen haben sie nicht mehr geschlossen agiert. Doch haben sich die wechselnden Gruppierungen auch nie völlig überworfen, sondern sich letztlich immer wieder zu verständigen gewusst.

Die erste entscheidende Herausforderung innerhalb dieser neuen Konstellation waren die Revolutionen in den Ländern des Mittelmeers.

In Spanien nutzte eine kleine, doch entschlossene Gruppe von Liberalen die Beseitigung der bourbonischen Monarchie, um auf der Grundlage von Gewaltenteilung und Volkssouveränität in der Verfassung von Cádiz vom März 1812 eine konstitutionelle Monarchie zu begründen. Mit der Rückkehr der Bourbonen setzte 1814 ein blutiger Kampf um den Erhalt dieser Staatsordnung ein. Ihn entschieden die von den Ostmächten Ende 1822 mit der Intervention beauftragten Franzosen zugunsten des Absolutismus. Die Hoffnung der Liberalen, während der großen Krise der Restauration zur Jahreswende 1830/31 mit Unterstützung von außen nochmals das Blatt zu ihren Gunsten wenden zu können, erfüllte sich nicht. Spanien blieb eine monarchische Autokratie mit einer politisch zerrissenen Gesellschaft, die, wie auch die Wirtschaft, tief im alten Regime wurzelte.

Von der iberischen Halbinsel sprang der revolutionäre Funke auf die italienische über. Er zündete bezeichnenderweise in der dortigen Sekundogenitur der spanischen Bourbonen, im Königreich Neapel-Sizilien. Hier begeisterte das Verfassungsexperiment von Cádiz Offizierskorps wie Bürgertum bis hin zu den Handwerkern. Von Geheimbünden unterstützt, in denen sich Bestrebungen im Sinne des Liberalismus mit solchen gegen die Fremdherrschaft und für ein geeintes Italien mischten, setzten sie im Juli 1820 die Verfassung nach spanischem Vorbild durch. Österreich, das als Widerlager der Restauration und als Vormacht immer ein doppeltes Interesse an Italien hatte, sah sich dadurch zur Intervention herausgefordert. Schon bis zum Frühjahr des folgenden Jahres hatte es die Verhältnisse in seinem Sinne geordnet.

Eine noch größere Herausforderung für Wien waren die Unruhen des Frühjahrs 1821 im Königreich Sardinien-Piemont, denn es grenzte an das österreichische Lombardo-Venetien und war der Kristallisationspunkt nationaler Bestrebungen, da hier mit dem Haus Savoyen die einzige italienische

Dynastie regierte. Der Weg zu einem vereinten Italien sollte gemeinsam mit dem Königshaus auch über die spanische Verfassung von 1812 führen. Doch haben persönliche Rivalitäten und politische Gegensätze in der savoyischen Dynastie Metternich und seinen Truppen die Aufgabe so erleichtert, dass die konstitutionelle Episode schon nach wenigen Monaten vorüber war.

So war bis zur Mitte der Zwanzigerjahre die hegemoniale Stellung Österreichs in Italien nicht nur befestigt, sondern sogar ausgeweitet worden; denn die restaurierten Monarchien schätzten ihren Rückhalt an der Habsburgermonarchie immer mehr. Dies hat den neoabsolutistischen Regimen eine Verschnaufpause verschafft. Sie zur Beseitigung der ärgsten öffentlichen Misswirtschaft zu nutzen, hat Österreich ebenfalls angemahnt. Doch zeigten die Regime wenig Neigung dazu, solange sie darauf setzen konnten, dass Wien sie nicht im Stich lassen würde. So ist Habsburg teils berechtigt, teils unberechtigt in Europa und auf der Halbinsel für die dort herrschende Stagnation, Misswirtschaft und Repression verantwortlich gemacht worden. Die Liberalen und Demokraten Europas hatten allerdings keinen Zweifel, dass der verhasste österreichische Staatskanzler Clemens von Metternich dafür die Verantwortung trug.

Die Probleme der Halbinsel blieben weiterhin ungelöst. Daher haben Liberale, Unzufriedene und Zurückgesetzte in den habsburgischen Sekundogenituren Parma und Modena und in einigen Städten des Kirchenstaats im Februar 1831 einen erneuten Versuch unternommen, von dort aus Reform und Befreiung von Fremdherrschaft in Gang zu bringen. Doch die erhoffte Unterstützung durch das revolutionäre Frankreich blieb aus. Die Julimonarchie konnte es sich nicht leisten, die sie beargwöhnenden Großmächte zu provozieren. So hatten die österreichischen Truppen keinerlei Probleme, mit der völlig unzulänglichen militärischen Gegenwehr innerhalb eines Monats fertig zu werden. Die Hoffnungen, die Freiheitsbewegungen in Europa anfangs in das revolutionäre Frankreich gesetzt hatten, wichen immer mehr Enttäuschungen, die bald in Verachtung umschlugen.

Es hatte sich also in den zwanziger und frühen Dreißigerjahren ein Typ der mediterranen Revolution herausgebildet. Ein von Offizieren ausgelöster Aufstand war erfolgreich, da das liberale Bürgertum darin die Chance sah, sein konstitutionelles Projekt in Anlehnung an die spanische Verfassung von 1812 zu verwirklichen. Die Dynastien zogen gezwungenermaßen mit, da ihre restaurierte Herrschaft noch wenig gefestigt war. Im Zusammenspiel mit ihnen war es dann meist für die europäischen Hegemonialmächte leicht, nach kurzer Zeit wieder ein autokratisches Regiment gewaltsam einzuführen. Die Unfähigkeit der Liberalen, sowohl an der Macht geschlossen und zielstrebig zu handeln als auch die unterbürgerlichen Schichten in die Bewegung einzubinden, haben den reaktionären Gegenschlag erheblich erleichtert. Er gelang nicht zuletzt deswegen, weil auch Klerus und Adel ihn unterstützten, obwohl ihnen meist nur ein moderater Verzicht auf Privilegien abverlangt wurde.

Die 1821 einsetzende Aufstände der Griechen gegen die 400-jährige osmanische Fremdherrschaft wurden eine entscheidende Station in der europäischen Freiheitsbewegung. Ausschlaggebend dafür war, dass die gebildete Öffentlichkeit Europas den griechischen Freiheitskampf allmählich als einen solchen der Kulturen begriff. Sie glaubte, dass es dort um die Rettung eines Teils der Christenheit und der Wiege des Abendlands aus den Fängen der osmanisch-islamischen Despotie gehe. Diese Sicht untergrub rasch Metternichs Position, an der legitimen Herrschaft der Osmanen nicht zu rütteln und Aufstandsbewegungen grundsätzlich nicht zu unterstützen. Der Druck der europäischen Öffentlichkeit brachte eine eigenartige Koalition der Mächte hervor. Russland erinnerte sich mit Blick auf den Balkan seiner panslawischen Mission und mit Blick auf das Mittelmeer an seinen Auftrag als Schutzmacht der Orthodoxie. Großbritannien und Frankreich wollten genau diese Ambitionen unterlaufen und daher das Feld dem Zaren nicht allein überlassen. Französische Landtruppen auf der Peloponnes und russische in Kleinasien wie vor allem die britische Flotte bei Navarino verhalfen den Griechen bis 1827 zu einem Teilerfolg. Im Londoner Protokoll vom Februar 1830 wurde die Unabhängigkeit eines Teils des griechischen Siedlungsgebietes garantiert. Das Land wurde durch die Einsetzung eines Wittelsbachers als König in die nachnapoleonische Ordnung Europas eingebunden.

Die mediale Teilnahme der europäischen bürgerlichen Öffentlichkeit am griechischen Freiheitskampf, seine Unterstützung mit Geld, Waffen und Freiheitskämpfern hatte erhebliche Rückwirkungen auf den europäischen Liberalismus. Denn damit setzte zum ersten Mal die dem Staat gegenüberstehende bürgerliche Gesellschaft die Themen und bestimmte die öffentliche Debatte über die Wiener Nachkriegsordnung mit. Sie machte ihre ersten Erfahrungen mit dem politischen Machtfaktor der Öffentlichkeit. Einmal durch die Erörterung freiheitlicher und nationaler Themen in ihrem Sinne, zum anderen durch die europa- und bundesweite Kommunikation, die ein gemeinsames Selbstbewusstsein förderte. Am politischsten war dieser Philhellenismus in Deutschland im Südwesten gewesen. Denn hier verband er sich mit dem konstitutionellen und demokratischen Liberalismus. Er entdeckte in der Griechenhilfe ein politisches Betätigungsfeld. Dadurch kompensierte er die Enttäuschungen über seine Handlungsmöglichkeiten in den ersten Landtagen und baute zugleich seine öffentliche Präsenz bundesweit aus.

Der Philhellenismus war in zahlreichen europäischen Ländern nicht nur ein Surrogat für das Drängen des Bürgertums auf politische Mitbestimmung. In seinem Namen mischte sich die Gesellschaft darüber hinaus in einem bisher nicht gekannten Umfang in das staatliche Reservatrecht der Außenpolitik. Schließlich musste es seine Selbstbewusstsein stärken, dass es die Großmächte zu einem vollständigen Kurswechsel ihrer Politik getrieben hatte: von der Nichteinmischung zur entscheidenden militärischen Intervention.

Die Begründung einer souveränen griechischen Monarchie markiert den Zeitpunkt, bis zu dem sich die Gemeinsamkeiten des in Wien begründeten Konzerts der europäischen Mächte erschöpft hatten. Schon der frühe Streit über die Berechtigung von Interventionen zwischen den West- und Ostmächten hatte erste Dissonanzen gezeigt. Sie vertieften sich erheblich, als Großbritannien die Wiederherstellung des spanischen Kolonialreiches verhinderte und 1825 die neuen Staaten in Lateinamerika anerkannte. Damit hatte es sich eindeutig gegen das Legitimitätsprinzip gestellt. Wenn dies auch außerhalb Europas geschehen war, so orientierte sich seitdem die britische Kontinentalpolitik wiederum verstärkt an der traditionellen Gleichgewichtsdoktrin und bediente sich jetzt dafür aber auch des Mittels der Unterstützung liberaler Bewegungen.

Russland war geografisch und aufgrund seiner inneren Verhältnisse so weit von der europäischen Entwicklung entfernt, dass es immer einmal wieder den Legitimismus der blanken Interessenpolitik opfern konnte, ohne Rückwirkungen fürchten zu müssen. Schwankend und unberechenbar war auch Frankreich, das daher von Anfang an das Einvernehmen der Mächte wenig gefördert hat. Einzig Österreich und Preußen, das Wien in der Kontinentalpolitik folgte, hielten um jeden Preis an der Unveränderlichkeit des territorialen Zuschnitts und der Blockierung des politischen wie gesellschaftlichen Wandels fest. Dieser Kurs war kaum noch durchzuhalten. Denn schon die griechische Frage hatte zum ersten Mal gezeigt, dass der Niedergang des Osmanischen Reiches die Solidarität der Ostmächte zugunsten der österreichisch-russischen Rivalität in Südosteuropa auflöste. Immerhin hatte das leidlich funktionierende Zusammenspiel der Mächte bis dahin die Erosionen an der südlichen Peripherie des Kontinents aufhalten können. Doch waren die zunehmenden Disharmonien eine entscheidende Voraussetzung dafür, dass jetzt auch das Zentrum von ihnen erfasst wurde.

Mit den Umwälzungen der zwanziger und dreißiger Jahre wurde die Berechtigung eines Staatensystems ausgehöhlt, das sich gerade durch die Wiederbegründung und Aufrechterhaltung der (vor allem monarchischen) Legitimität rechtfertigte. Dieses Prinzip war aber von Anfang an aufgesetzt. Denn es war zu keinem Zeitpunkt selbstverständlich, sondern musste immer wieder durchgesetzt werden, meist mit Gewalt. „Legitimität" war viel eher ein Kampf- und Parteibegriff, war Ideologie zur Rechtfertigung der Politik von Vormächten einer Staatenordnung, der die Legitimität ebenso fehlte wie manchen dieser Staaten selbst. Denn die Regime wie die Ordnung des Kontinents haben die selbstverständliche Akzeptanz, die rechtmäßiger Gewalt entgegengebracht wird, nicht gewinnen können.

Die territoriale, die ideologische und politische Neuordnung des Kontinents blieb nur für die kurze Zeit fest, während der das Einverständnis der drei Großmächte Großbritannien, Russland und Österreich vorhanden war, sie aufrechtzuerhalten; Preußen war dabei nachrangig. Allein schon durch die Heranziehung Frankreichs wurden die Interaktionen komplizierter. Entscheidender aber war wohl, dass zur selben Zeit für Großbritannien aufgrund seiner globalen Interessen die Wiener Ordnung an Bedeutung verlor. Es unterstützte jetzt öfters liberale Bewegungen auf dem Kontinent. Doch betrieb es diese ideologische Politik nur, wenn sie der wieder nachdrücklicher verfolgten traditionellen Gleichgewichtspolitik nicht in die Quere kam.

Die Partner zogen nach, indem die Ostmächte verstärkt ihre ideologischen Gemeinsamkeiten betonten, und alle, indem sie in die nationalstaatliche Interessenpolitik zurückfielen. Dass es dennoch zu keinen größeren zwischenstaatlichen Konflikten gekommen ist, ist wohl am ehesten darauf zurückzuführen, dass die rational kalkulierenden Diplomaten noch nicht auf die bürgerlichen Nationalisten Rücksicht nehmen mussten. Das Stück, das nun vom europäischen Mächtekonzert gespielt wurde, hieß Pragmatismus bis hin zum Opportunismus. Und so war es denn auch nicht mehr erstaunlich, dass die weitestreichenden Eingriffe in die Wiener Ordnung durch die Großmächte selbst in unterschiedlichen Allianzen erfolgten: Griechenland, Polen, Belgien als auch die Anerkennung der französischen Julimonarchie.

Die Grundlage der Restauration des bourbonischen Königtums in Frankreich war die Charte constitutionnelle von 1814 gewesen. Die auf ihr beruhende politische und gesellschaftliche Ordnung hat sich als flexibel genug erwiesen, um sowohl die Stützen des Ancien Régime als auch die durch Revolution und Kaiserreich gestärkten Kräfte zu integrieren. Seit dem Thronwechsel von 1824 verstärkten sich die Anzeichen, dass der neue König Karl X., ausgestattet mit der gesamten exekutiven Macht, die Restauration des bourbonischen Frankreichs anstrebte. Die Kammer, in der aufgrund eines äußerst restriktiven Zensuswahlrechts das liberale Großbürgertum dominierte, profilierte sich geschickt als Verteidigerin der Charte und der revolutionären Errungenschaften. Die königliche Regierung versuchte durch Kammerauflösung, Einschränkung der Pressefreiheit und Wahlrechtsmanipulationen den Widerstand zu brechen. Daraufhin griffen in Paris Handwerker, gelernte Arbeiter und Bürger, teils unterstützt von der Nationalgarde, zu den Waffen. Da in der Provinz ebenfalls Unruhen ausbrachen und ein Teil der Armee dem Regime den Gehorsam versagte, haben die Pariser Aufständischen in nur wenigen Tagen Ende Juli 1830 der Bourbonenherrschaft in Frankreich ein für alle Mal ein Ende bereitet.

Da die Revolution der Straße kein politisches Ziel und keinen politischen Kopf hatte, gelang es der Kammeropposition, die auf Distanz geblieben war, durch einen geschickten Schachzug die Unruhen zu beenden. Sie konnte ein Regime nach ihrem Geschmack etablieren, indem sie Prinz Louis-Philippe auf den Thron setzte. Er war der ideale Kompromisskandidat. Er stammte zum einen aus dem mit den Bourbonen eng verwandten Haus Orléans und zum andern hatte er Sympathien für die liberale Opposition und pflegte einen bürgerlichen Lebensstil. Louis-Philippe wurde wie ein Präsident auf die Verfassung vereidigt, die die Liberalen in ihrem Sinne revidiert hatten. Eine mäßige Senkung des Zensus erweiterte zwar die Zahl der Wahlberechtigten, erhielt aber nach wie vor allein den Notabeln von Besitz, Bildung, Amt und Einfluss die politische Macht.

In der Französischen Revolution von 1830 hat die geschickt agierende Kammeropposition die Straßenkämpfe schnell beenden und einen Regimewechsel verhindern können. Konsequenterweise gab es nur geringe Veränderungen der Verfassung und so gut wie keine gesellschaftliche oder politische Verschiebung. Der alte und der neue Adel, soweit er über ein gewisses Vermögen verfügte, und die wenigen bürgerlichen Notabeln aus der Finanzwelt, dem Unternehmertum und der höheren Verwaltung behielten die Zügel in der Hand. Sie mussten die Jahre ihrer ungeschmälerten politischen Vorherrschaft allerdings mit fortgesetzten Unruhen und mehr blutigen Auseinandersetzungen als in der bourbonischen Restauration bezahlen.

Dennoch hat diese Pseudo-Revolution ganz gegen ihre Absicht eine breite Welle des Umsturzes in Europa ausgelöst. Erklärbar ist diese Wirkung vermutlich durch den Symbolcharakter, den das restaurierte Frankreich innerhalb des Wiener Systems hatte und den Mythos, den es als Mutterland der europäischen Revolutionen immer noch besaß. Gewiss war es auch so, dass sich in den anderen Ländern Europas vergleichbare Konflikte angestaut hatten, zu deren Ausbruch nur noch eine Initialzündung nötig war.

Um das restaurierte Frankreich in Schach zu halten, war an seiner nordöstlichen Grenze das Königreich der Vereinigten Niederlande unter dem Hause Nassau-Oranien ins Leben gerufen worden. Damit es diese Funktion erfüllen konnte, erfolgte der innere Ausbau nach dem Muster eines zentralisierten Einheitsstaats mit einem Übergewicht des Fürsten. Solche Überlegungen erwiesen sich aber schnell als verfehlt, um den zweisprachigen katholischen Süden mit habsburgischer Tradition mit dem seit langem unabhängigen und monokulturellen calvinistischen Norden zusammenzufügen.

Im belgischen Landesteil steigerte sich der Unmut wegen nationaler Zurücksetzung und Eingriffe in Freiheitsrechte so weit, dass etwas im damaligen Europa kaum Denkbares wirklich wurde: Die katholische Kirche schloss sich mit den liberalen Wortführern 1828 zu einem Zweckbündnis gegen die königliche Regierung zusammen.

Die Staatskrise führte über einen erfolgreichen Aufstand im August und September 1830 zur Staatsgründung. Das französische Vorbild wie die konsterniert ratlose Reaktion der Ostmächte während der Krise ermunterte die Akteure zu einem doppelten Schlag gegen die Wiener Ordnung: den Sturz eines legitimen Monarchen und die Gründung eines neuen Staates. Die Neuschöpfung fand im Juli 1831 den Segen der Hegemonialmächte. Denn Russland wie Österreich, die grundsätzlich an der Unveränderlichkeit des territorialen Status und der Intervention zur Stützung der „legitimen Herrschaft" festhielten, scheuten angesichts der gleichzeitigen Unruhen in Polen, Deutschland und Italien ein Zerwürfnis zwischen den Mächten.

Aus den Erfahrungen mit dem durch Wilhelm von Oranien verkörperten monarchischen Prinzip zogen die Belgier durch das Bekenntnis zur Volkssouveränität die Konsequenz. Für den Kontinent war dies ebenso einmalig wie die Abhängigkeit der Regierung von einem durch Großbürgertum und Grundbesitz dominierten Senat und von einer vom Bürgertum besetzten Zweiten Kammer. Wegen des monarchischen Legitimismus hatte man auf einen König schwerlich verzichten können. Doch war der gewählte (!) Monarch aus dem Hause Sachsen-Coburg nur noch Verfassungsorgan. Frankreich, Griechenland, Belgien – die von Revolutionären eingesetzten Könige in der Funktion von Präsidenten hatten in Europa Konjunktur. Grundrechte und Rechtsstaatlichkeit rundeten ein Verfassungswerk ab, das zum Vorbild der Liberalen des Kontinents wurde.

Wie die zerbrochenen „Vereinigten Niederlande", so war auch die Gründung des Königreichs Polen innerhalb des Zarenreichs ein Produkt der internationalen Vereinbarungen von 1815. Die Beziehungen zu Russland verschlechterten sich, als Zar Nikolaus vom polnischen Staatsrat 1825 ein rigoroses Vorgehen gegen die im Lande noch recht vagen Vorstellungen von Freiheit und Patriotismus forderte. Als auch das Zarenreich unter der Schwächung des europäischen Restaurationssystems litt, schlugen im November 1830 daher junge Offiziere unkoordiniert und überraschend los. Sie fürchteten, mit ihren Truppen zur Bekämpfung von revolutionären Bewegungen nach Westeuropa abkommandiert zu werden. Erst jetzt ergriff ein Teil der nationalen Elite in Armee, Regierung und Verwaltung die Chance, um die Unabhängigkeit von Russland zu erreichen.

Nach dem griechischen Freiheitskampf erwies sich die öffentliche Meinung Europas zum zweiten Mal als politische Macht. Sie nahm eindeutig zugunsten der aufständischen Polen Partei. Entscheidend aber war, dass sich Preußen und Österreich mit Russland solidarisierten. Dieses konnte so nach anfänglichem Rückzug und Niederlagen seine Überlegenheit ausspielen und mit der Rückeroberung Warschaus im September 1831 allem ein Ende machen. Polen verlor seine Verfassung, seine Freiheit und Autonomie, obwohl sich die Westmächte dagegenstellten. Die Aufständischen flohen und tauchten in der Folgezeit dort auf, wo es in Europa zu Unruhen kam.

Die liberale Presse hatte die Vorgänge als Kampf eines unterdrückten Volkes gegen eine Macht der Heiligen Allianz gedeutet, dessen Ausgang Rückwirkungen auf Deutschland haben würde. Überdeutlich waren auch die Parallelen, die auf dem von zahlreichen Polenflüchtlingen besuchten Hambacher Fest im Mai 1832 von einigen Rednern zwischen dem Schicksal der beiden Nationen gezogen wurden: die „grausame Unterdrückung durch Könige und Aristokraten" und der gemeinsame Traum von der „Wiedergeburt" beider Völker.

1.3 Die verbliebenen Herausforderungen nach 1830

Die Epoche der bürgerlichen Revolutionen in Europa wurde mit der großen französischen von 1789 eröffnet und endete in der Mitte des 19. Jahrhunderts. In ihr markieren die Jahre 1830–1832 und 1848/49 erkennbare Einschnitte. Denn sie machten das Scheitern der Wiener Restaurationsordnung deutlich sichtbar. Die Hoffnungen der Nationen auf einen Verfassungs- und Rechtsstaat hatten sich nicht oder nicht so wie erhofft erfüllt. Noch weniger waren die Träume der Völker, die sich danach sehnten, von einem Nationalstaat gereift. Denn in die europäische Staatenordnung der antirevolutionären Stabilität und der Befestigung der monarchischen Herrschaft ließen sich die Völker, die sich ihrer selbst immer mehr bewusst wurden, immer weniger einbauen.

Auch wenn diese enttäuschten Hoffnungen Ursache fortgesetzter Unruhen waren, so war für die revolutionäre Gärung die zweite Hypothek der Wiener Nachkriegsordnung entscheidender: Die restaurierten politischen und gesellschaftlichen Verhältnisse schlossen beträchtliche Teile der Gesellschaft von einer angemessenen Mitbestimmung aus. Da war zunächst und vor allem das Bürgertum in seiner ganzen sozialen Breite von den Handwerkern, kleinen Gewerbetreibenden und Kaufleuten bis hin zu Unternehmern und Bankiers. Von Mentalität und Interessenlage her nicht revolutionär, war es dennoch das Ferment der Umgestaltung, da seine gesellschaftliche und wirtschaftliche Macht immer eklatanter hinter seinem politischen Einfluss zurückblieb.

Daraus resultierte die Spannung des Zeitalters wie seine Ambivalenz: eine relativ friedliche Epoche der europäischen Staatengemeinschaft ging einher mit einer ausgesprochen konfliktreichen Entwicklung innerhalb der Staaten dieser Gemeinschaft. Deutlich wird auch, dass sich der Konstitutionalismus mindestens in zwei Typen differenzierte: einen mit dem Vorrang des Monarchen wie in Frankreich bis 1830, den deutschen Bundesstaaten und den Niederlanden und in einen mit dem Vorrang des Parlaments wie in Belgien und Frankreich seit 1830. Einen parlamentarischen Konstitutionalismus hat nur Großbritannien ab 1835 gekannt.

Es wird gerade auch im Hinblick auf die Verfassungen und die innere Verfasstheit der Staaten aber auch deutlich, wie sehr der Kontinent immer noch zwischen Ost und West gespalten war. Die Staaten Osteuropas und auf dem Balkan lassen sich nicht in das gemeineuropäische Schema des monarchischen oder parlamentarischen Konstitutionalismus einordnen. Eine Ausnahme davon war Griechenland, dessen Weg nach Europa allerdings lang, hart und unvollkommen war.

Innerhalb der Grundspannung des Zeitalters war die Restauration der Monarchie noch das geringere Problem; denn sie war nicht nur das politische Ideal der Royalisten, sondern wurde auch vom liberalen Bürgertum immer mehr als Pfeiler der Stabilität entdeckt; freilich – und das darf die Kontinuität der Institution nicht verdecken – in ganz neuer Funktion. Nur noch für die Royalisten war sie Tradition und Gottesgnadentum. Für das liberale Bürgertum hingegen war sie ein Verfassungsorgan geworden, dessen Vorteil vor allen Dingen darin lag, dass es soziale Umwälzungen erschwerte, ein Damm gegen die Republik war und sich plebiszitärem Zugriff entzog. Im Horizont der bisherigen Erfahrungen verhinderte sie sowohl einen Wohlfahrtsausschuss als auch eine napoleonische Diktatur.

Ganz anders stand es schon mit dem Adel, auf den sich die Monarchen stützten. Er wurde vom Bürgertum als eine privilegierte, teils auch parasitäre Schicht angesehen, gegen die sich sein gesellschaftspolitischer Impetus richtete. Soziale Erneuerung hieß Verbürgerlichung der Gesellschaft und eine entsprechende Beteiligung an der politischen Macht. Die Emanzipation der unterbürgerlichen Schichten war nicht vorgesehen oder ein Versprechen der Zukunft.

Die durch Aufklärung, Revolution und durch das Empire geprägten Schichten wie auch die von Napoleon in ganz Europa hinterlassenen Beamten und Militärs waren ein weiteres Element der Unruhe. Wenn auch zahlenmäßig nicht groß, so waren sie doch politisch ein nicht zu unterschätzendes Ferment. Sie waren zum Teil in die monarchischen Verwaltungen und in das Militär übernommen worden. Diese und vor allen Dingen jene, denen das nicht gelungen war, formierten sich in politischen Vereinigungen bis hin zu Geheimbünden. Ihnen schlossen sich die freien Berufe, Studenten und Journalisten an, von enttäuschten politischen Hoffnungen ebenso sehr getrieben wie von persönlichen Erwartungen.

Die unzulängliche Integration dieser Schichten in die politischen Systeme zeigte sich in deren fortgesetzter Instabilität. In dem dauernden Machtkampf zwischen der Exekutive und den Ständeversammlungen, der Verfolgung von Liberalen bis hin zu Anarchisten und Republikanern, den royalistischen Gegenschlägen gegen liberale Verfassungsexperimente und in den Pronunciamientos der Militärs und den bürgerkriegsähnlichen Konfrontationen zwischen den ideologischen Lagern.

Im Süden und Osten Europas hatte sich die Abhängigkeit der ländlichen Massen erhalten oder war zum Teil wiederhergestellt worden. Dort, wo sie durch die vom Staat erzwungene „Bauernbefreiung" unumkehrbar war, war die materielle Lage nicht zwangsläufig besser geworden. Die Reformen hatten um die Jahrhundertwende eingesetzt und waren bis zum Höhepunkt der europäischen Revolutionen 1848/49 abgeschlossen. Mit der Entlassung der erbuntertänigen und abgabepflichtigen Bauern aus Leibeigenschaft oder Grundherrschaft wurde die seit Jahrhunderten bestehende alteuropäische Agrarverfassung in eine Landwirtschaft von individuellen Besitzern und Marktsubjekten umgewandelt. Denn die jetzt rechtlich freien Klein- und Mittelbauern mussten mit den Großbauern und ehemaligen Grundherrn auf dem Markt konkurrieren. Zugleich waren sie verpflichtet, durch langjährige Zahlungen Abgabeverpflichtungen abzulösen, die meist nicht geringer waren als die Feudallasten. Dazu verloren Kleinbauern und ländliche Unterschichten mit der Auflösung des Gemeineigentums wie Allmende, Gemeindewald und Servituten unverzichtbare Einkommensquellen.

Nach dem Wiener Kongress setzte eine bisher nicht gekannte Vermehrung der Bevölkerung ein. Deren Ursache waren nicht zuletzt die Aufhebung traditioneller Heiratsbeschränkungen und die Auflösung der Einbindung in

Verbände und Gemeinschaften im Gefolge der Umwälzungen auf dem Lande. Die Auswirkungen hatten vor allen Dingen die Unterschichten zu tragen. Sie zeigten sich für sie in der Verknappung des Lebensunterhalts und der Entwertung ihrer Arbeitskraft, das einzige Mittel der Existenzsicherung, das ihnen geblieben war.

Dazu blieb die Versorgung mit Grundnahrungsmitteln noch vollständig wie im Ancien Régime vom jährlichen Ernteertrag abhängig, dessen Umfang Wetter und Schädlinge bestimmten. Die sichtbarsten Auswirkungen dieser epochalen Phänomene waren die Massen in Stadt und Land, die einen ausreichenden Lebensunterhalt nicht mehr generieren konnten. Massenarmut und Hungerkrisen wuchsen sich deswegen in besonderem Umfang aus, weil sie weder durch staatliche Sozialpolitik eingedämmt wurden noch durch christliche Caritas nach der umfangreichen Säkularisierung kirchlicher Stiftungen und Besitzes aufgefangen werden konnten.

In den Städten drang die kapitalistische Marktgesellschaft ebenfalls vor. Die Zünfte waren nicht mehr zu halten, da sie infolge wachsender Bevölkerung und des Gesellenelends wenige auf Kosten vieler privilegierten. Der Wegfall des korporativen Schutzes des Zugangs zu bestimmten Gewerben und des garantierten Absatzes fiel mit dem Aufkommen der maschinellen Produktion von Gütern zusammen. Die Konkurrenz verschärfte sich für das traditionelle Handwerk noch dadurch, dass sich die bisherigen lokalen wie regionalen Märkte durch die Schaffung größerer Wirtschaftsräume sowie verbesserter Verkehrs- und Kommunikationsstrukturen erheblich erweiterten.

Die Freiheit, in deren Namen so viel verlangt und so viel gerechtfertigt worden war, hieß nun vor allen Dingen Freiheit des Bodens, der Waren und des Kapitals. Die Kehrseite des Versprechens der Befreiung aus den alten Bindungen wurde offenbar. Denn die dadurch entstandenen städtischen und ländlichen Unterschichten waren nicht mehr in die restaurierten Gesellschaften und Staaten zu integrieren. Ihre Lage war so wenig ein Anliegen der neuen Mächtigen, wie es eines der alten gewesen ist. Hatten sich diese auflösenden Tendenzen bisher vor allen Dingen im Mittelmeerraum gezeigt, so traten sie mit dem Jahr 1830 auch im Zentrum Europas hervor.

Die dadurch ausgelösten, gelegentlich gewalttätigen Unruhen erhöhten die Durchschlagskraft von Nationalismus und Liberalismus nachdrücklich.

Wenn zwischen den politischen Bestrebungen des Bürgertums und dem sozialen Protest keine direkte Verbindung bestand, so verstärkte doch das gleichzeitige Auftreten das Gefühl allgemeiner Unsicherheit. Dabei zeigte sich, dass die Französische Revolution auch schon das Verlaufsmuster im Verhältnis der Bürger zu Bauern und Unterschichten für die folgende Epoche vorgegeben hatte: zum einen das frühe Ausscheiden der Bauern aus dem revolutionären Prozess nach der Befriedigung ihrer materiellen Bedürfnisse, zum anderen das Bemühen von Bürgertum und Bourgeoisie, diesen Prozess durch Institutionalisierung, vornehmlich durch Revolutionsregierungen und Parlamente, zu steuern. Unabhängig davon kam es zu gewaltsamen Protesten auf der Straße. Die zeitweise Gleichzeitigkeit des Auftretens von Protesten der Bürger, der Bauern und der Unterschichten sind die markanten Höhepunkte in allen Revolutionen. Diese scheiterten in Europa nicht zuletzt auch deswegen, weil die dauerhafte Verbindung der Problemkomplexe und der von ihnen erfassten Schichten nicht gelang. Die bürgerlichen Revolutionäre versuchten vielmehr, konkurrierende Bewegungen zu domestizieren oder auszuschalten. Das Ende der Revolutionen wurde meist durch den Zerfall des verbliebenen bürgerlichen Lagers eingeleitet. Der konterrevolutionäre Gegenschlag wurde durch den Zwist zwischen „Konstitutionellen" und „Demokraten" in dessen Reihen erleichtert.

Die Revolutionen zwischen dem Wiener Kongress und der Mitte des 19. Jahrhunderts waren überwiegend politische gewesen. Sie sind von Notabeln, dem liberalen Bürgertum, Offizieren oder höheren Verwaltungsbeamten gelenkt und letztlich für ihre Ziele instrumentalisiert worden, obwohl sie nicht immer von ihnen ausgelöst worden waren. Gelegentlich gingen die Anstöße von den Unterschichten aus und es wurden manche von deren unmittelbaren Forderungen erfüllt. Sie erreichten aber kein längerfristiges politisches Ziel, sie haben solche auch kaum formuliert.

Die Revolutionen und Aufstände waren durchgehend städtische Ereignisse, oft sogar nur hauptstädtische; das Land, wo immer noch die große Mehrheit der Bevölkerung lebte, blieb weitgehend ruhig. Die Gesellschaft wurde nirgends umgewälzt, die Wirtschaft nicht erschüttert. Dies lag nicht im Interesse der den Gang der Dinge bestimmenden Schichten. Sie wollten einen größeren Anteil an der politischen Macht auf Kosten der monarchischen oder restaurierten Kräfte.

In den romanischen Ländern erhöhte das ungelöste Problem der napoleonischen Eliten die Spannungen. Soweit sie ihre führenden Positionen in Politik, Militär und Verwaltung und ihren oft aus Konfiskationen stammenden
Besitz verloren hatten, vergrößerten sie die Masse der Unzufriedenen und
wurden meist deren Wortführer. Soweit sie in ihren Ämtern verblieben waren, mussten sie dauernd um diese wie ihren Besitz fürchten.

Die Revolutionäre der Restaurationszeit wussten um das Prekäre der eigenen Lage. Sie teilten mit den Herrschenden das Interesse am Erhalt der
sozialen Verhältnisse und wollten nur eine auf ihre Schicht begrenzte Ausweitung der Beteiligung an der politischen Macht. Das alles ließ es ihnen geraten sein, sich eher mit ihren Gegnern zu arrangieren, als diese zu überwinden. Denn so sehr sich die Bourgeoisie in der mit dem Hambacher Fest en-
denden Epoche auch als Siegerin sehen konnte, so waren doch ihre gefährlichsten Herausforderer auch schon präsent: der bürgerliche Radikalismus
und die ersten Gesellen- und Arbeiterassoziationen.

Der Kompromiss wurde in einer Verfassungsgebung, noch häufiger in einer Verfassungsrevision gefunden. So sehr dies noch „Klassenherrschaft"
blieb, so waren die Erfolge doch andererseits auch schon Schritte hin zur
Überwindung autokratischer Systeme und zu einer Stärkung der Parlamente, teils auch des Rechtsstaats. Nur Polen ging den umgekehrten Weg
und auf der iberischen wie in den größten Teilen der italienischen Halbinsel
waren die Erfolge von begrenzter Dauer. Die Charte von 1814, die Verfassung
von Cádiz wie die des Bürgerkönigtums und die der belgischen Nation waren
die Fixsterne am Himmel des liberalen Bürgertums, nicht die Konstitutionen
der späten Französischen Revolution.

Wo es zu einschneidenden sozialen Veränderungen gekommen war, lagen sie im Interesse von Notabeln, liberalem Bürgertum und Bourgeoisie: die
Beschneidung der Vorrechte des Adels in den Kammern, in der höheren Verwaltung und der Armee; Aufhebung der Leibeigenschaft, freie Verfügbarkeit
des Bodens und der Arbeitskräfte, Grundlegung des kapitalistischen Wirtschaftens durch Beseitigung zünftiger Beschränkungen und vermehrte
Rechtssicherheit für Kapital und Unternehmer.

Im Kontext der europäischen Revolutionen markieren jene von 1848/49
das Ende einer Serie großer Umwälzungen. Sie waren aus sozialen und politischen Krisen entstanden und in ihnen ging es um die Umverteilung der
politischen Macht zwischen der monarchischen Staatsbürokratie und der

mit ihr verbundenen privilegierten Aristokratie einerseits und dem aufstrebenden Bürgertum andererseits. Solche Revolutionen hat es in Europa nach 1850 nicht mehr gegeben. Mit 1849 endet die lange Kette der klassischen westlichen Revolutionen. Sie haben in fast allen europäischen Staaten in unterschiedlichem Umfang zur Verbreitung der Kernfreiheiten der Französischen Revolution von 1789 beigetragen. Es wurden Schranken niedergerissen, die einer kapitalistischen Marktgesellschaft individueller Eigentümer und der weiteren Ausbreitung der Industrialisierung im Wege standen.

2 Deutsche Ursachen

Lesekabinett, Ölgemälde von Heinrich Lukas Arnold (1815–1854), Dresden, um 1840

2.1 Die Rahmenbedingungen

2.1.1 Die konstitutionellen Verfassungen des Vormärz

Um das Volk für die Kämpfer gegen Napoleon zu mobilisieren, hatten ihm die Fürsten eine stärkere Beteiligung an der Politik versprochen. In Art. 13 der Deutschen Bundesakte vom Juni 1815 war diese Zusage durch die lapidare Formulierung „In allen Bundesstaaten wird eine Landständische Verfassung Statt finden" eingelöst worden. Der Kompromiss war nur zustande gekommen, weil auf die Festlegung von Art und Kompetenzen der Ständeversammlung verzichtet worden war. Er verhinderte daher auch nicht, dass die Fürsten Süd- und Mitteldeutschlands zwischen 1814 und 1824 repräsentative Ständeversammlungen innerhalb konstitutioneller Verfassungen einrichteten. Sie sahen sich dazu auch gegen die Überzeugung Metternichs, dass dieser Schritt durch Art. 13 nicht mehr gedeckt sei, gezwungen. Denn sie hofften, dadurch ihre gerade erworbenen heterogenen Landesteile besser integrieren zu können. Die Opfer der Reformen (Mediatisierte, Altstände, Patrizier, Kirchen, regionale Gewalten) sollten an den neuen Staat herangeführt sowie die jetzt freigesetzten Kräfte (Bürgertum und Bauern) eingebunden werden. Dafür sprach insbesondere, dass ohne sie die Steuern und Kredite zur Deckung eines beträchtlich vermehrten Finanzbedarfs nicht mehr aufzubringen waren.

Dennoch sollte der Fürst auch dort autonomes Staatsorgan bleiben, und keinesfalls sollte der Staat zum Instrument gesellschaftlicher Kräfte werden. Zu verhindern war dies durch das „Monarchische Prinzip". Es besagte, dass der Wille des Fürsten rechtlicher Geltungsgrund der Konstitution sei und daher auch nach deren Erlass die gesamte Staatsgewalt in seiner Person vereinigt bleibe. Seine Verfassungsrechte waren originär und nicht abgeleitet wie die der anderen Verfassungsorgane. Folglich galten Person und Institution des Monarchen als unantastbar.

Die Verfassungen waren durchgehend Schöpfungen der Staatsbürokratie. Sie enthielten dementsprechend auch nur vom Herrscher gebilligte Grundsätze über die Grundlagen des politischen Verbands und Bestimmungen, wie und inwieweit er bei der Ausübung seiner Gewalt die Kräfte der Gesellschaft beteiligen wollte. So teilte der Fürst die Staatsmacht auch nicht mit den

Ständen, sondern zog sie nur zu deren Ausübung heran. Allerdings floss aus dem Charakter der Verfassung als Schutzwall gegen fürstliche Willkür auch eine Beschneidung der ideal ungeteilten Staatsgewalt. Nach konstitutionellem Verständnis war ihr Erlass eine freiwillige, doch nicht mehr einseitig änderbare Selbstbindung, die der Monarch daher auch durch Eid oder Gelöbnis befestigte. Mit dem Monarchischen Prinzip wurde versucht, eine unübersteigbare Barriere gegen Volkssouveränität und Gewaltenteilung zu errichten und politisch die Grundlage dafür zu legen, dass die Monarchen und die sie stützenden Eliten trotz der unumgänglichen Modernisierung das Heft in der Hand behielten. Die Diskrepanz zwischen politischer und gesellschaftlicher Ordnung, die die konstitutionelle Monarchie in Deutschland bis zu ihrem Ende kennzeichnete, ist also schon in ihrer Entstehung angelegt: Die gesellschaftliche Macht wird nicht adäquat in staatliche transferiert.

Die Liberalen haben den Vorrang des Fürsten und seiner Regierung anerkannt, denn der monarchische Staat war ihnen Garant von Sicherheit und Ordnung und ein Bollwerk gegen die Gewaltherrschaft der Massen. Dies waren die eigentlichen Motive bürgerlicher Fürstenloyalität und Staatszentrierung und nicht ein „Monarchismus" irgendwelcher Art. Der Kompromiss lief darauf hinaus, dass das Militär, die Auswärtigen Angelegenheiten, darunter besonders die Beziehungen zum Bund, alle staatlichen Organisationsregelungen und der damals weite Bereich der „besonderen Gewaltverhältnisse" in die alleinige Kompetenz des Fürsten und seiner Regierung fielen. Dafür benötigten sie für alle Eingriffe in die Sphäre der bürgerlichen Gesellschaft die Zustimmung, meist in gesetzlicher Form, durch deren Repräsentanten. Die Akzeptanz dieser Lösung fiel umso leichter, als die Minister der Regierungen in den Verfassungsstaaten durch Gegenzeichnung die Verantwortung für das politische Handeln des Fürsten gegenüber Kammern und Land übernehmen mussten.

Innerhalb dieses Dualismus vertraten die Stände die Gesellschaft. Trotz gleichen Namens hatten sie mit denen des Alten Reichs nichts mehr gemeinsam. Denn sie hatten ein Mandat, das sie entweder wie die Abgeordneten der Zweiten Kammer durch Wahl oder wie die der Ersten durch Amt oder Ernennung erhalten hatten. Dieses hatten sie zugunsten des Wohls der Allgemeinheit, nicht eines Standes, wahrzunehmen. Die Zuweisung fester Kontingente von Abgeordnetenmandaten an bestimmte Schichten und indirekte Wahlen, an denen nur Männer mit einem bestimmten Vermögen teilnehmen konnten, widersprachen weder diesem Auftrag noch der Überzeugung, dass die Ständeversammlungen das gesamte Volk repräsentierten.

In der Gesetzgebung kam der Dualismus der konstitutionellen Verfassungen am anschaulichsten zum Ausdruck; zugleich wurde er dabei überwunden, da die Gesetze Ausfluss des im Fürsten und den Landständen repräsentierten staatlichen Gesamtwillens waren. Verfassungsrechtlich war der Monarch das eigentliche Gesetzgebungsorgan. Das Initiativrecht lag allein bei ihm. Die Stände konnten lediglich in Form von Petitionen Anregungen geben. Die Beteiligung der Kammern an der Gesetzgebung beschränkte sich auf die Zustimmung, die als Voraussetzung des Gesetzesgehorsams freier Bürger galt. Durch ihre Stellung im Verfassungsgefüge und durch dieses Verfahren hat sich bei den ständischen Abgeordneten eine folgenreiche Mentalität ausgeprägt, die auch in der Frankfurter Nationalversammlung noch deutlich erkennbar ist. Sie zeigten wenig Neigung, mit der Exekutive die Probleme des täglichen politischen Geschäfts im Kompromiss zu lösen. Immer wieder erlagen sie der Gefahr einer grundsätzlichen Verweigerungshaltung und des Dogmatismus. Sie sahen ihre Aufgabe vor allen Dingen in der Abwehr, der Kontrolle und Kritik von Maßnahmen der Regierung durch ungezügeltes Debattieren und Räsonieren.

Die weitaus wichtigste Kompetenz der Landstände war die Verabschiedung des Haushaltes und die Bewilligung von Steuern, die in Gesetzesform erfolgen mussten. Dabei und beim Auflegen von Staatskrediten wirkte die wirtschaftliche Macht der bürgerlichen Gesellschaft am unmittelbarsten in den staatlichen Raum, denn im Haushalt wurde der Staatspolitik im großen Umfang der Rahmen vorgegeben. Hier lagen die ganz unterschiedlich genutzten Möglichkeiten der Ständeversammlungen, die Gestaltung des Landes mitzubestimmen. Da alle Staaten ihre Tätigkeiten ausdehnten, konnten sie diese umso weniger mit den bisherigen Einkünften bestreiten. Aufgrund dieser Entwicklung nahmen die landständischen Gestaltungsmöglichkeiten tendenziell zu. Die Monarchen wollten diesen Machtzuwachs dadurch begrenzen, dass sie auf mehrjährigen Haushaltsperioden bestanden und durchzusetzen versuchten, dass einmal bewilligte Steuern nur einvernehmlich wieder reduziert oder abgeschafft werden konnten. Wirkungsvolle Hilfe kam vom Bund. Er hat die Landesfürsten bei ihrer Politik gestützt, Ausgaben für ein geordnetes Regiment und besonders die am heftigsten umstrittenen für das Militär als Erfüllung ihrer Bundespflichten zu rechtfertigen, die nicht zur Disposition der Stände stünden.

Ein nicht zu unterschätzendes Hemmnis für die bürgerliche Machtentfaltung in den Ständeversammlungen war, dass im Ermessen des Fürsten stand, wann und wie oft er sie einberief oder auflöste. Schließlich bremste auch noch das in Deutschland vorherrschende Zweikammersystem, denn die Beschlüsse der Ständeversammlungen bedurften für ihre Gültigkeit der Zustimmung der Mehrheit beider Kammern. Daher musste sich die der Abgeordneten mit der Ersten arrangieren. Dort saßen neben dem Adel meist noch die Prinzen des Herrscherhauses, ernannte Vertreter von Korporationen und der Kirchen, aber auch wegen ihrer Verdienste oder ihres Vermögens berufene Persönlichkeiten. Die ehemals regierenden Herrscherhäuser hatten einen erblichen Anspruch auf Vertretung; sie prägten vornehmlich die Ersten Kammern in den süddeutschen Bundesstaaten.

Das deutsche Bürgertum vermied es bis zur Revolution ängstlich, sich klarzumachen, dass die Alternative letztlich in Volkssouveränität oder Monarchischem Prinzip bestand. Als es der Entscheidung nicht mehr ausweichen konnte, hat es sich in der Nationalversammlung entlang dieses Antagonismus gespalten. Sein politisch aktiver Teil verweigerte sich der Einsicht, dass die angestrebte liberale Rechts-, Freiheits- wie Gesellschaftsordnung letztlich auf eine demokratische Herrschaftsordnung hinauslaufen musste. Mentalität und historische Ausgangslage haben dem deutschen Bürgertum den Ausweg verlockend erscheinen lassen, die bürgerliche Gesellschaft mithilfe des Fürstenstaats zu schaffen. Es war dieser Weg, den es, als sich ihm die Chance in der Revolution bot, gegangen ist.

Andererseits haben die konstitutionellen Verfassungen, ohne dass dies intendiert gewesen war, die Demokratisierung gefördert. Die Berichte über die Ständeversammlungen, die nicht der Zensur unterlagen, wurden eingehend verfolgt und in den unterschiedlichsten Zirkeln intensiv diskutiert. Die Wahlen, so eingeschränkt sie auch zum Teil waren, mobilisierten eine breite Öffentlichkeit. Sie stärkten den Zusammenhalt zwischen Wählern und Gewählten, da sich diese aufgrund des Verfassungsdualismus als das der Staatsmacht gegenüberstehende Volk verstanden. Die festliche Begrüßung der Ständevertreter und die Festbankette zu deren Ehren am Ende der Sitzungsperiode sind Ausdruck dieses Gefühls der Gemeinsamkeit und der Hochschätzung ihrer Tätigkeit – einmalig in der deutschen Parlamentsgeschichte.

Schließlich darf zur Erklärung des Verlaufs der Revolution nicht vergessen werden, dass aufgrund der Einführung der konstitutionellen Verfassungen sich eine tiefe Spaltung der politischen Kultur verfestigte: zwischen den konstitutionellen Staaten vorwiegend Süd- und Mitteldeutschlands, den altständischen Nordwestdeutschlands und besonders den Vormächten des Deutschen Bundes, dem Kaisertum Österreich und dem Königreich Preußen, die diesen Weg nicht mitgegangen waren.

2.1.2 Die Formierung des Liberalismus

In den Kämpfen gegen die napoleonische Herrschaft in Deutschland und der dabei entfachten patriotischen Begeisterung hatte sich erstmals über Staaten und Stände hinweg ein nationales Bewusstsein geformt. Für dieses war die Restaurierung der Fürstenherrschaft in der Form des Deutschen Bundes nicht die Erfüllung des damals gewachsenen Verlangens nach Einheit. Weil darüber hinaus die Teilnahme am Geschick von Nation und Staat weiterhin verweigert wurde und die Modernisierung nur schleppend vorankam, wurde das in der Aufklärung geistig geprägte Bürgertum aktiv. Es formierte sich als die den fürstlichen Regierungen wie dem Adel gegenüberstehende Repräsentation des Volkes, die Mitgestaltung der Politik einforderte.

Sie tat dies im Namen von Nation und bürgerlicher Gesellschaft. Die vor allem schon im Bürgertum bestehende Kulturnation sollte zur Staatsnation, von der noch keine konkreten Vorstellungen bestanden, weiterentwickelt werden. Damit einher sollte eine stärker von bürgerlichen Werten, Tugenden und Interessen geprägte Gesellschaft durch Reformen heraufgeführt werden. Auf diesen Wandel des aufgeklärten Bürgertums zum liberalen reagierten der Bund und die Fürstenstaaten mit Repression und Schikanen. In die Rolle des Widerparts zu den bestehenden Gewalten gedrängt, wurden Zielsetzungen und Selbstverständnis des liberalen Bürgertums nochmals politischer. Es begriff sich nun immer mehr als „Partei der Bewegung", die ihren geschichtlichen Auftrag im Namen der Freiheit erfüllte. Es galt, politische Teilhabe wie gesellschaftliche und wirtschaftliche Modernisierung der „Reaktion" abzutrotzen, und zwar vor allen Dingen in den Ständeversammlungen der konstitutionellen Staaten Süd- und Mitteldeutschlands.

Auf der Grundlage dieser Ideologie wuchs das Selbstverständnis vom Bürgertum als dem „allgemeinen Stand" und vom Bürger als dem „Agenten des Gemeinwohls". Er allein sei aufgrund seines Besitzes unabhängig und aufgrund seiner Bildung verständig genug, um politische Verantwortung zu übernehmen. Bis zum Anfang der Vierzigerjahre des 19. Jahrhunderts hat es diesen Anspruch fast unangefochten aufrecht erhalten können – nicht zuletzt, weil es vom indirekten Zensuswahlrecht massiv bevorzugt wurde.

Es kam hinzu, dass sich in der liberalen Bewegung zwischen dem Ende des Wiener Kongresses und dem Ausbruch der Revolution ein breites soziales Spektrum sammelte. Es reichte vom kleinen Handwerker über Beamten aller Rangstufen, Freiberufler, Juristen und Gewerbetreibende bis zu Unternehmern. In geringerem Umfang schloss es bäuerliche Honoratioren mit ein. Führend blieben die bürgerlichen Meinungsbildner in Schulen, Universitäten und Publizistik, die schon bei der Konstituierung des aufgeklärten Bürgertums des 18. Jahrhunderts entscheidend gewesen waren. Im Vergleich mit dem westeuropäischen und englischen Liberalismus wird besonders der mittelständische und staatszentrierte Charakter des deutschen deutlich. Die Bourgeoisie aus dem Bankwesen, dem Fernhandel und der Industrie fehlte hier fast vollständig. Deswegen war undenkbar, dass wie zum Beispiel in Frankreich das Bürgertum auf der Grundlage seiner wirtschaftlichen Macht eine Regierung stürzte oder sich für seine Interessen dienstbar machte. Dafür waren die politisch aktiven Bürger in Deutschland wirtschaftlich zu schwach und standen viel zu viele im Dienst des Staates, der Kommunen oder der Kirchen.

Ein großbürgerlicher Liberalismus war bloß sporadisch vorhanden. Außer in einigen nord- und mitteldeutschen Handelsstädten hat es ihn in nennenswertem Umfang nur im preußischen Westen gegeben. Auf der Grundlage der aus der französischen Zeit verbliebenen Institutionen der Mitbestimmung konnte es dort seine Interessen artikulieren und zumindest die Politik mithilfe der Handelskammern, in den Kommunen und in geringerem Maße in den von den altständischen Kräften dominierten Provinzialversammlungen mitbestimmen. Das rheinische, weniger das westfälische Bürgertum hat zusammen mit der liberalen Elite der Staatsverwaltung den Kern der Opposition gegenüber den altständischen und staatskonservativen Kräften gebildet, die den Weg zu einem bürgerlichen Rechts- und Verfassungsstaat seit den Zwanzigerjahren so jäh gestoppt hatten. Dass sich der Liberalismus in Preußen nur in regionalen Institutionen betätigen konnte, hat seine Entwicklung beschnitten. So hat er außer im Rheinland nur in den östlichen Flügelprovinzen und in Zirkeln einiger Städte Fuß fassen können. Regionale Zersplitterung zusammen mit Differenzen in politischen Grundanschauungen haben die Aktionen der Volksbewegung in Preußen seit dem Vereinigten Landtag von 1847 und während der Revolution geschwächt.

Organisatorisches Rückgrat des Liberalismus waren die Vereine, obwohl die meisten von ihnen überhaupt keine politischen Ziele verfolgten. Es war nun gerade die Verschiebung der Gewichte zugunsten des Bürgertums durch das Vereinswesen, die den Bundestag und die Fürstenstaaten bewogen, deren Betätigung einzuschränken und das Verbot politischer Assoziationen strikter zu handhaben. Die bürgerliche Elite parierte den Schlag durch kryptopolitische Vereinsaktivitäten und durch die Veranstaltung nationaler Feste und Kongresse. Durch sie drangen ihre Ideen in die Massen ein und überschritten die Grenzen der Bundesstaaten. So wuchs der Liberalismus seit den Dreißigerjahren auch auf nationaler Ebene zusammen. Andererseits gewannen aufgrund der Verbote die Ständevertreter und die Ständeversammlungen als politische Kristallisationspunkte Bedeutung. Durch die Berichterstattung über die Kammerdebatten, durch Adress- und Petitionsbewegungen und um Zeitungen herum bildeten sich neue Kommunikationsstrukturen.

Den Zusammenhalt des liberalen Bürgertums hat ein Geflecht von gemeinsamen Werten, ähnlichen Ansichten und Absichten zusätzlich gefestigt, und schließlich haben sich solche Überzeugungen auch in politischen Visionen konkretisiert. Ihre Vorstellungen von der Gesellschaft blieben noch lange dem aufklärerischen Ideal eines Zusammenschlusses von selbstständigen Hausvätern verpflichtet, in der der autonome Einzelne für sein Schicksal selbst verantwortlich ist. Dann würde eine organisch gegliederte Gemeinschaft freier Staatsbürger heraufkommen, die sich hinsichtlich Bildung und materieller Lebensgrundlage auf dem Niveau des eher als Milieu denn als Klasse verstandenen mittleren Bürgertums egalisiere.

Aufgrund seiner inzwischen errungenen Position konnte nur das Bürgertum dieses Ideal von der Gesellschaft verwirklichen und die bis Ende des zweiten Jahrzehnts gefundene Verteilung der Macht im Staate in Frage stellen. In diese Auseinandersetzungen hat sich die zusätzlich mobilisierende

und integrierende Forderung nach der nationalen Einheit bruchlos einge-
fügt, da mit ihr immer auch der Status quo zur Debatte stand. Das neue Reich
sollte ein vom Bürgertum wesentlich mitgeprägtes Gebilde sein; in Bezug auf
Freiheit und politische Teilhabe ein Gegenentwurf zum Deutschen Bund und
seinen Gliedstaaten. Als Verfechter des Rechts- und Verfassungsstaats waren die Liberalen ohne ernsthafte Konkurrenz, und so ist es im Grunde auch
noch 1848/49 gewesen.

Seine Ziele wollte der Liberalismus evolutionär erreichen. Er unterschied
sich in dieser Hinsicht von einigen Radikalen, die einen Umsturz nicht von
vornehrein ausschließen wollten; denn anders als der rationalistische Liberalismus Frankreichs hat der deutsche im Konfliktfall der durch das Recht zu
sichernden Freiheit den Vorzug vor der Gleichheit gegeben. Vor allem seit
der Erfahrung mit der Herrschaft der Jakobiner hat er die Despotie der Massen nicht weniger gefürchtet als die Autokratie der Fürsten.

2.2   Die politische Entwicklung nach 1830

In Deutschland wurden der Sturz des wiedereingesetzten Bourbonen-Re-
gimes im Juli 1830 und die ihr im August folgenden Erhebungen der Belgier
als Signal dafür verstanden, den sich eröffnenden Freiraum zu nutzen. Weiterhin sah man sich dadurch ermutigt, dass die beiden reaktionären Vormächte des Deutschen Bundes durch den polnischen Aufstand gefesselt waren. Es kam zu revolutionären Aktionen vor allem in den Staaten Mittel- und
Norddeutschlands. In ihnen war die Beteiligung der Bürger an der politischen Macht im Vergleich mit den süddeutschen kaum oder nur unzulänglich erfolgt. Die Fürsten wichen vor den ersten revolutionären Anzeichen
ängstlich zurück. Dort allerdings, wo sie selbstbewusst auf ihre Stärke vertrauten wie in Preußen und Österreich, überdauerte das absolutistische Regiment.

Die Unruhen waren meist von unterbürgerlichen Schichten ausgegangen.
Sie wurden von städtischen Gewerbetreibenden und Handwerkern getragen.
Diese fürchteten seit 1824 um ihre Existenz wegen der Aufhebung der
Zünfte, aufgrund der industriellen Konkurrenz und des rapiden Preisverfalls
ihrer Produkte. Hunger im Gefolge von Missernten und Arbeitslosigkeit trie-
ben die Unterschichten dazu, sich anzuschließen. Die Bewegung fand überall

dort auf dem Land Resonanz, wo feudale Fronen und Abgaben die Unzufriedenheit bisher aufrechterhalten hatten. Der Unmut richtete sich verstärkt gegen die fürstlichen Regierungen, deren Steuer- und Zollpolitik häufig für die wirtschaftliche Not verantwortlich gemacht wurde. Die Ursachen waren so vielfältig wie die Ziele. Sie schwankten zwischen Artikulation sozialer Not und Widerstand gegen die Umbrüche in Produktion wie Gewerbe. Diese Uneinheitlichkeit des Wollens, die mangelnde Geschlossenheit des Vorstoßes und die kaum vorhandene Koordination der vorwiegend städtischen Aktionen waren Gründe dafür, dass es überwiegend bei kurzen Strohfeuern blieb. Sie ließen sich leicht eindämmen und für andere Zwecke nutzen.

Das Bürgertum war durch Versuche, einzelne Bestimmungen der Verfassungen zu revidieren oder diese gar vollständig zu widerrufen, provoziert worden. Es schloss sich daher mit Klagen über Willkür der Justiz, uneffektive und teilweise korrupte Verwaltungen wie auch die Untätigkeit oder Lebensführung einzelner Fürsten an. So gelang es ihm nochmals, die Unzufriedenheit aufzufangen und sie in einer Verfassungsbewegung zu kanalisieren.

Die Verfassungen der Königreiche Sachsen und Hannover und des Herzogtums Braunschweig lehnten sich an das süddeutsche Modell an. Sie behielten aber einen ständisch-korporativen Einschlag unter zweifelsfreier Wahrung der Vorrechte des Monarchen. Darüber hinaus ging die Verfassung Kurhessens vom 5. Januar 1831. Die Befugnisse der einzigen, stark bürgerlich-bäuerlichen Kammer mit Gesetzesinitiative, Steuerbewilligungs- wie Budgetrecht und dem Recht der Ministeranklage waren ungewöhnlich weitgehend; dazu kamen umfangreiche Grundrechte. Die Beschneidung der fürstlichen Exekutive durch den Eid der Beamten und Soldaten auf die Verfassung und durch die Einbindung des Fürsten ins Ministerium war rigoros. Metternich hatte allen Grund, in Kurhessen den Vorrang des Fürsten nicht mehr gewahrt zu sehen.

In den süddeutschen Staaten, die bereits Verfassungen dieses Zuschnitts hatten, war es zu keinen nennenswerten gewaltsamen Protesten gekommen. Hier hatten die liberalen Kammern den Freiraum genutzt, um die Rechte der Landtage zu erweitern. Die reaktionären Ministerien wurden durch liberale ersetzt, da und dort das Wahlrecht demokratisiert und vor allem die Fesseln der Pressezensur abgestreift. Gelegentlich wurde auch schon der Ruf nach einem deutschen Nationalparlament erhoben.

Es sollte sich aber rasch zeigen, dass das Bürgertum den Aufbruch nicht in eine dauernde Machtbefestigung umwandeln konnte; ja, es vermochte noch nicht einmal, die Verfassungserfolge in ihrer Substanz ungeschmälert zu erhalten. Denn im Gefolge dieser Verfassungsschöpfungen war eine Reformgesetzgebung der neuen Regierungen in Gang gekommen, die die Gemüter besänftigte. Es wurden rechtliche und fiskalische Möglichkeiten zur Ablösung der Grundlasten geschaffen und teils nachhaltige Eingriffe in die Privilegien des Adels gewagt, wie etwa die Abschaffung von dessen Steuerfreiheit in Sachsen 1843. Die Gewährung städtischer und im geringeren Umfang auch gemeindlicher Selbstverwaltung trug ebenso zur Beruhigung bei wie die Trennung von Justiz und Verwaltung als unverzichtbare Voraussetzung für die Beschränkung behördlicher Willkür.

Die weiterhin bestehenden Beschränkungen mussten den Druck auf das Bürgertum, aus seiner Lage auszubrechen, nochmals erhöhen, da sein Selbstbewusstsein seit den Dreißigerjahren gewachsen war. Denn neben dem mittlere Bürgertum aus Gewerbe, Handwerk, Bildung, Verwaltung, Justiz und Rechtswesen, das die politische Modernisierung in den Bundesstaaten und auch auf nationaler Ebene vorantrieb, war das Großbürgertum stärker hervorgetreten. Es hatte unternehmerisch, oft mit Einsatz von erheblichen privaten Kapitalien, die Branchen der Frühindustrialisierung aufgebaut und den Eisenbahnbau in Deutschland vorangetrieben. Dadurch wurde die dem Konstitutionalismus eigene Diskrepanz, dass die gesellschaftliche und wirtschaftliche Macht nicht adäquat in politische umgesetzt wurde, noch stärker empfunden.

Eine andere Folge des kurzen Tauwetters der frühen Dreißigerjahre war die Formierung einer demokratischen Bewegung im deutschen Bürgertum. Sie verstand sich als die radikale Alternative zum in ihren Augen zu kompromisslerischen Liberalismus und als die eigentliche politische Opposition. Durch die infolge der wirtschaftlichen Bedrückung in Gärung geratenen Volksmassen, derer sie sich annahm, erhielt sie einen zusätzlichen Schub. Diese deutlich profilierte Bewegung wurde vor allem von den Teilen des Bürgertums getragen, die wie Richter, Pfarrer, Rechtsanwälte und Ärzte beruflich mit der Not der Massen konfrontiert wurden, die wie Intellektuelle und Volksschullehrer in prekären Verhältnissen lebten oder aber die wie Studenten, Professoren und Journalisten bisher am stärksten unter der Repression hatten leiden müssen.

Sie waren Anhänger der Volkssouveränität und konsequenterweise traten sie mehrheitlich für die republikanische Staatsform ein. Im Konfliktfalle zogen sie die Gleichheit der Freiheit vor; für sie war nicht mehr die bürgerliche Elite, sondern die Masse das Volk, dem daher auch das uneingeschränkte Wahlrecht zu gewähren war. Von diesen Positionen aus entlarvten sie den Kammerliberalismus ihrer Standesgenossen als Eckpfeiler des Justemilieu, da seine Kompromisse und Halbheiten die wahre Freiheit nicht bringen würden: die Selbstregierung des Volkes und seine umfassende Beteiligung an der Politik durch Schaffung der dazu nötigen gesellschaftlichen und wirtschaftlichen Voraussetzungen. Die Demokraten blieben aber zunächst an der Seite der bürgerlichen Mehrheit. Zusammen mit ihr haben sie im Januar 1832 in Zweibrücken den „Deutschen Vaterlandsvereins zur Unterstützung der freien Presse" gegründet, um die schärfste Waffe der Opposition noch schlagkräftiger zu machen. Denn seitdem konnten bedrohte Blätter und verfolgte Journalisten finanziell unterstützt werden.

Geschickt ergriffen dann einige Mitglieder des Pressvereins die Absicht einiger Neustädter Bürger, wie im Vorjahr am bayerischen Verfassungstag eine Huldigungs- und Dankesfeier für das Königshaus zu veranstalten, um diese in ihrem Sinne umzubiegen: „für Abschüttelung innerer und äußerer Gewalt, für Erstrebung gesetzlicher Freiheit und deutsche Nationalwürde". Die Absicht war, eine öffentliche Meinungsbildung über Fragen des staatlichen und gesellschaftlichen Lebens herbeizuführen, um so eine allmähliche Veränderung der vorhandenen Macht- und Herrschaftsstrukturen auf legalem Wege zu erreichen.

Die vielfältig verbreitete Einladung fand eine solche Resonanz, dass das auf der benachbarten Hambacher Schlossruine veranstaltete Fest am 27. Mai 1832 mit bis zu 30 000 Teilnehmern aus Deutschland und Europa ein Höhepunkt der oppositionellen Bewegung vor der Revolution wurde: eine weit über die Landesgrenzen hinausreichende Demonstration der Solidarität und des Zusammenhalts der Oppositionsbewegung.

Die wohl über 20 Reden behandelten die augenblickliche politische Lage und die künftige Gestaltung Deutschlands. Dabei zeichnete sich schon überraschend deutlich das Programm der Märzbewegung von 1848 ab. Es wurde die staatliche Einheit der deutschen Kulturnation, wurzelnd in gemeinsamer Sprache und Vergangenheit, mit einer demokratischen Verfassung gefordert. Obwohl im Liberalismus die Mehrheit immer noch die konstitutionelle

Monarchie bevorzugte, spielte in den Reden die Volkssouveränität eine zentrale Rolle. Sie wurde gegen das autokratische System der Fürsten ausgespielt. Unter Freiheit verstand man den ganzen Katalog der Grund- und Menschenrechte, einschließlich rechtsstaatlicher Standards sowohl in Justiz als auch Verwaltung. Ein solches Deutschland sollte Teil eines konföderierten Europas sein.

Stark bewegten die Redner Steuern und Abgaben. Diese sollten nicht für die prachtvolle Hofhaltung in den Residenzstädten verprasst, sondern in Wirtschaft und Landesausbau investiert werden. Große Hoffnung wurde auf die allmähliche politische Bildung der Massen und die freiheitliche Erziehung der Kinder durch ihre Mütter gesetzt. Die Vorstellungen von Gleichheit liefen darauf hinaus, alle ständischen Vorrechte und Privilegien abzuschaffen.

Die Resonanz in der deutschen Öffentlichkeit war immens. Selbst auswärtige Regierungen waren beunruhigt und jene der Staaten des Deutschen Bundes zutiefst erschreckt. Das Irritierende war, wie weit verzweigt die Opposition sich gezeigt, welche breite Unterstützung sie scheinbar inzwischen hatte und wie souverän sie die Massen zu organisieren verstand.

Das Hambacher Fest selbst ordnet sich in die europäische Umbruchzeit insofern ein, als die Wucht und Kühnheit der politischen Demonstration ohne die vorausgehenden Umwälzungen in Deutschland und Europa nicht zu erklären ist. Europäisch war die Veranstaltung auch insofern, als sich die dortige Opposition trotz aller nationalen Töne in diesem Zusammenhang sah. Dadurch und durch die Flucht zahlreicher Hambacher ins Ausland ist schließlich die deutsche Oppositionsbewegung enger mit der anderer Länder verbunden worden, vor allem über die Pariser Filiale des Pressvereins mit der französischen.

Österreich und Preußen hatten nach dem Abflauen der europäischen Aufstände ihre Handlungsfreiheit zurückgewonnen. Sie konnten daher Hambach und den Frankfurter Wachensturm des nächsten Jahres nutzen, um im Deutschen Bund mehrere Repressionsgesetze durchzudrücken. Die Pressefreiheit wurde erneut erheblich eingeschränkt, Radikale und Demokraten verfolgt oder zur Flucht gezwungen. Die liberale Opposition wurde wieder aus der Öffentlichkeit in die Kammern, die stärker an die Kandare gelegt wurden, zurückgedrängt. Ein Teil der führenden Hambacher und des Press-

vereins wurde wegen versuchter Aufreizung zum Umsturz bzw. wegen ver-
schwörerischer Umtriebe angeklagt. Der öffentliche Geschworenenprozess
im pfälzischen Landau ein Jahr später gab ihnen nochmals Gelegenheit zur
politischen Demonstration und der sensationelle Freispruch war ein letzter
Sieg. Dennoch wurden einige anschließend in polizeirechtlichem Verfahren
verurteilt, wenn sie es nicht vorgezogen hatten zu fliehen.

So war alles letztlich nur die kurze Blüte in einem Frühling der Freiheit
gewesen. Er war durch den Umsturz in Frankreich ausgelöst worden und
hielt an, solange die Mächte der Heiligen Allianz durch die europäischen Revolutionen gelähmt waren. Erneut hatte sich das Gesetz des Deutschen Bundes bewahrheitet. Die bürgerliche Opposition in den Bundesstaaten war
stark genug, um sich mit den fürstlichen Regierungen zu messen. Doch sobald der Bund, gestützt auf die reaktionären Vormächte, ins Spiel kam, erfolgte der Rückschlag.

2.3 Wirtschaft und Gesellschaft vor der Revolution

2.3.1 Landwirtschaft und Ernährung

Beim Ausbruch der Revolution von 1848 lebten drei Viertel aller Menschen
im Deutschen Bund auf dem Land. Dort verdiente auch die Mehrheit der Bevölkerung immer noch ihr Brot. Die Landwirtschaft hatte in der ersten Hälfte
des 19. Jahrhunderts so tiefgreifende Veränderungen erfahren wie niemals
zuvor. Dazu trug am nachdrücklichsten die schrittweise Abschaffung der seit
Jahrhunderten bestehenden feudalen Agrarverfassung bei.

Dieser Wandel wurde begleitet von einer gestiegenen Nachfrage nach Le-
bensmitteln infolge des außerordentlichen Wachstums der Bevölkerung.
Der vermehrte Bedarf konnte durch eine beachtliche Steigerung der Produktion, durch Erweiterung der Anbaufläche und verstärkten Einsatz von Arbeitskräften annähernd befriedigt werden. Diese Herausforderungen zwangen die großen und mittleren Betriebe zu einer stärkeren marktwirtschaft-
lichen Orientierung und betriebswirtschaftlichen Führung. Daher wurden
sie durch den raschen und kontinuierlichen Verfall der Preise für Lebensmittel seit dem Spätjahr 1847 nachdrücklich erfasst. Ihre Erträge schmolzen

dahin. Zugleich war die Lage der Kleinbauern nach wie vor prekär, da sie in den Vorjahren nicht ausreichend hatten produzieren können, und die Tagelöhner waren seit der Krise wegen der geringen Erntearbeiten nicht ausreichend beschäftigt.

Dieser Einbruch kann allein die Heftigkeit der Unruhen auf dem Land, die durch die städtische Bewegung zur Durchsetzung der Märzforderungen angestoßen worden war, nicht erklären. Als weitere Ursache kamen die ungelösten Probleme im Zusammenhang mit der „Bauernbefreiung" hinzu. Wo die alten Verhältnisse weiter bestanden, sahen die Grundholden und Hörigen die durchgehend erfolgreich genutzte Chance, sich endgültig davon zu befreien. Wo die feudalen Agrarverfassungen bereits abgeschafft worden waren, äußerte sich die Unzufriedenheit über die für die Bauern ungünstigen Ablösungsbedingungen. Sie wurden dann auch bis zum Frühsommer 1848 durchgehend zu deren Gunsten revidiert. Dazu hatten die neuen Eigentumsverhältnisse einen Gegensatz zwischen den mittleren und größeren Bauern, die davon profitieren, und den leerausgegangenen Kleinbauern und Tagelöhnern aufgerissen. Deren Lage verschlechterte sich nochmals dadurch, dass dabei das dörfliche Gemeineigentum, auf das diese Schichten am meisten angewiesen waren, ebenfalls in Privatbesitz überführt wurde. Schließlich wurden sowohl die auf dem Land ansässigen Handwerker als auch das dort weitverbreitete Heimgewerbe von der Krise ihrer Branchen erfasst.

Die fürstlichen Regierungen und die Grundherren waren von Umfang und Intensität des Gewaltausbruchs seit dem März 1848 überrascht worden. Nachdem trotz anfänglichen Widerstands die Märzregierungen entweder die Entfeudalisierung in Angriff genommen oder aber die Ablöseregelungen zugunsten der Bauern revidiert hatten und die Ständeversammlungen dies absegneten, gingen die Unruhen bis zum Frühsommer 1848 zurück. Doch flauten sie nicht ganz ab, da die Durchführung der Ablösung sich länger hinzog und die Armut auf dem Lande ebenso weiter bestand wie die landwirtschaftlichen Erträge zurückgingen. Da die Landbewohner politisiert blieben, fand sowohl die Märzvereinsbewegung des Winters 1848/49 als auch die Reichsverfassungskampagne des Frühsommers 1849 Rückhalt bei ihnen.

Für die Mehrheit der Bevölkerung wurden aber nicht diese Strukturveränderungen auf dem Lande entscheidend, sondern die Erfahrung einer Ernährungskrise unmittelbar vor der Revolution. Die von den Massen nachgefragten billigen Kalorienträger Getreide, Hülsenfrüchte und Kartoffeln blieben bis in die Dreißigerjahre erschwinglich. Doch stiegen die Lebensmittelpreise zu Beginn der Vierzigerjahre aufgrund der anhaltenden Vermehrung der Bevölkerung an. Diese Entwicklung mündete in eine Hungersnot, als 1845 die Kartoffelfäule etwa vier Fünftel dieses Massennahrungsmittels vernichtete und die Getreideernten 1845 und 1846 weit unter dem Durchschnitt blieben. Da die Mehrzahl der Haushalte schon in normalen Jahren zwischen 60 und 80 % des Einkommens für Ernährung ausgeben musste, verarmten sie jetzt infolge der Mobilisierung aller finanziellen Reserven. Die Nahrungs- und Teuerungskrise war begleitet von aus der Not geborener Kriminalität und Hungerprotesten. 1847 stieg die landwirtschaftliche Produktion deutlich an. Auf die Preise für Grundnahrungsmittel wirkte sich dies aber erst nach der guten Ernte des Sommers 1847 aus. Von dem Höchststand im Herbst 1847 fielen die Preise kontinuierlich bis zum späten Frühjahr 1848. Sie blieben jedoch über dem Vorkrisen-Niveau.

2.3.2 Handwerk und Gewerbe

Nicht ganz ein Viertel aller Beschäftigten arbeitete in Deutschland in Gewerbe und Handwerk. 1848 verteilten sie sich zu etwa zwei Dritteln auf Handwerk und Kleingewerbe sowie zu einem Fünftel auf das Textilgewerbe, nur fünf Prozent beschäftigte das Großgewerbe. Die Formen der Produktion waren dementsprechend noch traditionell. Fabrikähnliche Produktionsstätten kamen erst in den Dreißigerjahren auf; Betriebe mit über 50 Mitarbeitern waren Ausnahmen. Der durchschnittliche Handwerksmeister beschäftigte einen Gesellen oder Lehrling. Handwerk und Gewerbe waren überwiegend in den Städten zu Hause, wo sie den lokalen und regionalen Markt versorgten. Die Anzahl der Beschäftigten im Handwerk war seit den Dreißigerjahren gestiegen, während seine wirtschaftliche Bedeutung durch die aufstrebenden Industriebranchen zurückging.

Für das Gewerbe und nicht zuletzt auch für das alte Handwerk hatten sich die Rahmenbedingungen bis zum Vorabend der Revolution durch das Eingreifen des Staates tiefgreifend verändert. In mehreren Schritten war bis 1842 ein fast einheitliches deutsches Zoll- und Wirtschaftsgebiet entstanden, das es der Konkurrenz von außen erleichterte, in die traditionellen Märkte einzudringen. In einigen Staaten dieses Gebietes wurde der Zunftzwang abgeschafft und die Gewerbefreiheit eingeführt. Obwohl dies vorsichtig und restriktiv geschah, verschärfte sich dadurch seit den Dreißigerjahren der Wettbewerb im Handwerk.

Aufgrund des raschen Bevölkerungswachstums suchten immer mehr Menschen ihr Auskommen im Konsumgewerbe und Handwerk. Bei einer Bevölkerungszunahme zwischen 1818 und 1846 von 45 % erhöhte sich die Anzahl der dort Beschäftigten um 80 %.

In Preußen stieg seit der Jahrhundertwende die Anzahl der Meisterstellen überproportional an, besonders krisenhaft seit den Vierzigerjahren mit einer Zunahme bis zur Revolution von nicht ganz einem Drittel. Handwerksbetriebe nahmen also große Teile der wachsenden Bevölkerung zu einem Zeitpunkt auf, da sich das wirtschaftliche Umfeld für sie verschlechterte. Ebenfalls viel zu viele strömten in die Arbeitsplätze des Heimgewerbes. Diese Überbesetzung führte dazu, dass das Pro-Kopf-Einkommen sank. Zugleich brachen die Betriebe ein, die für den weiteren Markt produzierten. Vor allem sie wurden Opfer des Strukturwandels. Sie mussten sich sowohl der neuen Konkurrenz, die ihnen durch die Gewerbefreiheit erwachsen war, erwehren als auch der Produkte, die in teils mechanisierten größeren Produktionsstätten, nicht zuletzt des Auslandes, hergestellt worden waren.

Folglich hielten die Erträge und Löhne in zahlreichen Zweigen von Handwerk und Gewerbe mit dem Anstieg der allgemeinen Lebenshaltungskosten nicht mit. Zusammen mit den Missernten und Hungersnöten der Vierzigerjahre hat dies die Existenz zahlreicher Meister und Gesellen, von Heimgewerbetreibenden und Arbeitern am Vorabend der Revolution gefährdet.

Eine erkennbare Ursache der Verelendung war das Verlagssystem. Es nahm seit Beginn des 19. Jahrhunderts wohl vor allen Dingen durch die Lockerung der Gewerbeordnung zu, sodass schließlich die Hälfte der im Gewerbe Beschäftigten unter solchen Bedingungen arbeiten musste. Hier produzierten Heimarbeiter vorwiegend Textilien, Kleineisenprodukte und Drähte. Sie wurden von einem Unternehmer mit Rohstoffen und gelegentlich auch Geräten und Maschinen ausgestattet; dieser vertrieb dann die Waren, meistens auf einem überregionalen Markt. Die Heimarbeiter produzierten konkurrenzlos billig, da sie nach Stück bezahlt wurden. Um zu überleben, mussten sie sich selbst ausbeuten sowie ihre Familienangehörigen mit einspannen. Verlagsbetriebe waren überwiegend auf dem Land ansässig, wo sie die überdurchschnittliche Zunahme der Armen abschöpften. In der Textilbranche, und hier wiederum bei den Webern, verknüpfte sich das Elend der dortigen Unterschichten am sichtbarsten mit dem in den Städten. Beide hatten mit dem für das Handwerk typischen Überangebot an Produktionsstätten, dem Verfall der Reallöhne und dem Rückgang der Nachfrage infolge der Teuerung zu leiden. Das Potenzial der Unzufriedenen wurde so auf dem Land nochmals erhöht, insbesondere durch die während der Revolution heftigen Auseinandersetzungen zwischen Heimarbeitern und ihren Verlegern.

Zu diesen strukturellen Ursachen der Existenznot kam am Vorabend der Revolution eine bisher nicht gekannte Verteuerung der Grundnahrungsmittel. Die Einkommen der unteren und mittleren Haushalte wurden vollständig für Nahrungsmittel verbraucht. Dies führte unmittelbar zu einem Rückgang der Nachfrage nach Konsumgütern wie nach Leistungen und Produkten von Handwerk, Gewerbe und auch Industrie. Das löste Entlassungen aus und die Reallöhne der weiterhin Beschäftigten sanken gerade zu dem Zeitpunkt, als die Preise für die Lebensmittel am höchsten waren. Im Winter 1846/47 galt ein Drittel der Bevölkerung in den Städten als verarmt. Das waren aber nicht nur Beschäftigte aus Handwerk und Gewerbe, sondern auch Volksschullehrer, Predigtkandidaten, Privatdozenten, Journalisten und Künstler.

Trotz der fallenden Preise für Grundnahrungsmittel seit dem Spätjahr des Jahres 1847 und anziehender Nachfrage verbesserte sich die Lage kaum. Denn die in Arbeitslosigkeit oder Handarbeit abgesackten Handwerker kamen aus diesem Zustand nicht heraus, da die langfristigen strukturellen Probleme weiter bestanden.

Daher wurden Meister und Gesellen schon im Vorfeld der Revolution politisch besonders aktiv. Sie prägten die Bewegung des März mit und bildeten in zahlreichen Volksversammlung und politischen Vereinen das Rückgrat. Denn auch in den Reihen derjenigen, die nicht unmittelbar von Not bedroht waren, machte sich ein Gefühl der Unsicherheit breit. Gesellen, – Meister eher weniger –, die aus den gefährdeten Branchen kamen und in industriellen Zentren lebten, stellten die Mehrheit der Handwerker auf den Listen der in den Straßenkämpfen Gefallenen.

Die Aussicht auf eine selbstständige Meisterstelle hatte sich für die Gesellen in fast allen Zweigen des Handwerks beträchtlich eingetrübt. Da ihre Perspektive stattdessen in materieller Not oder Arbeit in der Fabrik bestand, waren sie während der Revolution besonders rührig. Ihr Protest richtete sich daher nicht allein gegen die Obrigkeit, sondern auch gegen die Meister und ihre Zunftmonopole. Sie beklagten die geringen Löhne, die zu langen Arbeitszeiten, die Sonntagsarbeit wie die Stück- und Akkordarbeit. Um diese Missstände zu überwinden, haben sie sich recht früh eigenständig organisiert oder der Arbeiterbewegung angeschlossen, wo sie sich frühsozialistischen Ideen öffneten.

Zu den radikalen Elementen zählten auch Akademiker mit prekärer Existenz wie Journalisten, Intellektuelle, Pfarranwärter und Volksschullehrer sowie Künstler. Hingegen verfolgten die Meister wie die wohlhabenderen Handwerker eher den Kurs der politischen Reformen. Die Beziehung des Handwerks insgesamt zu den führenden konstitutionellen Liberalen war widersprüchlich. Es unterstützte ihre verfassungs- und nationalpolitischen Ziele; es teilte ihre Vorstellungen von einer freien Wirtschaft und einer dynamischen Gesellschaft aber nicht. Vielmehr lehnte es diese überwiegend ab, ohne dass es über einen stimmigen Gegenentwurf verfügte.

2.3.3 Die Frühindustrialisierung

In Deutschland erfolgte der Durchbruch der Industrialisierung mit dem Boom im Eisenbahnbau ab 1835. In den folgenden 15 Jahren wurde ein Schienennetz von etwa 5000 km Länge errichtet. Von allen Eisenbahngesellschaften, die jemals in Deutschland bestanden haben, wurde mehr als ein Drittel in diesem Zeitraum gegründet – überwiegend auf Initiative von Kaufleuten, Unternehmern, Bankiers und Kapitaleignern. Gelegentlich wurden die Gesellschaften von der öffentlichen Hand unterstützt. Der Bau der Eisenbahnen löste eine bis dahin nicht gekannte Nachfrage nach Kapital aus und induzierte ein nachhaltiges Wachstum in der Eisen- und Stahlindustrie und der mit ihr eng verbundenen Kohleförderung. In diesem Sog errichteten die Metallverarbeitung und andere industrielle Branchen größere Produktionsstätten und setzten vermehrt Maschinen ein. Der Bergbau war dabei schon vorausgegangen.

Die Anzahl der Beschäftigten in Großbetrieben wuchs von 1800 bis 1850 von 100 000 auf etwa 600 000, das waren etwa 4 % aller Beschäftigten oder 16 % der im Gewerbe Tätigen. Die Zahl der Fabrikarbeiter stieg seit der Jahrhundertwende überdurchschnittlich. Dennoch war ihr Anteil an der Gesamtbevölkerung am Vorabend der Revolution mit schätzungsweise 4–5 % noch gering. Trotz dieser Expansion konnte die deutsche Industrie der wachsenden Bevölkerung nach wie vor nicht ausreichend Arbeitsplätze anbieten.

Die Arbeit im Bergbau, in den Hütten und Fabriken scheint im Ganzen besser bezahlt worden zu sein als im Handwerk. Die Beschäftigungsverhältnisse waren recht unstet. Krankheit bedeutete ebenso Ausfall des Einkommens wie Arbeitslosigkeit. Mit Kurzarbeit musste besonders in Krisenzeiten, wenn die Lebenshaltungskosten hoch waren, gerechnet werden. Das Übel verstärkte sich so.

Die Arbeiter waren für die Revolution, da sie von der „neuen Freiheit" die Überwindung des alten Systems, dem sie ihr Elend zurechneten, erwarteten. Bis auf die Wenigen, die schon von frühsozialistischen oder kommunistischen Ideen erfasst worden waren, verband die Mehrheit von ihnen damit keine unmittelbar umzusetzenden Vorstellungen des Umbaus von Staat und Gesellschaft. Es war vielmehr das Gefühl, dass die neuen Verhältnisse die ärgste Not beseitigen sowie die Lebens- und Arbeitsbedingungen verbessern würden, das ihre Hoffnung beflügelte. Die qualifizierten Arbeiter haben zusammen mit den Gesellen, die in ihr Lager getrieben worden waren, es aber nicht dabei belassen. Sie haben die Chance des Umbruchs vielmehr sowohl zur Durchsetzung besserer Arbeitsbedingungen als auch zum Aufbau solidarischer wie gewerkschaftlicher Assoziationen genutzt. Soweit sie längerfristig in der Fabrik beschäftigt waren oder sogar die Position von Facharbeitern innehatten, profitierten sie von dem Aufschwung bis 1847. Sie konnten daher die Teuerung besser überstehen.

Die Masse der ungesicherten Gelegenheitsarbeiter war ein deutliches Zeichen für den Überschuss an Arbeitskräften im Vormärz. Sie kamen zeitweise als Hilfsarbeiter in den Fabriken oder Gemeinden zum Einsatz, als Aushilfen in städtischen Gewerben oder bei der Ernte. Die Familien konnten ihre Existenz nur sichern, indem sie Parzellen oder ein Stück Garten bebauten und Kleinvieh hielten. Weibliche Mitglieder verdienten ein Zubrot meist als Wäscherinnen und Näherinnen. Gerade in den Vierzigerjahren nahm aber auch die Zahl der Bettler, der Vaganten und Arbeitslosen zu. Sie waren auf Unterstützung der Kirchen, Städte und Gemeinden angewiesen. In Krisenzeiten waren dies zeitweise ein Fünftel der Erwachsenen einer Stadt oder Region.

Die Unterschicht der prekär oder gar nicht Beschäftigten äußerte sich in Krawallen und Protesten zur Verbesserung ihrer Lebensbedingungen; sie bildete aber auch das Rückgrat des Mobs, der vor dem Lynchen nicht zurückschreckte. Wenn diese zusammengewürfelten Haufen zu Aktionen übergingen, wurden sie von Existenznot oder einem Gefühl dumpfer Unzufriedenheit getrieben. Das machte sie schwer berechenbar. Ihr Anliegen ging oft über materielle Verbesserungen nicht hinaus. Nicht nur deswegen wurden sie von den Besitzenden gefürchtet, sondern auch, weil sie verdächtigt wurden, mit radikaldemokratischen und republikanischen Bewegungen zusammenzuarbeiten oder von ihnen instrumentalisiert zu werden. Reformerische bis konservative Stimmen, die sich ebenfalls in ihren Reihen erhoben, wurden dabei meist überhört.

Der frühindustrielle Sektor, der Bergbau, das Hüttenwesen und die Eisen- und Stahlherstellung wie der Maschinen- und der Eisenbahnbau, expandierte im gesamten 19. Jahrhundert fast durchgehend. Dennoch verschlechterte sich das Geschäftsklima in der Schwerindustrie zwischen 1847 und 1852 durch eine Häufung ungünstiger Impulse. Die Investitionen im Eisenbahnbau gingen zurück. Zahlreiche technische Probleme der Produktion waren noch nicht gelöst und Erfahrungen mit Aufbau wie Betrieb von größeren Unternehmen fehlten fast gänzlich. Dies hatte einen allgemeine Produktionsrückgang, Entlassungen, Lohnsenkungen und Rationalisierungsanstrengungen zur Folge. Diese Konkurse, Liquiditäts- und Absatzprobleme wirkten auf den Bergbau, insbesondere die Steinkohlenförderung, zurück. Ein weiterer Grund für die angespannte Lage in diesen Branchen war eine Verknappung auf den Kapitalmärkten, die nicht zuletzt durch die revolutionäre Verunsicherung ausgelöst worden war.

Das Bild wurde noch dadurch verdüstert, dass einige Handelshäuser in Konkurs gingen, es zu einem gravierenden Einbruch der Börsenkurse kam und verschiedene Banken in Schieflage gerieten. Es kam also auch in den Branchen, die von der Konjunktur in Landwirtschaft, Handwerk und Gewerbe relativ unabhängig waren, zu einem Einbruch, der durch Lohnsenkungen, Rationalisierungen und Entlassungen aufgefangen wurde.

2.3.4 Die Auswirkungen

Gesamtwirtschaftlich gerieten die Staaten des Deutschen Bundes erst 1848 in eine Wirtschaftskrise. Vor 1847 hatten Industrie, Handwerk, Gewerbe und Finanzsektor die negativen Auswirkungen der Teuerung noch aufgefangen. Diese spürten sie erst ab 1847, in diesem Jahr aber hat die gute Ernte die Rückgänge in diesen Branchen kompensiert. Erst 1848 kamen alle negativen Auswirkungen zusammen.

Die wirtschaftliche Lage hatte sich im Deutschen Bund also aufgrund des Einbruchs in den frühindustriellen Gewerben, der noch längst nicht überwundenen Krise in Handwerk wie Konsumgüterproduktion und den Folgen der Teuerung mit dem Revolutionsausbruch ganz außerordentlich zugespitzt. Abgesehen von einer kleinen Zahl gewerblicher Unternehmer, wohlsituierter Handwerksmeister (Bau und Nahrung) sowie gut entlohnter Facharbeiter im Gewerbe erzielte die Mehrzahl aus ihrer Arbeit ein Einkommen, das das Existenzminimum nicht oder nur knapp erreichte.

Die wirtschaftlich eng verknüpften Branchen Landwirtschaft, Handwerk, Konsumgütergewerbe auf der einen Seite und die nicht weniger verbundenen Leitsektoren der Frühindustrialisierung auf der anderen gerieten im Vorfeld der Revolution also in eine depressive Phase. Dabei löste insbesondere der Abschwung im Primärsektor eine tiefe gesellschaftliche Verunsicherung aus. Davon kaum berührt war die ebenfalls krisenhafte Zuspitzung in Bergbau, Schwerindustrie und Maschinenbau. Sie war weniger heftig und hatte auch weniger Rückwirkungen auf die Gesellschaft, allein schon wegen der geringen Zahl der dort Beschäftigten. Dieser zufällige Gleichlauf des Niedergangs musste allerdings umfassend Existenzängste auslösen. Die historisch seltene Krise einer gesamten Volkswirtschaft war zweifellos eine entscheidende Voraussetzung für den Ausbruch der Revolution.

Ausgangspunkt und Auslöser für die Revolution in Deutschland waren politisch. Die Ersetzung des Bürgerkönigtums durch die Republik in Frankreich wurde als Symbol für den Zusammenbruch der europäischen Restauration verstanden. Das von den Repressionsgesetzen des Deutschen Bundes gegängelte und von den Frustrationen in den Ständeversammlungen angetriebene Bürgertum sah darin die Chance, einen freiheitlichen Nationalstaat zu begründen. Seine Initiative trieb in ihrem unmittelbaren Gefolge die Massen mit ihren wirtschaftlichen und sozialen Anliegen auf die Straße, vor die

Schlösser und Regierungssitze, zu Volksversammlungen und Vereinen. Dies gab der Bewegung ihre anfängliche Durchschlagskraft, denn sie wurde von ihren Gegnern als eine einheitliche angesehen, obwohl ihre Motive und die Ziele der Schichten unterschiedlich waren. Die Teuerung der Grundnahrungsmittel und die Krise in Handwerk wie Gewerbe haben die Schichten, die die Politik der Revolution machten, weniger betroffen als die Gesamtbevölkerung. Auch ein Blick in die Regionen macht deutlich, dass die Revolution nicht dort ausgebrochen ist und am stärksten war, wo die wirtschaftliche Krise am größten gewesen ist. Gerade das besonders revolutionäre Süddeutschland wurde von Hunger und Teuerung am wenigsten bedrückt.

Dies legt nahe, dass das Verhältnis von Wirtschaftskrise einerseits sowie Ausbruch und Verlauf der Revolution andererseits nicht wie Ursache und Wirkung zu bestimmen ist. Es liefen vielmehr zwei Entwicklungen nebeneinander her, die sich gegenseitig verstärkten: die politische Unzufriedenheit des Bürgertums und die der durch die Wirtschaftskrise angetriebenen unter- und nichtbürgerlichen Schichten der Arbeiter, Gesellen, Bauern und Meister. Beide Bewegungen hatten unterschiedliche Motive und Ziele.

Entscheidend aber war, dass die Fürsten und ihre Regierungen die politische Bewegung des Bürgertums wahrscheinlich hätten bewältigen können. Doch schritt diese jetzt – durch die allgemeine Unruhe gestärkt – mutiger voran. Zugleich wichen die Herrschenden, durch den Umfang der Unzufriedenheit überrascht, zurück. Somit bekam die bürgerliche Bewegung das Heft des Handelns in die Hand, was ihr sonst wohl nicht in diesem Umfang gelungen wäre; dies freilich nur auf begrenzte Zeit, nämlich solange auch die anderen Schichten aktiv blieben. Beide Bewegungen waren aber nicht organisatorisch oder institutionell miteinander verbunden. Unter anderem deswegen haben die bürgerlichen Revolutionäre verkannt oder unterschätzt, dass die anhaltende Unterstützung ihrer Anliegen durch die Massen für ihre erfolgreiche Durchsetzung unverzichtbar war. Dazu verhinderte ihr Kurs der Legalität und Gewaltlosigkeit wie auch das schichtenspezifische Eigeninteresse eine Annäherung.

3 Der Aufbruch des März

Diskussion in der Nationalversammlung. Lithographie von Gerhard Delius nach dem Gemälde von Paul Bürde (1819–1874), nach 1848

3.1 Der Umbruch vom März 1848

3.1.1 Pariser Februarrevolution

Es ist erstaunlich, wie ähnlich in Frankreich der Ausbruch der Revolution im Februar 1848 dem im Juli 1830 war. Wegen des inner- und außerhalb des Parlaments seit langem beklagten Immobilismus des Bürgerkönigtums in politischen wie sozialen Fragen kündigte die Kammeropposition ihm die Loyalität auf. Genau wie 1830 schlug aber der parlamentarische Machtkonflikt in einen Aufstand der Pariser Bevölkerung um. Nicht nur die Opfer, sondern auch die Täter waren von Entstehung, Art und Geschwindigkeit des Verlaufs der Revolution überrascht. Der schnelle Zusammenbruch des Bürgerkönigtums machte sichtbar, dass es sich nicht aus den Fängen von Bürgertum und Bourgeoisie hatte befreien können. Sie hatten es eingesetzt und ihre damit etablierte Vorherrschaft durch ein extremes Zensuswahlrecht abgesichert. Steigende Lebensmittelpreise, Wirtschaftskrise und Arbeitslosigkeit machten den Klassencharakter des Regimes immer offensichtlicher.

Der Kampf dagegen vereinte die Gegner des Regimes, die durchaus unterschiedliche Interessen verfolgten. Die außerparlamentarische Opposition von bürgerlichen Republikanern über Journalisten und Intellektuelle bis hin zu Arbeitern eröffnete am 22. Februar die Straßenkämpfe. Sie veranlassten zuerst die Regierung und dann den König am 24. zum Rückzug. Die Kammermehrheit wollte seiner Empfehlung, seinen Neffen als Nachfolger einzusetzen, nachkommen. Doch diesmal scheiterte ihr Versuch, die Ereignisse durch die Errichtung einer Regentschaft zu steuern. Bewaffnete Straßenkämpfer und Nationalgardisten erzwangen das Bekenntnis zur Republik und eine Provisorische Regierung. Die bürgerlichen Revolutionäre konnten das Heft nur in der Hand behalten, indem sie darauf eingingen und mit den außerparlamentarischen Kräften zusammenarbeiteten. Die Pariser Aufständischen erzwangen im Februar 1848 die Republik unter anderem auch deswegen, weil sie das Gefühl hatten, 1830 um sie betrogen worden zu sein. Von den zerbrechlichen Republiken in Rom und Venedig abgesehen, wurde nirgends in Europa 1848 die Monarchie auf diesem Wege beseitigt. Doch gelang es der Bourgeoisie auch in dieser Staatsform, die Revolution zu kanalisieren und in nicht einmal einem Jahr alle Zugeständnisse zurückzunehmen. Kaum vier Jahre nach ihrer Gründung wurde auch die Republik beseitigt – doch da war sie schon längst eine andere.

In der Forschung wird oft die These vertreten, dass diese in Dauer und Intensität wenig spektakulären Unruhen, die weitgehend auf Paris beschränkt blieben, die europäische Revolutionswelle ausgelöst hätten. Sie muss relativiert werden. Sicherlich waren der unerwartete Sturz der Monarchie und der Übergang zur Republik für die Zeitgenossen sensationell. Sie waren das sichtbarste Zeichen für das Ende des metternichschen Restaurationssystems in Deutschland und Europa, das allerdings schon seit 1830 brüchig geworden war. Unmittelbar zuvor hatte sich die Schweiz nach einem Krieg entgegen den Wiener Regelungen als ein Bundesstaat mit zentraler Leitung etabliert und die inneren Verhältnisse den Anforderungen der Zeit angepasst. Ebenfalls 1847 waren in Italien in den Schöpfungen des Wiener Kongresses Unruhen ausgebrochen. Die Regierungen versuchten sie, mit Verfassungskonzessionen und Gesellschaftsreformen aufzufangen. Es trieben also in den Staaten Europas, die jetzt in Bewegung gerieten, mehr die inneren Spannungen zur Entladung. Sie erhielten durch die Pariser Ereignisse nur noch einen zusätzlichen Schub.

3.1.2 Die Märzforderungen

Von Ende Februar bis Ende März 1848 wurden die Hauptstädte und die größeren Städte der deutschen Bundesstaaten von Demonstrationen und sozialen Unruhen erfasst. Beginnend mit der Zusammenkunft von etwa 5000 Menschen in Mannheim am 27. Februar wurden aber in den nächsten Tagen die Volksversammlungen typisch. Sie waren Ausdruck einer fundamentalen Politisierung aller Schichten. Ihr Anliegen war, einen Katalog von Forderungen an die fürstlichen Regierungen, teils auch an die Ständeversammlungen, zusammenzustellen. Sie ergaben ein umfassendes Reformprogramm für die gesamte Bewegung. Doch wurden die unterschiedlichen darin niedergelegten Anliegen von den verschiedenen politischen und sozialen Gruppierungen nicht mit derselben Intensität verfolgt.

Unumstritten und aktuell war, dass alle Fesseln, die der politischen Betätigung bisher vom Deutschen Bund angelegt worden waren, durch die Gewährung von Meinungs-, Presse- und Versammlungsfreiheit zu fallen hatten. Eine umfassende politische Amnestie war darüber hinaus selbstverständlich. Dazu kamen die klassischen politischen Forderungen der Liberalen, die sie seit Jahrzehnten in den Ständeversammlungen vorgebracht hatten: größere Einflussmöglichkeiten auf die Politik durch Gesetzesinitiative und Budgetrecht für eben diese Versammlungen. Weniger in ihrem Sinne war der Ruf nach der Beseitigung des Zensuswahlrechts und im Zusammenhang damit ein Umbau der ständischen Repräsentation. Wenn darüber hinaus die Regierungen jetzt „volkstümlicher" sein sollten, so wurde damit zum Ausdruck gebracht, dass die fürstlichen Kabinettsregierungen zu beseitigen waren. Doch es blieb offen, inwieweit die Exekutive in Zukunft vom Parlament abhängig sein sollte; zumindest wurde aber eine juristische Verantwortlichkeit der Minister angestrebt.

Ergänzt werden sollte die Umgestaltung der politischen Machtverhältnisse durch die Umsetzung der klassischen rechtsstaatlichen Forderungen des Liberalismus nach Öffentlichkeit wie Mündlichkeit der Strafverfahren und der Trennung der Verwaltung von der Rechtsprechung. Der Einfluss der Laien auf sie sollte zusätzlich durch Schwurgerichte gestärkt werden. Der seit den Vierzigerjahren verstärkt erschallende Ruf nach einer nationalen Vertretung beim Deutschen Bund wurde aufgenommen, ohne dass näher ausgeführt wurde, wie sie zustande kommen und ausgestaltet werden sollte.

Umstritten war das Verlangen nach der Vereidigung des Heeres auf die Verfassung statt auf die Fürsten, da es den Ausgleich mit diesen erschweren musste, ebenso wie das nach der Volksbewaffnung, da es unkalkulierbare Risiken barg. Seltener wurden die Belange „Sicherstellung der menschlichen Bedürfnisse für alle" und des kostenlosen Schulbesuchs für Kinder aller Schichten vorgebracht. Von den Liberalen wurde dies ebenso rundweg als sozialistisch abgelehnt wie das allgemeine Wahlrecht. Sie hielten die Masse noch nicht für reif, Verantwortung für das Allgemeinwohl zu übernehmen.

3.1.3 Öffentlichkeit und Märzregierungen

Angesichts der unerwarteten und umfassenden Volkserhebung in ganz Deutschland sind die fürstlichen Regierungen und die noch ständischen Kammern über ihren Schatten gesprungen. Meist noch im März wurden eine umfassende politische Amnestie und die Rechte gewährt, die Voraussetzung für die freie politische Betätigung in den kommenden Monaten wurden. Der weitgehende Verfassungswandel, wie er durch neue Wahlgesetze und Ständeversammlungen mit erweiterten Kompetenzen angestrebt wurde, wurde noch zögerlich angegangen. Und auch der rechtsstaatliche Umbau wurde für später in Aussicht genommen.

Dies löste eine fundamentale Politisierung aller Schichten aus, die jetzt viele erfasste, die ihr bisher ferngestanden hatten: städtische wie ländliche Unterschichten, verarmte Handwerker, Gesellen wie Lehrlinge und Meister, aber auch Frauen. Sie alle meldeten sich auf den weiter bestehenden Volksversammlungen zu Wort. Diese wurden aber durchgehend von Bürgerlichen einberufen und geleitet. Die Arbeiter blieben jedoch aufgrund hoher Fluktuation am Arbeitsplatz, existenzieller Bedrängnis und mangelnder Organisation noch abseits. Einige maschinelle Produktionsanlagen wurden zerstört, da in ihnen die Ursache für die ungesicherte Existenz ausgemacht wurde. Begleitet von der Forderung nach Lohnerhöhungen kam es zu gelegentlichen Übergriffen auf Fabrikanten und Unternehmer, denen persönlich das Elend des Proletariats angelastet wurde.

Die Massenveranstaltungen behielten weiterhin ihre Bedeutung. Sie erlebten im Zuge der erneuten Sammlung der revolutionären Kräfte gegen die erstarkte Reaktion zur Jahreswende 1848 nochmals einen Aufschwung. Während des Kampfs um die Reichsverfassung wurden sie Orte entscheidender Weichenstellungen. Im Vorfeld der Wahlen zur Nationalversammlung traten ihnen jetzt aber die politischen Vereine an die Seite, die die unteren Schichten nicht an sich banden und auf dem Lande selten waren.

Die Neugründungen von Tageszeitungen nahmen im Frühjahr 1848 explosionsartig zu. Jetzt hatte auch die Provinz, hatten auch die kleineren Städte ihre Blätter, die große Politik in die letzten Winkel brachten. Satire und Karikatur steuerten einem ersten Höhepunkt entgegen. Sie scheuten keine Attacke und keine Frechheit. Die bisher unter der Zensur recht homogene öffentliche Meinung wurde vielfältiger und der Meinungskampf wurde in einer Schärfe geführt, die heute noch erstaunt. Im Pressewesen fand die außerparlamentarische Opposition den stärksten Rückhalt. Hier artikulierte sich die politische Gegenwelt zum Justemilieu-Liberalismus, der in den Parlamenten und Regierungen dominierte. Ihm wie seinen Repräsentanten wurde heftig zugesetzt, immer einmal wieder auch in persönlich verletzender Weise. Dieser Liberalismus hatte seinen Rückhalt an der „Deutschen Zeitung", eines der ganz wenigen Organe mit nationaler Reichweite. Von liberalen badischen Oppositionellen gegründet und herausgegeben, förderte die Zeitung seit Juli 1847 das überregionale Zusammenwachsen des konstitutionellen Liberalismus, mit dessen Niedergang ihr Ende im September 1850 kam.

Die Dynamik und Breite, mit der das Volk aufgewühlt wurde, verschlug selbst den Zeitgenossen den Atem. Diese nie da gewesene Politisierung konnten sie zunächst auch nicht richtig einordnen. Sie wurde als ein einheitlicher und geschlossener Aufbruch eingeschätzt. Dabei ist übersehen worden, was sich bald zeigen würde: Vergleichbare Forderungen wurden aus verschiedenen Motiven und mit unterschiedlichen Intentionen vorgebracht; vielfältige Formen des Protests und der politischen Artikulation standen nebeneinander – von städtischen Handwerkern ausgelöste Unruhen neben Revolten von Bauern gegen weiterbestehende Feudalabgaben und zu hohen Ablösungen – und diese wurden wiederum von Aktionen ländlicher Unterschichten zum Erhalt des Gemeineigentums begleitet. Die Gesellen wollten eine Lebensperspektive, die Meister die Wiederherstellung des alten Rechts, die Arbeiter bessere Löhne und kürzere Arbeitszeiten und die Bürger mehr politische Macht. Nicht zu vergessen die Menge der Abwartenden und Abseitsstehenden, die sich dahin wenden würden, wohin die Entwicklung ging.

Zunächst aber hat die Wucht des gleichzeitigen Auftretens vor allen Dingen die Fürsten beeindruckt. Sie haben die Märzforderungen erfüllt und zugleich in fast allen Bundesstaaten die nur von ihnen abhängigen Regierungen unter dem Druck der Straße gegen Reformministerien ausgetauscht. Lediglich die patrizischen Hansestädte, die Reichsstadt Frankfurt und einige Kleinstaaten scherten aus. In fast allen Bundesstaaten kam der gemäßigte Liberalismus an die Macht, die er allerdings mit der fürstlichen Staatsbürokratie zu teilen und innerhalb alter Strukturen zu behaupten hatte. Den Anfang machten das Großherzogtum Baden und die beiden hessischen Staaten durch die teilweise Einbeziehung der liberalen Parlamentsopposition in die Regierungsverantwortung. Doch folgten noch in der ersten Hälfte des März Bayern und Württemberg und bis Ende des Monats bekamen auch die anderen Königreiche „Märzministerien". Wichtiger aber war, dass bis dahin auch die Vormächte des Bundes, Österreich und Preußen, gefolgt waren. Da in ihnen die nächsten Monate besonders turbulent waren, wurden ihre Kabinette bis zum Herbst so häufig wie in keinem anderen Bundesstaat umgebildet.

In Wien vollzog sich der Wechsel besonders spektakulär. Ihm war die Flucht des bisherigen Staatskanzlers Clemens Fürst Metternich am 13. März 1848 vorausgegangen. Sein Name stand wie kein zweiter für die Repression im Deutschen Bund und die Wiener Nachkriegsordnung, die er bis zum Schluss aufrechtzuerhalten sich bemühte. Der Wandel wurde zunächst dadurch deutlich, dass die Staatskonferenz durch einen verantwortlichen Ministerrat abgelöst wurde. Er bestehend aus fünf Fachressorts und einem Ministerpräsidenten als Vorsitzenden. Das neue Personal signalisierte nur zum Teil einen Aufbruch. Der erste Ministerpräsident und der Außenminister waren Repräsentanten des alten Regimes.

Bei der zeitgleichen Neubildung der Regierung in Preußen setzte man noch mehr auf Kontinuität, sodass diese sich kaum das öffentliche Vertrauen erwerben konnte und alles andere als die Einlösung des mehrmals gegebenen königlichen Versprechens einer volkstümlichen Staatsverwaltung war. Da sie auch beim Vereinigten Landtag auf Misstrauen stieß, musste sie schon Anfang April einem neuen Ministerium weichen. In ihm ruhten die Hoffnungen auf den beiden rheinischen Wirtschaftsliberalen Ludolf Camphausen als erstem bürgerlichen Ministerpräsidenten in Preußen und Finanzminister David Hansemann. Auch in Wien wurde deutlich, dass Halbheiten die aufgebrachte Menge nicht mehr beruhigen konnten. Innenminister Pillersdorf rückte im Mai auf den Posten des Ministerpräsidenten und der vor 14 Jahren im Streit mit Metternich verabschiedete Freiherr von Wessenberg wurde Außenminister. Mitglieder der ständischen Opposition wurden übernommen und ein Ministerium für öffentliche Arbeiten und eines für Handel errichtet. Dies sollte zeigen, dass diesmal die Zeichen der Zeit verstanden worden waren.

Die Märzregierungen waren eine schillernde und ambivalente Einrichtung, wie sie für die deutsche Revolution nicht untypisch war. Sie waren durch den Druck des Volkes, dessen Vertrauen sie sich rühmten, an die Macht gekommen und blieben dennoch Regierungen der Fürsten. Als solche verteidigten sie das konstitutionelle System und setzten „Ruhe und Ordnung" durch, notfalls auch mit Gewalt gegen die Revolution der Straße. Doch sahen sie sich zugleich als Garanten der Märzerrungenschaften und in unterschiedlichem Maße dazu berufen, das, was offengeblieben war, zu vollenden. So ist es zum Beispiel im Königreich Hannover noch zu einer umfassenden Verfassungs-, Verwaltungs- und Justizreform gekommen und in nicht wenigen Bundesstaaten haben die Märzregierungen das Wahlrecht reformiert, um den Weg für die Erneuerung der Parlamente zu ebnen. Doch gab es mit diesen, die sich jetzt Landtage nannten, kaum weniger Rivalität und Misstrauen als zuvor. Ihr Drängen auf noch mehr Aufbruch wurde oft durch den Verweis auf das kommende Werk der Nationalversammlung unterlaufen.

Mit den Märzregierungen machte die Revolution den ersten Schritt zu ihrer Institutionalisierung, durch den sie Stetigkeit und Festigkeit gewann. Die nächsten waren die Nationalversammlung und die Provisorische Zentralgewalt für Deutschland. Wenn sich diese revolutionären Institutionen auch gegenseitig stützten, so verteidigten die Märzregierungen die Kompetenzen ihrer Staaten gegenüber Frankfurt kaum weniger nachdrücklich als ihre Vorgänger. Ihr Zwitterhaftes kam durch nichts besser zum Ausdruck als durch die Grundlage ihrer Macht. Den Reformern war klar, dass sie die äußerste freiwillige Konzession der Fürsten waren; diese wussten wiederum, dass sich dem Aufbruch entgegenzustellen bedeuten würde, den Umsturz zu riskieren. Friedrich Römer, der als Justizminister eineinhalb Jahre das Märzministerium in Württemberg geleitet hat, stellte am Ende seiner Amtszeit resigniert fest, „dass wir es Niemandem recht gemacht haben."

Wenn die Fürsten auch ihre Exekutiven nach dem Willen des Volkes umgestalten mussten, so waren sie selbst und ihre Stellung nicht gefährdet gewesen. Nur in Bayern wurde König Ludwig I. Opfer der Turbulenzen. Dort hatte die Märzbewegung nur eine schon seit dem Frühjahr 1847 schwelende Staatskrise auf den Höhepunkt getrieben. Der König war weder bereit, sich von seinem klerikal-autokratischen Kurs zu verabschieden noch den skandalösen Einfluss seiner Geliebten auf die Staatspolitik abzustellen. Seine kurzlebigen Kabinette zerrieben sich darüber im Kampf mit ihm. Ludwig verlor in seinem Königreich jegliches Ansehen, wurde dafür deutschlandweit als liebestoller Monarch zum Lieblingsobjekt der Witzblätter. Dass daher selbst in Bayern die Monarchie nur noch zu retten war, wenn derjenige ging, der sie bis an den Abgrund geführt hatte, wurde ihm nun von seiner Entourage und seinen Beratern deutlich gemacht. Die Aussicht, in Zukunft nur noch mit einem Ministerium regieren zu können, das von der Kammermehrheit abhängig war, hat es dem selbstherrlichen Herrscher erleichtert, am 20. März 1848 zugunsten seines Sohnes Maximilian II. abzudanken.

3.1.4 Die Sonderentwicklung auf dem Land

Die deutsche Revolution war hinsichtlich sowohl der Trägerschichten als auch der vorwiegend politischen Ziele überwiegend eine städtische. Der Grund dafür lag in den vorrevolutionären Verhältnissen auf dem Land und in Entscheidungen, die in ihrer Frühphase gefällt wurden.

Die Entwicklung hatte, vor allem in Preußen, bereits in der napoleonischen Zeit eingesetzt. Erbuntertänigkeit und Leibeigenschaft wurden für alle vollständig beseitigt. Abgaben und Dienste konnten allerdings zunächst nur gutsherrliche Bauern ablösen, nicht auch die mit einem besseren Besitzrecht ausgestatteten grundherrlichen. Durch Widerstand des Adels wurde die Möglichkeit zur Aufhebung der Abhängigkeit erschwert. Die Modalitäten der Ablösung verhinderten, dass die vollständige Beseitigung feudaler Dienstpflichten und Eigentumsbeschränkungen dort erfolgte, wo sie möglich gewesen wäre. Östlich der Elbe blieben Teile der lokalen Gerichts- und Polizeigewalt des Adels ebenso erhalten wie sein Vorrang in der Kommunalverwaltung. Darüber hinaus war die Rechtslage in den neupreußischen und den altpreußischen Gebieten unterschiedlich.

In den Staaten Süd- und Mitteldeutschlands kam es zu dem paradoxen Phänomen, dass sich die Bauern aus ihrer Einbindung in die Grundherrschaft nicht in großem Umfang befreien konnten. Denn durch die konstitutionellen Verfassungen hatte der Adel nun die Möglichkeit, in der Ersten Kammer entsprechende Gesetzesvorlagen zu verhindern. Daher stagnierte das große Projekt der Entfeudalisierung der Agrarverfassung in Deutschland bis zur Julirevolution 1830. Diese brachte dann zwar im Bereich der Gutsherrschaft eine intensive Gesetzgebung in Gang, die aber faktisch nicht das Beabsichtigte bewirkte, denn es wurden bestimmte Feudallasten ausgespart. An dem Prinzip der Freiwilligkeit, also der Zustimmung der Gutsherren, wurde nichts geändert und die Finanzierung der Ablösesumme war für die meisten Gutsuntertanen nur mit großen wirtschaftlichen Anstrengungen möglich.

Dabei hat der Staat durch die fürstlichen Regierungen so nachdrücklich wie nie zuvor in die ländliche Wirtschaft und Lebenswelt eingegriffen. Die Regierungen standen zeitweise gemeinsam mit den Bauern gegen die Nutznießer des feudalen Systems, Kirche und Adel. Denn sie fanden Rückhalt an einem am Gemeinwohl orientierten Berufsbeamtentum, das sich in den Fürstenstaaten seit der napoleonischen Ära gebildet hatte. Es sah sehr wohl, dass sich die alte Agrarverfassung überlebt hatte, und ergriff gern den Druck von unten, um den Widerstand der Guts- und Grundherrn zu brechen. In Ungarn haben sogar Adlige diesen Weg eingeschlagen, da sie zu derselben Ansicht gekommen waren. Im Zuge dieser Reformen gelang es, in den Agrarlandschaften der Grundherrschaft die Hoheitsrechte des Adels wie Patrimonialgerichtsbarkeit und lokale Polizeigewalt ersatzlos in die Kompetenzen des Landesherrn zu überführen.

Durch die Beseitigung der intermediären Gewalten wurde die ländliche Bevölkerung in den Untertanenverband integriert. Auf dem Land lebten jetzt zum Teil persönlich freie und rechtsgleiche Bauern, die ihre eigenen Felder bestellten. Der individuelle Besitz hatte den kollektiven abgelöst. Die Landwirtschaft wurde in die kapitalistische Marktgesellschaft eingebunden wie die auf dem Land lebende Bevölkerung in das jeweilige Fürstentum. Die Bauern waren nun Eigentümer des von ihnen bisher bearbeiteten Landes geworden. Es blieb aber bis zur Revolution von 1848 das Problem, in welcher Form und in welchem Umfang sie die daran hängenden Rechte der früheren Herren abzulösen hatten. Dafür waren unterschiedliche Lösungen in den jeweiligen Bundesstaaten gefunden worden, die ein Herd andauernder Unzufriedenheit blieben.

Gleich zu Beginn der Revolution von 1848 brachen in ganz Deutschland auch auf dem Land, das während der Hungerkrise von 1846/47 weitgehend ruhig war, heftige Tumulte aus. Obwohl sie durch die städtischen Bewegungen zur Formulierung und Durchsetzung der Märzforderungen ausgelöst wurden, hatten sie ganz eigene Motive, Ziele und Verlaufsformen. Sie waren am heftigsten dort in Süd- und Mitteldeutschland, wo die Entfeudalisierung noch nicht in Angriff genommen worden oder ins Stocken geraten war. Dies waren vor allen Dingen die weitverbreiteten Standesherrschaften, die auf dem Wiener Kongress geschaffenen halbautonomen Herrschaftsgebiete ehemaliger reichsunmittelbarer Stände. In Preußen wurden insbesondere die Provinzen Sachsen und Brandenburg erfasst. In Schlesien, wo das feudale

System noch unangetastet geblieben war, kam es zu regelrechten Exzessen. Relativ ruhig blieb der Westen, wo vor allem Pächter wirtschafteten, und der Nordwesten und Norden mit seinen zahlreichen freien Bauerngütern von mittlerem und größerem Zuschnitt.

Die Unzufriedenheit hatte vielfältige Gründe. Dort, wo die feudalen Verhältnisse weiter bestanden, sahen die Grundholden und Hörigen die durchgehend erfolgreich genutzte Chance, sich endgültig aus diesen Verhältnissen zu befreien. Dort, wo die feudale Agrarverfassung bereits abgeschafft worden war, äußerte sich die Unzufriedenheit über die für die Bauern ungünstigen Ablösebedingungen, die dann auch bis zum Frühsommer 1848 durchgehend zu ihren Gunsten revidiert wurden. In den Unruhen kam aber auch zum Ausdruck, dass sich durch die Agrarreformen ein Gegensatz zwischen den mittleren und größeren Bauern, die davon profitiert hatten, und den leer ausgegangenen Kleinbauern und Tagelöhnern aufgetan hatte.

Die Hauptursache dafür war, dass im Zuge der Entfeudalisierung auch die traditionellen Gemeinschaftseinrichtungen in Privatbesitz überführt worden waren. Das dörfliche Gemeineigentum, das nur im Süden teilweise erhalten blieb, umfasste von Dorf zu Dorf unterschiedliche Rechte und Gewohnheiten: gemeinschaftlich genutzte Felder und Teiche, verbriefte bäuerliche Weide- und Holzrechte sowie Servituten wie die gewohnheitsmäßige Tiermast im Gemeindewald. Wie umfangreich das Gemeineigentum auch immer gewesen ist, entscheidend war, dass es für die in prekären Verhältnissen lebende Mehrheit der Dorfbewohner existenznotwendig war. Das waren die Landarbeiter, Parzellenbauern und die damals auf dem Land noch weit verbreiteten Heimarbeiter, die unter der Konkurrenz der industriellen Produktion am stärksten litten.

Zunächst griffen die aufständischen Bauern zu alten Formen des Protests, die auffallend jenen der „Grande peur" beim Ausbruch der großen Französischen Revolution glichen. Die Wohnsitze, Archive und Rentämter der Grundherrn wurden gestürmt, seltener angezündet und verwüstet, Dokumente, die die Abgaben regelten, vernichtet und die Herren gezwungen, auf diese wie auf alle anderen Rechte zu verzichten. Nachdem trotz anfänglichen Widerstands die Märzregierungen die Forderungen erfüllten und die Landtage dies absegneten, gingen die Unruhen bis zum Frühsommer 1848 erkennbar zurück. Sie flauten aber nicht ganz ab, da die Durchführung der Ablösung

sich länger hinzog, die Armut ebenso weiterbestand wie die landwirtschaftlichen Erträge immer noch sanken. Die Landbewohner gingen jetzt zu mo-
derneren Formen des Protests wie Petitionen, Vereinsgründungen und
Volksversammlungen über, und vermehrt tauchte auch die Forderung nach
einer Umgestaltung des Wahlrechtes auf. Da das Land so zwar ruhiger
wurde, aber politisiert blieb, fand sowohl die Märzvereinsbewegung des
Winters 1848 wie die Reichsverfassungskampagne des Frühsommers 1849
dort weiterhin Rückhalt.

Dieser Gang der Dinge war für die Revolution im Deutschen Bund wie in
den Bundesstaaten außerordentlich folgenreich. Denn er befestigte in den
Bauern die Überzeugung, die Beseitigung der drückenden Lasten wie der unzeitgemäßen Institutionen der agrarischen Feudalverfassung selbst erkämpft zu haben und ihre Gewährung vor allem dem Landesherrn zu verdanken. Gegen ihn hatte sich der Protest auch nicht gerichtet und in Ver-
kennung der Lage haben sich die Aufständischen mehr als einmal darauf berufen, in seinem Sinne zu handeln. Die Erfüllung ihrer politischen Forderungen wie Einschränkung der bürokratischen Bevormundung und mehr Autonomie der Gemeinden erwarteten sie ebenfalls vor allem von ihm. Seine Regierungen waren für ihr Programm der Entfeudalisierung auf die Unterstützung der konstitutionellen und liberalen Vertreter in den Ständeversammlungen und den Landtagen angewiesen. Diese fanden sie auch, da Landesherr, Liberale und Bauern aus unterschiedlichen Motiven ein gemeinsames
Interesse an der Brechung der Vorherrschaft des Adels auf dem Land hatten.
Frei verfügbares Land in der Hand individueller Eigentümer war ein Kern-
anliegen liberaler Landwirtschaftspolitik.

Das Ergebnis des raschen Handelns der Märzregierungen war, dass bis
zum Sommer 1848 die Abschaffung noch bestehender Feudallasten gesetz-
lich geregelt worden war und die dafür zu leistenden Entschädigungen ver-
ringert wurden. Fast überall, wo sie noch nicht bestanden, wurden Rentenbanken errichtet. Sie schoben sich zwischen Abgabepflichtige und Berech-
tigte und haben ein Teil der Regulierungskosten der Allgemeinheit aufge-
bürdet. Die ehemaligen Herren wurden rasch durch die Rentenbanken befriedigt. Diese traten als Gläubiger an ihre Stelle, indem sie den einstigen Untertanen langfristige Kredite gewährten, die an ihre wirtschaftlichen Möglichkeiten angepasst werden konnten. Sie haben so erheblich zur Befriedung
des Landes beigetragen.

Nachdem die Entfeudalisierung der Agrarverfassung schon 1848 so weit gediehen war, konnte die ausdrückliche Aufhebung der Untertänigkeits- und Hörigkeitsverbände wie das Verbot unablösbarer Abgaben und Leistungen auf Grundstücke in der Reichsverfassung vom 28. März 1849 nur noch den Zweck haben, einheitliche Richtlinien festzusetzen und die Rückkehr zu den alten Verhältnissen zu verhindern.

Der wirtschaftlichen und sozialen Not auf dem Lande im Gefolge der Entfeudalisierung und der fallenden Erträge nahm sich das liberale Bürgertum in den Nationalversammlungen von Berlin und Frankfurt wie auch in den Parlamenten der Bundesstaaten kaum an. Teils fehlte den Städtern dafür das Verständnis, teils war es mit anderen Problemen zu sehr beschäftigt. Auch die Regierungen haben sich wenig darum gekümmert, sodass sich die soziale Kluft auf dem Land vertiefte. Es bildete sich dort eine proletarische Unterschicht, von der eine dauernde Unruhe während der Revolution ausging und die bald ihr Auskommen in den Fabriken der Städte suchte.

Nur die Demokraten haben den Schulterschluss mit den Landarmen und Landlosen versucht. Sie haben in den Wahlkämpfen deren Anliegen artikuliert und auch die Bildung von Vereinen angestoßen. Die Mobilisierung dieses Potenzials blieb aber begrenzt. Denn diese Schichten waren zu sehr in die Hierarchien des Landes eingebunden, um sich gegen die nach der Beseitigung des Feudalsystems saturierten Groß- und Mittelbauern als eigenständiger politischer Faktor profilieren zu können. Es kam vor, dass sich Bauern nun zusammen mit dem von ihnen zuvor bekämpften Adel gegen die Unterschichten zu einer Ordnungsmacht formierten.

Die Interessen der Dörfler waren vorrangig materieller Art und ihr Blick ging kaum über ihren alltäglichen Lebensraum hinaus. Ihnen fehlte das Verständnis dafür, was in den Parlamenten debattiert und entschieden wurde. Die Umwälzungen auf dem Land und die Bewegung des städtischen Bürgertums, die eine konstitutionelle Verfassung für die geeinte Nation anstrebte, liefen weitgehend nebeneinander her. Weder organisatorisch noch personell hat es eine engere Verbindung gegeben. Dies wurde zum Kennzeichen und Schicksal der deutschen Revolution von 1848/49. Der bürgerliche Eigentumsbegriff ließ keine entschädigungslose Ablösung der feudalen Abgaben zu. Ob die Aussicht auf eine solche das Land dauerhaft an die bürgerliche Revolution gebunden hätte, muss Spekulation bleiben. Sicher aber ist, dass dadurch der Adel zwar seine politische und soziale Vormachtstellung auf dem Land weitgehend einbüßte, seine wirtschaftliche aber behielt.

So rückten die Bauern und damit etwa die Hälfte der Bevölkerung schon bis zum Frühsommer 1848 von der Revolution ab und die ländlichen Unterschichten konnten für sie nicht gewonnen werden, da die bürgerlichen Liberalen für ihr Anliegen kein Verständnis hatten, ja ihnen teilweise sogar misstrauten. Gemeineigentum und Genossenschaften waren mit ihren Wirtschaftsvorstellungen nicht vereinbar und sie vertrauten darauf, dass der Fortschritt die Not bald lindern würde. Diese Hoffnung erfüllte sich insofern, als die ländlichen Unterschichten nach der Revolution in die industriellen Zentren ab- und nach Übersee auswanderten. Dahin hatte es schon seit Ende der Zwanzigerjahre viele von ihnen gezogen.

So wenig wie die Umwälzungen auf dem Lande dann den Gang der Revolution bestimmten, so wichtig waren sie für deren Durchbruch und deren Anfangserfolge. Denn nur dadurch, dass die Mehrheit der Bevölkerung in sie hineingezogen wurde, konnte der Eindruck eines umfassenden Aufstands entstehen. Dadurch erhielt die Revolution einen Schub, der die fürstlichen Gewalten lähmte und zurückweichen ließ. Es ist ein viel zu wenig beachtetes, doch erstaunliches Phänomen, dass es zu keiner Konterrevolution des Adels gekommen ist. Dies ist wohl zu einem nicht geringen Teil darauf zurückzuführen, dass sich die Bauern gegen ihn empörten und das Land weiterhin unruhig blieb.

3.2 Die Mobilisierung des Volkes

3.2.1 Die politischen Strömungen

In zahlreichen Teilen Deutschlands erhielt die Märzbewegung eine neue Qualität durch die Aussicht auf die ersten freien Volkswahlen zu einem Nationalparlament und die sie vorbereitenden Versammlungen. Es galt, die lokalen Volksversammlungen des März vor Ort zu organisieren und, wo immer möglich, auf regionaler Ebene zusammenzufassen. Anknüpfen konnte man dabei an die in einigen Städten aus den Leitungskomitees der Volksversammlungen entstandenen Bürgervereine. Sie widmeten sich neben der Beobachtung der nationalen Entwicklung auch der Kontrolle der ja noch aus der vorrevolutionären Zeit stammenden Ständeversammlungen und Stadtregimenter. Seit die allgemeine Bürgerbewaffnung zugestanden worden war, entstanden darüber hinaus nach und nach Bürgerwehren. Nicht selten kam das führende Personal beider Bewegungen sowohl aus Sänger- und Turnvereinen als auch aus privaten Zirkeln, die in der Zeit der Repression Orte verdeckter politischer Betätigung gewesen waren.

Aus den offenen lokalen Gebilden gingen die regionalen Volks- oder Vaterlandsvereine hervor. Schon ihr Name zeigt, dass an die vorrevolutionäre Einheit der bürgerlichen Bewegung angeknüpft werden sollte. Damals verstanden sich die Männer des Volkes als die Vertreter einer der Obrigkeit gegenüberstehenden Gesamtbewegung. Die Aufrufe blieben entsprechend allgemein und vermieden alles, was zu Zwistigkeiten hätte führen können. Sonderbestrebungen wollte man ebenso unterbinden wie man den Pfad der Ordnung nicht verlassen wollte. Denn vorrangiges Ziel war es in dieser Zeit, die Voraussetzungen dafür zu schaffen, dass bei den Wahlen zur Nationalversammlung nur Männer mit der richtigen Gesinnung zum Zug kämen.

Das Aufkommen solcher Vereine im Vorfeld der Wahlen zur Nationalversammlung war die erste Stufe in der Ausbreitung des politischen Vereinswesens während der Revolution. Mit jeder weiteren größeren politischen Entscheidung dehnte es sich nicht nur aus, sondern differenzierte sich und gruppiert sich gelegentlich auch um. Bis zum Sommer waren die vorwiegend städtischen Volks- und Vaterlandsvereine vorherrschend. Sie waren in zweierlei Hinsicht keine Massenbewegungen. Weder hatten sie einen entsprechenden Anhang noch haben die Massen selbst schon die Möglichkeiten erkannt, die im neuen Assoziationsrecht lagen – dazu fehlte ihnen politische Bildung und Mündigkeit. Die politischen Vereine zeigen daher die für den Liberalismus typische Struktur der bürgerlichen Führung Einzelner oder einer Gruppe und der weitgehenden passiven Rolle der Anhänger. Ihr Einfluss auf die öffentliche Meinung war dennoch bedeutend und reichte mithilfe der Presse weit über den Verein und seinen Sitzort hinaus. Sie fühlten sich als die Vertreter der neuen Politik und beherrschten die öffentliche Debatte. Die bedeutendsten Früchte dieses Einflusses waren ihre Erfolge bei den Wahlen.

Die politischen Vereine mobilisierten und strukturierten die Wählerschaft und machten die Gewählten sehr viel abhängiger von ihr, als dies zuvor der Fall gewesen war, als Komitees nur dann zusammentraten, wenn Kandidaten zu nominieren waren. Die Vereine, aber auch die teils noch weiter bestehenden Volksversammlungen, verfolgten die Tätigkeit ihrer Abgesandten in Frankfurt und später in den Landtagen aufmerksam und oft recht kritisch. Es kam immer wieder vor, dass die enttäuschten Anhänger sie aufforderten, ihr Mandat zurückzugeben. Sie mischten sich in die aktuellen Kontroversen innerhalb und außerhalb der Parlamente ein, indem sie sie aufnahmen, Erklärungen und Resolutionen verfassten und die Nationalversammlung mit Petitionen überschwemmten.

Nach dem Zusammentritt der Nationalversammlung bestand ein Teil der lokalen politischen Vereine fort. Ganz überwiegend liberaler und demokratischer Ausrichtung, waren die Märzforderungen ihre programmatische Grundlage. Sie sahen nun ihre Aufgabe in der Kontrolle der Regierungen und der gewählten Vertreter in Land und Nation. Einige von ihnen haben von ihren Abgeordneten die Durchsetzung von Beschlüssen im Parlament gefordert, andernfalls auch gelegentlich auf der Rückgabe des Mandats bestanden. Gegenüber solchen Ansätzen direkter Demokratie hat sich aber der Parlamentarismus der Paulskirche behaupten können.

Die Vereine waren fragil, da vorrangig politische Ziele und weniger Überzeugungen und Interessen sie konstituierten. Es ging ihnen vor allem darum, durch Information die Motivation der Anhängerschaft wach zu halten, durch Kommunikation den Zusammenhalt zu kräftigen und über die Presse die öffentliche Meinung zu beeinflussen. Sie waren vor allem im Lokalen, auf dem Lande allerdings seltener, verankert; sie standen über die Region hinaus kaum untereinander in Verbindung. Die Beziehungen der politischen Vereine zu den Parlamenten waren unverbindlich, da sie vor den Fraktionen gebildet worden waren, denen gegenüber sie selbstständig blieben. Die Abgeordneten, die ihr Mandat nur in zweiter Linie den Vereinen verdankten, sahen sich nicht als ihre Beauftragte; sie verstanden sich als freie politische Persönlichkeiten ohne Auftrag.

Im Laufe der Beratungen der Nationalversammlungen ist es im politischen Vereinswesen der Märzbewegungen und Maiwahlen seit dem Sommer zu einer Differenzierung gekommen. In den „Vaterländischen Vereinen" sammelten sich jetzt vor allem die konstitutionellen Liberalen, in den

„Volksvereinen" die bürgerlichen Demokraten. Wie offen die Lage aber noch war, zeigt sich daran, dass die jeweilige Bezeichnung nicht immer eindeutige Rückschlüsse auf die ideologische Grundlage zuließ. Das gemeinsame Ziel, den Rückhalt der Landesparlamente und insbesondere der beiden Nationalversammlungen zu stärken, verband aber weiterhin über die Gegensätze in aktuellen politischen Fragen hinweg.

Am wenigstens Anlass hatten die die Parlamente beherrschenden konstitutionellen Liberalen, lokale und regionale Bewegungen organisatorisch zu bündeln. Dem stand zusätzlich ihr Verständnis von Politik im Wege: denn sie fürchteten um die Freiheit der Volksvertreter, wenn diese, wie auf der Linken immer wieder versucht, an die Beschlüsse der Vereine gebunden würden. Sie sahen in den politischen Vereinen extrakonstitutionelle Gebilde, die nicht mehr als Hilfsorganisationen für Fraktionen und Abgeordnete sein könnten. Durch das Vorgehen konkurrierender Bewegungen veranlasst, wurde im November 1848 ein Ausschuss des besonders rührigen Kasseler Bürgervereins beauftragt, als Vorort des lockeren Zusammenschlusses liberaler Vereine im „Nationalen Verein für Deutschland" zu fungieren. Sein Schwerpunkt lag in Nord-, Mittel-, und Süddeutschland, die preußischen und österreichischen Liberalen hielten sich fern.

Für die Initiative und Ausbreitung der demokratischen Bewegung wurde die Erfahrung ausschlaggebend, dass die Linke in den Nationalversammlungen und den Ständeversammlungen ihre Vorstellungen nicht oder nur begrenzt würde durchsetzen können. Deswegen ging der Anstoß, den Anhang bis weit hin zu den radikalen Kräften im Land zu sammeln, auch von den Parlamenten aus. Ein erster Höhepunkt war der erste Demokratenkongress an Pfingsten 1848 in Frankfurt. Es erschienen immerhin Delegierte von 89 Vereinen aus 66 Städten. Obwohl darunter auch Vertreter des Bundes der Kommunisten waren, setzte sich die politische Linie der linken Fraktionen der Nationalversammlung, die die Initiative ergriffen hatten, durch. Man wollte einen Wohlfahrtsstaat in der Form einer demokratischen und unitarischen Republik. Unmittelbar umgesetzt wurde die Einberufung eines Zentralausschusses nach Berlin als nationale Spitze der Demokratischen Vereine. Zur gleichen Zeit sind Abgeordnete der Fraktionen der Paulskirche „Deutscher Hof" und „Donnersberg" vor allem durch Südwestdeutschland gezogen, um dort die Gründung lokaler Vereine anzustoßen.

Nicht wenige der Neugründungen waren Abspaltungen der bisher einheitlichen Bewegung. Ihre Konzepte von Wirtschaft und Gesellschaft waren noch nicht ausgereift. Sie reichten von der kapitalistischen Marktwirtschaft bis zu zünftischen und kommunistischen Vorstellungen; einig war man sich nur darin, dass die Regierungen die Schuld an der Misere trügen und die Steuern zu hoch seien. Deutlicher als andere riefen die Demokraten nach einer egalitäreren Gesellschaft durch Umverteilung. Ein Herzensanliegen war die kostenlose Bildung für alle. Schärfer als die Volksvereine forderten sie die Zurückdrängung der Kirchen aus dem öffentlichen Leben und die Abschaffung der kirchlichen Schulaufsicht. Gerne pflegten sie die Symbolik und Rhetorik der Französischen Revolution. Am nachdrücklichsten trennte die Demokraten von den Volksvereinen das vorbehaltlose Eintreten für die Republik. Sie bekämpften den Kurs der Nationalversammlung des Ausgleichs mit den bestehenden Gewalten und lehnten gewaltsamen revolutionären Aktivismus nicht grundsätzlich ab.

Auf einem Zweiten Demokratenkongress vom 26. bis 30. Oktober 1848 in Berlin erfolgte eine programmatische Klärung mit dem Bekenntnis zu den Grund- und Menschenrechten. Von dem erneuten Anlauf zu einer reichsweiten Organisation sind diesmal erkennbar weniger Impulse ausgegangen als an Pfingsten.

In den Demokratischen Vereinen waren die akademischen Berufe, insbesondere die Staatsbediensteten, weniger vertreten; dasselbe gilt für Kaufleute und Gewerbetreibende. Dafür hatten Redakteure, Volksschullehrer, in prekären Verhältnissen lebende Akademiker, aber auch Ärzte dort einen größeren Einfluss. „Handwerker-Arbeiter" und Gesellen fanden sich ebenfalls. Die Radikalität der Methoden, der Antimonarchismus und die Kirchenfeindschaft hielten die Landbevölkerung zurück; teils verstand diese aber auch ihre Sprache und Vorstellungen nicht.

Neben den Demokraten hatten sich im Juni 1848 die entschiedenen Anhänger der Volkssouveränität in radikaldemokratischen Vereinen organisiert. Sie verstanden sich als die eigentliche demokratisch-republikanische Alternative zum dominierenden „Justemilieu-Liberalismus". Zwar standen sie durchgehend unter bürgerlicher Führung, sprachen aber gleichermaßen Handwerker, Gewerbetreibende und unterbürgerliche Schichten an, deren Interessen sie auch nachdrücklich artikulierten. Während der Märzbewegung noch wenig verbunden, hatten sie danach ein bundesweites Netz aufgebaut und sich auf nationalen wie regionalen Konferenzen abgestimmt. Sie hielten teilweise Verbindung zur Linken und manchen Demokraten in den Ständeversammlungen der Bundesstaaten und den Nationalversammlungen. Im Gegensatz zu ihnen wollten sie die soziale deutsche Republik an den Parlamenten vorbei durchsetzen. Trotz organisatorischer Anfangserfolge ist die republikanische Bewegung schon im Spätherbst 1848 zusammengebrochen. Das Verhältnis zur Gewalt wurde nicht geklärt und in einigen Bundesstaaten wurde sie nicht zuletzt deswegen verboten.

Der in der Revolution sich formierende Parlamentarismus hat seine Infrastruktur also nachträglich und bruchstückhaft in einigen Regionen und auf verschiedenen Ebenen geschaffen. Die politischen Vereine hatten sich autonom vorwiegend in den Städten gebildet. Danach waren die Parlamentsfraktionen entstanden, die wiederum Anstöße zum Aufbau neuer oder zur Zusammenfassung bestehender Ortsverbände geben konnten. Außerparlamentarische Vereinsbewegung und parlamentarische Fraktionsbildung liefen also zunächst parallel nebeneinander her, ehe sie dann je nach politischem Lager unterschiedlich stark aufeinander zugingen.

Die sich daneben formierenden politischen Bewegungen, die parlamentarisch gar nicht oder kaum repräsentiert waren, haben den Verlauf der Revolution nicht bestimmt. Bezieht man sie mit ein, ist das heraufziehende Fünfparteienschema schon im Ansatz erkennbar.

Wie die Demokraten, so organisierten sich auch die Konservativen, da sie sich in den gewählten Parlamenten nicht hinreichend repräsentiert sahen. Sie begaben sich damit auf ein Feld, das sie bisher gemieden hatten, da sie sich in der bestehenden politischen wie gesellschaftlichen Ordnung gut aufgehoben fühlten. Die Stoßrichtung der Bewegung schwankte daher zwischen Interessenvertretung und Überwindung der gegenwärtigen revolutionären Zustände.

Vorwiegend Konservative und Royalisten haben sich in Preußen nach dem Schock des März zusammengefunden, um eine starke Monarchie und preußische Essentialia gegenüber dem „Reichsterrorismus" der Paulskirche zu verteidigen. Aus ihren Machtpositionen in Militär, Verwaltung, Hof und ländlicher Gesellschaft heraus haben sie vorwiegend in den Provinzial- und Kreisstädten Ostelbiens ein reges politisches Vereinswesen initiiert. Obwohl es darauf ausgerichtet war, die königstreue Landbevölkerung zu sammeln, gaben in ihm Beamte, Pfarrer und Militärs den Ton an. Diese Massenbewegung wollte protestantische Lebenswelt und agrarische Wirtschaftsordnung gegenüber Liberalismus und Demokratie verteidigen. Dem liberalen Emanzipationsversprechen setzte man in der Nachwirkung des organischen Denkens der deutschen Romantik die Einbindung des Einzelnen in die traditionale Gesellschaft und den monarchisch-christlichen Staat entgegen. Dieser wurde auf die „Förderung der Volkswohlfahrt" verpflichtet.

Seit dem Sommer formte sich in Preußen eine Sammlungsbewegung der Großgrundbesitzer, die den Konservativismus stärkte. Mit der Forderung nach dem Schutz des Eigentums brachte sie sich gegen die Ablösung der feudalen Abhängigkeiten und die Abschaffung der Grundsteuerbefreiung, wie sie die Märzregierung Hansemann-Camphausen anstrebte, in Stellung. Auf dem ersten großen Kongress Mitte August 1848 in Berlin wurde ein Lenkungsausschuss für die etwa 60 Vereine im Lande ins Leben gerufen, denen sich auch Bauern angeschlossen haben.

Schließlich kam es zum Zusammenschluss von etwa 50 Vereinigungen in einem Zentralverein für „König und Vaterland". Er lehnte die in den Parlamenten verkörperte Volkssouveränität ab, trat für den Erhalt der Monarchie und die Eigenständigkeit Preußens ein. Die Erfahrung mit den Revolutionen seit den Dreißigerjahren hatte den Konservativismus gelehrt, dass die Massen in den monarchischen Staat eingebunden werden mussten. Er war bereit, dafür Verfassungen zu akzeptieren, falls der Vorrang des Fürsten gewahrt würde. Als deren Verteidiger war er der natürliche Gegner des Nationalismus. Obwohl sie ebenfalls der reaktionäre Gegenschlag traf, reichte ihre Wirkung über die Revolutionsepoche hinaus: Der Konservativismus in Deutschland war auch später vor allem borussisch und agrarisch.

Der infolge des Mischehenstreits mit dem preußischen Staat politisierte Katholizismus hatte sich seit Ende der Dreißigerjahre formiert. Er teilte mit den Konservativen das Ideal einer ständischen Gesellschaft in einer christlichen Monarchie. Daran anknüpfend haben die Katholiken zur Jahreswende 1848 mit den „Piusvereinen für religiöse Freiheit" eine alle Schichten der Konfession umgreifende Massenbewegung ins Leben gerufen. Hilfreich war dabei ein weitverzweigtes Netz von Kirchenblättern und Vereinen sowie die Unterstützung des Klerus und der Hierarchie. Erst nachdem sie in der zweiten Phase der Revolution durch die Parolen des aufklärerischen Liberalismus und des atheistischen Radikalismus aufgeschreckt worden waren, wurden sie aktiv. Nun setzten sich Laien unter der Führung von Geistlichen für den öffentlichen Schutz der Kirche und die Garantie von deren freier Entfaltung, insbesondere in Bildung und Erziehung, in den liberalen Verfassungen ebenso ein wie für ein von den katholischen Habsburgern regiertes Reich.

Vielleicht noch mehr als die politischen Vereine und ihr Aufblühen während der Revolution gehört das Petitionswesen zur Fundamentalpolitisierung einer breiten Öffentlichkeit. Die Wähler haben sich schon im Vormärz gelegentlich mithilfe von Petitionen an die Ständeversammlungen oder Staatsregierungen gewandt. Doch sind wohl niemals davor und danach Parlamente in so kurzer Zeit von so vielen Bittschriften und Eingaben überschwemmt worden wie die Nationalversammlungen von Frankfurt und Berlin.

Meist von Volksversammlungen, Vereinen, doch auch Interessen- und Berufsverbänden angeregt, lösten sie durch überörtliche Kooperationen gelegentlich ganze Bewegungen aus. Dadurch wurden immer wieder in die Tausende gehende Unterstützungsunterschriften mobilisiert. In seltenen Fällen wurden sogar mehrere 100 000 erreicht. Dabei ging es nicht allein um materielle Interessen, sondern auch um intensive Einmischung in die Beratungen der Volksvertreter. Fragen des Tagesgeschehens wie der Waffenstillstand von Malmö oder die Erschießung des Abgeordneten Robert Blum lösten immer wieder Wellen aus. Teilt man die Petitionen an die Frankfurter Versammlung grob nach ihrem Anliegen auf, dann ergibt sich eine interessante Diskrepanz zwischen dem, was die Männer des Volkes, und dem, was das Volk selbst bewegte. Fast jeweils ein Drittel galten wirtschaftlichen und sozialen Problemen (besonders Freihandel oder Schutzzoll) und dem Verhältnis von Kirche und Staat. Nur etwa jeweils ein Fünftel befassten sich mit der Neuordnung Deutschlands oder den Grundrechten.

Die politischen Vereine hatten ein gespaltenes Verhältnis gegenüber diesem Phänomen. Einerseits machten sie es sich dienstbar, nicht zuletzt, um mit ihren Ansichten im Parlament durchzudringen; andererseits wurden die Parlamentsfraktionen oder einzelne Abgeordnete durch solche außerparlamentarische Aktivitäten unter Druck gesetzt. In Frankfurt nahm man diese Äußerungen des Volkswillens ernst. Die Eingaben wurden sorgfältig registriert und dem Plenum stets zu Beginn bekannt gegeben. Die Ausschüsse beschäftigten sich mit ihnen und die Abgeordneten bezogen sich gerne auf sie, um ihren Argumenten Nachdruck zu verleihen.

3.2.2 Die gesellschaftlichen Kräfte

Das Feld, das die bürgerliche Reformbewegung eröffnet hatte, betraten, während sich diese in den Institutionen verfestigte, auch andere. Dies waren zum einen Organisationen, die sich als Alternative, teils sogar als Gegner der bürgerlichen Bewegung verstanden, zum anderen Interessenvertretungen oder Berufsverbände.

Das vormärzliche Unterdrückungssystem verfolgte nicht nur seine Gegner. Es versuchte vielmehr, jegliche Konkurrenz zur Staatspolitik weitgehend auszuschalten sowie die Öffentlichkeit durch die politischen und gesellschaftlichen Eliten zu monopolisieren. Dagegen hatten seit Bestehen des Bundes zunächst die konstitutionellen Liberalen und dann auch die Demokraten gekämpft. Sie forderten sowohl das Recht auf Vereinsbildung als auch die damit untrennbar verbundenen Rechte, sich ungehindert zu versammeln und die eigene Meinung frei äußern zu können.

In diesem bisher nur begrenzt erfolgreichen Kampf war die Gewährung dieser Rechte im März 1848 der Durchbruch. Sie entsprachen dem Bedürfnis der Zeit. Dies wurde durch die Vielfalt und Schnelligkeit, mit der die Gesellschaft politische, soziale, wirtschaftliche und selbst religiöse Assoziationen bildete und durch sie in den pluralistischen Meinungs- und Interessenkampf eingriff, eindrucksvoll belegt. Nicht weniger erstaunlich war, wohl auch für die Zeitgenossen, wie viele dieser Vereinigungen danach strebten, ihre Kräfte deutschlandweit zusammenzufassen, für wie viele also nicht mehr der heimatliche Fürstenstaat der Bezugspunkt war. Im Vereinswesen war die Nation schon konstituiert, ehe die Nationalversammlung sich daran machte!

Die Aufhebung der Repressionsgesetze und die neuen Freiheiten des März lockten auch die seit den frühen Dreißigerjahren ins Exil getriebenen Frühsozialisten und Kommunisten zurück ins Vaterland. Dort suchten Handwerksgesellen, Freiberufler, Journalisten und Intellektuelle erste Kontakte zu noch bestehenden Geheimbünden und radikaldemokratischen Klubs, weniger zu Arbeitervereinen. Sie gründeten lokale Organisationen und gingen vor allen Dingen publizistisch in die Initiative. Die bisher verfolgte und verbotene kommunistische und sozialistische Agitation blühte zahlreich und vielfältig auf. Es erschienen Vereinspublikationen, regionale Blätter, doch auch philosophische und sozialwissenschaftliche Traktate. Unter den ersten

Publikationen war das „Manifest der Kommunistischen Partei", das im Februar 1848 von London aus die Proletarier aller Länder zum Klassenkampf aufrief. Mit ihm läuteten seine Verfasser, der Journalist und Philosoph Karl Marx und der Unternehmer Friedrich Engels, den Übergang vom Frühsozialismus zum Marxismus ein. Sie sagten die Zwangsläufigkeit des Klassenkampfes unter kapitalistischen Produktionsbedingungen voraus. Denn die Besitzer der Produktionsmittel seien im weltweiten Konkurrenzkampf gezwungen, den Profit durch Ausbeutung des Proletariats, das in dem Produktionsprozess nur seine Arbeitskraft einbringen könne, fortgesetzt zu maximieren. Der Sieg des Proletariats führe eine neue Gesellschaft herauf, in der sich jeder gemäß seiner Fähigkeiten verwirklichen könne und jedem gemäß seinen Bedürfnissen gegeben werde.

Marx und Engels, die zu den Frühesten gehörten, die die globalen Verflechtungen der industriellen Produktion wie Konsumption erkannt hatten, beanspruchten für die Kommunisten die Rolle der Protagonisten des Proletariats. Hier glich ihr Selbstverständnis dem der von ihnen bekämpften Liberalen, die sich als durch die Geschichte legitimierte Vorkämpfer einer bürgerlichen Gesellschaft verstanden. In dieser Hinsicht wurde jenen vom Marxismus eine historisch notwendige Rolle zugestanden, nämlich die des Ferments zur Zersetzung der feudalen Gesellschaft als Vorstufe für die kommende proletarische Revolution. Diese Entwicklung schien 1848 auf einen ersten Höhepunkt zuzustreben.

Die Männer der bürgerlichen Klasse, die das Proletariat in die Zukunft führen wollten, beließen es aber nicht bei dieser Utopie, sondern mischten sich aktiv in den Kampf ein, indem sie das Proletariat mobilisierten. Die kommunistischen Agitatoren, deren weitreichendstes Organ die seit dem 1. Juli durch Karl Marx geleitete „Neue Rheinische Zeitung" war, erkannten wohl schärfer als die Parlamentarier, die sie für Versöhnler und Schwätzer hielten, die Gefahr der Konterrevolution. Sie übertrafen sie aber bei Weitem hinsichtlich der Illusionen und des Theoretisierens, das sie ihnen ebenfalls zum Vorwurf machten. Ihre Hoffnungen auf Bauernaufstände, Selbstbefreiung des Volkes und Volkskriege gegen die Dynastien waren die Ausgeburten von Leitartikeln und Traktaten. Sie standen in einem grotesken Missverhältnis zu den realen Möglichkeiten.

Ihr Fanatismus und Sendungsbewusstsein machten sie während der Revolutionszeit dennoch zu einer ernstzunehmenden Bewegung. Sie waren rastlos tätig; viele scheuten kein persönliches Opfer, und sie waren immer und überall dabei, wenn es gegen Autoritäten und Etablierte ging, sich Ansätze zum Aufwiegeln der Unterschichten und Streiks boten. Spaltung der einheitlichen bürgerlichen Märzbewegung, Diskreditierung des institutionalisierten Liberalismus, Mobilisierung der Unterschichten und Weitertreiben der Revolution durch Kritik, Zwiespalt und Unruhen, das waren die Ziele. Der Bewegung war klar, dass in Deutschland der Zeitpunkt der proletarischen Revolution noch nicht gekommen war. Daher ging es jetzt vor allen Dingen darum, die Kompromisse zwischen der bürgerlichen Klasse einerseits sowie den Fürsten wie dem Adel andererseits zu verhindern und die Lage so lange offenzuhalten, bis sie zum Umsturz reif war. Der bürgerliche Liberalismus hatte es in den Institutionen implizit zu seinem Ziel erhoben, durch Reformen und Verfassungen die gesellschaftlichen Verhältnisse zu stabilisieren. Dies wollte ein Teil der Unterschichten unter Führung des Bundes der Kommunisten durch Weitertreiben der Revolution zum Klassenkampf verhindern.

Die kommunistischen Aktivisten fanden Rückhalt in einem Netz von Vereinen und Stützpunkten. Darüber hinaus haben sie immer wieder die Verbindungen zur organisierten Arbeiter- und Handwerkerschaft wie auch zu demokratischen Bewegungen gesucht. Dies wurde dadurch erleichtert, dass Kommunisten, Sozialisten und Demokraten noch nicht ideologisch und organisatorisch verfestigt waren und sich auch nicht gegeneinander abgrenzten. Obwohl quantitativ wenig bedeutend, verbreiteten sie durch dieses Vorgehen das Gefühl einer realen Gefahr. Dies trieb die bürgerlichen Liberalen immer weiter nach rechts, und so spielte die Linke gegen ihren Willen der Reaktion, ihrem überall gewitterten Feind, in die Hände.

Die Arbeiterbewegung hat teilweise mit der kommunistischen zusammengearbeitet, sie darf aber dennoch nicht mit ihr gleichgesetzt werden. Ihre Vereine waren mehr Standesvereine oder frühgewerkschaftliche Vereinigungen als Organisationen des Klassenkampfes. Dafür war das Klassenbewusstsein der Arbeiter in den wenigen industrialisierten Gebieten Deutschlands wie Rheinland, Westfalen und Sachsen noch zu wenig entwickelt und die soziale und wirtschaftliche Lage zwischen den Hilfs- und Facharbeitern noch viel zu unterschiedlich: Letztere kamen oft aus dem Handwerk und zählten sich weiterhin zu ihm. Manche Vereine nannten sich bezeichnenderweise zunächst auch Handwerker- und Arbeitervereine; sie hatten aber auch dann Tagelöhner und ländliche Unterschichten in ihren Reihen. Immer wieder kooperierten sie mit den örtlichen wie regionalen Demokratenvereinen, von denen auch schon einmal die Gründung eines Arbeitervereins ausgehen konnte.

In manchen Orten waren Turnvereine ebenfalls Keimzellen von Arbeitervereinen. Sie hatten als unpolitische Organisationen die Repressionszeit überstanden, obwohl sie auch Organisationen politischer und geselliger Betätigung waren. Besonders für die Unterschichten attraktiv, widmeten sie sich nun vermehrt vor- und paramilitärischer Ausbildung. Daher bargen sie in der Revolution, in der sie zu überregionalen Zusammenschlüssen schritten, Rekrutierungspotenzial für Bürgerwehren, aber auch Freischärler.

Durch den Zusammenschluss von Arbeitern, Gesellen, Tagelöhnern und Besitzlosen in Stadt und Land sollte die Durchschlagskraft zur Durchsetzung von Interessen gestärkt, sowie aber auch Selbsthilfe und gegenseitige Unterstützung ermöglicht werden. Die Vorstellungen vom „Sozialismus" als einem eigenen Weg jenseits von Kapitalismus und Liberalismus war noch nicht weit verbreitet. In nicht wenigen Vereinen lag das Schwergewicht auf der Vermittlung von Bildung, da man in ihr die wichtigste Voraussetzung für die Ausübung staatsbürgerlicher Rechte sah. Wohl deswegen fühlten sich auch viele Bürger und Akademiker zur Gründung und Führung von Arbeitervereinen berufen. Wo es Deutschkatholiken gab, tendierten diese ebenfalls zur Arbeiterschaft; denn in ihren Reihen war die Überzeugung weit verbreitet, dass der Sozialismus die zeitgemäße Form des Gebots christlicher Nächstenliebe sei.

Erstaunlich schnell ist die Arbeiterbewegung zur überregionalen und bundesweiten Sammlung übergegangen. Schon am 11. April 1848 war in Berlin das Zentralkomitee für Arbeiter gegründet worden. Die Besserung der Arbeits- und Lebensbedingungen der Besitzlosen durch gerechte Steuerpolitik, Bildung für alle und umfassende Sozialfürsorge waren das Programm. Diese berufsständische Organisation war noch vom Vertrauen in den Staat und seine Eliten getragen; denn der Abbau der Klassengegensätze sollte durch paritätische Kommissionen von Kapital und Arbeit erfolgen und die Appelle gingen an die Frankfurter und Berliner Nationalversammlung.

Das Zentralkomitee blieb auf diesem Kurs und demonstrierte die gewachsene Bedeutung der Bewegung durch das Zusammenrufen von Deputierten aus dem ganzen Land nach Berlin vom 23. August bis 3. September 1848. Dort wurde beschlossen, die Arbeiterschaft in einem nationalen Gesamtverband, der „Arbeiterverbrüderung" mit Sitz in Leipzig, zusammenzufassen, um Gewerkschaftsarbeit und Selbsthilfe landesweit zu organisieren. In einer Petition an die Nationalversammlung in Frankfurt wurde die Anerkennung dieses Anliegens in der Reichsverfassung gefordert. Unabhängig davon, doch programmatisch ähnlich haben noch mehrere Arbeiterkongresse im Herbst 1848 und im Frühjahr des folgenden Jahres in den Regionen, den Bundesstaaten und deutschlandweit getagt.

In den Vereinen wollte die Arbeiterschaft ihr Schicksal selbst in die Hand nehmen und insofern waren sie ein bedeutender Akt der Emanzipation. In ihrer überwiegenden Ausrichtung waren sie Organisationen der Interessenvertretung, der Selbsthilfe, der Bildung und politischen Teilhabe. Die dort Organisierten wollten die bestehende Gesellschaft nicht umwälzen, sondern reformieren und in ihr gleichberechtigt und gleichwertig anerkannt werden. Ihr Bestreben, Anschluss an die bürgerliche Revolutionsbewegung zu finden, förderten die Demokraten und die konstitutionellen Liberalen aber so gut wie nicht.

Arbeiter- und Handwerkerbewegung durchdrangen sich gelegentlich. Auf dem ersten allgemeinen deutschen Handwerker- und Gewerbekongress im Juli 1848 in Frankfurt agierten Meister und Gesellen zunächst noch gemeinsam, um sich mit den Belastungen durch Wirtschaftskrise und Strukturumbruch zu befassen. Auf den deutschland- und preußenweiten Treffen des Sommers setzten sich aber allmählich die Meister durch, deren Ziel die Wiederherstellung ihrer früheren Stellung war. Sie wünschten die Zurückdrängung der Gewerbefreiheit, die Wiedereinführung des Zunftzwangs und Schutz gegen die industrielle Konkurrenz. Gewerbeinnungen sollten garantieren, dass die Meisterbetriebe ein hinreichendes Einkommen und das Monopol auf die Ausbildung des Nachwuchses hatten. Die Gesellen, die schon länger und mit gutem Grund in dieser Betriebsform eine wesentliche Ursache ihres Elends ausgemacht hatten, organisierten sich daraufhin eigenständig oder schlossen sich gleich den Arbeitervereinen an.

Dort kämpften sie mit den Fabrik- und Manufakturarbeitern für die Verkürzung der Arbeitszeit, die Garantie von Festlöhnen, die Vergütung von

Überstunden, gesetzliche Kündigungsfristen und öffentliche Arbeitsaufträge. Alles überragend war die Garantie der Koalitionsfreiheit, da sie die Voraussetzung für die Durchsetzung von Forderungen war. Erste Schritte zur Selbsthilfe im Fall von Krankheit, Invalidität und für das Alter wurden gemacht. Politisch waren Arbeiter und Gesellen kaum an Verfassungsfragen interessiert, sondern daran, zu anerkannten und gleichberechtigten Staatsbürgern aufzusteigen. Dafür erschien ihnen eine kostenfreie Schulausbildung ebenso Voraussetzung zu sein wie ein vermögensunabhängiges aktives wie passives Männerwahlrecht. Den Gesellen war ihr sozialer Aufstieg wie ihre wirtschaftliche Entfaltung bei größtmöglicher Sicherheit des Einzelnen und staatlichem Schutz ganzer Gewerbe ein besonderes Anliegen.

In der Revolution hat das Handwerk zwar nicht mehr die Rückkehr zum alten Zunftwesen propagiert, doch relativ geschlossen Verhältnisse gefordert, die ihm mit dem Monopol auf die Ausübung bestimmter Gewerbe sowie solidarischer Absicherung in Fällen der Not recht nahe kamen; Positionen, die schon allein deswegen keine Aussicht auf Erfolg hatten, da sie der industriellen Entwicklung entgegenstanden und nur auf Kosten längst etablierter Konkurrenz durchzusetzen gewesen wären.

Industrielle und Unternehmer standen nicht zurück. Da sie in den Handelskammern und den bereits im Vormärz geschaffenen Organisationen eine Interessenvertretung hatten, wurden deren Initiativen durch aktuelle Fragen ausgelöst. Denn mit kaum weniger Emotionen und Einsatz wie um Grundrechte und Staatsform wurde in der Nationalversammlung, bzw. in deren „Volkswirtschaftlichem Ausschuß", um die neue Wirtschaftsordnung gerungen. Die vorherrschenden Anhänger des Schutzes der einheimischen Wirtschaft gegen die überlegene industrielle Konkurrenz aus dem Ausland verliehen ihren Forderungen durch die Organisation in dem „Allgemeinen deutschen Verein zum Schutze der vaterländischen Arbeit" Nachdruck. Sie kamen vor allen Dingen aus der Metall-, Montan- und Textilindustrie Westdeutschlands und Sachsens. Unterstützt wurden sie durch Gewerbetreibende und Handwerker, die an einer leicht reformierten Zunftverfassung festhalten wollten.

Dagegen machten exportorientierte Unternehmer, Fernhandelskaufleute und Großagrarier im „Deutschen Verein für Handelsfreiheit" mobil. Seine Anhängerschaft war deutlich geringer, doch konnte er sich auf die einflussreichen Fabrikanten, die für den Export produzierten, auf die Reeder und

Kaufleute der Seestädte und die Großbauern stützen. Das Parlament versuchte zwischen diesen Gegensätzen durchzusteuern. Die überkommenen Privilegien, die den Liberalen schon lange ins Auge stachen, sollten beseitigt werden, ohne dass sich ein ungezügelter Laissez-faire-Kapitalismus ausbreitete.

Die bisher verbotenen Burschenschaften traten wieder öffentlich in Erscheinung. Über 1000 Delegierte deutscher Universitäten trafen sich zu Pfingsten 1848 in Erinnerung an das Wartburgfest in Eisenach, um die „Allgemeine Deutsche Studentenschaft" zu gründen und in den Chor nationalpolitischer Forderungen einzustimmen. Eine Vereinigung von Privatdozenten verlangte eine Verbesserung ihrer wirtschaftlich prekären Lage und leistungsorientierte Aufstiegsmöglichkeiten in den Universitäten. Professoren trafen sich, um sich über die Erneuerung der Hochschulen zu verständigen. Die Reform ihrer Bildungseinrichtung war ebenfalls das Anliegen der organisierten Gymnasiallehrer. Auf Kosten der klassischen Sprachen sollte es mehr Unterricht in Deutsch und modernen Fremdsprachen geben, doch auch eine Stärkung der Naturwissenschaften. Die Volksschullehrer verwiesen auf ihre miserable Bezahlung und ihre mangelhafte Absicherung in den verschiedensten Notlagen. In Teilen wünschten sie eine Befreiung von der geistlichen Schulaufsicht sowie eine Beseitigung der konfessionellen Ausbildung.

Mit der Gründung des Deutschen Bundes gerieten die deutschen Katholiken nach 1815 in fast allen Bundesstaaten in die Minderheit. Deren Verfassungen eröffneten der meist evangelischen Obrigkeit weitgehende Eingriffsrechte in die inneren Verhältnisse der Kirchen. Die Auswirkungen davon erfuhren die Gläubigen am ehesten an der Schnittstelle von Staat und Gesellschaft: in Militär, Staatsdienst und Bildungseinrichtungen. Am stärksten bewegte die Gemüter die Mischehen-Frage. Die katholische Kirche hielt daran fest, dass konfessionsverschiedene Ehen nur eingesegnet werden dürften, wenn die Eheleute zuvor katholische Taufe und Erziehung der Kinder versprochen hätten. Hingegen bestand besonders der preußische Staat darauf, dass die Kinder die Konfession des Vaters erhielten. Das wurde im katholischen Westen, wo die Mischehen zwischen einheimischen Frauen und preußischen Militärs wie Staatsbeamten zunahmen, von Bevölkerung, Klerus und

Episkopat als antikatholischer Affront bekämpft. Dieser Streit hat zum Auftrieb des katholischen Pressewesens sowie zur Politisierung der Konfession erheblich beigetragen.

Dennoch blieb die Kirche zum Aufbruch des März auf Distanz; denn die katholische Staatslehre stigmatisiert Revolution, Revolte und die Anwendung von Gewalt und manche antiklerikale wie antikirchliche Ausfälle schreckten zusätzlich. Daher schritten die Katholiken als letzte große gesellschaftliche Formation bis zum Spätherbst des Jahres 1848 zur eigenständigen Sammlung. Die „Piusvereine für religiöse Freiheit" entwickelten ab dann, immer wenn es um Religionsfreiheit, Ehe und Familie, die Unabhängigkeit der Kirche oder die Konfessionsschule ging, eine beeindruckende Schlagkraft.

Auf Initiative des Erzbistums wurden Vertreter dieser Vereine wie aller anderen katholischen Laienorganisationen zwischen dem 3. und 6. Oktober 1848 nach Mainz gerufen. Dort sollten sie mit 23 katholischen Abgeordneten der Nationalversammlung die religions- und kirchenpolitischen Bestimmungen der künftigen Verfassung zu beraten. Zugleich wurden diese Zusammenkünfte verstetigt. Sie wurden von der Überzeugung getragen, dass die Welt in geistigem und materiellem Elend stecke, von dem sie nur das Christentum und die viel geschmähte Kirche befreien könnten. Die Gängelung und andauernde Benachteiligung der Volksminderheit durch die protestantische Staatsmacht, der Gegensatz zu Liberalismus wie Sozialismus und die zeitweilige Distanz zur nationalen Bewegung festigten ihr Fortbestehen auf der Grundlage einer vitalen Volksfrömmigkeit. Die Zusammenkünfte hatten die doppelte Zielsetzung, über die Stellung der katholischen Laien in der Kirche zu reflektieren und darüber hinaus auf der Grundlage der Konfession Politik und Gesellschaft mitzugestalten. Dies ist bis zur Gegenwart das Kennzeichen dieser Generalversammlungen der katholischen Laien geblieben.

In der Revolution von 1848/49 entstand also die für die deutsche Parteiengeschichte so folgenreiche eigenständige Sammlung des Katholizismus als politische Formation. Der Protestantismus folgte diesem Beispiel nicht. Er fühlte sich durch die mit der Revolution verbundenen Vorstellungen und Ideen nicht im selben Maße als Konfession herausgefordert wie der Katholizismus. Darüber hinaus fand er sich in den Staaten mit meist protestantischer Obrigkeit gut aufgehoben und durch die dominierenden liberalen und demokratischen Kräfte hinreichend vertreten.

In Preußen war der Adel eng mit dem Konservativismus verbunden. Im Deutschen Bund allerdings war es, anders als bei den Demokraten und Arbeitern, zu keiner gemeinsamen Organisation gekommen. Dafür waren die wirtschaftlichen sozialen Lagen zu unterschiedlich und die politischen Wertvorstellungen klafften weit auseinander. In der Nationalversammlung saßen Mitglieder des Adels in allen Fraktionen. Dennoch hatte er dort einen schweren Stand; die Mehrheit seiner ehemaligen Gegner bekräftigte, dass sie an der Aufhebung der Standesvorrechte festhalten werde. Zur Tat schritten dann die Regierungen der Bundesstaaten, die schon seit Längerem die Beseitigung der feudalen Herrschaftsrechte zugunsten eines einheitlichen Untertanenverbands anstrebten. In Preußen behielt der Adel allerdings die gutsherrliche Polizei und einige Privilegien in der kommunalen Repräsentation, sodass seine Vorherrschaft auf dem Land kaum erschüttert wurde. Wirtschaftlich war er in ganz Deutschland nicht schlecht durch die Revolution gekommen. Die Entschädigungen für die Ablösung bäuerlicher Dienste und Abgaben bescherten ihm in zahlreichen Bundesstaaten erkleckliche Einnahmen, die häufig zur Modernisierung der Güter genutzt wurden.

Auch die bisher öffentlich wenig in Erscheinung getretenen Frauen wurden von der umfassenden Politisierung erfasst. Sie durften in manchen Volksversammlungen auftreten, nahmen an den revolutionären Umzügen teil, nähten Fahnen oder sammelten Spenden. Selbst an Barrikadenkämpfen und Revolutionszügen waren einige beteiligt. Um ihre Teilnahme zu fördern und um sie vor männlichen Zudringlichkeiten zu schützen, wurde in der Paulskirche eigens eine Frauenloge eingerichtet. Bis zum Ende der Revolution hatten sich die Frauen in Frauenvereinen oder um Frauenzeitschriften auch selbst organisiert. Von der männlichen Mitwelt wurde die neue Betätigung der Frauen ganz unterschiedlich goutiert. Die Haltungen reichten von Ermunterung und Zustimmung bis hin zur Abwehr durch Spott, Karikatur wie Beleidigungen oder Hass.

Die Revolution im Bund und in den Bundesstaaten fand eine breite Unterstützung durch die jüdische Bevölkerung. Sie erhoffte sich den Fall der letzten rechtlichen Restriktionen, die ihrer Gleichberechtigung entgegenstanden. In den Parlamenten der Bundesstaaten und in den Nationalversammlungen waren sie ebenso wie im Reichsministerium stärker, als es ihrem Bevölkerungsanteil entsprach, vertreten. Das ging mit einigen antisemitischen Ausschreitungen in den Städten und auf dem Lande einher, die teilweise materiell motiviert waren. In den Nationalversammlungen, doch auch im Zuge der Umsetzung der Märzforderungen in den Bundesstaaten, erfüllten sich ihre Hoffnungen. Sie erhielten die rechtliche Gleichstellung und ihnen wurde die Möglichkeit eröffnet, sich in die bürgerliche Gesellschaft zu integrieren. Freilich wurden diese Erfolge innerhalb des Judentums nicht einhellig begrüßt. Es erhoben sich immer wieder Stimmen, die von der Emanzipation den Verlust des Glaubens und der Identität befürchteten.

3.3 Die Wahlen zur Nationalversammlung

3.3.1 Auf dem Weg zur Nationalversammlung

Die Liberalen hatten ein gespaltenes Verhältnis zur Volksbewegung, wie sie so eindrucksvoll im März zum Ausdruck gekommen war. Einerseits war ihnen klar, dass der vollständige Umschwung dieses Monats ohne das Volk nicht so erfolgreich gewesen wäre. Andererseits fürchteten sie aber auch, dass ihre Vorrangstellung dadurch gefährdet würde, wenn die Massen vom Protest zur politischen Gestaltung nach ihren Vorstellungen fortschritten. Deswegen und weil nach den Umwälzungen in den Bundesstaaten die Neugestaltung auf der nationalen Ebene drängte, ergriffen sie im April die Initiative. Sie konnten sich dabei auf ein bereits gut ausgebautes Netz persönlicher Kontakte stützen.

In Briefen, Treffen kleinerer Gruppen und öffentlichen Versammlungen waren unter ihnen die unterschiedlichen Vorstellungen dazu, wie die nationale Einheit zu erringen und auszugestalten sei, diskutiert worden. Sie war für sie nicht nur seit den Befreiungskriegen politische Sehnsucht, sondern mit zunehmender verkehrsmäßiger und kommunikativer Erschließung der Nation auch eine wirtschaftliche Notwendigkeit. Das Anliegen erhielt eine neue Dimension, als im Februar 1848 die jeweiligen Regierungen sowohl von der badischen wie hessen-darmstädtischen Ständekammer aufgefordert wurden, sich für eine Nationalvertretung beim Deutschen Bund einzusetzen. Während sich die Badener mit einer von den Ständeversammlungen der Bundesstaaten gewählten Repräsentation zufriedengeben wollten, hat Heinrich von Gagern in Darmstadt im Namen seiner Parteifreunde ein ausgefeiltes Konzept vorgelegt. Er verlangte schon ein Staatsoberhaupt, das wie in den Bundesstaaten mit einem Kabinett regieren sollte, „in Übereinstimmung mit einem Rathe der Fürsten und einem Rathe des Volkes". Wie all das umzusetzen sei und funktionieren sollte, blieb offen. Doch sprach viel dafür, dass sich die Probleme lösen ließen, nachdem selbst der preußische König bei der Berufung des Vereinigten Landtags am 18. März eine „Bundesrepräsentation beim Bundestag zum Zweck der Vereinbarung der neuen Bundesverfassung mit den Regierungen" befürwortet hatte.

Im allgemeinen Drängen jener Tage nach einem Nationalstaat wurden die damit verbundenen Probleme, die später mit aller Vehemenz aufbrachen, kaum wahrgenommen. Der zu diesem Zeitpunkt bestehende Staatenbund der quasi-souveränen Herrscher konnte neben einem nationalen Parlament oder gar einer nationalen Regierung nicht mehr weiterbestehen. Würden sich die zentralen Organe aus der Volkssouveränität legitimieren, würde dies dem praktizierten Konstitutionalismus in den Bundesstaaten widersprechen, der die gesamte Staatsgewalt dem Fürsten zusprach, der sie „freiwillig" mit den Ständeversammlungen teilte. Dazu kamen die tiefen Gegensätze in dieser Frage in den Reihen der Liberalen selbst. Die konstitutionellen Liberalen wollten an der Monarchie und dem beschränkten Wahlrecht festhalten. Das Trauma der Terrorherrschaft des Konvents während der Französischen Revolution war bei ihnen noch so gegenwärtig, dass sie jeder unbegrenzten Herrschaft des Volkes misstrauten. Hingegen fürchteten die Demokraten die Volkssouveränität nicht und wollten eine Republik nicht von vornherein ausschließen.

Die Abgeordneten der konstitutionellen Staaten hatten ihren Appell nach einer Nationalrepräsentation im Februar noch an die fürstlichen Regierungen gerichtet. Angetrieben durch die Märzbewegung, die diese Forderung in allgemeiner Form aufnahm, haben sie ihre Taktik erweitert. Am 5. März 1848 trafen sich in Heidelberg die führenden Köpfe der südwestdeutschen konstitutionellen Liberalen und Demokraten. Über die vorhandenen Gegensätze in der nationalen Frage hinweggehend, wurden die einzelstaatlichen Regierungen, die allein dazu in der Lage waren, aufgefordert, die Durchführung von Wahlen zu einer Nationalvertretung vorzubereiten. Doch trieb sie der revolutionäre Schub diesmal weiter. Um die Umsetzung zu garantieren und sie zu kontrollieren, wurde ein Siebenerausschuss eingesetzt. Er sollte eine Versammlung nach Frankfurt einberufen, die sozial und regional breiter aufgestellt war.

Ehe es dazu kam, vollzog der Bundestag in der Ahnung, dass es dabei auch um seine Existenz gehen könne, eine vollständige politische Wende. Bisher war dieser Gesandtenkongress der Fürsten und Städte des Bundes das Zentrum der Repression und des Widerstands gegen alle nationalen Bestrebungen gewesen. In erstaunlichem Umfang nutzten die Gesandten die Lähmung der sie beauftragenden Regierungen und schafften am 3. März die Zensur bundesweit ab. Kurz darauf erhoben sie die schwarz-rot-goldene Flagge, die für sie bisher Zeichen des Umsturzes gewesen war, zur Bundesfahne. Seitdem hat sich auch die politische Ausrichtung der Bundesversammlung nachdrücklich verändert. Etwa die Hälfte der Märzregierungen hat die von ihren Vorgängern ernannten Gesandten im Laufe des Monats durch solche ihres politischen Vertrauens ausgetauscht. Bis Ende April 1848 folgten fast alle anderen.

Um bei der Neugestaltung des Bundes im Spiel zu bleiben, schlugen sie ihren Regierungen vor, „Männer des öffentlichen Vertrauens" zu berufen. Sie sollten in einem Ausschuss von 17 Mitgliedern aus je einem Abgesandten der Bundesstaaten, die im „Engeren Rat" vertreten waren, eine neue Bundesverfassung entwerfen. So gelang es der Bundesversammlung tatsächlich, renommierte Liberale und Demokraten, die sie bisher bekämpft hatten, einzubinden. Als Korrektiv wurde ihr ein Revisionsausschuss aus sieben Gesandten ausgewählter Bundesstaaten an die Seite gestellt. Beide Gremien trafen sich zur ersten Sitzung am 30. März. Auf dieser wurde beschlossen, die bundesstaatlichen Regierungen aufzufordern, die Wahlen zu einem Nationalparlament in die Wege zu leiten. Obwohl beide Gremien weiterarbeiteten, hatte die Bundesversammlung damit ihren Anspruch, die Reformen durchzuführen, aus der Hand gegeben. Das wurde durch die Übernahme der Wahlmodalitäten des „Vorparlaments" nochmals unterstrichen.

Der Bundesversammlung blieb aber die Genugtuung, dass der 17er-Ausschuss nach 25 Sitzungen am 8. Mai eine beeindruckende staatsrechtliche und politische Leistung präsentierte. In dem Bestreben, Deutschland eine „Volks- und Nationaleinheit" zu geben, war es einigen führenden Köpfen des praktischen und theoretischen Liberalismus gelungen, monarchische, parlamentarisch-repräsentative und rechtsstaatliche Elemente zu verschmelzen. Die wichtigsten Probleme, mit denen sich auch die Nationalversammlung befassen musste, waren bereits angesprochen und Lösungen vorgezeichnet, denen sie häufig mit nicht allzu großen Abänderungen folgte.

Doch trat noch eine dritte Kraft auf den Plan, die die politische Zukunft Deutschlands jetzt mitbestimmen wollte. Preußen und Österreich strebten dazu einen Kongress der Fürsten am Ende des Monats an. Die Vormächte setzten darauf, dass die Sonderwünsche der größeren Einzelstaaten in dem Entwurf der Siebzehn keine Berücksichtigung gefunden hatten. Deren Macht war in jenen Tagen aber bereits so weit erodiert, dass die eingeladenen Standesgenossen einem gemeinsamen Vorgehen bis auf Weiteres keine Chance mehr einräumten.

Dafür hatten sich bis zum Ende des Monats März die vom Siebenerausschuss der Heidelberger Versammlung berufenen Vertreter des Volkes in Frankfurt versammelt. Unter den 574 Männern waren überwiegend frühere oder gegenwärtige Mitglieder von Ständerversammlungen aus allen Bundesstaaten. Wenn diese auch nicht repräsentativ vertreten waren – aus Österreich waren zum Beispiel nur zwei gekommen –, so war das politische Spektrum diesmal doch erheblich breiter als in Heidelberg. In der Hauptstadt des Bundes nahmen sich jetzt drei Gremien derselben Sache an: das sogenannte „Vorparlament" als Institution der Revolution sowie die Bundesversammlung und ihr Ausschuss der Siebzehn auf der Grundlage des Bundesrechts, die daher zunächst auch einen Vorrang beanspruchten. In allen stellten Männer mit vergleichbarer politischer Überzeugung die Mehrheit, wenn auch das „Vorparlament" erkennbar radikaler war.

Das kam auch gleich an dem Verfassungsentwurf, den die Linke dort vorlegte, zum Vorschein. Sie wollte nicht nur die Staatsgewalt „nach dem Muster der nordamerikanischen Freistaaten" allein in einem frei gewählten Parlament und Präsidenten konzentriert sehen, sondern zugleich alle Fürstenstaaten durch „Reichskreise" ersetzen. Zum Entsetzen der Wirtschaftsliberalen wurde der Staat auf eine offensive Sozialpolitik zugunsten der „arbeitenden Klassen" verpflichtet, die darüber hinaus von allen Steuern weitgehend zu befreien waren. In gut aufklärerischer Tradition wurde das Programm durch die Forderung nach der Trennung von Kirche und Staat und der Aufhebung der Klöster abgerundet. Die liberale Mehrheit setzte dem einen föderalen Nationalstaat mit klar abgegrenzten Kompetenzen entgegen. Ohne sich über die Form des Staates zu verständigen, sollte an seiner Spitze ein „Bundesoberhaupt mit verantwortlichen Ministern" neben einem direkt gewählten „Haus des Volkes" stehen. Obwohl die Versammlung weder repräsentativ war noch gar ein demokratisches Mandat hatte, wollten beide Seiten das noch zu wählende Nationalparlament auf ihre Vorstellungen festlegen. Da darüber aber keine Einigkeit erzielt werden konnte, scheiterte der Plan.

Dafür einigte man sich über die Modalitäten der Wahl. Sie sollte auch in den deutschsprachigen Provinzen durchgeführt werden, die nicht Bundesgebiet waren: Schleswig, Ost- wie Westpreußen; ob auch in der preußischen Provinz Posen, blieb offen. Im Vielvölkerstaat Österreich sollte nur in den Gebieten des Deutschen Bundes gewählt werden; das schloss das überwiegend von Tschechen bewohnte Königreich Böhmen samt der Markgrafschaft Mähren ein. Zum ersten Mal sollten in Deutschland Männer zu allgemeinen und gleichen Wahlen gerufen werden. Die Liberalen hielten allerdings an ihrem zentralen Prinzip der „Selbstständigkeit" fest. Das hieß, dass Männer, die aufgrund ihrer Stellung – wie zum Beispiel Knechte und Diener – oder aus finanziellen Gründen keinen eigenen Hausstand führen konnten, ausgeschlossen blieben. Die Wahlen sollten nicht wie üblich über Wahlmänner erfolgen, sondern die Abgeordneten waren unmittelbar durch Mehrheitsentscheidung im Wahlkreis zu bestimmen; Ausnahmen waren allerdings zugelassen. Den Bundesstaaten wurde zugestanden, innerhalb dieser Grundzüge Änderungen vorzunehmen.

Trotz der politischen Wende misstraute die Linke weiterhin der Bundesversammlung. Da auch in den Reihen der Liberalen die Aversionen aufgrund jahrelanger Schikanen noch tief saßen, kam die Linke mit zwei Vorstößen gegen sie in modifizierter Form zum Erfolg. Auf die nachdrückliche Aufforderung des „Vorparlaments" hin hob die Bundesversammlung am 2. April alle seit 1819 erlassenen Ausnahmegesetze auf und versprach, Gesandte, die daran mitgearbeitet hatten, auszuschließen. Um die Fürsten und ihre Repräsentanten in Frankfurt auf Kurs zu halten, setzte das Vorparlament, nachdem bis zum 4. die Arbeit getan war, bis zum Zusammentritt des Nationalparlaments einen Ausschuss von 50 Personen aus seinen Reihen ein.

Schon im Vorparlament hatte sich nicht nur ein Gegensatz zwischen den Liberalen aller Schattierungen einerseits und den Demokraten, Republikanern und Radikalen andererseits aufgetan. Es zeichnete sich auch innerhalb der Linken ein Riss zwischen den Kräften ab, die Reformen auf dem parlamentarischen Weg anstrebten, und jenen, die zur revolutionären Aktion drängten. Letztere entschieden sich, weil sie sie im „Vorparlament" nur wenig erreicht hatten, kurz nach seiner Auflösung dafür, ihre Vorstellungen gewaltsam durchzusetzen. Unter dem Einfluss des eigens angereisten Herausgebers der radikaldemokratischen „Seeblätter", Joseph Fickler, sollte das Unternehmen am Bodensee beginnen. Dafür sprach auch, dass sich Volksversammlungen dort wie in anderen Teilen Badens nachdrücklich für die Republik ausgesprochen hatten. Darüber hinaus konnte dort mit militärischer Unterstützung durch deutsche Legionen, die Emigranten in der Schweiz und im Elsass rekrutiert hatten, gerechnet werden. Die badische Regierung hatte allerdings von den Vorbereitungen Kenntnis. Sie war entschlossen, den Putsch niederzuschlagen, nachdem sie zu ihrer Überraschung dafür die Unterstützung der Zweiten Kammer gefunden hatte. Nachdem Fickler am 8. April verhaftet worden war, fühlten sich die verbliebenen Anführer Gustav Struve und Friedrich Hecker, beide Rechtsanwälte in Mannheim, zur Aktion gedrängt.

Als Ausgangspunkt wählten sie Konstanz. Dort gab es bereits eine Bürgerwehr von etwa 400 Mann. Sie stand unter dem Kommando des ehemaligen Offiziers Franz Sigel, der es im Juni 1849 noch zum Kriegsminister der kurzlebigen badischen Republik bringen sollte. Hecker und Struve planten nicht weniger, als in mehreren Abteilungen bis zur Hauptstadt Karlsruhe durchzubrechen, um von dort aus die deutsche Republik durchzusetzen. Es hätte ihnen eine Warnung sein müssen, dass sich selbst in Konstanz weder die Bürgerwehr noch die Bürgerschaft dafür vorbehaltlos begeistern konnten. Dennoch zogen sie am 13. April mit einem kleinen Häuflein los. Unterwegs erhielten sie Verstärkung durch Bürgerwehren, Freischärler und die deutsche Legion unter dem Dichter Georg Herwegh, der im Elsass etwa 900 Mann rekrutiert hatte. 2000 hessische und badische Soldaten stellten im Auftrag des Bundes die Aufrührer am 20. April bei Kandern. Unter den ersten Toten der

Revolution, die auf beiden Seiten zu beklagen waren, war auch der Kommandant der Bundestruppen, Friedrich von Gagern, ein Bruder Heinrichs von Gagern. Durch Zuzug verstärkt, leisteten die Aufrührer noch bis zum 27. April in der Gegend um Freiburg Widerstand.

Die Anführer setzen sich in die Schweiz ab, von wo Hecker in die USA weiterreiste. Obwohl der Aufstand bis auf ein kleines Feuergefecht am 26. April an der Mannheimer Rheinbrücke nur die äußerste Südwestecke des Großherzogtums Badens erfasst hatte, war er ein Fanal. Es zeigte, dass die bürgerliche Bewegung das radikal linke Bürgertum aus Teilen der Gesellen und freien Berufe, aber auch Gelegenheits- wie Handarbeiter nicht integrieren konnte. In immer wieder in unterschiedlicher Intensität aufflackernden Gewaltakten blieben sie bis zum Höhe- und Schlusspunkt des Bürgerkriegs um die Reichsverfassung im Sommer präsent.

3.3.2 Die Wahlen und ihr Ergebnis

Nach Vorgaben des Vorparlaments hat die Bundesversammlung am 30. März und 7. April 1848 die Beschlüsse über die Wahlen zur Nationalversammlung verabschiedet, die sogar eine Änderung der Bundesverfassung nötig machten. Für die rasche Durchführung war sicher förderlich, dass der Kongress der Fürsten die gesetzlichen Grundlagen gelegt hatte, da die Wahl ihrer Verwaltung oblag. Darüber hinaus war den Bundesstaaten ein erheblicher Spielraum eingeräumt worden.

Die Größe der Wahlkreise schwankte zwischen 60 000 und 80 000 „Seelen"; doch hatten auch Kleinstaaten mit weniger Einwohnern Anspruch auf einen Abgeordneten. In der preußischen Provinz Posen durfte ebenfalls gewählt werden. Selbst in Böhmen und Mähren wurde zu den Urnen gerufen. Die Tschechen folgten allerdings überwiegend dem Boykottaufruf der Nationalbewegung und die angeschlagene österreichische Staatsmacht konnte die Abstimmung nur noch unzulänglich durchführen. Folglich wurde dort gewählt, wo eine starke deutschsprachige Minderheit lebte, und etwa die Hälfte der Mandate im Königreich Böhmen blieb unbesetzt. In Schleswig verhinderte die dänische Verwaltung die Wahlen, sodass die Nationalversammlung einfach fünf deutsche Vertreter zuließ.

Die Wahlen zogen sich in den verschiedenen Bundesstaaten von Mitte April bis Anfang Mai hin. Sie waren grundsätzlich allgemein und gleich. Wählen durften alle männlichen Staatsangehörigen, wobei das Alter der Volljährigkeit in den Bundesstaaten variierte. Dort hat man vor allem das nicht näher definierte Kriterium der Selbstständigkeit genutzt, um bestimmte Schichten fernzuhalten. So durften unter anderem in Preußen, Hessen-Darmstadt, Nassau und Braunschweig Bezieher von Armenunterstützung nicht wählen. In Österreich, Württemberg, Hannover und Kurhessen waren neben Tagelöhnern und Dienstboten selbst Handwerksgesellen ausgeschlossen. In Bayern verblieben Reste des alten Zensussystems. Dort durfte nur wählen, wer eine direkte Staatssteuer entrichtete. Der Grundsatz der geheimen Wahl wurde weitgehend beachtet. Doch kam es auch vor, dass die Stimme wie früher öffentlich zu Protokoll gegeben werden musste oder der Stimmzettel zu unterschreiben war.

Selten war hingegen die direkte Wahl. Meist ließ man es beim gewohnten Verfahren, dass die Urwähler die Wahlmänner bestimmten. Harte Wahlkämpfe waren die Ausnahme. Nur in Baden, wo sich bereits deutlich ein Gegensatz zwischen Liberalen und Demokraten ausgebildet hatte, kam es zu heftigeren Auseinandersetzungen. In der preußischen Provinz Posen und dem österreichischen Königreich Böhmen-Mähren wurden sie von den Konflikten zwischen den Nationalitäten überlagert. Das indirekte Wahlverfahren führte zu dem gewünschten Effekt, dass das lokale Ansehen von Gewicht war. Es setzten sich die Inhaber öffentlicher Ämter wie Bürgermeister und Notare durch oder aber Personen, die einem Beruf von besonderem Prestige nachgingen. Doch kamen auch immer in beträchtlichem Umfang Handwerker und Gewerbetreibende zum Zuge. Schon auf dieser Ebene fand dadurch eine zusätzliche soziale Auslese statt, da versiertes öffentliches Auftreten und die Präsentation von politischen Vorstellungen erwartet wurden.

Die Wahlen der Abgeordneten durch die Wahlmänner im Hauptort des Wahlkreises verliefen durchgehend ruhig, doch nicht in allen Bundesstaaten am selben Tag. Unter der Aufsicht eines Wahlkommissars wurde von den Kandidaten weniger ein Programm als ein politisches Glaubensbekenntnis verlangt. Gewählt war, wer die meisten Stimmen auf sich vereinigen konnte. In der Regel wurden ein oder zwei Ersatzmänner bestimmt. Rückhalt bei einem politischen Verein war von Vorteil. Die Vereine verstanden es bereits, die Möglichkeiten des Wahlrechts routiniert auszuschöpfen, indem sie ihre

Zugpferde in mehreren Kreisen antreten ließen. Diese nahmen das Mandat in einem Wahlkreis an, sodass in den anderen die weniger populären Kandidaten nachrücken konnten.

Nachdem etwa die Hälfte der Gewählten in Frankfurt am Main eingetroffen war, beschlossen sie, die Versammlung zu eröffnen. Sie trafen sich am Nachmittag des 18. Mai im Römer. Dort erinnerten sie die Fantasieporträts der Kaiser des Alten Reiches, von denen viele in der Stadt gekrönt worden waren, an ihren historischen Auftrag. Man kannte Namen und Meinung der führenden Köpfe aus der Publizistik, doch nur wenige hatten sich schon zuvor persönlich kennengelernt. Nachdem der Fünfzigerausschuss sein Mandat niedergelegt hatte, zog man unter dem Jubel der Frankfurter Bevölkerung durch ein Spalier der Nationalgarde weiter zum Sitzungssaal in der Paulskirche. Nach über 50-jähriger Bauzeit erst im März 1832 vollendet, bot der Zentralbau 1700 Personen Platz. Weitgehend von der Frankfurter Bürgergemeinde finanziert, war das Gebäude, das im Juni 1833 den Namen „Paulskirche" erhalten hatte, die Hauptkirche der lutherischen Kirchengemeinde. Sie überließ es jetzt dem deutschen Nationalparlament, da es der größte Versammlungsort der Stadt war: denn neben den Abgeordneten sollten auch noch die Bürger an den Versammlungen teilnehmen. Für Frauen war eine eigene Loge vorgesehen. Diese neue Form der Parlamentsarbeit hat den Gang der Beratungen mit beeinflusst. Nicht wenige Reden wurden für die Anhängerschaft auf der Galerie gehalten, und diese hat sich immer wieder lautstark – bis hin zum Tumult – in die Debatten eingemischt.

585 Mandate wurden vergeben, deren Inhaber nie alle zugleich anwesend waren. Der eine nahm ein Landtagsmandat wahr, der andere war für ein Regierungsamt beurlaubt. Weitere waren in außerparlamentarischen Geschäften tätig, krank oder aus privaten Gründen nach Hause gerufen worden. Die ersten haben schon recht früh ihr Mandat an ihre Stellvertreter weitergereicht, sodass insgesamt ungefähr etwas mehr als 800 Männer in der Paulskirche gesessen haben. Die Anzahl der Anwesenden lag im Durchschnitt über 400.

Schon den Zeitgenossen war die für sie ungewöhnliche vielfältige Repräsentation aufgefallen. Noch nie waren so viele Männer aus den verschiedenen Gegenden Deutschlands zusammengekommen. Die Landesteile unterschieden sich noch erheblich in ihren politischen Systemen, ihrer Kultur, den Formen des Wirtschaftens und in der Zusammensetzung der Gesellschaft. Lutherische Ostpreußen saßen neben romtreuen Österreichern, bedächtige Mecklenburger neben lebhaften Rheinländern, katholische Altbayern neben sächsischen Deutschkatholiken oder dem Juden aus Wien. Für nicht alle war die Muttersprache Deutsch, so für die Polen aus Posen, die Tschechen aus Böhmen, die Dänen aus Schleswig und die Welschen aus Tirol: ein Vorgeschmack darauf, wie verzwickt die Antwort auf die Frage, was des Deutschen Vaterland sei, werden würde.

Das indirekte Wahlverfahren hat die damalige Neigung verstärkt, Persönlichkeiten unabhängig von ihren politischen Präferenzen zu wählen. Das Prestige des Berufes, öffentliche Wirksamkeit, auch außerhalb der Politik, lokales Ansehen und Verwurzelung waren ausschlaggebend. Davon profitierte ebenfalls der Adel, der über seinen Bevölkerungsanteil hinaus repräsentiert war. Er hatte also durchaus noch Rückhalt in der Landbevölkerung und stand den angestrebten Veränderungen teilweise offen gegenüber. Darüber hinaus ist zu bedenken, dass die Kosten für den Aufenthalt in Frankfurt und die damit verbundene längere Vernachlässigung der Berufsarbeit den Kreis der Kandidaten erheblich einschränkte.

Wegen der hohen Fluktuation unter den Abgeordneten sowie den fehlenden oder schwankenden Berufsangaben sind präzise Aussagen über die soziale Zusammensetzung schwierig. Die Schichtenzugehörigkeit hatte auch nicht die Bedeutung, die ihr heute zugemessen wird. Die Abgeordneten verstanden sich nicht als die Vertreter ihres Berufes oder ihrer Schicht, sondern als Protagonisten des Volkes und als Vollstrecker einer historischen Mission. Die Nationalversammlung war ein Honoratiorenparlament wie auch die anderen der Zeit. Die Zeitgenossen nahmen daran keinen Anstoß; der Gedanke einer möglichst gleichmäßigen sozialen Repräsentation war ihnen noch fremd.

Die Forschung hat längst das schon von den Zeitgenossen gepflegte Vorurteil eines Professorenparlaments zurückgewiesen. Diese Berufsgruppe machte noch nicht einmal 5 % der Mitglieder aus. Wohl aber wurde mit den zahlreichen Beamten der Staats- und Kommunalverwaltung, den Richtern und Staatsanwälten, den Angehörigen der Lehrberufe und den weiteren Staatsdienern die deutsche Tradition des Beamten- und Juristenparlaments eröffnet. Der Anteil der Männer, die einer öffentlichen Beschäftigung im weitesten Sinne nachgingen, eingeschlossen die Juristen, lag deutlich über der Hälfte aller Abgeordneten. Dazu kamen nochmals über 30 Geistliche und Theologen, Ärzte, Schriftsteller, Anwälte, Notare und Redakteure wie Publizisten, sodass mit etwa zwei Dritteln Akademikern zu rechnen ist. Entsprechend wenige waren die Vertreter aus Handel, Wirtschaft und Gewerbe; zusammen mit den vier Handwerkern machten sie nicht einmal ein Zehntel aus. Noch schwächer war die Landwirtschaft, damals noch der Haupterwerbszweig, vertreten. Sie war allerdings vom einfachen Landwirt bis zum adligen Großgrundbesitzer breit aufgestellt. Die Unterschichten und Arbeiter fehlten, doch saßen auch kaum Fabrikanten und Offiziere im Parlament.

Aus dem Bildungswesen vom Dorfschullehrer bis zum Hochschullehrer kam nicht nur mehr als ein Fünftel der Abgeordneten, sondern ihr Einfluss auf den Gang der Parlamentsdebatten war noch bedeutender. Die Kritik, dass deswegen das Parlament zu oft mit dem Klassenzimmer oder dem Kolleg verwechselt worden sei, darf aber nicht verdecken, dass in der Nationalversammlung viel politische Erfahrung versammelt war. Da war die nicht geringe Zahl der ehemaligen Abgeordneten der Ständeversammlungen, die Opfer der Repression, die Mutigen, die berufliche und persönliche Nachteile für ihre politische Tätigkeit und Überzeugung in Kauf genommen hatten, und der eine oder andere profilierte Theoretiker. Berühmte Namen aus Literatur und Wissenschaft waren darunter, die aber im politischen Geschäft wenig glänzen konnten.

In der Nationalversammlung saßen wenige Vertreter weltanschaulicher Minderheiten, doch waren sie im Vergleich zu ihrem Anteil an der Gesamtbevölkerung auffallend überrepräsentiert. Dies galt sowohl für die sieben Freimaurer als auch die sieben Deutschkatholiken, darunter der Märtyrer der Revolution Robert Blum und der Herausgeber der Protokolle der Nationalversammlung, Franz Jacob Wigard. Diese rationalistische Unterströmung im Katholizismus hatte sich erst kurz zuvor aus Protest gegen die Ausstellung des Heiligen Rocks in Trier 1844 gesammelt. Mit ihrer Ablehnung aller zentralen Riten und Dogmen fand sie bei Teilen der Demokraten und Liberalen Sympathie. Diese ging während der Revolution in aktive Unterstützung über, sodass diese ein Höhepunkt ihrer öffentlichen Wirksamkeit war. Diese Allianz war eine entscheidende Hürde für eine Annäherung des Katholizismus an die Revolution.

Der Protestantismus hatte sich mit einer vergleichbaren aufklärerischen Reformbewegung auseinanderzusetzen. Die von ihren Gegnern so genannten „Lichtfreunde" reichten allerdings weder quantitativ noch politisch an die Deutsch-Katholiken heran. Vor allem in Preußen verbreitet, kamen dort einige ihrer Anhänger bei der Wahl zur Volksvertretung zum Zuge. In Frankfurt saßen drei, darunter der kurzzeitige Ministerpräsident Maximilian von Grävell und der Verfasser einer umfassenden Monografie über die Nationalversammlung, Rudolf Haym.

Von besonderer Attraktivität war der Aufbruch zu neuen Ufern ebenfalls für die, wie es in zeitgenössischer Diktion hieß, „mosaische" Konfession. Die deutschen Juden versprachen sich mit gutem Grund von den Reformbewegungen die Beseitigung der letzten individuellen wie kollektiven Benachteiligungen. Unter den 19 Repräsentanten waren die beiden Reichsminister Johann Hermann Detmold und Johann Gustav Heckscher, der führende Kopf der demokratischen Bewegung Ostpreußens Johann Jacoby und der Nachfolger Heinrich von Gagerns als Präsident der Nationalversammlung, Martin Eduard Simson.

Für fast alle erfüllte sich ein Lebenstraum und im Land war die Begeisterung so umfassend wie grenzenlos. Bald sollte sich zeigen, dass auch die Erwartungen kaum geringer waren. Es waren keine Umstürzler, die in der Paulskirche Politik machen wollten. Im Gegenteil, Bürgerkrieg, Blutvergießen und Anarchie waren ihnen ein Gräuel. Der Terror der Französischen Revolution war das Trauma ihrer Generation. Andererseits war ihr Wollen durchaus revolutionär, vor allen Dingen in den Augen ihrer Gegner. Aus dieser Zwickmühle ergab sich der Ausweg revolutionären Handelns mit nichtrevolutionären Mitteln.

4 Die Krise des Herbstes

Erstürmung der Barrikade an der Konstablerwache in Frankfurt am Main am 18. September 1848 durch preußisches Militär. Lithographie von E. G. May (1818–1907) nach einer Zeichnung von Jean Nicolas Ventadour (1822–um 1880)

4.1 Die Einsetzung der Provisorischen Zentralgewalt

Mit einem durch die Wahlen gestärkten Selbstbewusstsein haben die Abgeordneten unmittelbar nach Eröffnung des Nationalparlaments einige Grundentscheidungen gefällt. Sie ließen keinen Zweifel daran aufkommen, dass sie sich nur kraft der Vollmacht des souveränen Volkes an die Neuschöpfung einer Verfassung machen würden. Damit wurde den Fürsten signalisiert, dass diese nicht mehr mit ihnen vereinbart würde, wie wohl nicht wenige noch annahmen. Man ging sogar einen Schritt weiter. Die Männer des Volkes wollten sich nicht auf die Verfassungsgebung beschränken, sondern gleich mitgestaltend die Entwicklung bestimmen. Sie beschlossen dazu, provisorisch eine „exekutive Bundesgewalt" zu begründen. So wurde der Weg weiter verfolgt, die Revolution durch Institutionalisierung zu kanalisieren wie durch die Berufung auf die Volkssouveränität zu legitimieren und sich dabei die alten Gewalten zugleich unterzuordnen.

Damit war die Frage aufgeworfen, ob an die Spitze des noch gar nicht bestehenden Staates ein Direktorium, ein Präsident oder ein Monarch zu stellen sei und wie das Verhältnis der zu berufenden Regierung zur Nationalversammlung sein sollte. Mit der Einsetzung einer Exekutive war eine Vorentscheidung hinsichtlich des Regierungssystems (monarchisch oder republikanisch) und des Staatsaufbaus (unitarisch oder föderalistisch) verbunden. Die mehrtägigen Debatten über die verschiedenen Modelle beendete Parlamentspräsident Heinrich von Gagern am 24. Juni 1848 durch einen „kühnen Griff". Er lief darauf hinaus, die „provisorische Zentralgewalt" durch die Nationalversammlung selbst und nicht in Abstimmung mit den Fürsten oder sogar durch sie zu schaffen. Konservative Monarchisten sollten mit diesem Vorschlag dadurch versöhnt werden, dass die Regierungsgewalt einem Fürsten übertragen werden sollte. Die Bedenken der Linken und Republikaner sollten dadurch zerstreut werden, dass dies geschehe, „nicht weil es, sondern obgleich es ein Fürst ist". Damit war der Weg frei für die Wahl Erzherzog Johanns von Österreich am 29. Juni 1848 zum Reichsverweser an der Spitze der „provisorischen Centralgewalt für Deutschland". Er nahm das ihm von einer Deputation angetragene Amt am 5. Juli an. Dies löste in Österreich nicht weniger Begeisterung aus als in Deutschland.

Der 66 Jahre alte habsburgische Erzherzog, der mit einer Bürgerlichen verheiratet war, galt als volksfreundlich. Durch zahlreiche Reformen in der

Steiermark und eigene Unternehmungen hatte er bewiesen, dass er für Technik und Wissenschaft aufgeschlossen war und bürgerliche Tugenden zu schätzen wusste. Die absehbaren Schwierigkeiten bei der Integration Österreichs in den deutschen Einigungsprozess sprachen zusätzlich dafür, einen Österreicher an die Spitze zu stellen und damit sogar das Erzhaus einzubinden. Ein Teil der Begeisterung, die Johann entgegenschlug, resultierte auch daraus, dass einige Äußerungen von ihm in der Öffentlichkeit so ausgelegt wurden, dass er ein Befürworter der deutschen Einheit sei.

Doch haben schon seine ersten Handlungen gezeigt, dass seine politischen Vorstellungen sich nicht in einem solchen Umfang mit denen seiner Wähler deckten, wie sie annahmen. So legte er großen Wert darauf, nicht nur durch die Volksvertreter gewählt worden zu sein, sondern auch im Auftrag der Fürsten zu regieren. Daher ließ er sich noch am Tag seiner Vereidigung in der Nationalversammlung am 12. Juli von der Bundesversammlung deren „verfassungsmäßige Befugnisse und Verpflichtungen" im „Namen der deutschen Regierungen" übertragen. Johann hat damit wohl keine weitreichenden politischen Absichten verfolgt, sondern auf diesem Schritt aus dem für ihn kennzeichnenden Legitimismus heraus bestanden. Dennoch wurde dadurch die Stellung der neuen Gewalt zur Nationalversammlung eine andere und die Bundesfürsten mussten in ihrer Erwartung bestätigt werden, dass sie gleichberechtigt mit den Frankfurter Institutionen am Bau des neuen Deutschlands beteiligt würden.

Ob mit der Übertragung der Rechte der Bundesversammlung auf die Provisorische Zentralgewalt auch der Deutsche Bund aufgehört hatte zu existieren, ist in jenen Tagen nicht erörtert worden. Die Frage ist, wenn es in der Zukunft zu Konflikten kam, Mal für Mal aufgeworfen worden und jede Seite beharrte auf der Ansicht, die ihr opportun erschien. Wie immer die Sache staatsrechtlich zu entscheiden war, in der Öffentlichkeit war der Eindruck vorherrschend, dass der Bund nicht mehr existiere.

Durch das Gesetz vom 28. Juni 1848 war die Zentralgewalt nach dem Modell der konstitutionellen Monarchie konstruiert worden. An ihrer Spitze stand der nicht verantwortliche Reichsverweser, der durch ein von ihm zu berufendes Reichsministerium regierte. Dieses hatte gegenüber dem Parlament die politische Verantwortung zu übernehmen, ohne dass näher geregelt worden war, in welcher Form dies zu geschehen habe. Der Provisorischen Zentralgewalt wurde „die vollziehende Gewalt in allen Angelegenheiten, welche die allgemeine Sicherheit und Wohlfahrt der Bundesstaaten betreffen", ebenso übertragen wie die „Oberleitung der gesammten bewaffneten Macht". Darüber hinaus wurde sie ermächtigt, Deutschland völkerrechtlich und handelspolitisch zu vertreten. Über Krieg und Frieden sollte allein im Einvernehmen mit der Nationalversammlung entschieden werden. Diese untermauerte zugleich ihr Monopol hinsichtlich der Verfassungsgebung, indem sie der Exekutive ausdrücklich untersagte, sich an der „Errichtung des Verfassungswerkes" zu beteiligen.

Der früh gefasste Beschluss der Nationalversammlung, eine Regierung mit einem Staatsoberhaupt, einem Ministerpräsidenten und Ministerien einzurichten, zeigt nochmals, dass sie revolutionärer war, als sie sich eingestand. Er hatte Implikationen, die in jenem Augenblick noch gar nicht zu übersehen waren. Zunächst einmal überschritt die Versammlung damit ihr Mandat, da sie lediglich gewählt worden war, um eine Verfassung zu beraten. Machtpolitisch wurde damit unterstrichen, dass den Fürsten und ihren Regierungen jegliche politische Mitgestaltung auf der nationalen Ebene für die Zeit der Revolution versagt bleiben sollte. Danach hätten sie sich der obersten Gewalt eines Bundesstaates und nicht mehr der eines Staatenbundes unterordnen müssen. Nun war ebenso klar, dass die bürgerlichen Revolutionäre nicht bloß ein neues Staatswesen begründen wollten, sondern von Beginn an die Entwicklung dahin mitzugestalten gedachten; und zwar nicht nur mithilfe einer revolutionären Exekutive, sondern auch einer unmittelbar in Landesrecht umzusetzenden Gesetzgebung.

Mit dieser selbstbewussten Behauptung des Vorrangs scheint zunächst nicht vereinbar zu sein, dass das Parlament sein Verhältnis zur Regierung nicht genau festgelegt hat. Die vom Reichsverweser nach freien Ermessen berufene Regierung benötigte weder zu ihrem Amtsantritt das Vertrauen des Parlaments noch war sie rechtlich gezwungen, aus einem Misstrauensvotum Konsequenzen zu ziehen. Dieser Spielraum zusammen mit dem Rückhalt am Reichsverweser hat dem Reichsministerium schon früh gegenüber der Nationalversammlung eine relativ unabhängige Stellung ermöglicht. Dennoch wurde in der Praxis ein bis dahin nicht gekannter Parlamentarismus etabliert. Die Fraktionen betrachteten die Minister und wohl noch mehr die Unterstaatssekretäre als ihre Vertreter in der Regierung, die sich wiederum um deren Rückhalt für die Grundlinien ihrer Politik bemühten. Nichts war über das Recht des Reichsministeriums, Gesetze einzubringen, gesagt worden. Da sich dagegen aber kein Einspruch erhob, wurde es durch die Praxis sanktioniert. Das Ergebnis war ein pragmatisch gehandhabter und improvisierter, doch in Deutschland völlig neuartiger Parlamentarismus.

Mit einer solchen Konstituierung der Regierungsgewalt wurde die noch offene Flanke der institutionalisierten Revolution auf der nationalen Ebene geschlossen. Im revolutionären Schwung hat die Nationalversammlung die rechtlichen Probleme völlig ignoriert, die dadurch aufgeworfen wurden, dass die Exekutive eines Reiches installiert wurde, das überhaupt noch nicht bestand. Dennoch haben sich diese Probleme immer wieder gestellt. Die Bundesstaaten wie auch die Regierungen des Auslands nahmen sie gerne zum Vorwand, um mit der Berufung auf die zweifelhafte Legitimität unliebsame Maßnahmen zurückzuweisen oder zu unterlaufen.

Es sind auch keinerlei Überlegungen dazu angestellt worden, wie die Zentralgewalt zu den Mitteln gelangen würde, die sie benötigte, um ihren Zweck zu erfüllen. Man hat uneingestanden darauf gesetzt, dass der Rückhalt der Frankfurter Institutionen bei den erneuerten Landtagen, den Märzministerien und einem vom Aufbruch zu Freiheit und Einheit begeisterten Volk ungebrochen anhielte. Um seinen Auftrag zu erfüllen, war insbesondere das unfertige Reichsministerium auf den guten Willen und die Unterstützung der fürstlichen Regierungen angewiesen. Daher war es ein beträchtlicher Nachteil, dass es erst aktiv werden konnte, als die gleichgesinnten Märzministerien in den Bundesstaaten zum Teil bereits schon wieder umgebaut wurden.

Der Vorrang der Revolution war mit der Begründung der Provisorischen Zentralgewalt nochmals unterstrichen und befestigt worden. Dennoch war eine Exekutive ohne substanzielle staatliche Macht begründet worden, die sich gegenüber einer staatlichen Machtanhäufung (39 Staaten, von denen 35 Fürstentümer waren) durchsetzen musste. Dies konnte aber nur solange reibungslos vonstattengehen, wie die Revolutionen inner- und außerhalb der Institutionen aufeinander bezogen blieben und solange für die antirevolutionären Kräfte die bürgerlichen Revolutionäre das kleinere Übel waren. Die Möglichkeit, die schwankende und meist nicht lange anhaltende revolutionäre Gewalt dadurch zu verstetigen, dass die gegenrevolutionären Kräfte schnell ausgeschaltet oder aber Mittel exekutiver Macht geschaffen wurden, wurde nicht erwogen.

Die Errichtung und selbst noch die Bildung der Reichsregierung ebenso wie die Einsetzung eines habsburgischen Erzherzogs als Reichsverweser war eine Niederlage für Preußen. Die entscheidenden Zirkel in Frankfurt hatten mit einem schwankenden König und einem konzeptionslosen Staatsministerium so leichtes Spiel wie später nie mehr. Diese Ausgangslage hat das Verhältnis zwischen der Zentralgewalt und dem Königreich dauerhaft belastet, da dieses, solange jene bestand, sich darum bemühte, das Versäumte aufzuholen. Hof und Regierung der Habsburgermonarchie waren so sehr in die eigenen Probleme verstrickt, dass man den Eindruck hat, dass sie weder die Vorgänge in Frankfurt noch deren Bedeutung hinlänglich zur Kenntnis genommen haben. Die übrigen Bundesstaaten hatten ebenso wenig eigene Vorstellungen entwickelt; sie sahen sich im Frühsommer 1848 gezwungen, die revolutionären Institutionen zunächst gewähren zu lassen.

Die Begründung der Zentralgewalt schien, wie schon Veit Valentin erkannt hat, Abschluss wie Höhepunkt der revolutionären Volksbewegung und die Garantie für ihre Vollendung zu sein. Damit setzte aber auch ein Umschwung ein. Man muss nicht mit Valentin darin gleich den Beginn des „unaufhaltsamen Niedergangs" sehen. Doch dass die Dynamik der institutionalisierten Revolution nun eine andere war, das war nicht mehr zu bestreiten.

4.2 Die Bildung des ersten Reichsministeriums

Nach seinem feierlichen Einzug in Frankfurt am 11. Juli 1848 war der Reichsverweser nochmals nach Wien zurückgekehrt, um am 22. den österreichischen Reichstag zu eröffnen, sodass er erst am 4. August seine Amtsgeschäfte aufnehmen konnte. Bis dahin bemühte sich Anton Ritter von Schmerling in seinem Auftrag, ein Reichsministerium zustande zu bringen. Er hatte sich an der ständischen Reformbewegung in Niederösterreich beteiligt und war für den an die Hauptstadt angrenzenden Bezirk Österreich unter der Enns in die Nationalversammlung gewählt worden. Dort gehörte er zum Führungszirkel der Großdeutschen innerhalb der Casino-Fraktion, von der die Initiative ausging.

Die Chance zu der allseits gewünschten Einbindung Preußens schien sich dadurch zu eröffnen, dass dem gemäßigten liberalen Rheinländer Ludolf von

Camphausen, der gerade vom Amt des preußischen Ministerpräsidenten zurückgetreten war, der Vorsitz angetragen wurde. Obwohl ihn selbst sein König ermunterte, lehnte er ab. Der Volksbewegung stand er ebenso skeptisch gegenüber wie dem Pochen der Frankfurter Institutionen auf ihrem Vorrang gegenüber den Bundesstaaten. Dafür gelang es, den preußischen Militärbevollmächtigten beim Deutschen Bund, Generalmajor Eduard von Peucker, für das Kriegsministerium zu gewinnen. Da das preußische Desinteresse immer offensichtlicher wurde und Heinrich von Gagern Präsident der Nationalversammlung bleiben wollte, haben führende Köpfe der Casinofraktion Anfang August aus der Schar möglicher Kandidaten Fürst Karl von Leiningen als Vorsitzenden vorgeschlagen. Leiningen war Standesherr im Odenwald und Präsident der Ersten Kammer der Ständeversammlung des Königreichs Bayern. Seine politischen Vorstellungen unterschieden sich wenig von denen jener, die ihn ausgewählt hatten. Er wurde aber mehr durch die zunehmende Gefährdung der bestehenden Ordnung durch die unterbürgerlichen Schichten angetrieben, denen er durch Entgegenkommen ihre Zerstörungskraft nehmen wollte. In der Revolution sah er die Chance zur Begründung der bürgerlichen Freiheit in einem einigen Deutschland. Dazu, so die für einen Hocharistokraten bemerkenswerte Überzeugung, müsse die Autonomie der Fürstenstaaten weitgehend beschränkt werden.

Zugleich mit dieser Entscheidung war durch einen Kraftakt erreicht worden, dass dem zurückgekehrten Reichsverweser eine vorläufige Liste seines Kabinetts vorgelegt werden konnte, die er anstandslos akzeptierte. Doch gebot es politische Klugheit, das Ministerium noch breiter in der Nationalversammlung abzusichern. Nach Lage der Dinge kam dafür nur das linke Zentrum im „Württemberger Hof" infrage. Da dort aber Vorbehalte wegen der Dominanz des Casinos bestanden, zogen sich die Verhandlungen, während derer sich einige Verschiebungen ergaben, hin. Am 9. August 1848 war die Regierungsbildung endlich abgeschlossen. Mit jeweils sechs Ministern waren alle klassischen Ressorts vertreten. Der Kriegsminister hatte keinen der insgesamt acht Unterstaatssekretäre, dafür arbeiteten im Außen-, Innen- und Handelsministerium je zwei.

Obwohl sich niemand um ein Ministeramt gerissen hatte, vielmehr die meisten Angesprochenen wenig Vertrauen zu dem Unternehmen hatten, war eine passable Mannschaft zusammengekommen. Bis zu seinem Ausscheiden im Dezember 1848 war der tatkräftige und entschlussfreudige Österreicher Anton von Schmerling der starke Mann. Der Rat am Wiener Appellationsgericht war seit 1847 Vertreter seiner Heimatstadt in der niederösterreichischen Ständeversammlung. Seit Mai 1848 war er als österreichischer Gesandter des Bundestags dessen Vorsitzender. Er sollte es in den Sechzigerjahren noch bis zum Minister und Ministerpräsidenten bringen. Als Unterstaatssekretär stand ihm mit Joseph von Würth ein weiterer Österreicher zur Seite. In der gleichen Position unterstützte ihn Friedrich Daniel Bassermann. Der talentierte, doch eigenwillige Charakter hatte sich schon durch seinen Einsatz in den vormärzlichen Kämpfen der badischen Zweiten Kammer im deutschen Liberalismus einen Namen gemacht und wurde in Frankfurt ein gefürchteter Gegner der Linken. Im Ministerium hat er sich weniger um die alltäglichen Geschäfte gekümmert als um die Verteidigung von dessen Politik in der Öffentlichkeit wie der Nationalversammlung.

In breitem Umfang war wirtschaftlicher Sachverstand vertreten. Der rheinische Bankier und Unternehmer Gustav Mevissen war Unterstaatssekretär im Handelsministerium an der Seite seines Freundes Johannes Baptista Fallati, Professor für Volkswirtschaftslehre und Statistik an der Universität Tübingen. An dessen Spitze stand der Bremer Kaufmann und Reeder Arnold Duckwitz. Ebenfalls Kaufmann war der Mitbegründer der Casinofraktion und rheinpreußische Liberale Hermann von Beckerath. Um Preußen näher an die Reichsgewalt heranzuführen, hatte der Publizist und badische Staatsrat Karl Mathy ihm diese Position überlassen und sich mit dem Unterstaatssekretariat begnügt. Wie er war auch Justizminister Robert Mohl ein kämpferischer Vertreter des südwestdeutschen Liberalismus. Zum damaligen Zeitpunkt Professor für Staatswissenschaften an der Universität Heidelberg, hatte er im Vormärz aus politischen Gründen den württembergischen Staatsdienst verlassen. Außenminister wurde der weltläufige Hamburger Advokat und Publizist Johann Gustav Heckscher.

Südwestdeutschland als der Schwerpunkt der Märzrevolution war überrepräsentiert und auch die Hansestädte, Hochburgen des Justemilieu-Liberalismus, waren gut vertreten. Mit seinem süd-, groß- und reichsdeutschem Anstrich ergab sich von Anfang an ein latenter Gegensatz des Reichsministeriums zu Preußen. Wichtiger aber war zunächst ein solider parlamentarischer Rückhalt, den das Ministerium aufgrund seiner Zusammensetzung im rechten (Casino) und linken Zentrum (Württemberger Hof) fand. Neben dem

Ministerpräsidenten Fürst Leiningen waren nur Kriegsminister Peucker, Handelsminister Duckwitz und der Unterstaatssekretär im Außenministerium, Ludwig Maximilian von Biegeleben, keine Parlamentarier.

Minister und Unterstaatssekretäre kamen unregelmäßig, meist im Abstand von zwei bis drei Tagen, zu den Sitzungen des Gesamtreichsministeriums zusammen. Über die laufenden Geschäfte und politischen Entscheidungen unterrichteten nur die Ressortchefs den Reichsverweser. Sie waren auch allein im Kabinett abstimmungsberechtigt, da sie die Verantwortung gegenüber dem Parlament übernehmen mussten. Da aber versucht wurde, Mehrheitsentscheidungen weitgehend zu vermeiden, fühlten sich die Unterstaatssekretäre angemessen eingebunden.

Als Verhandlungsführer Schmerling am 14. Juli in einer kurzen Ansprache die ersten Minister der Nationalversammlung vorstellte, strich er heraus, dass diese mit ihrem Amt ein Opfer übernähmen. Ihre oberste Pflicht sei es, dem deutschen Volk Freiheit und Frieden zu erhalten und Ruhm und Ehre Deutschlands zu mehren. Durch effektives Regieren wolle man der Nationalversammlung die Vollendung ihres Verfassungswerkes ermöglichen. Damit hat er treffend die Aufgabe der Provisorischen Regierung und das Selbstverständnis seiner Kollegen umrissen, die hoch motiviert und sich ihres historischen Auftrags bewusst waren; denn sie hatten ein Übermaß an Arbeit bei unzulänglichen Mitteln und unter schwierigen Bedingungen zu bewältigen. Sie hatten unter sich rasch wandelnden Konstellationen zu handeln und zu gestalten, während Aufstände tobten und die Regierung mehrmals am Rande des Scheiterns oder Untergangs stand. Dazu kam der politische Streit mit Verleumdungen und Beleidigungen bis hin zu massiven Bedrohungen. Nicht wenige, die länger durchgehalten haben, waren am Ende ihrer Amtszeit psychisch und physisch ausgelaugt.

Die Provisorische Zentralgewalt sah sich als Rechtsnachfolgerin der Bundesversammlung, die ihre Tätigkeit inzwischen eingestellt hatte. Einige Minister und Unterstaatssekretäre schieden, vor allem nach der Krise des Waffenstillstands mit Dänemark im September, aus. Dennoch blieb der personelle Grundbestand, vor allen Dingen aber die organisatorische Grundstruktur des Reichsministeriums bis zum großen Umbruch im Mai 1849 erhalten. Obwohl sie einer revolutionären Institution angehörten, haben sich die Mitglieder der Zentralgewalt sicherlich nicht als Revolutionäre verstanden.

In der kurzen Zeit ihres Wirkens machte die Provisorische Zentralgewalt Erfahrungen mit Misstrauensvoten, dem Zerfall von Koalitionen, dem Rücktritt von Ministerpräsidenten wie Ministern und dem zeitweisen Regieren gegen das Parlament. Eine ihrer wesentlichen Schwächen war, dass sie die doppelte Aufgabe, das Erreichte zu sichern und zugleich die Revolution einzudämmen, nur mithilfe der fürstlichen Gewalten nachkommen konnte. Daher musste sie auch Maßnahmen verantworten, die sich gegen ihre Basis in der Nationalversammlung richteten, wodurch deren Rückhalt schwand. Dennoch verkörperte sie mit ihr zusammen ein drittes Machtzentrum in Deutschland, sodass der traditionelle Dualismus zwischen Berlin und Wien sich zu einem Dreieck der Macht weitete. In ihm war die Zentralgewalt ein ernstzunehmender und auch ernstgenommener Mitspieler.

Das Reichsministerium hat in Überschreitung seiner Möglichkeiten wie seines eigentlichen Auftrags Strukturen für einen Staat aufgebaut, von dem noch nicht einmal bekannt war, wie er ausgestaltet werden sollte, und dabei immer wieder die Provokation von Gegensätzen zu den fürstlichen Regierungen riskiert. Es legte die Grundlage für einen Bundesstaat, noch ehe entschieden war, dass es einen solchen geben sollte. Mit der Einsetzung des Reichsministeriums war also bereits zu einem frühen Zeitpunkt nicht nur eine Vorentscheidung über die Staatsform, sondern auch schon über den inneren Ausbau des Staates gefallen.

4.3 Die Anfänge des Reichsministeriums

Der erste Ministerpräsident hat das Überlegenheitsbewusstsein dieser Reichsinstitution wie kein anderer verkörpert. Seine Nachfolger bis hin zu Heinrich von Gagern motivierte noch diese Überzeugung, wenn bereits in abgemilderter Form. Das Ministerium Leiningen hat auch sofort Felder besetzt, auf denen es weder auf die Unterstützung der Bundesstaaten angewiesen war noch in Konkurrenz zu ihren Kompetenzen treten musste: Aufbau einer Reichsmarine, Errichtung einer Reichsdiplomatie und die Regulierung des Außenhandels. Ihr Schicksal war es aber, dass sie die Felder ihres Handelns nur eingeschränkt bestimmen konnte. Auf denen, die ihr von den Ereignissen aufgedrängt wurden, wie dem Krieg gegen Dänemark und der Bekämpfung der inneren Unruhen, zeigten sich ihre Grenzen deutlich.

Die erste entscheidende Marke zur Bestimmung des Verhältnisses der neuen Gewalten zu den Bundesstaaten setzte die Nationalversammlung durch ihren Beschluss vom 27. Mai, dass alle Artikel der Verfassungen der Einzelstaaten, die mit der von ihr zu verabschiedenden Verfassung im Widerspruch stünden, ungültig seien: ein Ausdruck der Euphorie dieser Tage, der von den Gegnern als „Reichsterrorismus" und „Souveränitätsschwindel" empfunden wurde. In dieser Atmosphäre kam es noch während der Regierungsbildung zum ersten Zusammenprall zwischen der Zentralgewalt und den Bundesstaaten.

Als Zeichen für die angestrebte vertrauensvolle Zusammenarbeit mit seinen Kollegen in den Bundesstaaten versicherte der Reichskriegsminister in einem Rundschreiben vom 16. Juli 1848, dass die Befehle des Reichsverwesers an ihre Truppen im Normalfall über sie ergehen würden. Die von der Nationalversammlung dem Reichsverweser übertragene „Oberleitung der gesamten bewaffneten Macht" sollte dadurch zum Ausdruck kommen, dass ihm die Truppen der Fürsten in einer Parade huldigten. Darüber hinaus hatten sie in Zukunft die deutschen Farben als Kokarden und an Panieren zu präsentieren.

Das Ansinnen stieß bei den größeren Bundesstaaten teils auf heftige Ablehnung, einige Königreiche taktierten hinhaltend. Sie wollten die Parade abhalten und die Farben des Reiches für Truppen, die sie ihm stellten, akzeptieren. Die kleineren Bundesstaaten sträubten sich weniger. Das Reichsministerium ruderte zurück und vor allem distanzierte sich der Reichsverweser. Dennoch lagen die Fürsten nicht falsch, wenn sie in dem Huldigungserlass den Versuch sahen, ihre Militärhoheit zu untergraben, zumindest aber dadurch zu beeinträchtigen, dass die Reichsinstitutionen sich im Bedarfsfall einen Zugriff auf ihre Armeen sichern wollten.

Diesem holprigen Start folgten erste Erfolge des Reichsministeriums. Sie waren auf das zu dieser Zeit hohe Ansehen der Frankfurter Institutionen und die begrenzte Handlungsfähigkeit der Fürsten als Folge der Märzbewegungen zurückzuführen.

Fürst Leiningen hatte in seinem Regierungsprogramm den unbedingten Vorrang des „Willens der Nation" verkündet. Die Fürsten schienen sich diesem Prinzip zu unterwerfen, indem sie ausnahmslos die neue Gewalt anerkannten und sich beeilten, wie vom Reichsverweser am 15. Juli gefordert,

Bevollmächtigte nach Frankfurt abzuordnen. Deren Aufgabe sollte es vorrangig sein, die Durchsetzung der Beschlüsse der Zentralgewalt in den Bundesstaaten zu unterstützen, denen selbst kein Einfluss mehr auf die nationale Politik eingeräumt wurde. Das Reichsministerium rechtfertigte dieses rigorose Vorgehen mit seiner Pflicht, die Einheit Deutschlands herzustellen. Dennoch wollte es, wenn immer möglich, ein freundschaftliches Einvernehmen mit den Regierungen der Bundesstaaten suchen, an die es sich gelegentlich auch direkt wenden wollte.

Reichsministerium und Parlament waren sich ebenfalls darüber einig, dass den Bundesstaaten kein Recht auf die Mitwirkung an der Reichsgesetzgebung eingeräumt werden solle. Vielmehr sollten dessen Verordnungen wie die Gesetze der Nationalversammlung unabhängig davon, ob sie von den Bundesstaaten verkündet oder umgesetzt wurden, 20 Tage nach ihrer Veröffentlichung im Reichsgesetzblatt in ganz Deutschland in Kraft treten – eine Bestimmung, die in das Gesetz in der richtigen Voraussicht aufgenommen wurde, dass die Bundesstaaten es sich sehr wohl vorbehalten würden, welche Reichsgesetze sie in ihre Rechtsordnung übernahmen.

Schließlich wurde die Positionierung der Zentralgewalt zu den Bundesstaaten wie zur Öffentlichkeit dadurch abgeschlossen, dass Unterstaatssekretär Bassermann den Auftrag erhielt, ein offiziöses Organ zur Beeinflussung der öffentlichen Meinung zu kreieren. Im September wurde die „Frankfurter Oberpostamtszeitung" des Fürsten von Thurn und Taxis, der der Zentralgewalt auch schon sein Palais als Residenz zur Verfügung gestellt hatte, vertraglich an das Reichsministerium gebunden. Sie wurde genutzt, um dessen Politik zu erläutern, doch auch zur Propaganda und Auseinandersetzung mit dem politischen Gegner.

Die Nationalversammlung hatte die Provisorische Zentralgewalt für Deutschland bei ihrer Einsetzung verpflichtet, „die völkerrechtliche und handelspolitische Vertretung Deutschlands auszuüben, und zu diesem Ende Gesandte und Konsuln zu ernennen." Im Überschwang des revolutionären Anfangs wurde unterstellt, dass die Großmächte des Bundes widerstandslos zurückstecken würden und die Bundesstaaten, von denen eine beträchtliche Anzahl von den Königreichen bis hinunter zu den Städten diplomatische Vertretungen unterhielten, diese anstandslos schließen würden. Es wurde schlicht ignoriert, dass die Entsendung von Diplomaten auf das völkerrechtliche Kuriosum hinauslief, dass ein noch gar nicht bestehender Staat bei anderen um seine völkerrechtliche Anerkennung nachsuchte! Wenn daher die ausländischen Mächte bereit waren, mit der Zentralgewalt Beziehungen aufzunehmen und nicht wegen der politisch wie rechtlich ungeklärten Lage das Abwarten vorzogen, räumten sie deren diplomatischem Personal meist keine völkerrechtliche Stellung ein. Hingegen hat die Zentralgewalt die beim Deutschen Bund beglaubigten Gesandten gebeten, den diplomatischen Verkehr mit ihr als der Rechtsnachfolgerin der Bundesversammlung aufrechtzuerhalten. Sie versicherte, dass sie alle bestehenden völkerrechtlichen Abkommen achten werde.

Angesichts der Schwierigkeiten, denen die Zentralgewalt sonst bei der Behauptung ihres Vorrangs begegnete, war sie zunächst erstaunlich erfolgreich. Die meisten der infrage kommenden Bundesstaaten waren bereit, den Alleinvertretungsanspruch der Reichsgewalt anzuerkennen. Einige hatten auch schon begonnen, ihre Gesandtschaften abzubauen, darunter immerhin die Königreiche Bayern, Sachsen und Württemberg. Österreich, Hannover und die Hansestädte ignorierten das Verlangen. Preußen schlug eine von beiden Seiten beglaubigte Gesandtschaft oder aber die gemeinsame Instruierung von je eigenen Gesandten vor. Da die meisten Bundesstaaten keine dauernden Missionen im Ausland hatten und auch die Kostenersparnis nicht zu verachten war, erschien ihnen wohl die angebotene Mitvertretung ihrer Interessen akzeptabel. Bis auf die Großmächte war ihnen ihre Autonomie im Inneren wichtiger als die Demonstration ihrer Souveränität nach außen.

Seit August ernannte das Reichsministerium Gesandte. Sie sollten im Namen des Reichsverwesers als vorläufiges Staatsoberhaupt und Inhaber der Rechte des suspendierten Bundestags ausländischen Mächten offiziell die Errichtung einer Staatsgewalt auf der Grundlage der Volkssouveränität in Deutschland notifizieren. Es machte dabei die Erfahrung, dass einige Staaten Europas die sich anbahnende Machtzusammenballung in seiner Mitte mit bangen Gefühlen betrachteten. Sie waren daher auch nicht bereit, ihre Beziehungen zu den Bundesstaaten aufzugeben und räumten deswegen den Gesandten der Zentralgewalt nur einen offiziösen Status ein. Auch dort, wo diese Skepsis nicht vorhanden war und daher die Zentralgewalt volle völkerrechtliche Anerkennung fand, wollten die Regierungen von sich aus die traditionellen Bindungen ebenfalls nicht aufgeben. Am weitesten kam man mit den Vereinigten Staaten von Amerika. Sie mussten solche Befürchtungen nicht hegen und hatten den Ehrgeiz, das demokratische Deutschland als erste noch vor der Ernennung eines deutschen Gesandten für Washington Ende September anzuerkennen. Immerhin haben neben den USA zehn europäische Staaten Geschäftsträger bzw. Gesandte bei der Provisorischen Zentralgewalt akkreditieren lassen. Diese wiederum war, wenigstens zeitweise, in den meisten europäischen Staaten vertreten.

Diese Erfolge förderten die Illusion der Anerkennung des Vorrangs der Frankfurter Institutionen. Dennoch ist nicht zu übersehen, dass das Unbehagen der Fürsten über die Entwicklung vom März bis zum Herbst zunahm. Es begann die verstärkte politische Abstimmung zwischen den Höfen. Diese war vor allen Dingen anfangs stockend und kontrovers. Doch reichten das Festhalten der Königreiche am Monarchischen Prinzip und die gemeinsame Abneigung gegen die ausufernden Partizipationsbestrebungen wie die Volkssouveränität aus, um die Durststrecke zu überstehen. Auf die Dauer hat nicht nur die europäische Allianz der Monarchen besser funktioniert als die der Demokraten und Konstitutionellen, sondern es war auch der Zusammenhalt der Fürsten in Deutschland stärker als der ihrer Gegner.

4.4 Der Vertrauensverlust

4.4.1 Das Problem Schleswig-Holstein

Das Königreich Dänemark bestand 1848 aus dem Kernland, dem dänischen Kronlehen Schleswig sowie den deutschen Herzogtümern Holstein und Lauenburg, über die der dänische König in Personalunion herrschte und derentwegen er Mitglied des Deutschen Bundes war. Das Herzogtum Schleswig bildete mit dem südlich angrenzenden Holstein seit Jahrhunderten eine administrative und politische Einheit. Im nördlichen Teil Schleswigs sprach die Bevölkerung überwiegend Dänisch. In den Städten herrschte das Deutsche vor; der Süden war wie die Gebildeten des gesamten Herzogtums deutschsprachig. Die Dominanz des Deutschen in Politik, Verwaltung und Kultur des Königreichs wurde von dem aufstrebenden einheimischen Bürgertum seit dem Vormärz als bedrückend empfunden.

Da abzusehen war, dass die männliche Linie der herrschenden deutschen Dynastie Oldenburg aussterben würde, wollte König Christian VIII. den Bestand des dänischen Gesamtstaates durch die Postulierung der weiblichen Erbfolge sichern. Doch hatte in den Herzogtümern schon sein Schwager, der holsteinische Herzog Christian August von Augustenburg, Unterstützung für seine Erbansprüche mit der Berufung auf die männliche Sukzession gefunden. Damit war die Frage aufgeworfen, ob und wie der holsteinische Landesteil nach der Auflösung der Personalunion mit dem Königshaus noch Teil des dänischen Staats sein würden. Die deutsche Seite bestand darauf, dass aufgrund der Unteilbarkeit der beiden Herzogtümer in beiden die männliche Erbfolge gelte. Die nationalen Eiderdänen wiesen dies für Schleswig zurück. Sie waren bereit, wenn dieses durch die weibliche Erbfolge endgültig in das dänische Königreich integriert würde, dem Herzogtum Holstein Autonomie zu gewähren. Als der neue König Friedrich VII. kurz nach seiner Thronbesteigung im Januar 1848 einen Verfassungsentwurf in diesem Sinne vorlegte, erhob sich in den beiden Herzogtümern heftiger Protest gegen die Trennung. Der nationale Konflikt erhielt durch die beginnenden revolutionären Unruhen in Deutschland und Dänemark zusätzlich Dynamik und Brisanz.

Die Stände Schleswigs und Holsteins sahen in den Absichten ihres Herzogs einen Rechtsbruch und bestanden im Gegenzug auf ihrer Unteilbarkeit. Schon zuvor hatten die Stände Schleswigs an den König darum appelliert, ihrem Land den Beitritt zum Deutschen Bund zu bewilligen. Diese Entwicklung war das Ergebnis eines seit den Dreißigerjahren gewachsenen Bewusstseins von der Eigentümlichkeit des schleswigischen und des holsteinischen „Stammes" und der besonderen staatsrechtlichen Stellung der Herzogtümer.

Am 17. Februar trafen sich Vertreter der schleswigschen und der holsteinischen Stände in Kiel zur Beratung des königlichen Verfassungsentwurfs. Gleichzeitig forderten in den Herzogtümern die konservativen und nationalen Liberalen eine gemeinsame Konstitution und beriefen auf den 18. März 1848 ein Treffen der Stände nach Rendsburg ein. Dies war ein revolutionärer Schritt: denn nur der König durfte die Stände Schleswigs und Holsteins einberufen, die getrennt zu tagen hatten. Bei dieser Versammlung wurde unter anderem beschlossen, sich an den Wahlen zu einem deutschen Nationalparlament zu beteiligen und die Aufnahme Schleswigs in den Deutschen Bund zu beantragen.

Als sich abzeichnete, dass eine Auseinandersetzung mit Dänemark nicht mehr zu vermeiden war, entschied man sich am 24. März in Kiel für die Einsetzung einer Provisorischen Regierung. In dem sechsköpfigen Gremium waren Nationalliberale, Konservative und Linksliberale vertreten. Der Schritt wurde damit gerechtfertigt, dass die Herzogtümer nunmehr ohne Leitung seien: denn der König als Landesherr sei nicht mehr frei, da er von der amtierenden eiderdänischen Regierung gezwungen werde, sich gegen die Interessen der Herzogtümer zu stellen. Geschickt hatte sich die Regierung durch die Berufung auf einen Notstand in einer Weise legitimiert, die ihr die Gefolgschaft der großen Mehrheit der Bevölkerung sicherte. Ihr Wunsch, Schleswig in den Deutschen Bund zu integrieren, widersprach allerdings demselben „alten Recht", auf das sie sich immer berief, um die Unteilbarkeit wie Selbstständigkeit der Herzogtümer zu verteidigen. Dennoch kam das Vorparlament am 31. März dem Ersuchen nach. Am 12. April hat der Bundestag die Provisorische Regierung in Kiel anerkannt und ihr zugesagt, Bundestruppen zur Verteidigung der Herzogtümer in Marsch zu setzen. Diese hatte bis Mitte April mit übergelaufenen deutschen Soldaten und einigen tausend Freiwilligen aus dem Deutschen Bund eine Revolutionsarmee aufgestellt. Zugleich wurde mit dem Aufbau einer Marine begonnen.

4.4.2 Die Demütigung

Die Strategie Dänemarks war es, Schleswig zu sichern und den Gegner auszuschalten, ehe er Verstärkung aus Deutschland erhielt. Mit der Einnahme Flensburgs und der Sicherung des Herzogtums Schleswig war dies bis Mitte April gelungen. Der preußische König, der die Rechtsauffassung der Provisorischen Regierung teilte, mobilisierte daraufhin zwei Regimenter. Der Bundestag schloss sich mit der Absendung von Bundestruppen an, die unter preußisches Oberkommando gestellt wurden. Die Dänen wurden so erfolgreich zurückgeschlagen, dass der preußische Oberkommandierende in den Tagen der Wahlen zur Nationalversammlung eigenmächtig die Grenze zu Jütland überschreiten konnte. Dies brachte erwartungsgemäß die europäischen Mächte auf den Plan. Unter deren Druck gab der preußische König am 25. Mai den Befehl zum Rückzug. Es wurde sichtbar, dass keine militärische Lösung möglich war, denn das überlegene Preußen konnte aus europäischen

Rücksichten seine Macht nicht ausspielen und Dänemark war zu schwach für einen Sieg.

Russland, Großbritannien und das Königreich Schweden-Norwegen wollten die nachnapoleonische Mächteordnung in Nordeuropa aufrechterhalten. Preußen, das vor allem den Rückhalt des Zaren beim Kampf gegen die Revolutionen in Europa nicht aufs Spiel zu setzen bereit war, nahm daher die von Großbritannien vermittelten Verhandlungen mit Dänemark auf. Dieses lehnte die Teilung Schleswigs ab und bestand auf der Beseitigung der verhassten Provisorischen Regierung der Fürstentümer. Als sich abzeichnete, dass die Verhandlungen zu einer Enttäuschung für die deutsche Volksbewegung werden würden, schien es Preußen angebracht zu sein, die Nationalversammlung, die schon am 9. Juni seine alleinige Entscheidungskompetenz bestritten hatte, und den Reichsverweser mit in die Verantwortung zu nehmen. Angesichts eines drohenden europäischen Kriegs hat er auf Anraten des Reichsministeriums und mit Rückendeckung der Nationalversammlung am 7. August die Vollmacht zum Abschluss eines Waffenstillstandes erteilt.

Dennoch hat Preußen das Abkommen von Malmö am 26. August 1848 nur im eigenen Namen und in dem des Deutschen Bundes abgeschlossen. Die Einbindung der Frankfurter Institutionen war also rein taktischer Natur gewesen. Es wurde eine siebenmonatige Waffenruhe vereinbart. Die Provisorische Regierung sollte durch eine von den beiden Kontrahenten bestimmte Gesamtregierung ersetzt werden, die im Namen des Herzogs zu amtieren hatte. Die Reichsgewalt hat besonders brüskiert, dass Landesversammlung und bisherige Kieler Provisorische Regierung aufgegeben wurden. Die Verhandlungsparteien haben den Anspruch der Zentralgewalt und der Nationalversammlung auf Vorbehalt der Ratifikation mit dem Argument zurückgewiesen, dass diese keine völkerrechtlichen Subjekte seien.

Das Reichsministerium fürchtete die diplomatische Isolierung ebenso wie einen Bürgerkrieg und ihm war an einem Einvernehmen mit Preußen gelegen. Daher wollte es das Ergebnis zähneknirschend akzeptieren, falls die Nationalversammlung das Vorgehen Preußens nachträglich billigen würde. Doch lehnte eine negative Koalition den Waffenstillstand nach einer emotionalen Debatte am 5. September ab. Rechte und Konservative wollten von ihren nationalen Träumen nicht lassen und die Linke sah in einem Nationalkrieg die Chance, ihre Gefolgschaft über ihre bisherigen Anhänger hinaus auszudehnen. Die Mahnung der Mitte, dass für Schleswig nicht das bisher Erreichte aufs Spiel gesetzt werden dürfe, verhallte ungehört.

Das Reichsministerium machte daraufhin seine Ankündigung wahr und gab noch am selben Tage auf. Bald darauf wurde der Nationalversammlung die Verantwortungslosigkeit ihres Verhaltens schonungslos demonstriert. Sie war weder fähig, eine neue Regierung zu bilden, noch auf der Ablehnung des Waffenstillstands zu beharren. Sie musste ihm am 16. September zustimmen. Daraufhin übernahm das Reichsministerium am folgenden Tag erneut seine Geschäfte. Aus diesem wegen der ausgebrochenen Frankfurter Unruhen unaufschiebbaren „interimistischen Wiedereintritt" wurde eine langfristige Lösung. Fürst Leiningen zog die Konsequenz aus dem Scheitern seiner Politik und trat zum gleichen Zeitpunkt nicht mehr an, zu dem auch in Berlin das Märzministerium am Ende war. Innenminister Anton von Schmerling wurde vom Reichsverweser sicherlich nicht ohne Absicht zum Vorsitzenden bestellt. Zusätzlich übernahm er das Außenressort, dessen bisherigem Inhaber die Öffentlichkeit vor allem die Schuld an dem Desaster zuschrieb.

Das Ansehen der beiden Institutionen, die aus der Volkssouveränität hervorgegangen waren, war beschädigt, und das Vertrauen auf den durch sie eingeschlagenen Weg schwand. Kleinbürger, Bürger und vor allen Dingen die Presse schäumten über die nationale Demütigung. Die Unterschichten machten ihrer Enttäuschung, dass sich ihre Lage immer noch nicht gebessert hatte, in Gewaltausbrüchen in den Städten Luft. Bauern, die mit den Ablöseregelungen unzufrieden waren, taten es ihnen gleich.

In der Debatte um Schleswig-Holstein waren zu keinem Zeitpunkt die dann in den Unruhen des Herbstes zutage getretenen politischen Folgen gesehen worden. Dies offenbarte zum ersten Mal, dass vor allem die Nationalversammlung sowohl zu einem Verkennen der machtpolitischen Situation, in der man zu handeln hatte, neigte als auch ein mangelhaftes Empfinden für die politischen Stimmungen und Erwartungen im Land hatte. Obwohl die Septemberunruhen die Annahme widerlegten, dass die Revolution des März durch ihre Institutionalisierung in den Parlamenten, der Zentralgewalt und den Märzministerien eingedämmt worden sei, wurden daraus keine Konsequenzen gezogen. Das Reichsministerium fürchtete darüber hinaus, dass das Parlament an Ansehen verlieren werde, wenn es nicht bald die Beratungen über die politische Einheit Deutschlands angehe, statt sich in den Debatten über die Grundrechte zu verlieren.

Spätestens die Art und Weise, wie Preußen den Krieg gegen Dänemark geführt und beendet hat, hätte die konstitutionellen Liberalen zu einer Revision ihrer Grundannahmen veranlassen müssen, dass Freiheit und Einheit Deutschlands mit ihm und den Fürsten würde geschaffen werden können. Da sie für diesen Fall aber kein Konzept hatten, verschlossen sie sich der Einsicht in die Möglichkeit, dass die Fürsten auch Gegner sein könnten. Es wurde darüber hinaus verkannt, dass Berlin mit dem Waffenstillstand einen ersten Pfosten für die Gegenrevolution einrammte. Denn er eröffnete die Möglichkeit, die freiheitliche Bewegung an seiner Flanke unter Kontrolle zu bringen. Die Reichsgewalt hätte diesen zuverlässigen Verbündeten nicht aufgeben dürfen. Sie hat immerhin erreicht, dass das neue Regime nicht allzu reaktionär wurde und entgegen der Bestimmung des Waffenstillstands die Provisorische Regierung länger im Amt und das Schicksal von deren Werk in der Schwebe blieb.

4.5 Die Reichsregierung als Ordnungsmacht

Die bürgerlichen Revolutionäre schwankten, doch sie fielen nicht. Ja, sie bewiesen, dass sie auch gewaltsam Ordnung schaffen konnten. Reichsinnenminister Schmerling schlug am 17. und 18. September zusammen mit dem Kriegsminister die heftigsten Barrikadenkämpfe am Sitz der Regierung nieder. Ihnen waren 80 Aufständische und zwei konservative Abgeordnete der Nationalversammlung zum Opfer gefallen. Am 19. verhängte der Reichsverweser den Belagerungszustand über die Stadt Frankfurt; die Aufrührer wurden verfolgt und bestraft.

Die Reichsregierung hat darüber hinaus ein eigenes Gesetz zum Schutz der Reichsinstitutionen eingebracht und eine Sicherheitsbehörde für die Tagungsstadt und ihre Umgebung eingesetzt. Sie präsentierte sich als Ordnungsmacht der Stunde. Im gemeinsamen Ziel, die Gewalt zu bekämpfen, ordneten sich ihr Militärs und Behörden der Bundesstaaten zeitweilig unter. Fünf Kontingente von Bundestruppen zu je 10 000 Mann wurden in die unruhigsten Teile Deutschlands beordert. Die Bundesstaaten wurden angehalten, konsequent die strafrechtlichen Verstöße der Presse zu ahnden, die politischen Vereine zu kontrollieren und ihre Versammlungen zu überwachen. Man schreckte aber davor zurück, Presse- und Versammlungsfreiheit weiter einzuschränken und zugleich Untersuchungen gegen linke Unterstützer einzuleiten. Das roch zu sehr nach altem System.

Neben Baden gehörten die Rheinprovinz, Württemberg und Mitteldeutschland seit dem März 1848 zu den unruhigeren Gebieten. Während die Königreiche damit selbst fertigwurden, war die Reichsgewalt in einigen thüringischen Kleinstaaten und besonders in Sachsen-Altenburg gefordert. Der Herzog hatte alle Märzforderungen weitgehend erfüllt und ein allgemeines Männerwahlrecht zum Landtag gewährt. Da er aber dessen Einberufung verzögerte, kam es unter der Führung der starken Radikaldemokraten vom 18. bis zum 20. Juni zu einem Aufstand. Durch den thüringischen Demokratenkongress vom August gestärkt, machte die Mehrheit der Radikaldemokraten im inzwischen einberufenen Landtag der Regierung solche Schwierigkeiten, dass sie am 6. September die Zentralgewalt um Hilfe bat. Diese hat dem Ersuchen am 28. entsprochen, indem sie einen Reichskommissar nach Altenburg abordnete.

Er koordinierte den Einsatz des Militärs, ermutigte die Regierung, auf der Linie der Reichsgewalt gegen Vereine und Presse vorzugehen, säuberte die Bürgerwehr und förderte im Gegenzug die konstitutionelle Bewegung und ihre Presseorgane. Der Thronwechsel innerhalb der Dynastie und die Verhaftung einiger führender Radikaldemokraten bzw. ihre Flucht erleichterten ihm die Aufgabe, sodass bis Ende November die staatliche Autorität wiederhergestellt war. Die bisherigen Errungenschaften des März blieben im Kern erhalten.

In einige kleinere Staaten, die von ähnlichen Unruhen erfasst worden waren, wurden Kommissare der Reichsregierung entsandt. Sie koordinierten die militärischen Aktionen, drangen auf Wiederherstellung der gesetzlichen Ordnung und versuchten, die konstitutionellen Kräfte vor Ort zu stärken. Bereits die Märzministerien einiger Bundesstaaten hatten ähnliche Gesetze auf die Bahn gebracht wie das Reichsministerium im September und Oktober und waren gegen immer wieder aufflackernde Unruhen vorgegangen. Indem sie so wie auch die Reichsgewalt die institutionalisierte Revolution des

Bürgertums gegen Radikaldemokraten und Sozialrevolutionäre verteidigten, schwächten sie zwangsläufig – und zur Genugtuung der Fürsten – zum Teil den Rückhalt, auf den sie angewiesen waren.

Unmittelbar herausgefordert wurden die Reichsinstitutionen durch den erneuten Versuch, sie von Baden her auszuschalten. Nach der Niederschlagung des Heckerputsches hatten sich die aktivistischen Republikaner Ende April in die Schweiz und ins Elsass abgesetzt. Sie waren immer noch davon überzeugt, dass der Zeitpunkt gekommen sei, ihren historischen Auftrag zu vollziehen, den die verachteten Liberalen verraten hätten. Sie bereiteten daher neue Aktionen vor, organisierten ein Netz von Gleichgesinnten, in das auch linke Abgeordnete der Nationalversammlung eingebunden waren, und betrieben eine Propaganda, die in Baden weiterhin auf breite Zustimmung stieß. Obwohl sich die badische Staatsregierung angesichts der anhaltenden Spannungen im Großherzogtum für einen Verbleib der seit der Revolte Heckers stationierten Bundestruppen eingesetzt hatte, sind diese bis Ende August zurückgezogen worden.

Die nationale Empörung, die nach dem Bekanntwerden des Waffenstillstands von Malmö Deutschland ergriff, und der Ansehensverlust, den die Frankfurter Institutionen durch seine Annahme erlitten, erschienen den „roten Republikanern" als eine Gelegenheit zum Losschlagen; zumal die Erregung mit Unruhen in einigen Städten einherging und in Frankfurt blutige Kämpfe zwischen Radikalen und Bundestruppen tobten.

Obwohl die Mehrheit des Zentralkomitees die Aktion für verfrüht ansah, schlug Gustav Struve am 20. September los, der Tag, an dem sein Kampfgefährte vom April, Friedrich Hecker, sich von Le Havre aus nach New York einschiffte. Obwohl dessen Popularität nach dem gescheiterten Putsch im republikanischen Lager so groß war wie nie zuvor, glaubte er nicht mehr daran, seine politischen Ziele in Deutschland verwirklichen zu können.

Struve war durch die Falschmeldung, dass die Nationalversammlung auseinandergetrieben worden sei und Aufständische die Stadt übernommen hätten, verleitet worden. Er wollte aber wohl auch durch das Vorpreschen seine nicht unumstrittene Führungsrolle festigen. Am nächsten Tag rief er in Lörrach die Republik aus. Zusammen mit seinem Stab requirierte er die Kassen in der Stadt wie der Umgebung und zwang die Kommunen, bewaffnete wehrfähige Männer zu stellen. Seine Parole – Wohlstand, Bildung und Freiheit für alle, Enteignung von Aristokratie und Kirche und Ersetzung der

Fürstentümer durch soziale Republiken – wurde von Teilen der Bevölkerung bejubelt. Schließlich hoffte er darauf, mit „bewährten Volksmännern" aus der Stände- und Nationalversammlung eine revolutionäre Regierung zu bilden.

Wie Hecker musste er aber die Erfahrung machen, dass die Sympathie der badischen Massen für die Republik nicht so weit ging, dass eine Mehrheit bereit gewesen wäre, dafür Besitz und Leben einzusetzen. Der Zug nach Norden, wo weitere Freischärler-Trupps hinzustoßen wollten, kam daher nur schleppend in Gang. Deshalb konnten Regierungstruppen schon am 24. September bei Staufen den zweiten Anlauf zur Errichtung einer Republik den Garaus machen. Struve und sein Stabschef Karl Blind wurden von der Bevölkerung festgesetzt. Sie sind zwar zu Zuchthausstrafen verurteilt worden, wurden aber während des Kampfes um die Reichsverfassung befreit. Sie beteiligten sich sofort am dritten badischen Aufstand im Sommer 1849. Ihnen folgten zahlreiche weitere Teilnehmer der beiden Putsche, die sich in diesen Tagen der staatlichen Ohnmacht und des Legitimitätsverlusts der Anklage und Verurteilung entziehen konnten.

Aufgrund solcher Erfahrungen hatte die Reichsregierung inzwischen Zweifel am politischen Kurs der badischen Märzregierung. Obwohl diese konsequent ein Reformprogramm im Sinne der Märzforderungen umsetzte, war es schon zweimal im Land zu Aufständen gekommen. Dies hatte bei den Liberalen innerhalb wie außerhalb des Großherzogtums die Befürchtung gestärkt, dass eine allzu weitgehende Demokratisierung die Anarchie fördere. Frankfurt drängte daher darauf, entschlossener durchzugreifen. Obwohl sie stark unter Druck gesetzt wurde, wollte die Regierung Bekk, sowohl aus Überzeugung als auch um ihre Eigenständigkeit zu demonstrieren, an Freiheit und Rechtsstaatlichkeit in ihrem Sinne festhalten. Immerhin arbeitete man jetzt mit der Reichsregierung an einer verstärkten Sicherung der Grenze zu Frankreich und der Schweiz zusammen. Beiden Ländern wurde mit Konsequenzen gedroht, falls sie in Zukunft nicht die Vorbereitung von Putschen verhindern würden.

Die bisher nie dagewesene Politisierung der Bevölkerung als Erbe des März hatte im Lande zur Organisierung von wirtschaftlichen und gesellschaftlichen Interessen geführt. Sie hatte aber auch regionale und lokale Unruhen ausgelöst, vornehmlich im Westen und Süden Deutschlands wie in den Städten Wien, Berlin und Köln. Hier wurden Kräfte aktiv, die fürchteten, dass die Revolution in einem Kompromiss zwischen Liberalen, Konservativen und Fürsten enden würde. Sie sahen in der Krise der Frankfurter Institutionen vom September die Chance, dies zu verhindern.

Außer bei der Linken fand die Zentralgewalt für ihr Vorgehen die Zustimmung aller politischen Kräfte. Sie konnte es sich zugutehalten, dass die bürgerliche Revolution nicht in die „zweite Revolution" übergegangen war. Die Frankfurter Institutionen hatten sich behauptet. Die Reichsgewalt war unabhängiger von der Nationalversammlung geworden und hatte ihr Ansehen im In- und Ausland gestärkt. Freilich war nun der Graben zwischen Liberalen, Konstitutionellen und gemäßigten Demokraten und der Linken in den Parlamenten wie den sozial- und radikaldemokratischen Kräften außerhalb breiter geworden. Die Reichsregierung und die sie unterstützenden Kräfte wurden in den Augen ihrer Gegner dem Repressionssystem, das man einst gemeinsam bekämpft hatte, immer ähnlicher.

Die umfassende Bewegung des März gab es nicht mehr. Nicht wenige Anhänger der bürgerlichen Revolution fürchteten seitdem, dass diese entweder in den Jakobinismus oder den sozialen Umsturz abgleiten könnte. Aus dieser Furcht erwuchsen die Vereine zum Schutz des Eigentums, zur Aufrechterhaltung der Ordnung und für „König und Vaterland". Das Konzept der fürstlichen Gewalten war schneller und umfassender aufgegangen, als sie es sich wohl erträumt hatten. Die Radikalisierung der Revolution war gestoppt und die Fürstengegner waren gespalten. Der Spielraum zwischen der Volkssouveränität und den Frankfurter Institutionen war größer geworden. Die Gefahr war offensichtlich, dass diese, durch die Umstände getrieben, ihre Machtbasis unterhöhlten.

Dazu hat beigetragen, dass sich die Lage auf dem Land beruhigte, da sich die Bauern mit den ersten Zugeständnissen der bundesstaatlichen Regierungen zufriedengaben. Hingegen stieg die Unruhe unter dem gewerblichen und handwerklichen Klein- und Mittelbürgertum. Dies förderte die Neigung des erschrockenen Besitzbürgertums, an die alten Gewalten heranzurücken. Die konstitutionelle, die soziale und die wirtschaftliche Frage differenzierten sich aus. Die Attraktivität des Reform- und Verfassungsversprechens des Bürgertums auf die Unterschichten in Stadt und Land nahm zusehends ab. Die nationale Frage berührte zwar alle Schichten, doch nicht mehr so sehr, dass sie den jetzt aufbrechenden Gegensatz innerhalb der revolutionären

Bewegung überbrücken konnte. Die Ideale von „Freiheit und Einheit" waren noch nicht verblasst, doch ihre Integrationskraft schwächer geworden.

5 Das Werk der Nationalversammlung

Die Parlamentsschaukel. Karikatur auf die Nationalversammlung in Frankfurt 1848

5.1 Fraktionsbildungen in der Nationalversammlung

Als die Abgeordneten am 18. Mai 1848 feierlich in die Paulskirche einzogen, waren sie davon überzeugt, dass nun ihre politischen Wünsche in Erfüllung gehen würden. Das war die sozialpsychologische Grundlage für den Enthusiasmus und die außerordentliche Leistung bis hin zur Selbstausbeutung, die sie vollbrachten. Darin lag aber auch die Wurzel der illusionären Überschätzung der eigenen Stärke im Machtgeflecht der kommenden Monate. Diese wurde nochmals dadurch gefördert, dass sich durch die revolutionäre Lähmung von Preußen und Österreich, den bisherigen Vormächten des Deutschen Bundes und Antreiber der Repression, ein unerwarteter Freiraum bot. Er wurde nochmals erweitert durch die Übernahme der Macht in allen Bundesstaaten durch politisch gleichgesinnte Regierungen.

Unter den etwas über 100 ausgesprochenen Demokraten auf der Linken, den wenigen Dutzend gemäßigten Konservativen und der großen Mehrheit der Liberalen aller Schattierungen begann die parlamentarische Gruppenbildung noch im Mai. Sie war im Juni, beschleunigt durch die Debatten um die Provisorische Zentralgewalt, weitgehend abgeschlossen. Doch führten die großen Entscheidungen immer wieder zu Umgruppierungen und Spaltungen der wenig stabilen Gebilde.

Anfangs tagten alle demokratischen Abgeordneten gemeinsam unter dem Vorsitz des Leipziger Verlagsbuchhändlers und oppositionellen Schriftstellers Robert Blum im „Deutschen Hof". Schon nach zehn Tagen sonderte sich die radikaldemokratische Fraktion „Donnersberg" ab, die sich wie fast alle nach ihrem Tagungslokal nannte. Die dort versammelten Intellektuellen und Angehörigen der unteren Mittelschichten waren als Nachfahren der französischen Aufklärung säkular und kirchenkritisch. Sie waren konsequent republikanisch und unterstützten auch außerparlamentarische Aktionen. Doch überwogen zwischen den beiden Formationen die ideologischen und programmatischen Gemeinsamkeiten. Für sie war die Revolution ein Ergebnis der geschichtlichen Entwicklung. Es galt, sie konsequent im Sinne der Volkssouveränität zu vollenden und nicht wie die Liberalen in Kompromissen zu ersticken. Die Nationalversammlung habe allein über die künftige Verfassung Deutschlands zu entscheiden, ohne Rücksicht auf die Einzelstaaten und ihre fürstlichen Häupter. Das allgemeine und gleiche Wahlrecht, ein starkes Parlament, verbindliche Grundrechte, eine auf Zeit gewählte, möglichst republikanische Exekutive und Bildung wie soziale Absicherung für alle waren ihre Essentialia.

Die größte Gruppe stellten die gemäßigten Liberalen nicht zuletzt deswegen, weil sie sich mehr als eine Gesinnungsgemeinschaft denn als eine Vereinigung mit Programm verstanden. In ihrer „Casino-Fraktion" sammelte sich das erfolgreiche Bürgertum aus Wissenschaft, Wirtschaft und Finanz. Dort fanden sich prominente Namen aus Kultur wie akademischer Bildung und die meiste Erfahrung in parlamentarischer wie praktischer Politik. Die Casino-Liberalen wollten ein einheitliches und mächtiges Deutschland, in dem aber auch die berechtigten Ansprüche der Einzelstaaten zu berücksichtigen waren. Sie strebten eine Konsolidierung der Revolution auf dem Niveau der Märzforderungen an, um weitere Destabilisierung zu vermeiden. Ihr Ideal war die konstitutionelle Monarchie, durchaus mit einem starken Parlament, das allerdings aus einem abgestuften Wahlrecht hervorgehen sollte. Sie waren nicht blind für die sozialen Probleme. Sie glaubten aber, dass diese durch den Wohlstand gelöst würden, den eine freie Wirtschaft in Verbindung mit einem demokratischen politischen System hervorbringen werde.

Von diesem rechten Zentrum sonderte sich das linke ab, da ihm jenes zu zögerlich vorging. Es wollte den klaren Vorrang des Reiches vor den Bundesstaaten in der Form einer demokratischen Monarchie mit parlamentarischer Ministerverantwortlichkeit. Es fand aber nie dauerhaft zusammen. Zunächst sammelte es sich im „Landsberg". Schon im Juni sonderte sich davon eine Gruppe im „Württemberger Hof" ab, die für die unbedingte Unterordnung der Bundesstaaten unter die Nationalversammlung eintrat. Doch war diese Fraktion wie die Mehrheit des linken Zentrums nicht nur unitarisch, sondern auch ausgeprägt nationalistisch. Auf die nicht-deutschen Gebiete Österreichs und Preußens wollten sie nicht verzichten. Noch im August verließen einige Abgeordnete den ansonsten programmatisch vagen Württemberger Hof, um mit einer eigens konstituierten Fraktion „Westendhall" die Bindung zur Linken zu stärken. Im nächsten Monat wanderten einige Abgeordnete nach rechts ab. Sie wollten im „Augsburger Hof" die Reichsregierung beim Kampf gegen die Anarchie im Gefolge des Waffenstillstands von Malmö unterstützen.

Die Rechte organisierte sich zunächst im „Steinernen Haus", dann im „Café Milani". Sie war der Überzeugung, dass die bestehende Wirtschafts- und Gesellschaftsordnung nicht grundlegend umgestaltet werden müsse. Die deutsche Einheit sollte durch die Neugründung des Deutschen Bundes als konstitutionelle Monarchie unter weitreichender Schonung der Eigentümlichkeit der Gliedstaaten erfolgen.

Die demokratische Linke und der Linksliberalismus konnten in der Regel auf 190 Abgeordnete zählen, die gemäßigten Liberalen auf etwa 275, die von den Fraktionen „Casino", „Augsburger Hof" und „Landsberg" kamen. Die Entscheidungen im Parlament hingen meist davon ab, wie eng diese Blöcke zusammenarbeiteten. Dabei ging es im Grundsatz um Fragen, wie Staatsspitze und Exekutive zu gestalten, wie die Bundesstaaten einzubinden seien und wie weit Staat, Wirtschaft und Gesellschaft demokratisiert werden sollten.

In den Ständeversammlungen der Bundesstaaten hatte es zuvor nur lockere, oft landsmannschaftliche Gruppierungen gegeben. Erst in der Revolution bildeten sich Fraktionen, nicht allein in der Frankfurter Nationalversammlung, sondern auch in der Berliner und in den Ständeversammlungen bzw. Landtagen der Bundesstaaten. Einige von ihnen hatten schon Statuten und Programme. Der Weg dorthin war deswegen schwierig, weil die Bindung an eine Gruppe dem Selbstverständnis der Abgeordneten widersprach: denn sie waren sicher, ihr Mandat nur ihrer Persönlichkeit zu verdanken. Dennoch wird mancher jetzt allein schon wegen der Größe der Versammlung von der Notwendigkeit des Zusammengehens überzeugt worden sein. Denn die Fraktionen haben sich bei der Abkürzung der Debatten und insbesondere zur Vorbereitung von Entscheidungen bewährt. Sie konnten aber ihre Mitglieder nicht binden, daher schwankte die Stärke auch ständig. Nicht ganz ein Drittel der Abgeordneten schloss sich den Fraktionen nur zeitweise oder gar nicht an.

Die Bedeutung der Fraktionen ist im Laufe der Beratungen gewachsen und hat zwischen der ersten und zweiten Lesung des Entwurfs der Reichsverfassung im März 1849 einen Höhepunkt erreicht. Alle wichtigen Vorentscheidungen, die zur Annahme führten, sind in den Fraktionen oder in Verhandlungen zwischen ihnen gefallen. Das Plenum hat nur noch abgestimmt. Angesichts der Gefahr, den eigentlichen Auftrag der Revolution nicht mehr erfüllen zu können, fanden die Volksmänner und ihre Fraktionen in einem bisher nicht gekannten Umfang zu Kompromissen. Die Versammlung machte auch die Erfahrung, dass aufgrund des Mehrheitsprinzips kleine Gruppen großen Einfluss gewinnen können. Den Ausschlag für die Annahme der Verfassung gab schließlich die Einsicht und Kompromissfähigkeit von nicht mehr als annähernd zwei Dutzend linken bürgerlichen Abgeordneten, die sich in der Fraktion „Braunfels" zusammenfanden. Als ein Werk des Kompromisses zwischen Liberalismus und bürgerlicher Demokratie entsprach sie auch am ehesten deren Vorstellungen.

Die Fraktionen kann man zumindest programmatisch schon als nach der Wahl im Parlament gebildete Parteien ansehen. Sie hatten keinen organisatorischen Unterbau. Die Abgeordneten waren über lokale Wahlkomitees, die nur während der Nominierung bestanden, ins Parlament gelangt. Die weiterhin aktiven Vereinigungen wie die Volksversammlungen, Volks- und Vaterlandsvereine, die Demokratischen Vereine und später auch der Central-März-Verein waren keiner bestimmten Fraktion zugeordnet. Wenn eine Bindung bestand, dann zu dem jeweils im Wahlkreis gewählten Abgeordneten. Das Anliegen dieser Basisbewegung war allgemeinpolitisch. Sie beobachtete, debattierte und kritisierte die Politik in den bundesstaatlichen Parlamenten und den Nationalversammlungen. Darüber hinaus nahm sie dazu in unterschiedlichen Formen in der jeweiligen ideologischen Perspektive Stellung.

Neben den neuen Gruppierungen im Parlament sind die persönlichen Umstände der Abgeordneten viel zu wenig bedacht worden, um die Arbeit der Nationalversammlung zu verstehen. Von der großen Schar der Volksmänner hatten sich die meisten vorher noch nie gesehen. Sie mussten sich zunächst einmal in einer fremden Umgebung in den parlamentarischen Betrieb einleben und in eine Geschäftsordnung erarbeiten. Die überlangen, oft täglichen Sitzungen waren strapaziös und meist schlossen sich ihnen abendliche Klubsitzungen an. Es galt, Kontakt zu den Wählern zu Hause zu halten und sie über den Gang der Beratungen wie die eigene Arbeit zu unterrichten. Sämtliche Arbeiten mussten selbst erledigt werden und auch die Kosten für die oft lange Abwesenheit von zu Hause waren aus eigener Kasse zu zahlen.

Das Verhältnis der Abgeordneten zu ihren Wählern war ambivalent. Heimische Volksversammlungen oder Wählergruppen sparten nicht mit Zustimmung und Lob. Bis zum Herbst gab es festliche Empfänge, wenn sich der Abgeordnete wieder einmal in seinem Wahlkreis zeigte. Werbung um Unterstützung und politische Propagandareisen wie die der parlamentarischen

Linken durch die Pfalz an Pfingsten 1848 wurden zu Volksfesten. Doch andererseits war die Emphase bei der Ablehnung unliebsamer Entscheidungen nicht geringer. Verständnislose Protestschreiben konnten nach Frankfurt gehen. Angestaute Aggressionen und Frustrationen machten sich in Aufzügen vor den Wohnungen oder Häusern im Wahlkreis durch Lärmen, Beschimpfungen und Scheibeneinwerfen Luft. Dies konnte bis zu Morddrohungen, meist vom politischen Gegner, gehen. Der Casino-Liberale und Unterstaatssekretär im Innenministerium Friedrich Daniel Bassermann legte sich nach wenigen Wochen in Frankfurt eine Pistole zu und holte seine Familie zeitweise dorthin, da er sie in Mannheim nicht mehr sicher glaubte.

Noch wichtiger aber war, dass die Abgeordneten sich einer neuen Stufe des Parlamentarismus gegenübersahen. Die Nationalversammlung war nicht mehr die weitgehend einheitliche antigouvernementale Versammlung, wie sie viele Abgeordnete aus Ständeversammlungen der Bundesstaaten kannten. Das vertraute Gegeneinander der gesamten Volksvertretung zur fürstlichen Regierung, das man so oft zu seinen Gunsten hatte mobilisieren können, gab es nicht mehr. Jetzt fanden die Auseinandersetzungen überwiegend zwischen den Gruppierungen des Parlaments statt und die Abgeordneten standen gegenüber einer kritischen Öffentlichkeit in der Defensive. Diese artikulierte vermehrt Vorstellungen und Forderungen, die von den ihren abwichen. Der Mehrheit der Frankfurter Nationalversammlung ist es nicht gelungen, zu dem neuartigen Phänomen des politisch selbstbewussten und selbstständig agierenden Volkes ein konstruktives Verhältnis zu gewinnen. Die Brüchigkeit des Anspruchs auf Repräsentanz des „Volkes" wie der Klassencharakter insbesondere der liberalen Wirtschafts- und Gesellschaftspolitik wurden dadurch bewusster. Dazu trug auch die Fraktionierung des bürgerlichen Lagers im Parlament bei, die zudem die Handlungsspielräume gegenüber Fürsten und Volk einengte.

5.2 Die Grundrechte

5.2.1 Der Verlauf der Beratungen

Am 24. Mai 1848 setzte die Nationalversammlung einen Verfassungsausschuss aus 30 Mitgliedern ein. Die Casino-Fraktion stellte die Mehrheit, ein Drittel waren liberale und demokratische Linke. Ein Gewinn waren die Hochschullehrer der Jurisprudenz, darunter einige renommierte Kämpfer für den Konstitutionalismus im Vormärz. Sie wie auch einige andere waren bereits in den Monaten zuvor an der Erstellung von Verfassungen beteiligt gewesen, insbesondere an dem exemplarischen Verfassungsentwurf der 17 des Bundestags. Die Juristen, Historiker und Hochschullehrer bestimmten mit Friedrich Daniel Bassermann einen erfolgreichen Geschäftsmann und erfahrenen Politiker zum Vorsitzenden dieses Schlüsselgremiums des Frankfurter Parlaments. Dies war für ihn eine Anerkennung seines bisherigen Wirkens. Bassermann hat seine Hauptaufgabe darin gesehen, die Arbeit des Ausschusses zügig voranzutreiben; denn er maß der Verfassung eine hohe politische Bedeutung zu und die Bedrohung der Nationalversammlung durch die fürstlichen Gewalten wie die „Kräfte des Umsturzes" war ihm stets gegenwärtig. Deswegen hat er den Verfassungsentwurf des Ausschusses der 17 zur Grundlage der Beratungen machen wollen. Dies wurde aber abgelehnt, da er noch vom Bundestag in Auftrag gegeben worden war. Dennoch spricht für seine Qualität, in welchem Umfang er die Reichsverfassung schon vorweggenommen hatte. Im Frühjahr 1849 hat die Nationalversammlung noch einmal direkt auf ihn zurückgegriffen.

Um der Versammlung bald etwas vorzulegen und um die soziale wie politische Unruhe im Land zu dämpfen, wurde am 26. Mai beschlossen, die Beratung der Grundrechte vorzuziehen. Obwohl schon im Ausschuss die Neigung sichtbar wurde, alles erschöpfend zu diskutieren und jeglichen Aspekt zu berücksichtigen, verlief die Debatte dort so zügig, dass dem Plenum bereits Anfang Juli das Ergebnis präsentiert werden konnte. Dieses beschäftigte sich damit über ein halbes Jahr. Besonders umstritten waren die Grundnormen des Wirtschafts- und Soziallebens und die Regelung der kirchlichen wie schulischen Verhältnisse. Nach zwei Lesungen konnte die Nationalversammlung am 20. Dezember den Grundrechtsteil der Reichsverfassung verabschieden. Wie bereits im September beschlossen, wurde er am 27. Dezember 1848 als separates Gesetz im Reichsgesetzblatt publiziert und in Kraft gesetzt.

Es war sicherlich sinnvoll, die Beratung der Grundrechte vorzuziehen und ihnen ein gerüttelt Maß an Zeit zu widmen, ging es dabei doch um Leitlinien für den gesamten Staatsaufbau des Reiches, aber auch der Bundesstaaten. Denn aus dem beanspruchten Vorrang der Reichsverfassung folgte, dass sie ihre Verhältnisse den Grundrechten anpassen mussten! Damit wäre auf die noch nicht konstitutionellen Staaten ein Zwang zur Verfassungsgebung ausgegangen, insbesondere auch zur Einführung parlamentarischer Mitbestimmung.

Der Schutz des Bürgers vor staatlicher Willkür, die Gewährung von politischen Freiheitsrechten und der Ausbau des Rechtsstaates waren liberale Kernforderungen seit Bestehen des Deutschen Bundes gewesen. Daher war es verständlich, dass die liberale Mehrheit an die Erfüllung ihrer Träume unverzüglich und intensiv heranging. Doch hatte die Erarbeitung der Grundrechtsbestimmungen auch die nicht zu unterschätzende politische Funktion, die Anhänger im Lande stärker an die Nationalversammlung zu binden. In den sich abzeichnenden Auseinandersetzungen sollte den Bürgern vor Augen geführt werden, was auf dem Spiel stand, was verloren gehen konnte, wenn die bürgerliche Revolution scheiterte.

5.2.2 Die Tradition der Grund- und Menschenrechte

In der zweiten Hälfte des 18. Jahrhunderts gibt es in Deutschland eine lebhafte Debatte über Rechte, die dem Menschen von Natur aus zustehen, über die daher keine staatliche Gewalt verfügen darf. Dieser in intellektuellen Zirkeln geführte Diskurs weitete sich gelegentlich hin zu der Frage, welche Rechte dem Bürger in einem Gemeinwesen gewährt werden müssten, damit es den Ansprüchen der Aufklärung genüge. Die historischen Umbrüche der Französischen Revolution und der napoleonischen Kriege überlagerten solche Überlegungen. Doch konnte daran teilweise angeknüpft werden, als in den deutschen Bundesstaaten nach 1815 die Verfassungsgebung einsetzte.

Wenn man sich dabei vorwiegend an amerikanischen wie französischen Vorbildern und nach 1830 auch an Belgien orientierte, so gab es doch durchaus auch eine eigene Tradition. Die Abgeordneten der Nationalversammlung waren mit deren Praxis vertraut, soweit sie aus konstitutionellen Staaten kamen. Dort wurden sie meist als „Von allgemeinen Rechten und Pflichten" (Bayern, 1818), „staatsbürgerliche und politische Rechte der Badener und besondere Zusicherungen" von 1818, „Allgemeine Rechts-Verhältnisse der Staats-Bürger" (Württemberg, 1819) oder „Von den allgemeinen Rechten und Pflichten der Unterthanen" (Kurfürstentum Hessen, 1831) rubriziert. Ausgestaltung, Umfang und Funktion waren unterschiedlich.

Im Vorfeld der Revolution und während ihres Verlaufs hatten sich die Verhältnisse grundlegend gewandelt. Die Kataloge der Grund- und Menschenrechte waren bisher in Deutschland ein Werk der Regierungen gewesen, das dem Volk gewährt wurde. Jetzt trat dieses selbst auf und forderte die Rechte ein. Sie sollten nicht mehr bloße Proklamation sein, sondern Normen für die Gestaltung des Gemeinwesens. In diesem Sinne gingen sie über die bürgerlich-personalen Freiheitsrechte hinaus. Sie wurden um staatsbürgerliche Rechte, Kommunikationsrechte und soziale wie kulturelle Rechte erweitert. Sie enthalten Verfassungsgrundsätze und institutionelle Forderungen.

Die gesamte Reform- und Revolutionsbewegung vom Offenburger Programm der südwestdeutschen Demokraten vom September 1847 über die Massenveranstaltungen des März 1848 bis hin zum Entwurf des Reichsgesetzes der 17 vom 26. April 1848 wurde vom Ringen um die Grundrechte angetrieben. Sie blieben in den kommenden Monaten in den Petitionen und Proklamationen der unterschiedlichen politischen Kräfte virulent. Dort hatten sie auch eine in diesem Umfang bisher nicht gekannte soziale Dimension. In dieser Hinsicht blieben die Parlamente hinter den Erwartungen der Volksbewegung zurück. Neu war ebenfalls die nationsbildende Funktion der Grund- und Menschenrechte, die die Anerkennung des Existenzrechts von Minderheiten einschloss.

Im Zuge der Beratungen der Nationalversammlung und der anderen verfassungsgebenden Versammlungen der Jahre 1848/49 trat die Idee der Menschenrechte zurück, obwohl schon einige Verfassungen des Vormärz sie kannten, in denen sie oft „Urrechte" genannt werden. Denn nach Ansicht der liberalen Mehrheit enthielten diese vorstaatlichen, allen Menschen von

Natur aus zustehenden Rechte eine zu große Sprengkraft für das Gemeinwesen und eine zu große Verführungskraft für die Massen. Der Ursprung des Menschenrechtskatalogs in der Französischen Revolution war ihnen eine Warnung. Erleichtert wurde ihnen ihre Position dadurch, dass in den Bewegungen außerhalb der Parlamente die Menschenrechte ebenfalls keine besondere Rolle spielten. Es wurden nicht Rechte für den Menschen, sondern für das Volk gefordert. Dort, wo die Reichsverfassung Rechte kennt, die Menschenrechtscharakter haben, sind sie als Grundrechte formuliert („Jeder Deutsche…"). Die Demokraten, die Menschenrechte immer wieder ins Spiel brachten, bezogen sich nicht direkt auf das französische Vorbild, sondern gaben ihnen eine neuartige soziale Interpretation. Sie wollten Menschenrechte als Rechte auf Lebensunterhalt, Bildung und freie Entfaltung der Persönlichkeit verstanden wissen. Während die Grundrechte in der Verfassung häufig unter Gesetzesvorbehalt gestellt wurden, war dies bei den Menschenrechten aufgrund ihrer staatlichen Unverfügbarkeit nicht möglich.

Die Nationalversammlung hat sich mit erkennbarer Absicht einem weiten Begriff der Grundrechte verschrieben. Sie verstand darunter nicht nur die subjektiven Rechte des Einzelnen, sondern auch Normen für das Justizwesen, die politische Organisation von Reich und Bundesstaaten und zur Ausgestaltung der Gesellschaft. Mit der Reichsverfassung sollte ein freiheitlicher und demokratischer Rechtsstaat verwirklicht werden, der in den Bundesstaaten bisher gar nicht oder nur in Ansätzen Bestand hatte. Aus der historischen Situation heraus gewannen „Die Grundrechte des deutschen Volkes" ein gestalterisches Potenzial, das in ganz Deutschland zu einer tiefgreifenden Umwälzung in der Gesellschaft, dem Rechtswesen und dem politischen System führen musste. Den Zeitgenossen war bewusst, was heute leicht übersehen wird: Die Grundrechte wirkten weit über die Rechtsordnung hinaus. In ihnen lag das eigentliche revolutionäre Potenzial und nicht in den Artikeln über die Organisation des Staates und des politischen Systems, wo es zunächst ins Auge springt. Deswegen postuliert die Reichsverfassung auch zu Beginn des Abschnitts über die Grundrechte, dass diese „den Verfassungen der deutschen Einzelstaaten zur Norm dienen" sollen und „keine Verfassung oder Gesetzgebung eines deutschen Einzelstaates" sie „je aufheben oder beschränken" könne.

5.2.3 Die Freiheitsrechte

Ein entscheidender Schritt hin auf die Gründung einer einheitlichen Nation wurde zu Beginn der Grundrechtsberatungen durch das zum ersten Mal in Deutschland formulierte Reichsbürgerrecht gemacht. Es bedeutete einen Kompetenzverlust für die Fürstenstaaten, deren Staatsbürger die Deutschen bislang gewesen waren. Die damit verbundene Mediatisierung setzte sich dadurch fort, dass mit der Reichsbürgerschaft bisher nicht gekannte Freiheitsrechte verbunden waren, nämlich überall im Reich seinen Wohnsitz zu nehmen, einer Beschäftigung nachzugehen oder Besitz zu erwerben. Das Gemeindebürgerrecht, das Voraussetzung war, um in den Genuss nicht unerheblicher Rechte zu kommen, wie das Recht zu wählen oder Armenunterstützung zu empfangen, durfte keinem Deutschen in keiner Gemeinde mehr versagt werden.

Gegen eine solch umfassende Freizügigkeit gab es schwere Bedenken, da befürchtet wurde, dass sie die Bildung proletarischer Ballungsräume in den Städten fördern würde. Durchschlagender aber war das Argument, dass das moderne kapitalistische System erfordere, dass die Arbeitskräfte dem Kapital und den Fabriken folgen müssten. Für die Meisten aber war das nicht wirtschaftliche Argument überzeugend, dass die Beschränkung der Freizügigkeit innerhalb eines Staates mit der Idee der Nation nicht vereinbar sei.

Im Zusammenhang mit der Reichsbürgerschaft fand eine ausführliche Debatte über das Recht auf Auswanderung statt. In einigen Bundesstaaten war dafür eine Genehmigung notwendig oder aber es musste an die Staatskasse eine Entschädigung für den Ausfall kommender Steuerleistungen gezahlt werden. Darüber hinaus standen die Abgeordneten noch stark unter dem Eindruck der Massenauswanderung in den beiden Vorjahren, deren Ursachen intensiv nachgespürt wurde. Nationalisten schlugen vor, selbst diesen ehemaligen Landsleuten im Ausland das Staatsbürgerrecht zu belassen oder ihnen zumindest über handelsrechtliche Abkommen einen besonderen Schutz in der Fremde zu sichern. Ein Schlaglicht auf die Euphorie des Sommers wirft, dass die „Männer des Volkes" glaubten, dass der von ihnen jetzt zu schaffende Staat eine solch glänzende Zukunft habe, dass es demnächst keine nennenswerte Abwanderung mehr geben werde. Deutsche also, wie es mit nationalem Unterton hieß, nicht mehr „Knechte" in fremden Ländern werden müssten. Obwohl solche Argumente dafür sprachen, das Recht, sein

Heimatland zu verlassen, nicht in die Verfassung zu übernehmen, folgte das Plenum schließlich dem Vorschlag des Verfassungsausschusses, dieses als Ausfluss des Reichsbürgerrechts zu verankern.

Viele Abgeordnete der Nationalversammlung hatten darunter gelitten, dass fehlende Freiheitsrechte ihre politische Betätigung behinderten. Für nicht wenige hatte dies harte persönliche Konsequenzen gehabt. Daher wurde die Debatte um diese Rechte bereit und lang geführt, war aber wiederum deswegen nicht besonders kontrovers. Unumstritten war auch, dass die Freiheitsrechte nur gesichert wären, wenn der fürstliche Polizeistaat in den bürgerlichen Rechtsstaat überführt würde. Deswegen wurden dessen Prinzipien auch nicht in einem eigenen Abschnitt, sondern in dem über die Grundrechte festgeschrieben.

Zunächst galt es, die bereits durch fürstliche Erlasse im März gewährten Freiheiten durch Erhebung in den Verfassungsrang zu sichern, an erster Stelle das im Vormärz zwischen der bürgerlichen Bewegung und der fürstlichen Obrigkeit besonders umkämpfte Recht, „durch Wort, Schrift, Druck und bildliche Darstellung seine Meinung frei zu äußern." Aus den gemachten Erfahrungen heraus wurde eingehend geregelt, durch welche Maßnahmen die freie Meinungsäußerung vorbeugend eingeschränkt werden dürfe. So unbegrenzt, wie es schien, war diese Freiheit aber nicht. Die verbalen und tätlichen Ausfälle gegen die neuen Machthaber machten ihnen deutlich, dass auch sie sich gegen kriminellen Missbrauch dieses Rechts schützen mussten. Als Kompromiss wurde die Festlegung von „Preßvergehen" auf ein künftiges Reichspressegesetz verschoben. Über sie urteilen durften aber nur mit Laien und Berufsrichtern besetzte Schwurgerichte.

Ähnliche Erfahrungen machte das Parlament auch mit der Versammlungsfreiheit. Im Verfassungsausschuss war lange umstritten, ob es ohne Einschränkungen möglich sein sollte, friedlich ohne Waffen und ohne Gefährdung der öffentlichen Sicherheit unter freiem Himmel zusammenzukommen. Die Frankfurter Unruhen vom September 1848 führten dann zu einer Klärung der Ansichten. Fast mit Zweidrittelmehrheit hat das Plenum die gesetzliche Beschränkung der Versammlungsfreiheit in der vom Ausschuss vorgeschlagenen Form ausgesprochen.

Dort war ebenfalls der Gedanke aufgekommen, in Anknüpfung an das germanische Genossenschaftsrecht die Entwicklung zu einem eigenständigen deutschen Vereinswesen zu ermöglichen. Das Plenum hat sich für die Übernahme solcher Vorstellungen nicht erwärmen können. Der hier herrschende säkulare Geist befürchtete, dass Religionsgemeinschaften die Freiheiten des Vereinsrechts missbrauchen könnten. Da in dieser Hinsicht aber keine einschlägigen Erfahrungen vorlagen, wurde von Einschränkungen des Rechts, Vereine zu bilden, abgesehen. Nicht umstritten war, dass auch berufsständische und gewerkschaftliche Bestrebungen in den Genuss dieses Rechtes kommen sollten.

5.2.4 Die Begründung des Rechtsstaates

Schon in den Märzforderungen und ihren Vorläufern standen rechtsstaatliche Prinzipien gleichwertig neben den Grundrechten. Die staatliche Gewalt mit jenen zum Schutze des Einzelnen einzuhegen und zugleich den Rechtsstaat durch eine unabhängige Justiz auf Dauer und in der alltäglichen Rechtsprechung zu garantieren, war ein für den Liberalismus von Anfang an konstitutives Anliegen.

Zentral waren die Freiheit der Person und die Gleichheit vor dem Gesetz. Dabei spielten die Rechtsgleichheit und die Abschaffung der besonderen Gerichtsbarkeiten eine wesentliche Rolle. Aus diesem Gedanken entsprang auch das Postulat, dass grundsätzlich jeder Staatsbürger zu allen öffentlichen Ämtern Zugang haben müsse. In der Fassung des Gleichheitsgrundsatzes standen Anhänger der Naturrechtslehre denen der historischen Rechtsschule gegenüber. Jene erreichten, dass er nicht als Menschenrecht, sondern als staatsbürgerliches Recht Eingang in die Verfassung fand.

Die Gleichheit der Staatsbürger hat zwangsläufig die Aufhebung der Stände und die Abschaffung des Adels zur Folge, gegen dessen Privilegien die Liberalen zuvor in den Ständeversammlungen und publizistisch vergeblich gekämpft hatten. Wie allerdings diese jahrtausendealte soziale Formation beseitigt werden sollte, das verriet der lapidare Satz „Der Adel als Stand ist aufgehoben" nicht. Doch zeigen die weiteren Bestimmungen, dass dies weitgehend über die Beseitigung seiner Privilegien erreicht werden sollte. Denn dass es mit der Bevorzugung des Adels bei der Vergabe öffentlicher Ämter oder militärischer Ränge vorbei sei, wurde klargestellt. Zusammen damit wurde der in einigen Bundesstaaten noch vorhandene Missstand, dass sich

Begüterte der Wehrpflicht entziehen konnten, durch die Aufhebung der sogenannten „Stellvertretung" beseitigt. Dieses Institut wurde Opfer einer seltenen Koalition aus Konservativen und Rechten, die es aus militärischen Gründen beseitigen wollten, und der Linken, die dies aus sozialen Gründen anstrebten. Es wurde erwogen, bestimmte Gruppen wie Geistliche oder Angehörige religiöser Minderheiten von der Ehre, das Vaterland zu verteidigen, auszunehmen. Die Mehrheit entschied sich aber für eine ausnahmslose und gleiche Wehrpflicht.

Eigens erwähnt wurde auch das Jagdrecht auf fremdem Grund und Boden, das die ländliche Bevölkerung regelmäßig empörte und eine häufige Ursache von Konflikten zwischen ihr und dem lokalen Adel war. Die Hoffnung auf seine Abschaffung bewegte vermutlich die Landbevölkerung mehr als die Kaiserfrage. Darüber hinaus fielen die Fideikommisse, die den Kern des adligen Vermögens über die Generationen schützten; eine Institution, die dem Ideal der bürgerlichen Abgeordneten von der individuellen Tüchtigkeit widersprach. Genauso wurde einer alten Klage, dass die mittleren und unteren Einkommen die höchsten Steuerlasten zu tragen hatten, Rechenschaft gezollt, indem die Steuergleichheit festgeschrieben wurde.

Die Aufhebung des Adels als Stand musste erhebliche Rückwirkungen auf die Zusammensetzung der Ersten Kammern in den Bundesstaaten haben, in denen er mehrheitlich vertreten war. Damit wäre aber nicht nur seiner politischer Macht ein schwerer Schlag versetzt worden, sondern auch dem monarchischen Regiment, das bisher an ihm einen starken Rückhalt gegen die Volksbewegung gehabt hatte. Dem hielt die Linke entgegen, dass diese überlebte Kaste nur eine Scheidewand zwischen Volk und Fürst errichte.

Der freie Staatsbürger wurde vor obrigkeitlicher Willkür dadurch geschützt, dass Verhaftungen nur noch auf der Grundlage eines richterlichen Haftbefehls oder anschließender gerichtlicher Nachprüfung möglich waren. Vor polizeilicher Eigenmächtigkeit schützte ihn die Unverletzlichkeit seiner Wohnung ebenso wie das Briefgeheimnis, das zum ersten Mal Aufnahme in eine Verfassung gefunden hat. Den Vorschlägen, diese Rechte in Krisenzeiten und für bestimmte Personengruppen einzuschränken, ist man nur zögerlich gefolgt, da sie dadurch zu sehr ausgehöhlt werden könnten. Denn eine geschützte Sphäre seiner innersten Gefühle, Werte und Gedanken zu haben, gehörte für die Mehrheit der Nationalversammlung zur Würde des Menschen.

Gleich zu Beginn ihrer Tätigkeit hat die Provisorische Regierung in Frankreich die Todesstrafe für politische Verbrechen aufgehoben. Dies wollte der Verfassungsausschuss zum Anlass nehmen, diese Strafe überhaupt abzuschaffen. Es fand sich in seinen Reihen aber keine Mehrheit für diesen unpopulären Vorschlag. Um Streit zu vermeiden, hätte auch das Plenum diese Frage gerne bis zum Erlass einer neuen Strafrechtsordnung verschoben. Die Mehrheit hat aber daran festgehalten, dass die Todesstrafe im Zusammenhang mit den Grundrechten zu behandeln sei. Sie setzte sich mit ihrer Ansicht durch, dass diese Strafe mit dem neuen Menschenbild nicht vereinbar und der Abschreckungsgedanke überholt sei, der Staat vielmehr auf die Besserung des Bürgers vertrauen müsse. Sie fand dafür schließlich eine ebenso überwältigende Zustimmung wie für die Beseitigung der körperlichen Züchtigung.

Die Nationalversammlung hat die Trennung des Justizwesens von der Verwaltung, die Unabhängigkeit der Richter wie die Mündlichkeit und Öffentlichkeit der Gerichtsverfahren so sehr ausgestaltet und gesichert, dass der dadurch konzipierte Rechtsstaat auch noch heutigen Ansprüchen genügen würde. Um dies zu erreichen, mussten einige zeitgenössische Relikte beseitigt werden. Zwei Maßnahmen sollten die Einheitlichkeit der Justiz sichern. Zum einen durfte es in Deutschland nur noch die Gerichtsbarkeit des Staates geben. Die niedere Rechtsprechung des Adels war zusammen mit der gutsherrlichen Polizei ebenso entschädigungslos aufzuheben wie die privilegierten Gerichtsstände für bestimmte Personen. Zum andern hatten alle rechtskräftigen Urteile in ganz Deutschland Gültigkeit. Dies waren tiefe Eingriffe in die Justiz der Bundesstaaten.

Es war sogar schon ein Reichsgericht vorgesehen: zur Schlichtung von Streitigkeiten zwischen dem Reich und den Bundesstaaten und zwischen diesen wie zwischen den Verfassungsorganen nicht nur des Reiches, sondern auch der Bundesstaaten. Die damit gegebenen weiten Eingriffsmöglichkeiten in deren innere Zustände wurden nochmals dadurch erweitert, dass das oberste Gericht über seine Zuständigkeit selbst entscheiden konnte! Dem Staatsbürger war in erheblichem Umfang die Möglichkeit zur Verfassungsbeschwerde eingeräumt. Er konnte gegen die Beschneidung seiner Grundrechte ebenso wie gegen verweigerte oder gehemmte Rechtspflege klagen. Er konnte selbst gegen die Regierung eines Einzelstaates vorgehen, wenn diese dessen Verfassung willkürlich aufhob oder verletzte! In die Zukunft wies es, wenn in den Reden über das Justizwesen auch schon Handels- und Fabrikgerichte in Aussicht genommen wurden.

5.2.5 Kirche, Religion und Schule im neuen Staat

Kennzeichnend für die recht emotionalen Kontroversen über Religion und Kirche war, dass sie nicht entlang der herkömmlichen politischen Bruchlinien geführt wurden, sondern dass sich hier Gruppierungen entlang der persönlichen Glaubensüberzeugungen bildeten. Im Ausschuss hatten die Liberalen dominiert. Im Plenum hingegen ergab sich gegen deren Vorstellungen immer wieder die bemerkenswerte Koalition von Klerikalen und Linksliberalen. Während im Verfassungsausschuss noch die Auswirkungen der Glaubens- und Gewissensfreiheit im Vordergrund gestanden haben, rückte das Plenum das Verhältnis des Staats zu den Kirchen in den Mittelpunkt. Die Überzeugung, dass dabei die in den Bundesstaaten bestehenden kirchenrechtlichen Systeme kein Vorbild sein konnten, übernahm das Plenum vom Ausschuss.

Die Linke polemisierte mit eklatant aufklärerischen Vorurteilen gegen die Kirchen, besonders die katholische, der sie autoritären Geist und mangelnde demokratische Gesinnung vorwarf. Sie zog aus ihrer Weltanschauung aber auch die Konsequenz, die Unabhängigkeit der Kirchen zu befürworten; allerdings nach dem französischen Vorbild mehr im Sinne einer vollständigen Trennung – eine Position, der sich mit geringen Abänderungen auch die Liberalen anschließen konnten, für die dies eine zwangsläufige Konsequenz der Glaubens- und Gewissensfreiheit war.

Es waren bezeichnenderweise bayerische Abgeordnete, unterstützt von österreichischen Anhängern des Josephinismus, die sich für den Erhalt des bestehenden Staatskirchensystems stark machten. Staatseingriffe bis weit hinein in die inneren Angelegenheiten der Kirchen sollten weiterhin möglich sein. Jene Männer des Volkes, denen diese Frage keine vorrangige Herzensangelegenheit war, suchten nach der möglichst spannungsfreien Integration der Kirchen in den Staat zur Befestigung der nationalen Einheit.

Schließlich setzte sich die Überzeugung durch, dass die enge Verknüpfung des Staates mit den christlichen Konfessionen als Erbe der Reformation beendet werden sollte. Ihre Gleichstellung mit Sekten und anderen Religionsgemeinschaften war für diese schwer zu ertragen. Dem Verlust der privilegierten Stellung stand der Gewinn einer größeren Freiheit vom Staat gegenüber. Sowohl die traditionellen protestantischen Landeskirchen als auch die katholische Staatskirche, wie sie sich in einigen Bundesstaaten im Vormärz etabliert hatte, wurden dadurch überwunden. Da es keine Staatskirche mehr geben sollte und die bürgerlichen wie staatsbürgerlichen Rechte nicht mehr an ein Glaubensbekenntnis gebunden waren, sollte die bisherige Benachteiligung von Juden, aber auch von Katholiken in den öffentlichen Ämtern beseitigt werden.

Obwohl durch diese Entscheidungen und die Grundrechte kein Zweifel mehr daran bestehen konnte, dass die Gleichstellung der jüdischen Religion in der Verfassung festgelegt war, gab es darüber nochmals eine bezeichnende Debatte. Während einige Volksvertreter darauf beharrten, dass den Juden als internationales Element die nationale Integrationsfähigkeit fehle, haben andere auf deren patriotischen Einsatz, vor allen Dingen in den Befreiungskriegen, verwiesen. Schließlich sei es unmöglich, der jüdischen Minderheit die Gleichstellung zu versagen, wenn diese selbst nicht-deutschen Minderheiten gewährt werde.

Als Ausfluss der Religionsfreiheit wurde das Institut der Zivilehe und die Freistellung von der Teilnahme an religiösen Handlungen in die Verfassung übernommen. Das kirchliche Eherecht wurde vom staatlichen, dem Vorrang eingeräumt wurde, getrennt. Dies war auch eine Konsequenz aus den jüngsten Religionskonflikten zwischen der katholischen Kirche und einigen Bundesstaaten, die sich besonders an der Mischehefrage entzündet hatten. Dass ausdrücklich proklamiert wurde, dass Religionsverschiedenheit kein bürgerliches Ehehindernis mehr bilde, setzte die katholische Kirche unter Zugzwang, die an diesem Prinzip nach wie vor festhielt.

Eingebettet in diese Auseinandersetzungen war das Problem der Religionsfreiheit in der individuellen Ausprägung als Glaubens- und Gewissensfreiheit. Beide waren als solche unumstritten, doch wurde sehr wohl die Gefahr gesehen, die von ihnen für den gesellschaftlichen Frieden ausging, wenn versucht würde, weltanschauliche Überzeugungen von Individuen und Gruppen aktiv zu verbreiten. Die Lösung fand man darin, dass die Ausübung dieser Rechte unter den Vorbehalt des Strafgesetzes gestellt wurde.

Eng mit der Regelung des Verhältnisses zwischen Kirche und Staat war das in Deutschland traditionell konfessionelle Volksschulwesen verbunden. Schon die emotionalen Debatten in den Ständeversammlungen des Vormärz hatten gezeigt, dass diese Schulform von Teilen der Bevölkerung nicht mehr als selbstverständlich hingenommen wurde. Die Nationalversammlung knüpfte daran an und setzte so den fast bis in die Gegenwart reichenden Kampf um die Konfessionsschule fort.

Gestützt auf das Votum des Verfassungsausschusses haben die Klerikalen im Plenum die enge Verbindung zwischen Kirche und Volksschule mit dem Argument verteidigt, dass die religiöse Bildung ein wesentlicher Beitrag zur geistigen Einheit der Nation sei. Man strebe kein Erziehungsmonopol an, wolle vielmehr die Gewissensentscheidung der Eltern respektieren. Es ging ihnen darum, diese Schulform und die kirchliche Aufsicht über sie zu erhalten. Um diese auch Kirchenfernen schmackhaft zu machen, wurde sie als ein wesentliches Element der Autonomie der Gemeinden, die die Elementarschulen unterhielten, propagiert.

Liberale und Linke verlangten mit Hinweisen auf die neuere Pädagogik die Erziehung zu einer selbstverantwortlichen und selbstständigen Persönlichkeit. Die überbordende religiöse Unterweisung müsse zugunsten der Anforderungen im Beruf zurückgedrängt werden. Die Förderung naturwissenschaftlichen Wissens wurde gegen die konfessionelle Erziehung ausgespielt. Die Naturwissenschaften waren die neuen Bildungsziele, der vernünftige junge Mensch das neue Bildungsideal. Kaum weniger wichtig war für Demokraten und Liberalen, dass sie in der geistlichen Schulaufsicht ein Instrument zur Unterdrückung der Volksschullehrer sahen. Diese sollten aber zum Verkünder des neuen Ideals des freien Menschen werden. Um ihnen die dafür notwendige Unabhängigkeit von Kirche, Gemeinde und öffentlicher Meinung zu geben, sollte ihnen ein ausreichendes Einkommen und der Beamtenstatus gesichert werden. Dies war alles ebenso noch Zukunftsmusik wie der unentgeltliche Volksschulunterricht, da alles von den Bundesstaaten und den Gemeinden umzusetzen war.

Liberale und Linke hätten gerne das kirchliche Bildungswesen zerschlagen. Da dieses aber besonders von der katholischen Kirche mit ihren zahlreichen Schulorden immer auch als ein Instrument der Seelsorge verstanden wurde, erhob sich dagegen scharfer Protest. Der erste Katholikentag, der Anfang Oktober 1848 in Mainz zusammenkam, richtete in diesem Sinne eine

Verwahrung an die Nationalversammlung. Den schließlich erreichten Erhalt des Privatschulwesens konnten die Katholiken als Kompensation dafür nehmen, dass die geistliche Schulaufsicht aufgehoben wurde.

Da sich im Gegensatz dazu bei der Proklamation der Freiheit der Wissenschaft keine vergleichbaren ideologischen und weltanschaulichen Gräben auftaten, ging sie problemlos über die Bühne. Ein Satz in der Verfassung genügte.

5.2.6 Wirtschaft und Gesellschaft

Die zahlreichen Eingaben aus allen Schichten des Volkes und allen Teilen des Landes an die Nationalversammlung belegen, dass das Volk die Gestaltung von Wirtschaft und Gesellschaft nicht weniger bewegt hat als die Grundrechte. Dabei standen fast immer die wirklichen oder empfundenen Belastungen einzelner Branchen oder Gewerbe im Vordergrund. Manches wie die Festsetzung von Mindestlöhnen oder Höchstarbeitszeiten fiel nicht in die Kompetenz des Parlaments. und einiges war auch wirklichkeitsfremd, wie die Forderung nach dem Verbot von Maschinen und Eisenbahnen.

Im Zentrum stand die Kontroverse darum, wie weit die wirtschaftliche Betätigung freigegeben oder reguliert werden sollte. In Deutschland gab es damals drei verschiedene Gewerbeverfassungen. Volle Gewerbefreiheit herrschte in Preußen und in den ehemals französischen Gebieten des Westens. Überwiegend war jedoch noch das Zunftwesen verbreitet oder aber eine Mischform, die darin bestand, dass der Staat Gewerbebetriebe konzessionierte. Die Rechte und der politische Katholizismus befürworteten aus sozialkonservativen Überlegungen heraus eine straffe Regulierung. Doch stand auch ein Teil des Liberalismus, nämlich jener, der die Idee des deutschen Genossenschaftswesens weiter entwickeln wollte, der unbegrenzten Freigabe der wirtschaftlichen Betätigung skeptisch gegenüber. Die Linke verwies auf die Pflicht des Staates zum Schutz der wirtschaftlich Schwachen. Sie warnte vor Ausbeutung und Proletarisierung als Folge der ungehemmten Ausbreitung kapitalistischen Wirtschaftens. Die Mehrheit teilte aber die wettbewerbswirtschaftlichen Vorstellungen des klassischen Liberalismus.

Wegen dieser Gegensätze folgte das Plenum dem Vorschlag des Volkswirtschaftlichen Ausschusses, das Problem der Gewerbefreiheit nicht direkt anzugehen. Es sollte dadurch umschifft werden, dass den Einzelnen Freiheitsrechte eingeräumt wurden, die die gravierendsten Beschränkungen freier wirtschaftlicher Betätigung überwanden. Jedem Deutschen wurde garantiert, seinen Lebensunterhalt dort zu suchen, wo er wolle. Um dies zu erleichtern, wurden die Beschränkungen des Aufenthalts ebenso aufgehoben wie die über den Erwerb und die Verfügung von Grund und Boden. Durch diese Formulierungen sollten auch der Arbeiterschaft die Möglichkeiten der neuen Freiheit schmackhaft gemacht werden.

Die endgültige Ausgestaltung sollte durch eine „deutsche Gewerbeordnung" erfolgen, die aber nicht mehr verabschiedet wurde. Die Linke, die die Interessen der unteren Schichten zu wenig berücksichtigt fand, hat noch bis zum Februar 1849 vergeblich versucht, die Grundrechte sozialer auszugestalten.

Mit nicht weniger Emotionen wurde die Debatte darüber geführt, wie weit einzelne Regionen oder Branchen der deutschen Wirtschaft des Schutzes vor ausländischer Konkurrenz durch möglichst hohe Zölle bedürften oder aber diese mit Rücksicht auf den Export einheimischer Produkte niedrig gehalten werden müssten. Die Kampflinie verlief hier zwischen den norddeutschen Anhängern des Freihandels und den süddeutschen Schutzzöllnern. Einigkeit bestand zwischen beiden, dass die noch zahlreichen Binnenzölle wegfallen müssten und die nationale Einheit einen einheitlichen Wirtschafts- und Handelsraum erfordere. In der Verfassungsdebatte fiel keine endgültige Entscheidung. Es wurde lediglich die Festsetzung und Verwaltung der Zölle und der wichtigsten Steuern dem Reich vorbehalten. Wie weit dann der schutzzöllnerische oder freihändlerische Gedanke zum Zuge kam, musste sich also in jedem Einzelfall erst noch entscheiden. Doch bemühte sich das Reichsministerium bereits fleißig darum, die bestehenden Handelsverträge der Bundesstaaten durch solche des Reiches abzulösen. Das Reichshandelsministerium legte den Entwurf eines ausgefeilten Zollgesetzes vor, das aber nicht mehr zur Anwendung kam. Doch haben später die Behörden des Zollvereins gerne auf solche Vorarbeiten zurückgegriffen.

Für die liberale Mehrheit war das Eigentum mehr als ein materieller Wert, es war ein Eckstein ihrer Gesellschaftordnung wie die Familie. Es wurde daher für unverletzlich erklärt. Dies wurde auch von der Parlamentsfraktion der Linken nicht grundsätzlich abgelehnt, der deswegen Marx und Engels enttäuscht ein „kleinbürgerliches" Eigentumsverständnis bescheinigten.

Die Sozialbindung des Eigentums fand insofern Berücksichtigung, dass bei offenkundigen Verletzungen des Gemeinwohls Enteignungen möglich sein sollten. Für die staatlichen Eigentumseingriffe wurden allerdings strenge Auflagen festgelegt. Sie konnten nur auf der Grundlage eines Gesetzes mit Rücksicht auf das Allgemeinwohl und gegen eine angemessene Entschädigung erfolgen; Vorbehalte, die bis heute ihre Geltung behalten haben. So sehr das Eigentum einerseits geschützt wurde, wurden andererseits alle überlieferten Bindungen, die einer freien Verfügbarkeit entgegenstanden, beseitigt. Dadurch wurden vor allem Grund und Boden zu einer Ware wie jede andere. Da dies zum ersten Mal der Fall war, prallten die Gegensätze besonders schroff aufeinander. Dabei wurden die Unveräußerlichkeit und Unteilbarkeit des Grundbesitzes sowohl für die Verarmung auf dem Land verantwortlich gemacht als auch behauptet, dass sie der beste Schutz dagegen seien. Letztlich setzten sich aber die liberalen Vorstellungen von der freien Verfügbarkeit durch, da Einschränkungen mit anderen Freiheitsrechten im Widerspruch stünden. Damit war die Sonderstellung, die Grund und Boden in der alten Agrarverfassung hatte, gefallen, und damit zwangsläufig die Untertänigkeits- und Hörigkeitsverhältnisse. Eine Konsequenz aus der Hochschätzung des Eigentums war es aber auch, dass die meisten Feudallasten abgelöst werden mussten.

Im Zusammenhang mit der Wirtschafts- und Gesellschaftsordnung für das neue Deutschland wurde die Lage der Arbeiterschaft ausführlich erörtert. Im Verfassungsausschuss wurde das Recht auf Arbeit nur gestreift. Dort wollte man den Arbeitern durch die Aufhebung der indirekten Steuern und die Einführung einer progressiven Einkommensteuer entgegenkommen. Für diese traditionelle Forderung der Linken konnte sich das Plenum nicht erwärmen. Hier wollte man der proletarischen Not durch ausreichend verbürgte Arbeit und soziale Absicherung zu Leibe rücken. Die Linke lud solche Forderungen und die nach Notstandsarbeiten unter Garantie eines minimalen Einkommens dadurch auf, dass sie das Recht auf Arbeit zu einem Menschenrecht erhob. Manche Schutzzöllner sprangen ihr mit dem Argument bei, hohe Zölle wären der beste Schutz gegen Arbeitslosigkeit.

Die Gegner verwiesen darauf, dass die Umsetzung solcher Vorstellungen gerade in Frankreich gescheitert sei, da sie nicht zu mehr Wohlstand der unteren Klassen, sondern zu mehr blutiger Gewalt geführt hätte. Sie befürchteten darüber hinaus ein Nachlassen von Anstrengung und Motivation und verwiesen darauf, dass eine gewisse soziale Absicherung im Deutschen Bund schon durch die Gemeinden garantiert würde. Zum Schutz der Kleinbetriebe gegen die industrielle Konkurrenz empfahlen sie den jetzt möglichen genossenschaftlichen Zusammenschluss.

Die Nationalversammlung hatte sich zunächst sozialen Fragen nicht zugewandt, da die Märzbewegung vor allen Dingen von der Forderung nach kommunikativen, politischen und staatsbürgerlichen Grundrechten angetrieben worden war. Im Laufe der Beratungen zwangen die Debattenbeiträge der Linken, aber auch die Petitionen aus dem Volk sie dazu, soziale Aspekte stärker zu berücksichtigen. Dies geschah allerdings nur im begrenzten Umfang, da immer wieder bezweifelt wurde, dass solche Rechte Grundrechtscharakter hätten. Die Lösung der ihnen zugrunde liegenden sozialen Probleme wurde daher gerne auf künftige Gesetzgebung verschoben.

Nicht weniger wichtig waren aber die wirtschaftspolitischen Vorstellungen der Mehrheit. Sie war davon überzeugt, dass die Not der unteren Schichten nur ein vorübergehendes Phänomen sei, das durch den wirtschaftlichen Aufschwung überwunden werde. So blieb abzuwarten, ob die Beseitigung aller Handels- und Wettbewerbsbeschränkungen in einem großen nationalen Markt tatsächlich die von den Liberalen erhofften wirtschaftlichen Impulse auslösen würden. Ebenso musste sich in der Zukunft entscheiden, ob mit der Gewährleistung von allgemeiner Freizügigkeit und Freiheit der Berufswahl und -ausübung allein bereits die Voraussetzung dafür gegeben war, dass der Einzelne dem liberalen Credo entsprechend mit Fleiß und Sparsamkeit in die Mittelstandsgesellschaft der individuellen Eigentümer aufsteigen könne. Für die Liberalen jedenfalls stand außer Frage, dass die freie Entfaltung des Einzelnen letztlich dahin führen würde.

5.2.7 Die institutionellen Garantien

Wie stark in der Frankfurter Nationalversammlung der Gedanke von der Normierungskraft der Grundrechte war, zeigt nichts besser, als dass in deren letztem Teil bestimmte Einrichtungen gewährleistet werden – Bestimmungen, die hier von der Systematik her nicht zu erwarten wären. Diese Platzierung und die lapidaren Formulierungen täuschen über ihre politische Brisanz hinweg. Denn hier wurde festgelegt, dass jeder Einzelstaat eine „Verfassung mit Volksvertretung" haben müsse. Für sie wurden auch zugleich unverzichtbare Vorgaben gemacht. Sie hatte öffentlich zu tagen. Ihr stand das Recht der Gesetzesinitiative zu und sie musste bei der Gesetzgebung, der Besteuerung und der Festsetzung des Haushaltes ausschlaggebend sein. Wie in den konstitutionellen Ständeversammlungen sollte sie darüber hinaus das Recht der Beschwerde und der Adresse haben. Die ihr bisher verweigerte Verantwortlichkeit der Minister, die sie auch anklagen durfte, wurde festgesetzt.

Doch machte die Reichsverfassung nicht nur Vorschriften über die Ausgestaltung des Parlamentarismus der Bundesstaaten, sondern setzte auch noch die „Grundrechte" von deren Gemeindeverfassungen fest. Den Kommunen wurden die Selbstverwaltung und eine eigene Haushaltsführung zugestanden. Die bisher vor allen Dingen in den Gemeinden noch bestehenden Beschränkungen zensitärer oder besitzrechtlicher Art bei der Wahl zu oder der Mitgliedschaft in Kommunalvertretungen wie auch bei der Übernahme kommunaler Ämter wurde beseitigt.

Gerade diese Bestimmungen zeigen zusammen mit dem Grundsatz, dass Landesverfassungen und Landesgesetze den Grundrechten nicht widersprechen dürfen, welch nachhaltiger Einbruch in die bisher uneingeschränkte Landeshoheit der Fürsten über diese angestrebt wurde. Dieser Zweck wurde niemals ausdrücklich genannt, sondern alles mit der Begründung der nationalen Einheit gerechtfertigt. Dennoch hätten die Grundrechte die Bundesstaaten mediatisiert und zentralisierende Wirkung gehabt. Sie beschränkten ihre Verfassungs-, Gesetzgebungs- und Exekutivgewalt. Die Grundrechte in der Frankfurter Reichsverfassung waren weitaus mehr als ein Katalog von individuellen Freiheiten. Daher haben die Königreiche des Deutschen Bundes dem Gesetz über die Grundrechte vom 27. Dezember 1848 die Anerkennung versagt. Formal beriefen sie sich darauf, dass das Gesetz keine Gültigkeit in ihren Staaten habe, da es in den Gesetzblättern nicht verkündet werde. Die Reichsregierung hielt mit der Auffassung dagegen, dass für die Gesetze des Reiches allein die Veröffentlichung im Reichsgesetzblatt rechtskonstitutiv sei, die Proklamation in den Gesetzblättern der Bundesstaaten habe nur deklaratorischen Charakter.

5.2.8 Würdigung der Grundrechte

Die Grundrechte der Reichsverfassung sind stark vom liberalen Politikverständnis der Zeit des Vormärz geprägt. Sie gehen von dem von Hegel in seiner Rechtsphilosophie auf den Begriff gebrachten Gegensatz von Staat und Gesellschaft aus, der den politischen Erfahrungen der Liberalen entsprach. Dieser Gegensatz war auch einer der bis dahin politisch dominanten Schichten. Fürst und Aristokratie waren die Beherrscher des Staates, das Bürgertum repräsentierte die Gesellschaft, und zwar die gesamte, denn es verstand sich als Protagonist des Volkes, das die unterbürgerlichen Schichten mit einschloss. So ging es der Mehrheit der Frankfurter Abgeordneten darum, die Freiheit der bürgerlichen Gesellschaft und ihrer Individuen gegenüber dem Staat zu sichern. Gerade darin konnte sich das liberale Bürgertum in seiner Rolle des Protagonisten bestätigt fühlen. Denn alle Rechte, die erstrebt wurden, kamen ja auch allen und jedem Einzelnen zugute.

Die Reichsverfassung begründete die für die deutsche Verfassungsgeschichte so typische Entwicklung der Verrechtlichung der Politik. Die Grundrechte sind das Fundament des Staates und der Gesellschaft. Sie haben einen Vorrang gegenüber dem Gesetzgeber. Ihnen gemeinsam ist der Gedanke, das Recht als Mittel zum Schutz der Freiheit des Einzelnen und als Mittel zur Mäßigung der Staatsgewalt einzusetzen. Die Verfassung konstruierte darüber hinaus einen Rechts- und Gerechtigkeitsstaat im materiellen Sinne.

Der Frankfurter Grundrechtskatalog garantierte dem Einzelnen die klassischen politischen Freiheitsrechte. Doch geht er weit darüber hinaus. Angetrieben von dem Motiv, nicht nur den institutionellen Rahmen des Nationalstaats zu schaffen, sondern seine innere Ausgestaltung grundzulegen, wurde eine bürgerliche Mittelstandsgesellschaft konzipiert, die Prinzipien für ihre Wirtschaftsordnung festgelegt und zugleich die ihr gemäße politische Ordnung entworfen. Dies war ein umfassendes Programm der Modernisierung, dessen Umsetzung nichts anderes als die Fortsetzung der Revolution mit anderen Mitteln bedeutet hätte.

Im konstitutionellen Sinne sollte die noch als Einheit gedachte Gesellschaft in den ihr gegenüberstehenden Staat integriert werden, indem ihr als Ganzes die für Bestand und Funktionieren unverzichtbaren Rechte garantiert würden. Darüber hinaus wurde dem Einzelnen der für seine Entfaltung notwendige Schutz vor dem Staat wie zugleich seine Ansprüche ihm gegenüber verbrieft. Freilich wollte das Bürgertum nicht nur Sicherung vor staatlicher Willkür, sondern zugleich einen starken Staat als Schutzwall gegen die Anarchie. Daher war die teilweise Suspendierung der Grundrechte im Falle des Notstands vorgesehen. Vergleichbare Befürchtungen bewogen die Mehrheit der Nationalversammlung, deren Charakter als staatlich gesetztes Recht zu betonen. Die enge Verbindung zwischen Menschenrechten und Umsturz war inzwischen anrüchig geworden. Den Unterschichten sollte die Möglichkeit zur naturrechtlichen Begründung ihrer Ansprüche versperrt bleiben. Im Vergleich mit dem westlichen Ausland zeigen die Frankfurter Grundrechte eine stärkere Gemeinschaftsorientierung; sie sind sozial bewusster und weniger individualistisch.

Die Grundrechtsdiskussion in den deutschen Parlamenten in der ersten Hälfte des 19. Jahrhunderts steht am Schnittpunkt einer Entwicklung von den naturrechtlichen Theorien des 18. Jahrhunderts zur positiv-staatsrechtlichen des ausgehenden 19. Jahrhunderts. Deswegen wurden die Menschenrechte durch konkrete Grundrechte für die Bürger des Nationalstaats abgelöst. 1848/49 wurde eine neue Stufe in deren Entwicklung erreicht: Die Rechte sind nun für alle Staatsbürger in gleicher Weise verbindlich; der Souverän ist nicht ausgenommen. Sie sind in die Verfassung als Normen für Gesetzgebung und staatliches Handeln eingeschrieben. Sie werden durch die Institutionen politischer Macht und gerichtlicher Kontrolle ergänzt und gesichert. Sie waren nicht, wie so oft im Vormärz, nur Deklamation, sondern sowohl Reichs- wie Landesrecht bindende Normen, die auf gesetzlichem Weg nur begrenzt änderbar waren. In Frankfurt wurden auch deswegen keine universalen Menschenrechte proklamiert, da die nationalstaatliche Verdichtung im Vordergrund stand. Dem Deutschen, der bisher nur Bürger eines Einzelstaates war, sollte ein materielles deutsches Staatsbürgerrecht geboten werden.

Die Frankfurter Grundrechte spiegeln einen liberalen und demokratischen Geist von erstaunlicher Modernität. Die Vielfalt der Aspekte, die Differenziertheit der Argumente, der Umfang der politischen Erfahrung und das theoretische Niveau der parlamentarischen Debatten beeindrucken noch heute. Dies haben auch spätere Verfassungsgeber so gesehen. Die Frankfurter Grundrechte waren Vorbild für die Weimarer Reichsverfassung von 1919 und das Grundgesetz von 1949, teils sind sie wörtlich übernommen worden.

In der aktuellen Situation am Jahresende 1848 sollten mit der Publikation der Grundrechte vor Verabschiedung der Verfassung der Geist und die Kraft der Märzbewegung noch einmal gegen die erstarkende Reaktion mobilisiert werden. Was mit deren Sieg verloren gehen würde, sollte allen vor Augen geführt werden. Doch wollten die Volksmänner in Frankfurt auch die Grenze aufzeigen, über die hinauszugehen sie nicht bereit waren. Beide Hoffnungen haben sich nur unzureichend erfüllt. Ob das anders gewesen wäre, wenn man dem Vorschlag der Fraktion Westendhall gefolgt wäre und die Grundrechte in 100 000 Exemplaren unter das Volk gebracht hätte, kann man bezweifeln.

5.3 Nation und Staat

5.3.1 Die Umstände der Beratungen

Bis Mitte Oktober 1848 war die Beratung der Grundrechte nach dreieinhalb Monaten im Wesentlichen abgeschlossen. Parallel zur zweiten Lesung und Ergänzungen dazu nahm sich die Paulskirche bis zum Ende des Jahres die anderen Abschnitte der künftigen Reichsverfassung vor: Gebiet, Ausgestaltung und Gewalt des Reiches, die Abgrenzung seiner Kompetenzen zu jenen der Bundesstaaten und sein Verhältnis zur Habsburgermonarchie. Erst am 12. Dezember wurde die Frage des Reichsoberhaupts in Angriff genommen und in elf Sitzungen bis zum Jahresende diskutiert.

Im Laufe dieser Beratungen haben sich die politischen Kräfte nochmals neu gruppiert. Liberale, die Österreich an den neuen deutschen Staat binden wollten, verließen ihre Fraktionen und schufen im „Pariser Hof" einen neuen Klub, der bald über 100 Mitglieder hatte. Die Linke, die sich bisher nur begrenzt hatte durchsetzen können, rückte zwischen November 1848 und Januar 1849 zur vereinigten Linken mit etwa 160 Abgeordneten zusammen. Im Februar wurden Besprechungen mit dem „Pariser Hof" über eine eventuelle Revision der Verfassung aufgenommen. Die weit auseinanderliegenden Vorstellungen und die sich zuspitzende Situation machten solche Pläne zunichte. Denn im Gegenzug vereinigten sich die Erbkaiserlichen Mitte Februar 1849 in der Fraktion „Weidenbusch". Diese Sammlungsbewegung bestand aus den bisher dominierenden Liberalen, der sich jetzt aber auch Demokraten und Konservative anschlossen. Die heterogene Bewegung wurde durch das Ziel zusammengehalten, am Erreichten festzuhalten und einen schnellen Abschluss anzustreben.

Die Schwierigkeit der Aufgabe, die nun anstand, wird daran deutlich, dass die Nationalversammlung nicht wie die konstituierende Versammlung im revolutionären Frankreich lediglich eine politische Ordnung für einen bereits bestehenden Staat schaffen musste. Vielmehr gab es sowohl die Nation als auch den Staat, für den diese Verfassung zu schaffen war, überhaupt noch nicht.

5.3.2 Was ist des Deutschen Vaterland?

Das ursprüngliche und unumstrittene Ziel der Paulskirche war es, einen nationalen Bundesstaat zu schaffen, der möglichst alle Deutschen unter einer starken Reichsgewalt zusammenfassen sollte. Das Ringen um die Ausgestaltung dieses Staates vollzog sich vor dem Hintergrund einer geistesgeschichtlichen Entwicklung in Europa seit dem Beginn des Jahrhunderts.

Trotz erster nationalistischer Aufwallungen in den Befreiungskriegen blieb die Idee der deutschen Nation aufgrund ihrer romantischen Prägung stark kulturell und historisch-nostalgisch. So wurde sie einerseits mit dem Sprachraum identifiziert, doch blieb andererseits das multinationale Kaiserreich des Mittelalters und der Frühen Neuzeit vor allem in der literarischen Vermittlung präsent – Ideen, die die Debatten um die Grenzen des neuen Staates in der Nationalversammlung beherrschten.

Die Vorstellungen von der deutschen Nation erweiterten sich in den frühen Dreißigerjahren durch die Aufnahme neuer Elemente. Durch die ökonomischen Interessen des jetzt nach vorne drängenden Bürgertums, die Verdichtung des Raumes durch bessere Verkehrsverbindungen, insbesondere die Eisenbahn, und die Schaffung eines Deutschen Zollvereins wurde der Begriff wirtschaftlicher und materieller. Einen gewissen signifikanten Abschluss fand diese Entwicklung in der Abhandlung Friedrich Lists über das nationale System der politischen Ökonomie von 1841. Auf diesem Wege drangen auch bisher unbekannte imperiale Ideen in die Debatte, auf die auch in der Paulskirche immer wieder einmal zurückgegriffen wurde. Ihre Vertreter konnten sich auf die zeitgenössische Volkswirtschaftslehre stützen, die nur noch Staaten eine Zukunft verhieß, die wirtschaftlich über ihr Territorium ausgriffen und nach Kolonien strebten.

Die Verortung der Nation in globaler Perspektive wurde Allgemeingut. Für die jetzt diskutierte koloniale Siedlungspolitik zum Schutz der ausgewanderten Deutschen und die realistischer werdenden Aussichten auf Welthandel war ein möglichst großes Deutschland Voraussetzung, für die diesen Aufbruch schützende Flotte ein Deutschland mit möglichst großer Küste und vielen Häfen. Je globaler die Konkurrenz, umso mächtiger musste die Nation sein. Dies wurde ein starkes Motiv, die deutsche Kleinstaaterei zu überwinden. Zahlreiche Abgeordnete kamen mit der Überzeugung nach Frankfurt, dass die Stellung Deutschlands in der Welt nicht mehr angemessen sei.

Es blieb aber ein nationaler Minderwertigkeitskomplex, dessen Kompensation nicht wenig zu dem überzogenen Nationalismus beitrug, der die Debatten in der Nationalversammlung über das neue Deutschland manchmal prägte. Er hatte seine Wurzel im Deutschen Bund und seinen Fürstenstaaten, die für den mangelnden inneren Zusammenhalt der Nation verantwortlich gemacht wurden. Die machtpolitische Ohnmacht habe zur Entfremdung von deutschen Gebieten geführt; ein Empfinden, das durch die französischen Ansprüche auf die Rheingrenze in der Krise von 1841 neuen Auftrieb erhielt. Diese Gefühlslage zwischen Ohnmacht und Überheblichkeit wurde in zahlreichen populären Liedern der Vierzigerjahre artikuliert und durch die publizistische Anteilnahme an dem Schicksal der von Dänen bedrohten Deutschen in Schleswig nochmals verstärkt. Begleitet wurde dies durch eine Debatte über die handels- und flottenpolitische Bedeutung Schleswig-Holsteins in der Presse.

Auch die Stereotypen von den kulturell wie sittlich überlegenen Deutschen – überlegen über die aufmüpfigen und dekadenten Romanen wie die im Despotismus verharrenden Slawen – bildeten sich in jenen Tagen. Sie waren eine Quelle des überzogenen Nationalismus, der viele Abgeordnete blind für die Realitäten machte. Sie verkannten, dass das starke Deutschland noch nicht bestand, in dessen Namen sie von den großen Nationen Gleichbehandlung beanspruchten und den kleinen gegenüber Führung. Dass nationale

Ambitionen der Deutschen nur innerhalb einer gesamteuropäischen Ordnung befriedigt werden konnten, wurde daher übersehen.

Zu diesem Nationalismus kamen bei der Festlegung der Grenzen des neuen Reiches noch einige konkrete schwierige Probleme aufgrund der historischen Entwicklung in Mitteleuropa. Wie sollte mit Limburg verfahren werden, das zugleich eine niederländische Provinz war und dem Deutschen Bund angehörte? Wie mit dem Herzogtum Holstein, das mit dem Königreich Dänemark in Personalunion verbunden war und ebenfalls Teil des Bundes war? Wie mit Schleswig, das zum Königreich Dänemark gehörte, in dem aber zahlreiche Deutschsprachige lebten? Wie war das Verhältnis zwischen Deutschen und Polen in der preußischen Provinz Posen zu bestimmen? Wie sollte auf das Begehren der Italiener im habsburgischen Trentino reagiert werden, sich aus dieser Verbindung zu lösen?

Die in der Nationalversammlung vorgebrachten Vorstellungen hätten insgesamt in das Gebiet von fünf selbstständigen Staaten eingeschnitten. Dabei wurde von einigen eine slawische Sprachminderheit von einem Sechstel der Gesamtbevölkerung in Kauf genommen. Erstaunlicherweise spielte in den Überlegungen keine Rolle, dass die Großmächte in der Wiener Kongressakte von 1815 als Garanten des Deutschen Bundes eingesetzt worden waren und daraus ein Mitsprache- und Interventionsrecht ableiten konnten.

Ausgegangen wurde davon, dass das neue Reich das Territorium des Deutschen Bundes umfassen musste. Doch sollten auch die angrenzenden Gebiete dazu zählen, die überwiegend oder vorwiegend als deutsch angesehen wurden; eine Sicht, die schon der Ausschreibung der Wahlen zur Nationalversammlung zugrunde lag, denn diese sollten auch in Ost- und Westpreußen, Posen, Schleswig und im Königreich Böhmen sowie der Markgrafschaft Mähren abgehalten werden.

Wie sehr sich die Stimmung geändert hatte, wurde an der Debatte über die preußische Provinz Posen besonders deutlich. Seit dem polnischen Aufstand gegen die russische Despotie von 1830 erfreuten sich die Polen in der deutschen Freiheitsbewegung breiter Sympathie. Ihr Wunsch nach einem eigenen Nationalstaat wurde uneingeschränkt unterstützt. Noch das Vorparlament hatte dem deutschen Volk die Pflicht auferlegt, an der Beseitigung des Unrechts der polnischen Teilungen mitzuwirken. In der Paulskirche wurden solche kosmopolitischen Verirrungen jetzt mit dem Verweis auf die Realitäten der Macht zurückgewiesen. Die Mehrheit entschied sich dafür, die

Provinz entlang der Demarkationslinie, die die preußische Regierung nach dem Maiaufstand im Juni 1848 gezogen hatte, zu teilen. Danach waren zwei Drittel als deutsches und ein Drittel als polnisches Gebiet anzusehen. Dieses sollte als neues Herzogtum Gnesen autonom sein; der westliche Teil dagegen sollte an Deutschland gehen und war deshalb bereits am 22. April vom Bundestag auf Antrag Preußens in den Deutschen Bund aufgenommen worden. Dies war nicht nur eine Desavouierung früherer Überzeugungen, sondern auch eine indirekte Sanktionierung reaktionärer Nationalitätenpolitik. Da die Ansprüche in Posen mit dem in der Schleswig-Frage häufig bemühten sprachlichen Argument nicht zu rechtfertigen waren, wurde gerne auf die dort erbrachten kolonialen Leistungen des Deutschen Ordens verwiesen.

In eine anrüchige Nähe zur Reaktion kamen die Mehrheitsfraktionen der Paulskirche ebenfalls in ihrer Haltung zur Zukunft der Grafschaft Tirol, die als Teil des Kaisertums Österreich dem Deutschen Bund angehörte. Obwohl ihr südlicher Teil vorwiegend von Italienern bewohnt wurde, war die Mehrheit auch dann nicht bereit, ihn aufzugeben, als ihr Machtopportunismus und Widersprüchlichkeit vorgeworfen wurde. Linke und Demokraten verwiesen nämlich darauf, dass man sich nicht im Norden des Deutschen Bundes auf das Prinzip der ethnischen Zugehörigkeit berufen und es im Süden verwerfen könne. Konsequenterweise applaudierten die Mitte und die Rechte dem Sieg der habsburgischen Truppen gegen die lombardische Unabhängigkeitsbewegung im August 1848, da er den Verbleib von „Welsch-Tirol" sichere.

Ähnlich war die Lage im Königreich Böhmen und der Markgrafschaft Mähren. Da diese habsburgischen Besitzungen zum Deutschen Bund wie auch bereits schon zum Alten Reich gehört hatten, wollte sie die revolutionäre Bewegung von Anfang an einbinden. Das Angebot, an den Wahlen zur Nationalversammlung teilzunehmen, wurde aber in zwei Dritteln der dortigen Wahlkreise ausgeschlagen. Die drei Fünftel Tschechen fürchteten, in einem deutschen Nationalstaat nicht dieselben Entwicklungsmöglichkeiten zu haben wie im Kaisertum Österreich. Diese zu verbessern bemühten sie sich seit dem Frühjahr 1848 mit großem Verständnis des österreichischen Statthalters. Die Nationalversammlung hingegen sah darin eher eine Bedrohung der deutschen Minderheit. Sie war daher erleichtert, als der Pfingstaufstand von 1848, in den die tschechische Reformbewegung mündete, von den Truppen des Feldmarschalls Radetzky niedergeschlagen wurde.

In dem niederländischen Herzogtum Limburg, das mit zwei Abgeordneten in der Nationalversammlung vertreten war, war man hingegen einem Anschluss an das neue Deutsche Reich nicht abgeneigt. Der Anspruch der Nationalversammlung auf dieses Gebiet, das in Personalunion mit dem Königreich der Niederlande vereinigt war, stieß allerdings bei den Garantiemächten der Wiener Nachkriegsordnung auf Widerstand. Die Reichsregierung, die internationale Lage klarer erkennend als das Parlament, hielt sich zurück, sodass es hier wegen nationaler Fragen zu ersten Spannungen mit der Nationalversammlung kam.

Den größten Einsatz zeigten die Frankfurter Institutionen für den Erhalt des Herzogtums Schleswig, das nicht einmal zum Deutschen Bund gehörte und dennoch zwei Abgeordnete nach Frankfurt entsenden durfte. Bis zu dem fatalen Waffenstillstand hatten sie schon demonstriert, dass sie dafür selbst einen Krieg und internationale Isolation nicht scheuten.

Die dortige provisorische Regierung räumte am 22. Oktober 1848 der im Waffenstillstand angeordneten gemeinsamen Regierung für Schleswig und Holstein das Feld. Sie hatte allerdings bis dahin durch Demokratisierung, den Aufbau staatlicher Strukturen und die Verabschiedung einer Verfassung, die die Mitgliedschaft der vereinigten Herzogtümer im Deutschen Bund bei gleichzeitiger Personalunion mit dem dänischen König vorsah, Tatsachen geschaffen. Diese standen der Konsolidierung der Verhältnisse auf der Basis des Waffenstillstands entgegen. Die neue Regierung konnte weder die bestehende Landesversammlung auflösen noch die vorgesehene Annullierung aller Maßnahmen ihrer Vorgängerin durchsetzen. Da Dänemark eine Verselbstständigung seiner südlichen Landesteile fürchtete, war es entschlossen, nach dem Ablauf des Waffenstillstands am 26. März 1849 die Kampfhandlungen wieder aufzunehmen. In Kiel wurde die Landesversammlung einberufen und durch die Reichsregierung eine Reichsstatthalterschaft eingesetzt, die in der Kontinuität der im Oktober abgelösten provisorischen Regierung stand. Dies geschah genau zu dem Zeitpunkt, als die Reichsverfassung verabschiedet wurde, in der die Regelung des Verhältnisses zum Herzogtum Schleswig vorbehalten wurde.

Die von Reichstruppen massiv unterstützte schleswig-holsteinische Armee drang erfolgreich bis Jütland vor. Die politischen Ereignisse entzogen aber den militärischen Erfolgen den Boden. Die Großmächte Russland und Großbritannien verlangten erneut die Rückkehr zu einem Kompromiss, in

Frankfurt löste sich die Nationalversammlung auf und vollzog die Reichsregierung einen Kurswechsel. Vor allem aber war Preußen entschlossen, nach seiner Abwendung von Frankfurt und der Liquidation der Revolution im eigenen Land das Problem Schleswig-Holstein eigenmächtig zu lösen. Mitte Mai 1849 wurden die preußischen Kontingente der Reichsgewalt entzogen und bekamen den Befehl, sich zurückzuziehen. Am 10. Juli schloss Preußen mit Dänemark einen Waffenstillstand auf sechs Monate, aufgrund dessen auch die Bundestruppen das Land verließen. Schleswig wurde von schwedischen Truppen besetzt, der südliche Teil einer preußisch-dänischen Landesverwaltung unterstellt. Holstein blieb unter Kontrolle der Reichsstatthalterschaft. Sie lehnte zusammen mit der Landesversammlung die Durchführung des Waffenstillstands ab und protestierte gegen die Verletzung der Rechte der Herzogtümer.

Dieser Waffenstillstand, den Preußen auch im Namen des Deutschen Bundes geschlossen hatte, wurde in Deutschland wiederum als eine nationale Schmach empfunden. Deswegen unterstützte die Zentralgewalt den Widerstand der Schleswig-Holsteiner. In Wahrheit war sie froh darüber, dass Preußen die von Russland und England erzwungene Vereinbarung abgeschlossen hatte, in der auch sie nicht mehr hätte erreichen können. Die Schleswig-Holsteiner leisteten weiter politischen und militärischen Widerstand, der von deutschen Freischärlern unterstützt wurde. Dennoch entgingen sie nicht dem Schicksal des Vaterlandes, dem sie sich so gerne angeschlossen hätten: der Rückkehr zu den alten Verhältnissen. In dem Mitte Juli 1850 sowohl von Preußen wie vom wiederhergestellten Deutschen Bund geschlossenen Friedensvertrag wurde der König von Dänemark erneut in die beiden Herzogtümer eingesetzt und Schleswig geteilt.

Selbst unter größtem Einsatz sind die nationalen Blütenträume der liberalen Revolutionäre nicht gereift. Von dem in den Debatten Vorgebrachten entpuppte sich vieles als Wunschvorstellungen, Ressentiments, Affekte und Illusionen. Die in dieser Zeit gemachten Erfahrungen mit den europäischen Machtverhältnissen und einige nationale Demütigungen rückten manches zurecht. Man begnügte sich mit dem Gebiet des bisherigen Deutschen Bundes, lediglich die Verhältnisse in Schleswig, die zum Zeitpunkt der Verabschiedung noch offen waren, wurden vorbehalten. Im monarchischen Staatsrecht war die Thronbesteigung einer ausländischen Dynastie in einem deutschen Bundesstaat ebenso jederzeit möglich oder wie die Machtübernahme eines regierenden deutschen Fürsten in einem ausländischen Staate. Für diese Fälle wurden Sicherungen vorgesehen, dass der deutsche Bundesstaat dem Reich nicht entfremdet werden konnte.

In der Debatte um die Ausgestaltung der deutschen Nation wurde auch ein Minderheitenschutz formuliert. Er hat eine gewisse Vorbildwirkung erreichen können. Schon Ende Mai 1848 wurde ein Minderheitengesetz verabschiedet, das in die Verfassung eingegangen ist. Es ging nicht zufällig auf eine Initiative von österreichischen Abgeordneten zurück und war mit Blick auf die großdeutsche Option ergangen. Es sah zwar keine Gleichberechtigung von Minderheiten vor, wohl aber die Garantie von deren sprachlicher wie „volksthümlicher" Entfaltung.

5.4 Der Aufbau des Staates

Die revolutionäre Umgestaltung, die in Frankfurt im Verhältnis zwischen Reich und Bundesstaaten vorgenommen wurde, wird nur aus der historischen Ausgangslage heraus verständlich. Die Verfassung des Deutschen Bundes überließ den Fürstenstaaten ihre Souveränität fast ungeschmälert. Er verstand sich „in seinem Innern als eine Gemeinschaft selbstständiger unter sich unabhängiger Staaten". Wenn die Gebiete der meisten von ihnen zu Beginn des Jahrhunderts territorial umgestaltet worden waren, so bestand ihr Kern doch aus Territorien, deren Staatlichkeit weit über den Epochenbruch der Französischen Revolution zurückreichte. Die Herausforderungen der Reichsverfassung richteten sich also an Gebilde, die seit Generationen staatliche Funktionen aus eigenem Recht ausübten.

Schon das Prinzip, dass Reichsrecht dem Landesrecht vorgehen sollte und die Landesverfassungen sich in die Reichsverfassung einfügen mussten, zeigt den Anspruch. Darüber hinaus stand jede Änderung des politischen Systems in den Bundesstaaten unter dem Vorbehalt des Reiches. Zentrale Staatsfunktionen wie die auswärtigen Beziehungen, einschließlich der Entscheidung über Krieg und Frieden, und die Wahrung des inneren Friedens gingen auf das Reich über.

Es wäre in der Vorstellungswelt der Paulskirche nur konsequent gewesen, dem Reich auch die uneingeschränkte Militärgewalt zu übertragen. Der Verfassungsausschuss der 17 hat daran noch gedacht. Doch nach den Erfahrungen mit dem Huldigungserlass war in Frankfurt klar, dass die Verfügung über die Armee ein Essenzial fürstlichen Selbstverständnisses war. Daher fand man zu einem komplizierten Kompromiss, dem der Test auf die Praktikabilität erspart blieb. Dem Reich musste, wie es ominös hieß, „die gesammte bewaffnete Macht Deutschlands zur Verfügung" stehen. Es behielt sich darüber hinaus die Gesetzgebung und die Überwachung von deren Organisation vor. Im Kriegsfall durfte es die kommandierenden Generale ernennen. Wer sie auf der Grundlage welcher Strategie instruieren würde, wurde nicht gesagt. Die Aufstellung, Ausrüstung, Rekrutierung, Ausbildung und Personalpolitik der Kontingente der Reichsarmee blieb Sache der Bundesstaaten.

Einfacher lagen die Dinge bei der Seemacht. Sie konnte problemlos zur „ausschließlichen Sache des Reiches" proklamiert werden, da die Bundesstaaten, wenn überhaupt, nur eine rudimentäre Marine besaßen. Um hier ein Präjudiz zu schaffen, hat sich die Reichsgewalt im Auftrag der Nationalversammlung seit Beginn des Jahres 1849 an den Aufbau einer Reichsmarine gemacht. Der unter großen Anstrengungen bis zum Ende des Jahres erreichte Bestand sollte der Kern der Flotte des neuen Reiches sein.

Die Frankfurter Reichsverfassung zeichnet eine gewisse Systemlosigkeit aus. Diese wird besonders deutlich bei den Bestimmungen über die Zuständigkeit des Reiches, die innerhalb des gesamten Verfassungstextes verstreut sind. Über die Materien der Gesetzgebung, die sachnotwendig in die Kompetenz der Zentrale eines Nationalstaats fallen wie Staatsbürgerschaft, Geldwesen, Maße und Gewichte, Zölle, Festsetzung von Reichssteuern wie Materien des Straf-, Zivil- und Prozessrechts gingen die Abgeordneten erkennbar hinaus. Das Reich behielt sich zusätzlich zu bisherigen Kompetenzen der Bundesstaaten vor, die zur Schaffung eines einheitlichen Wirtschaftsraums unerlässlich schienen: das gesamte Verkehrswesen, Post- und Telegrafenwesen, das Handels- und Wechselrecht, das Bankwesen sowie die Festsetzung gemeinschaftlicher Produktions- und Verbrauchsteuern. Von besonderer Brisanz war der Anspruch auf die Regulierung des Vereins- und Versammlungswesens, da darüber der politischen Betätigung Grenzen gezogen werden konnten. Gekrönt wurde diese Tendenz zur Zentralisierung dadurch, dass das Reich sich selbst die Kompetenz zur Festsetzung neuer Kompetenzen übertrug. Diese Bestimmung unterlief das Prinzip, dass Hoheitsrechte, die nicht ausdrücklich dem Reich vorbehalten waren, solche der Bundesstaaten sein sollten. Da die Umsetzung der Reichsgesetze ebenfalls weitgehend Sache des Reiches gewesen wäre und die Reichsgewalt befugt war, „gemeinsame Einrichtungen und Maaßregeln", die sie im „Gesammtinteresse Deutschlands" für notwendig hielt, auf gesetzmäßigem Wege einzuführen, hätte dies eine immense Ausweitung der Reichsverwaltung bedeutet. Für föderative Streitigkeiten war ein Verfassungsgericht vorgesehen. Es sollte zur Hälfte von den Bundesstaaten und den dortigen Parlamenten besetzt werden.

Über den Reichstag, dem all diese Kompetenzen übertragen wurden, konnten die Bundesstaaten allerdings auf dessen Gesetzgebung Einfluss ausüben: denn er bestand aus zwei Häusern. In das Staatenhaus durften die Regierungen und die Volksvertretungen der Staaten jeweils zur Hälfte Vertreter auf sechs Jahre entsenden. Da diese allerdings ein freies Mandat hatten, war die Einflussnahme der Bundesstaaten dadurch wiederum eingeschränkt. Dies war nicht die von den Liberalen gewünschte korporative Vertretung der Bundesstaaten. Diese konnten sich aber wiederum damit zufriedengeben, dass es ein Gegengewicht zu der im Volkshaus verankerten Volkssouveränität gab.

Im Volkshaus saßen die für drei Jahre gewählten Repräsentanten der Nation. Nach dem Gesetz vom 12. April 1849 war die Wahl allgemein, gleich und geheim. In Wahlkreisen von je 100 000 Einwohnern durften Männer nach Vollendung des 25. Lebensjahres, sofern sie nicht unter Vormundschaft standen, in einem Konkursverfahren steckten oder Armenunterstützung bezogen, einen Abgeordneten direkt wählen. Erreichte im ersten Wahlgang ein Kandidat nicht die absolute Mehrheit, kam es zu einer Stichwahl. Wählbar war jeder Wahlberechtigte, der mindestens drei Jahre Angehöriger eines deutschen Staates war. Die Volksvertreter erhielten Diäten und hatten alle Sicherungen, die auch im heutigen Verfassungsstaat die unabhängige Ausübung eines freien Mandates garantieren. Aufgabe von Volks- und Staatenhaus war die Regierungskontrolle mit der Möglichkeit der Ministeranklage. Für die Verabschiedung eines Gesetzes genügte die einfache Mehrheit beider Häuser. Die Feststellung des Haushaltes und die Zustimmung zu Steuergesetzen war die Machtbasis der Ständeversammlungen im Vormärz gewesen.

Dies schlug sich jetzt darin nieder, dass dem Volkshaus ein Vorrang eingeräumt wurde. Die Gesetzesinitiative teilten sich die beiden Häuser mit der
Reichsregierung und dem Reichsoberhaupt.

Der Reichstag hatte eine so starke Stellung wie kaum in einer anderen
Verfassung Europas. Gerade deswegen fällt auf, dass die Reichsregierung weder seines Vertrauens bedurfte noch durch sein Misstrauen gestürzt werden
konnte. Hier schlugen wie schon bei der Bildung der Provisorischen Zentralgewalt die Vorbehalte der Liberalen durch. Sie fürchteten den Absolutismus
des Parlamentes ebenso wie die Diktatur eines Einzelnen. Man ging wohl davon aus, dass sich der pragmatische Parlamentarismus, wie er bereits in
Frankfurt praktiziert wurde, durchsetzen würde. Merkwürdigerweise wurde
über Aufbau und Zusammensetzung der Reichsregierung nichts gesagt. Lediglich ihre Ernennung durch den Kaiser war festgelegt.

Die vielleicht widersprüchlichste Konstruktion der gesamten Verfassung
ist die des Reichsoberhauptes. Da sich die Nationalversammlung mit ihr
schwertat, wurde sie auch als letzte behandelt. Schon der Entwurf der 17
hatte vorgesehen, dass die Würde des Reichsoberhauptes erblich sein solle.
Als es auf deren Übertragung auf den König von Preußen zulief, wurde in der
Verfassung lediglich noch der Zusatz gemacht, dass sie einem regierenden
deutschen Fürsten zu übertragen sei, in dessen Haus sie im Mannesstamm
nach dem Recht der Erstgeburt vererbt werden solle. Bis es dahin kam, sind
alle Varianten von einem Turnus im Kaisertum über ein fürstliches Direktorium bis zur Einsetzung eines Präsidenten durchgespielt worden. Auch im
Hinblick auf die Dauer kam von wenigen Jahren bis auf Lebenszeit alles in
Vorschlag.

Obwohl die liberale Mehrheit dem in den konstitutionellen Verfassungen
des Vormärz fest verankerten Monarchischen Prinzip mit Skepsis gegenüber
gestanden hatte, hat sie den „Kaiser der Deutschen" danach konstruiert.
Denn wie dort, so war auch hier die gesamte Staatsgewalt in ihm vereinigt.
In allen dem Reich übertragenen Kompetenzen hatte er die vollziehende
Ge¬walt einschließlich des Heeres und der Marine. Er vertrat es nach außen
und war Chef der Reichsverwaltung. Gut konstitutionell stand er über Recht
und Verfassung, konnte also für sein Handeln nicht zur Rechenschaft
gezogen werden. Daher bedurften alle seine Anordnungen der
Gegenzeichnung durch den zuständigen Minister, der damit die politische
und rechtliche Ver¬antwortung übernahm. Da der Kaiser aber diesen berief

und entließ, saß er im Konfliktfall am längeren Hebel. Ja, sogar das in den Machtkämpfen des Vormärz so oft missbrauchte Recht der Vertagung, Schließung und Auflö-sung des Parlaments wurde ihm zugestanden.

Selbst die strikte Trennung zwischen Legislative und Exekutive wurde nicht vollzogen. Als Kompromiss zwischen der Forderung der Linken nach unmittelbarer und sofortiger Vollziehung der Parlamentsbeschlüsse durch die Regierung und dem Wunsch der Casino-Liberalen wie der Konservativen nach einem absoluten Veto für den Kaiser wurde schließlich ein suspensives vereinbart. Da es eine aufschiebende Wirkung über drei Sitzungsperioden hatte und Volkshaus und Staatenhaus es gemeinsam zurückweisen mussten, kam es einem absoluten Veto nahe. Wenn die Liberalen dieses Machtinstrument allein als ein „Recht der rettenden Tat" verstehen wollten, seine Anwendung also nur im Notfall erfolgen sollte, so gab es keine Garantie dafür, dass es so gehandhabt werden würde. Ob das Recht zur Verkündung von Reichsgesetzen durch das Reichsoberhaupt im Sinne einer Zustimmung hätte ausgelegt werden können, hätte sich erweisen müssen.

Das offensichtliche Dilemma war, dass sich die Mehrheit der Nationalversammlung zwischen einem parlamentarisch-demokratischen System und der bisher wenig geliebten starken Monarchie entscheiden musste. Aufgrund der seit März 1848 mit Unruhen, Umstürzen und Gewaltausbrüchen gemachten Erfahrungen hat sie den monarchischen Fels in der Brandung vorgezogen. Obwohl König Friedrich Wilhelm IV. von Preußen in der Verfassung seines Königreiches nicht mehr Macht hatte, als ihm die Reichsverfassung zugestand, hat er die Würde eines „Kaisers der Deutschen" abgelehnt. Er tat dies nicht wegen des Umfangs der Macht, sondern wegen deren Art. Ihm war klar, dass er dann zu einem Verfassungsorgan werden würde und kein Monarch mehr wäre, der nur seinem Gott verantwortlich ist. Solche Lösungen hat es in Europa seit der Französischen Revolution gelegentlich gegeben; in Deutschland aber nicht. Vielleicht stand ihm mahnend vor Augen, wie diese durch Verfassungen eingesetzten Monarchen geendet waren.

Schwer abzuschätzen war, wie groß der Finanzbedarf der mit umfangreichen Kompetenzen und Rechten ausgestatteten Reichsgewalt sein würde. Die Frankfurter Abgeordneten jedenfalls glaubten, dass das damals für die Nationalstaaten ja noch beträchtliche Zollaufkommen sowie die Einnahmen aus Produktions- und Verbrauchssteuern ausreichen würden. Immerhin war vorgesehen, dass auch außerordentliche Umlagen ausgeschrieben und

Schulden aufgenommen werden konnten. Die Verwaltung der Steuern sollte wohl den in den Bundesstaaten bereits bestehenden Behörden übertragen werden.

5.5 Das liberale Vermächtnis

In den Beratungen über den Aufbau des Staates und die Strukturen des politischen Systems war ein monarchischer Bundesstaat mit konstitutioneller Organisation der Staatswillensbildung geschaffen worden, dazu eine Gesellschaftsordnung auf der Grundlage von Freiheitsrechten und einer ausdifferenzierten Rechtsstaatlichkeit.

Für deren Änderung waren hohe Hürden zu überwinden. Beide Häuser des Reichstages mussten in zwei Abstimmungen im Abstand von acht Tagen sich mit einer Zweidrittelmehrheit der gesetzlichen Mitglieder dafür aussprechen. Auch hier hatte der Kaiser ein suspensives Veto. Umfassend war die eidliche Sicherung der Verfassungsordnung. Kaiser, Reichsregierung, Reichs- wie Landesbeamte und, bislang vehement von den Fürsten zurückgewiesen, das Militär mussten einen Eid auf die Verfassung ablegen. Die vorgesehenen Möglichkeiten der Reichsexekution gegen Länder unterstreichen, dass der Vorrang der Reichsverfassung notfalls auch mit Gewalt behauptet werden würde.

Die Nationalversammlung hatte versucht, bei der Konstituierung der Reichsgewalt einen Kompromiss zwischen Volkssouveränität und Monarchischem Prinzip zu finden. Dabei verschoben sich die Gewichte bis zur Verabschiedung der Verfassung hin zur monarchischen Legitimität. Ganz im Sinne des deutschen Konstitutionalismus war der Kaiser die Quelle der Staatsgewalt. Ihm standen die Kompetenzen des Reiches zu, die nicht ausdrücklich dem Parlament vorbehalten worden waren, dessen Gesetzgebung stets unter seinem Sanktionsvorbehalt stand. Schließlich hatte er einen erheblichen Einfluss auf die Regierung. Dazu war es gekommen, weil mit dem Abflauen des revolutionären Elans der Rückhalt der Anhänger von Volkssouveränität und Parlamentarismus schwand und angesichts der Sammlung der gegenrevolutionären Kräfte die Sicherung des Erreichten in den Vordergrund trat.

Der Schwerpunkt der Politik sollte beim Reich liegen, die Bundesstaaten behielten aber Kompetenzen in Verwaltung, Finanzen, Polizei, Bildung, Kultur und Rechtspflege. Dennoch bedeutete die Nationalstaatsgründung für sie zwangsläufig eine substanzielle Beschränkung und Verminderung ihrer bisherigen Staatstätigkeit.

Geschaffen worden war kein parlamentarisches System, doch ein starker Parlamentarismus. Ausschlaggebend dafür war das Verständnis der konstitutionell-liberalen Mehrheit vom Staat als dem Hort des Allgemeinwohls, dessen Organe nicht Beute egoistischer Gruppen werden dürften. Dazu kam die staatstheoretische Prämisse einer relativen sozialen Homogenität zwischen Parlament und Regierung als Voraussetzung von deren effektivem Wirken. Schließlich hat die Bedrohung ihrer politischen Vormachtstellung von links und ihrer gesellschaftlichen von unten ihr geraten sein lassen, einer unbegrenzten Volksherrschaft vorzubeugen.

Obwohl die Reichsverfassung vor der Volkssouveränität, folglich auch vor jeder Form des Volksentscheids und dem parlamentarischen Regieren zurückschreckte, war sie die demokratischste Verfassung, die Deutschland vor Weimar hatte. Den Weg zur Volkssouveränität wollte man nicht gehen, weil er nicht ohne Blutvergießen gangbar gewesen wäre. Das Maximum an Demokratisierung, das unter diesen Umständen zu erreichen war, wurde durch die Verbindung dieser Verfassung mit dem demokratischsten Wahlrecht der Zeit erreicht. Es war weitsichtigen Zeitgenossen auch bewusst, dass in dieser Verfassung ein beträchtliches Potenzial zur Modernisierung und zum Ausbau des Sozialstaates steckte.

Dasselbe gilt für die Grundrechte. Wenn in ihnen auch einige korporative und naturrechtliche Vorbehalte steckten, so gab es für ein Staatsbürgerrecht auf ihrer Grundlage in der damaligen Welt kein Vorbild. Die Grundrechte von 1848 mit ihrer Orientierung an Individuum und Rechtsstaat blieben der bürgerlichen Emanzipationsbewegung verpflichtet. Dennoch hat sich der revolutionäre Zusammenhang, in dem sie ausgestaltet wurden, insofern niedergeschlagen, dass mit allgemeinen Verfassungsgrundsätzen, institutionellen Garantien und Anweisungen über die bürgerlichen Freiheitsrechte hinausgegangen wurde.

Auf welche Schicht der bürgerliche Nationalstaat der deutschen Revolution gegründet werden sollte, hat Heinrich von Gagern in der Wahlrechtsdebatte der Nationalversammlung auf die klare und einprägsame Formel gebracht: „Den Mittelklassen den überwiegenden Einfluß im Staat zu sichern, ist die Richtung unserer Zeit." Dieser sowohl offensiv gegenüber den bisherigen Führungsschichten als auch defensiv gegenüber dem nachdrängenden vierten Stand angemeldete Machtanspruch war die politische Konsequenz aus liberalen Grundsätzen, die schon im Vormärz vielfältig formuliert worden waren. Der Casino-Liberale und Historiker Friedrich Christoph Dahlmann sah im Mittelstand den „Kern der Bevölkerung" und den „Schwerpunkt des Staates".

Im liberalen Verständnis umfasste er „Selbstständige" in Stadt und Land: den Handwerker mit eigener Werkstatt und den zu eigenständiger Wirtschaftsführung befähigten Bauern, die bürgerliche Intelligenz, die freien Berufe und die Beamten bis hin zu den Volksschullehrern, die einfachen Händler und Fabrikanten ebenso wie die noch wenigen Vertreter eines kapitalistisch-frühindustriellen Großbürgertums. Dazu gehörten aber nicht die Gesellen, Fabrikarbeiter, Tagelöhner und Handlanger, das ländliche Gesinde und die Hausangestellten. Ausgeschlossen waren bäuerliche und städtische Randexistenzen wie Heimarbeiter, Schankwirte oder Nebenerwerbslandwirte, die nicht über ein Minimum an Besitz oder gesichertem Einkommen verfügten.

Die Grundrechte waren für die Zentrumsliberalen nicht nur unverzichtbarer Bestandteil einer Verfassung. Sie hatten für sie 1848/49 auch die Funktion, die rechtlichen Grundlagen zur Durchsetzung einer allmählichen und von revolutionären Erschütterungen freien Modernisierung zu schaffen.

Nur etwa ein Drittel der Bevölkerung zählte nach zeitgenössischer Statistik zum staatstragenden und zur politischen Mitverantwortung befähigten Mittelstand im liberalen Sinne. Das heißt einerseits, dass der bürgerliche Nationalstaat liberaler Prägung kein Klassenstaat der Bourgeoisie nach dem Muster der französischen Julimonarchie werden sollte. Es bedeutete andererseits aber auch einen unüberbrückbaren Gegensatz zu den Vorstellungen der Demokraten und Linken. Für sie war die Überwindung der Mittelstands-Ideologie zugunsten der sozial umfassenden Nation der Auftrag der Märzbewegung. Ausdruck dafür war das Verlangen nach dem allgemeinen und gleichen Wahlrecht. Den gegensätzlichen Parteiungen war klar, dass in einer Demokratie die Fassung des Rechts der politischen Partizipation weitreichende und vielfältige Auswirkungen haben musste. Indem die Liberalen hier nachgaben, erkannten sie stillschweigend an, dass das Modell, das ihrer bisherigen Gesellschaftspolitik zugrunde gelegen hatte, überlebt war. Schon in der Casino-Fraktion fand der Entwurf des Ausschusses, der ein stark zensitäres, indirektes und halböffentliches Wahlverfahren vorsah, keine ungeteilte Zustimmung mehr.

Der Wandel wird nicht nur an diesem, sondern auch an anderen Zugeständnissen, die gemacht worden waren, deutlich. So spiegeln die Beratungen immer wieder einmal die Brüchigkeit des liberalen Gesellschaftsmodells, ohne dass aber irgendwo ein neues von ähnlicher Geschlossenheit sichtbar wurde. Das Werk der Nationalversammlung markiert sowohl den Höhepunkt wie das Ende liberaler Vorherrschaft. Dort sollte durch das Opfer des allgemeinen Wahlrechts die kleindeutsch-erbkaiserliche Koalition geschmiedet werden. Dennoch war es zusammen mit den anderen ebenfalls auf den ersten Blick meist aus taktischen Gründen erfolgten Konzessionen Ausdruck der infolge der revolutionären Erfahrungen gewachsenen Selbstzweifel. In den parlamentarischen Debatten gab es Anzeichen dafür, dass die Vorreiterrolle und gesellschaftspolitische Dominanz des liberalen Bürgertums auf die Dauer nicht mehr würde aufrechterhalten werden können.

Wenn die Reichsverfassung vom 28. März 1849 auch niemals in Kraft getreten ist, so ist sie doch sowohl ein historisches als auch ein für die Revolution aufschlussreiches Dokument. Sie kann für sich in Anspruch nehmen, die erste Verfassung eines deutschen Gesamtstaates gewesen zu sein. Denn die Deutsche Bundesakte von 1815 und die Wiener Schlussakte von 1820 waren das nicht; sie waren mehr Organisationsstatute eines Staatenbundes. Vor allem aber blieb sie Vorbild, wann immer in Zukunft in Deutschland Freiheit, Gleichheit, Einheit und Recht in einem föderalen Nationalstaat verwirklicht werden sollte.

Die Reichsverfassung gehört hinsichtlich der Grundrechte und der rechtsstaatlichen Prinzipien sicherlich zu den modernsten ihrer Zeit. Das wird durch nichts besser unterstrichen, als dass genau diese Bestimmungen für spätere deutsche Verfassungen maßgebend, teilweise sogar wörtlich übernommen wurden, bis hin zum Grundgesetz von 1949, in dessen Grundrechtsteil ein Menschenbild und ein Freiheitsverständnis von frappanter

Ähnlichkeit zu dem von 100 Jahren zuvor aufscheinen. Trotz ihres Scheiterns hat die Nationalversammlung ein großes Potenzial an politischen Ideen als fruchtbares Erbe hinterlassen.

Die Verfassung ist aber nicht nur in dieser Hinsicht beeindruckend. Vielmehr waren auch die Diskussionen um die Grundrechte in der ersten und zweiten Lesung Sternstunden des deutschen Parlamentarismus. Hier debattierten keine Theoretiker und keine „Professoren", sondern Männer, die im politischen Gedankengut ihrer Zeit zu Hause waren, die Erfahrung in der Wirtschaft, in der Verwaltung und auch in Regierungen gesammelt hatten. Unter ihnen fanden sich zahlreiche Abgeordnete, die sich in langjährigen Kämpfen inner- und außerhalb der Ständeversammlungen bewährt hatten. Dies hat sich im gesamten Ringen niedergeschlagen. Es bewegte sich zwar stark im politischen Horizont des Liberalismus, doch wurden auch immer wieder konservative, linksliberale und demokratische Argumente vorgebracht. Der Rationalismus der Aufklärung war ebenso präsent wie die Tradition des organischen und naturrechtlichen Denkens und die Gegenwart der sozialistischen Ideen.

Die Debatten waren argumentativ, ausgesprochen vielfältig und problembewusst. Es überrascht immer wieder, in welchem Umfang die Komplexität scheinbar einfacher Bestimmungen durch unterschiedliche Beiträge offengelegt und wie weit die Zusammenhänge, in denen sie standen, gesehen wurden. Die Grundrechtsdebatte hat eindrucksvoll widerlegt, dass soziale Schichten perfekt repräsentiert sein müssten, um das Gemeinwohl wie die Interessen des Volkes und der Nation im Auge zu behalten.

Die Abgeordneten konnten selbstredend aus ihrer Interessenlage und ihrem Wertehorizont nicht heraus. Doch muss man ihnen zugestehen, dass sie sich der besonderen Bedeutung der Beratungen, der historischen Stunde, stets bewusst waren. Die Sicht auf die Nation als die umfassende Einheit aller Deutschen war stärker als der Klassenstandpunkt. Man wollte Dauerndes und Bleibendes schaffen. Es wurde als selbstverständlich angenommen, dass die Voraussetzungen dafür zu legen waren, dass auch die Unterschichten in den Genuss der Grundrechte kamen. Dies geschah nicht gleich, sondern vieles wurde auf künftige Reichsgesetze und die Landesgesetzgebung verschoben. Gelegentlich wurde auch in aufklärerischem Fortschrittsoptimismus auf die Entwicklung vertraut.

Das hohe Niveau, das so in einem deutschen Parlament wohl nie mehr erreicht wurde, war zum wenigsten das Ergebnis eines selektiven Wahlrechts, sondern vor allem das des Politikerbilds der damaligen Zeit. Man wählte und vertraute Honoratioren, die gebildet waren, einem angesehenen Gewerbe nachgingen und sich öffentliche Verdienste im regionalen oder nationalen Umfeld erworben hatten.

Was es bedeutet hat, dass diese Verfassung nicht in Kraft getreten ist, weil sie die Königreiche ablehnten und bekämpften, wird vielleicht durch nichts besser formuliert als durch das, was der ehemalige Bundespräsident Joachim Gauck in seiner Rede auf dem 50. Historikertag 2014 in Göttingen ohne direkten Bezug auf die Reichsverfassung gesagt hat: Die Sieger der Geschichte stehen nicht immer auf der richtigen Seite. Diese Einsicht ist selten treffender gewesen als im Falle des Scheiterns des Werks der Frankfurter Nationalversammlung.

Doch es zeigt die Tragik der deutschen Revolution, dass das Scheitern der Verfassung auch in ihr selbst angelegt war. Denn die Frage, ob und wie die Fürsten auf die Beratungen Einfluss nehmen und in welcher Form sie zu dem Ergebnis Stellung nehmen sollten, war nie konsequent bedacht worden. Dieses Dilemma hat die Verfassungsberatungen unterschwellig durchzogen. Daraus entsprangen vor allen Dingen die Versuche, Fürstenherrschaft mit Volkssouveränität zu verbinden, wann immer die Machtfrage anstand. Der Text vermeidet daher sowohl den Begriff der Volkssouveränität als auch den des Monarchischen Prinzips. Er bevorzugt verhüllende Bezeichnungen wie „Souveränität der Nation", womit eine von Monarch und Volk ausgeübte Souveränität gemeint war. Die Verfassungsväter gaben sich in der Überzeugung, reformerisch und nicht revolutionär gehandelt zu haben, der Illusion hin, einen akzeptablen Kompromiss zwischen Fürst und Volk gefunden zu haben.

Der mit Berufung auf die Volkssouveränität behauptete Vorrang der Nationalversammlung und der mehrmals, zuletzt in der Eingangsformel der verabschiedeten Verfassung, verkündete Ausschluss fürstlicher Mitbestimmung entsprangen dem Mut der Verzweiflung. Dahinter stand keine Strategie zur Umsetzung. Man gab sich der Selbsttäuschung hin, dass die Bundesstaaten, deren Kompetenzen im großen Umfang beschnitten und in deren Souveränität und Strukturen tief eingegriffen wurde, bedingungslos folgen würden. Es wurde verdrängt, dass dies für die größeren Bundesstaaten einer

Selbstaufgabe gleichgekommen wäre und für die nicht-konstitutionellen eine völlige Umwälzung der Verhältnisse bedeutet hätte. Gerade weil die Frankfurter Reichsverfassung uns Heutigen so zeitgemäß vorkommt, besteht die Gefahr, dass etwas Entscheidendes übersehen wird. Für die Zeitgenossen wäre ihre Umsetzung ein tiefer und nachhaltiger Umbruch gewesen. Denn sie hat vieles Hergebrachte und Vertraute beseitigt und durch völlig Neues ersetzt.

6 Der Umschlag 1848/49

21. März 1848: Friedrich Wilhelm IV., König von Preußen, verkündet in seiner Hauptstadt die Einheit der deutschen Nation, zeitgenössische Bilderzeitung. Autor unbekannt.

6.1 Die Revolution in den deutschen Bundesstaaten

6.1.1 Reformen und Unruhen

Es war kein Zufall, dass die deutsche Revolution ihren Ausgang von den konstitutionellen Staaten Süddeutschlands nahm. Denn hier hatte die bürgerliche Bewegung die meiste praktische Erfahrung in der Politik gesammelt und waren die theoretischen Konzepte am weitesten gediehen. In den konstitutionellen Staaten waren die Ideen einer umfassenden Grundrechtsbewegung und der Umgestaltung der bestehenden politischen Systeme der fürstlich-aristokratischen Dominanz zu Repräsentativsystemen entstanden. Der süddeutsche Frühkonstitutionalismus war auch insofern Wegbereiter der Revolution, als hier schon die kommunikativen und persönlichen Verbindungen bestanden, die notwendig waren, um die gesamte Bewegung auf die nationale Ebene hin zu erweitern. Aufgrund der bisher in den Ständeversammlungen gemachten Erfahrungen dominierten hier jene Kräfte, die in Zukunft am stärksten auf die Kanalisierung der Revolution dringen würden.

Durch Einbindung der oppositionellen Liberalen und personelle Veränderungen war dem Ministerium von Johann Baptist Bekk im Großherzogtum Baden der gleitende Übergang in die Revolution gelungen. Angesichts starker republikanischer Tendenzen und zweier Umsturzversuche rückte die liberale Opposition an die Regierung heran. Dies erleichterte ihr, die von der Linken verlangten Neuwahlen für eine konstituierende Versammlung zu unterlaufen. Zugleich wurden die Liberalen, die von dieser ebenfalls nichts Gutes erwarteten, durch konsequente Umsetzung der Märzforderungen befriedigt. Diese Konstellation ist durch die Flucht der badischen Staatsregierung in der Nacht vom 13. zum 14. Mai 1849 als Folge der Meuterei der Armee zusammengebrochen.

Im Königreich Württemberg, ebenfalls ein vormärzliches Reformland, war die Stimmung vergleichbar. Angesichts zahlreicher gewaltsamer Übergriffe im Zuge der Märzbewegung und zunehmender republikanischer Tendenzen waren die Liberalen bereit, sich mit der Umsetzung der Märzforderungen zufrieden zu geben. Sie haben sich sogar damit abgefunden, dass noch im Mai 1848 eine Ständeversammlung nach dem Zensuswahlrecht von 1819 gewählt wurde. Sie wurde erst im September einberufen und bescherte dem Ministerium unter Justizminister Friedrich Römer, das seit dem 9. März die Politik der konstitutionell-liberalen Partei umsetzte, den erhofften Rückhalt. Seine Politik war ein dauernder Kampf mit dem König, der nur das bewilligte, was ihm abgerungen wurde. So hat er Anfang 1849 die Grundrechte der Nationalversammlung akzeptieren müssen. Schließlich zwang Römer Württemberg als einziges Königreich zur Anerkennung der Reichsverfassung, an der er als gleichzeitiger Abgeordneter in Frankfurt mitgearbeitet hatte. Ende März 1849 trat die neu gewählte Ständeversammlung zusammen. Das von ihr beschlossene Wahlgesetz vom 1. Juli 1849 sah nur noch eine einzige Kammer vor, der der Auftrag gegeben wurde, die Verfassung von 1819 anzupassen. Angesichts der Machtverschiebungen im Bund konnte der König den Streit mit dem Ministerium Römer über die Unterstützung der von ihm abgelehnten preußischen Unionspolitik zum Anlass nehmen, das Kabinett am 28. Oktober zu entlassen. Auch die neue liberal-konservative Regierung hielt an der Verfassungsrevision fest. Diese aber scheiterte, da es mit der von den Radikaldemokraten beherrschten Landesversammlung, die am 1. Dezember 1849 zusammentrat, zu keiner Einigung kam. Während diese darauf bestand, dass die Frankfurter Reichsverfassung weiterhin gelte, da sie vom König angenommen worden sei, schloss sich das Ministerium der österreichischen Politik zur Wiederherstellung des Deutschen Bundes an.

Im Königreich Bayern hat Ludwig I. angesichts eines drohenden Aufstandes in seiner Hauptstadt und erheblicher Unruhen in den Regierungsbezirken den Massenpetitionen entsprochen. Er gewährte am 6. März 1848 unter anderem konstitutionelles Regieren, Pressefreiheit, reformiertes Wahlrecht, Öffentlichkeit und Mündlichkeit der Rechtsprechung wie Schwurgerichte und die Vereidigung des Heeres auf die Verfassung. Das Königreich wollte darüber hinaus die nationale Bewegung unterstützen. Die rasch einberufene und noch ständisch zusammengesetzte Versammlung sprang in der Atmosphäre der Unruhe und des Aufbruchs über ihren Schatten. Im Laufe des Junis wurden alle Märzforderungen in Gesetzesform gegossen und zusätzlich die niedere Gerichtsbarkeit des Adels und der Grundherren abgeschafft sowie die Ablösung der Grundlasten geregelt. Im August erfolgte die Einführung der Schwurgerichte und im November wurde das Strafverfahren neu geordnet.

Am 16. Mai hatte die Versammlung das ihr vom Märzministerium Thon-Dittmer vorgelegte Landtagswahlgesetz mit großer Mehrheit angenommen. Es beseitigte das ständische Klassenwahlrecht zugunsten allgemeiner, freier und gleicher Wahl. Die Bindung der Wahlberechtigung an die Zahlung einer nicht hohen direkten Steuer und das indirekte Wahlverfahren sollten das egalitäre Prinzip im Zaume halten. Für die Wahl zum Abgeordneten war das Alter auf 30 Jahre festgelegt, während der wahlberechtigte männliche Staatsbürger 25 Jahre alt sein musste.

Die Wahlen zu dem jetzt als „Landtag" bezeichneten Parlament fanden am 30. November und 7. Dezember 1848 statt. Es wurde am 22. Januar 1849 feierlich eröffnet. In ihm fanden sich die 144 Abgeordnete zum ersten Mal in lockeren Gruppierungen zusammen. Es überwogen die gemäßigten bürgerlichen Kräfte; nur in der Pfalz und in Franken waren entschiedene Demokraten und Republikaner gewählt worden. Im Kampf um die Reichsverfassung kam das Märzministerium im April 1849 unter die Räder. Schon im Dezember des Vorjahres hatte dessen führender Kopf Gottlieb Freiherr von Thon-Dittmer resigniert. Ministerpräsident und Außenminister wurde der bisherige sächsische Minister Ludwig von der Pfordten, der behutsam den Weg zurück zum vormärzlichen Konstitutionalismus einschlug.

Im Großherzogtum Hessen-Darmstadt hatten sich schon früh starke parlamentarische Institutionen ausgebildet und seine führenden Liberalen waren gut in die gleichgerichtete nationale Bewegung eingebunden. Dennoch übten der Großherzog und sein Ministerium ein autokratisches Regiment. Daher war eine der ersten Maßnahmen, um die Märzbewegung aufzufangen, die Heranziehung des Erbprinzen zum Mitregenten und die Installation eines Märzministeriums unter dem führenden Kopf der Ständeversammlung Heinrich von Gagern.

Der spätere Präsident der Nationalversammlung musste die Erfahrung machen, dass mit den im Reformedikt vom 6. März umgesetzten liberalen Forderungen den gleichzeitig ausgebrochenen sozialen Unruhen nicht beizukommen war. Die Bauern, insbesondere des Odenwalds, wurden vom materiellen Elend, der Hoffnung auf Verbesserung der Ablösebestimmungen über die Feudallasten, doch besonders durch die Besserstellung in den weitverbreiteten Standesherrschaften angetrieben. Durch ihre Aufzüge vor den Schlössern erreichten sie von den verängstigten Standes- und Grundherrn den völligen Verzicht auf die Abgaben. Dieser wurde aber wenige Monate danach wieder rückgängig gemacht und im August durch das Ablösungsgesetz über die Feudallasten ersetzt. Mainz war unter dem Advokaten Franz Zitz, später Mitglied der Fraktion Donnersberg und Partisan im pfälzischen Aufstand, eine Hochburg der Radikalen. Dort gingen Gesellen, Hafen- und Transportarbeiter auf die Straße und zerstörten zum Teil Anlagen, von denen sie ihre Existenz bedroht sahen.

Gagern bekam einen Vorgeschmack auf den Ausbruch der Reichsverfassungskampagne am Ende seiner Ministerpräsidentschaft. Er profilierte sich bereits damals nicht als Mann der Tat, sondern lavierte zwischen Drohungen und Verlockungen, bis er am 31. Mai 1848 wegen Übernahme des Vorsitzes in der Nationalversammlung zurücktrat. Der ihm folgende Reinhard Eigenbrodt ging schon Mitte Juli als Bevollmächtigter bei der Provisorischen Zentralgewalt nach Frankfurt. Der daraufhin zum Ministerpräsidenten ernannte Karl Heinrich Jaup, zugleich Mitglied der Casino-Partei, setzte die konstitutionell-liberale Politik fort. Nach dem Tod des alten Großherzogs Mitte Juni 1848 war sie von dieser Seite nicht mehr bedroht, dafür aber durch die nach wie vor starke radikaldemokratische Bewegung. Der Ministerpräsident versuchte daher, Neuwahlen so weit wie möglich hinauszuschieben. Die Befürchtungen bestätigten sich insofern, als die Regierung im fortgesetzten Konflikt mit der Ende November 1848 zusammengetretenen Kammer stand. Während des Aufstands im benachbarten Baden im Mai 1849 musste sogar der Belagerungszustand verhängt werden, um ein Übergreifen zu verhindern. Die Kammer setzte dennoch ein egalitäres Wahlgesetz durch, dessen Anwendung zwar erneut verzögert wurde, doch schließlich der demokratischen Opposition im Dezember 1849 eine Zweidrittelmehrheit bescherte. Dem Ministerium war seine Lage dadurch zusätzlich erschwert worden, dass in Hessen-Darmstadt in Regierung und am Hof seit dem Scheitern der Reichsverfassung eine Partei den Anschluss an Preußen, die andere den an Österreichs suchte.

Dennoch setzte das Ministerium Jaup, das noch bis Mitte 1850 im Amt blieb, die Märzforderung konsequent um. Zusätzlich wurden die Jagd auf fremdem Grund verboten wie die Zünfte aufgehoben und Religionsfreiheit gewährt. Im Winter erfolgten eine Demokratisierung der Staats- und Kommunalverwaltung und ein Gesetz über die Stellung der Standesherren.

Enge Verbindungen bestanden zwischen den Liberalen Hessen-Darmstadts und denen des benachbarten Herzogtums Nassau. Diese hatten an jenen Rückhalt gefunden, als sie seit den Dreißigerjahren in die Halblegalität ausweichen mussten. Die Situation war mit der in Darmstadt vergleichbar, da auch hier eine frühe Verfassungsgebung nicht vor der Errichtung eines feudal-bürokratischen Regiments schützte. Es hatte die seltene Zusammenarbeit zwischen Liberalen und Klerikalen, Vorläufer des politischen Katholizismus unter dem Advokaten Moritz Lieber, provoziert. Da die Missernten in dem reinen Agrarland besonders gravierende Auswirkungen auf die Gesamtwirtschaft hatten und der Liberalismus eine geheimbündlerische Tradition pflegte, waren die Demonstrationen Anfang März besonders heftig. Die bäuerliche Bevölkerung war zusätzlich darüber aufgebracht, dass sie die Abgabenpflicht in der agrarischen Depression schwer drückte. Unter der politischen Elite entlud sich die Wut darüber, dass das Herrscherhaus seit Jahren versuchte, seine Domänen dem Staatshaushalt zu entziehen.

Die Forderungen der Demonstranten wurden durch die rasch zusammengerufenen alten Landstände bewilligt und zugleich vergleichsweise früh eine Wahlordnung verabschiedet. Sie kannte nur noch eine Kammer, die aus allgemeinen und gleichen, doch indirekten Wahlen hervorging. Der Abschluss war die Bildung eines Ministeriums unter August Hergenhahn, ebenfalls zugleich Mitglied der Casino-Partei, am 16. April 1848.

Doch konnte auch der am 22. Mai einberufene neue Landtag nicht zur Beruhigung der Lage beitragen. Im Gegenteil, die scharfen Auseinandersetzungen zwischen den konstitutionellen Liberalen und den radikalen Demokraten in der Kammer wurden von schweren sozialen Unruhen begleitet. Sicherheitsausschüsse riefen zur Steuerverweigerung auf, ländliche Unterschichten plünderten Wälder wie Felder und die Bürgerwehren hielten die regulären Truppen in Schach. Auf Bitten des Ministeriums befahl der Reichsverweser österreichischen und preußischen Truppen aus der Reichsfestung Mainz am 18. Juli den Einmarsch in das Herzogtum. Nachdem die Bürgerwehr entwaffnet worden war, konnten sie nach einer Woche wieder abziehen.

Nach der Niederlage der Radikalen wurde die Zusammenarbeit zwischen Ministerium und Landtag konstruktiver. Bis zu ihrer Auflösung im Zuge der Reichsverfassungskampagne reformierte die Regierung Hergenhahn das Einkommensteuergesetz, die Verwaltung und das Justizwesen, milderte die

Regelung der Ablösungsbestimmungen zugunsten der Bauern, stärkte die kommunale Selbstverwaltung und führte eine landesweite öffentliche Armenpflege ein.

Seit seinem Regierungsantritt am 20. November 1847 versuchte Kurfürst Friedrich Wilhelm von Hessen-Kassel die durch die Verfassung von 1831 geförderte politische Emanzipation des erstarkenden Bürgertums einzuschränken. Diese Politik scheiterte mit dem Ausbruch der Unruhen des März 1848. Das Bürgertum präsentierte seine politische Reformagenda, in den Industriestädten gingen die Arbeiter, in der Universitätsstadt Marburg die Studenten auf die Straße. Das reaktionäre Kabinett wurde durch ein Ministerium unter dem liberalen Hanauer Oberbürgermeister Bernhard Eberhard am 11. März ersetzt. Die Einberufung der Landstände, die das Vertrauen des Volkes genossen, beruhigte die Lage. Diese machten von ihrem Recht auf Gesetzesinitiative ausgiebig Gebrauch. Der Landtagsabschied vom 31. Oktober 1848 umfasste 50 Reformgesetze!

Auch in der Ständeversammlung, die am 1. Dezember 1848 wieder zusammentrat, dominierten die Liberalen. Sie hoben einige Vorrechte des Adels auf, dehnten das Wahlrecht auf alle selbstständigen Staatsbürger aus, behielten allerdings 16 Sitze den Höchstbesteuerten vor. Die Demokraten, die das Gesetz deswegen bekämpften, blieben auch in dem auf dessen Grundlage gewählten neuen Landtag in der Minderheit. Daher wurde das liberale Reformprojekt im Kurfürstentum Hessen in relativer Ruhe zu Ende gebracht.

Die in Sachsen geschlossen und gewaltfrei agierende Märzbewegung hatte einen starken Rückhalt an den Versammlungen der Stadtverordneten. Der widerstrebende König und sein Ministerium sahen sich mit den üblichen Märzforderungen und dem Verlangen nach umfassenden Reformen in Wirtschaft und Gesellschaft konfrontiert. Am 16. März 1848 wurde deswegen den bürgerlich-liberalen Kräften unter dem Präsidenten der Zweiten Kammer Hermann Braun die Regierungsgewalt anvertraut. Wie in Bayern gelang es ihm, zusammen mit der noch nach dem Ständeproporz gewählten Versammlung die Märzforderungen umzusetzen und erste Neuregelungen für das Gewerbe wie den Arbeitsmarkt anzugehen.

Ungelöst blieben aber einige fundamentale Fragen. Die kleinbürgerliche Demokratie wollte nur eine Kammer aus direkten und gleichen Wahlen und ein parlamentarisches Regierungssystem. Von Liberalen und Konservativen unterstützt, bot die Regierung an, den kommenden Landtag über die Beibehaltung der Ersten Kammer entscheiden zu lassen, bestand aber weiterhin auf einem Zensuswahlrecht. Da die Demokraten erheblich von der Erregung über die standrechtliche Erschießung des in seiner Heimat hochgeschätzten Abgeordneten Robert Blum durch ein Kommando der kaiserlichen Truppen bei Wien am 9. November 1848 profitierten, wurde wenige Tage später das allgemeine und gleiche Wahlrecht wie die Zusammensetzung und Funktion der beiden Kammern durchgesetzt. Dies war die Grundlage für den demokratischen Sieg sowohl bei den Gemeinderatswahlen im November als auch bei den Landtagswahlen am 15. Dezember. Da man in der Verfassungsfrage nicht weiterkam und der Landtag gegen den Willen des Königs die Publikation der Grundrechte des deutschen Volkes verlangte, gab die sächsische Märzregierung Mitte Februar 1849 auf.

Diese Erfolge der kleinbürgerlichen Demokratie lassen sich zu einem Teil auf die weitgehende Industrialisierung Sachsens zurückführen. Deswegen gab es hier so viele gewerbliche Handwerker und teilweise bereits gut organisierte Industriearbeiter wie nirgends sonst in Deutschland. Ein weiterer Grund dürften die im Vormärz immer wieder aufflackernden Spannungen zwischen Katholiken und Lutheranern gewesen sein. Sie wurden durch das stets latente Misstrauen der evangelischen Bevölkerungsmehrheit gegenüber dem katholischen Hof verstärkt: denn diese konfessionelle Konstellation hielt das lutherische Bürgertum gegenüber der Obrigkeit auf Distanz.

Eine weitreichende Umgestaltung des politischen Systems gelang im Königreich Hannover. Grundlage dafür war ein gemäßigter Liberalismus, der in einem traditionellen Landesbewusstsein wurzelte. Im gewerblichen Bürgertum fußend, reichte er deswegen bis zum Adel. Dazu kam ein am 20. März 1848 berufenes Ministerium unter Graf Benigsen und dem in den Verfassungskämpfen der frühen Dreißigerjahre zu landesweiter Popularität gelangten Bürgermeister von Osnabrück, Carl Bertram Stüve. Da weder die Volksbewegung noch der König in den harten Kämpfen Alternativen zu diesem Kabinett präsentieren konnten, hielt es sich als eines von wenigen über die Revolution hinaus.

Zunächst wurden die Adelsvorrechte beseitigt und die Erste Kammer ohne größeren Widerstand aller Privilegien beraubt. Sie überdauerte, da sie eine erhebliche berufsständische Erweiterung erfuhr. Durch die Reformgesetze von Anfang September 1848 wurde der König auf die Landesverfassung verpflichtet, Ministerverantwortlichkeit eingeführt und die Zustimmung der Stände zu den Landesgesetzen festgeschrieben. Die Konservativen hatten erreicht, dass das Recht zur Wahl der Zweiten Kammer an die Leistung einer direkten Landessteuer gebunden und der Genuss der bürgerlichen Rechte auf die christlichen Konfessionen beschränkt wurde. Ohne größere Abstriche wurden die liberalen Vorstellungen von einem Rechtsstaat durchgesetzt und den Untertanen in erheblichem Umfang Grundrechte zugestanden.

In einigen Kleinstaaten Thüringens waren die Herrscher den liberalen und nationalen Zielen der bürgerlichen Bewegung gegenüber aufgeschlossen. Ihr Entgegenkommen fand aber immer wieder seine Grenzen an der restaurativen Politik des Bundes und der beharrlich verteidigten Vormacht der Aristokratie und Bürokratie.

Im Großherzogtum Sachsen-Weimar-Eisenach hat die frühe Verfassungsgebung 1816 das Wachsen einer politischen bürgerlichen Elite begünstigt. Der wirtschaftlichen Rückständigkeit des Landes nahm sie sich aber nur zögerlich an, sodass Kleinbauern und Handwerker beim Ausbruch der Revolution besonders aktiv wurden. Die Landbevölkerung war darüber empört, dass ihr in den weitverbreiteten Staatswäldern sonst übliche Gemeinrechte verwehrt wurden. Die Ende 1847 gefundene Regelung zur Ablösung der Feudallasten befriedigte sie darüber hinaus nicht. Kennzeichnend für die Märzbewegung wurde, dass die bürgerliche Opposition nicht nur die gängigen Forderungen präsentierte, sondern auch die Chance nutzte, um einen langjährigen Konflikt mit dem Herrscherhaus jetzt nach ihren Vorstellungen zu lösen. Das bisher dem Staatshaushalt entzogene Kammervermögen des Fürsten konnte künftig zu Staatsaufgaben herangezogen werden. Zur Kompensation wurde ihm eine Zivilliste genehmigt.

Auf Druck der Öffentlichkeit wurde der populäre Führer der Opposition, der Eisenacher Advokat Oscar von Wydenbrugk, in die Regierung berufen. Nach politischer Gesinnung eher Demokrat als Liberaler, hat er sich in den Unruhen dennoch mehrmals als Vermittler profiliert. Mit dem aus dem vormärzlichen Ministerium übernommenen Christian Bernhard von Watzdorf arbeitete er vertrauensvoll zusammen. Es gelang ihm, die Landespolitik zu bestimmen, obwohl er gleichzeitig Mitglied des Württemberger Hofs in der Nationalversammlung und Bevollmächtigter des Herzogtums bei der Provi-

sorischen Zentralgewalt gewesen ist. Die Regierung konnte ihre Reformagenda kontinuierlich abarbeiten, denn auch die in allgemeinen und gleichen Wahlen Ende des Jahres zustande gekommene Kammer blieb in der
Hand der liberalen Mitte.

Im Staatsgrundgesetz vom 12. Oktober 1832 des Herzogtums Braunschweig war in der einzigen Kammer der Ständeversammlung ein Ausgleich
zwischen der Vertretung des Adels, der Bürger wie der Bauern gelungen. Daher verlief die Revolution dort ähnlich ruhig wie in Kurhessen und in einigen
thüringischen Fürstentümern. Der Braunschweiger Bürgerverein ging mit
dem Katalog der Forderungen in die Initiative, der allerdings die Schaffung
einer nationalen Vertretung in den Vordergrund stellte. Da selbst der Herzog die Notwendigkeit von Reformen anerkannte, verlangten die Ende des
Monats einberufenen Stände keine grundlegende Umbildung der Regierung.
An die Spitze wurde Wilhelm von Schleinitz berufen, der sich schon im vormärzlichen Ministerium das Vertrauen des Volkes erworben hatte. Er enttäuschte die Erwartungen der liberalen Öffentlichkeit nicht. Selbst das Wahlgesetz vom 11. September 1848, das die Anzahl der Wahlberechtigten erheblich erweiterte, fand ihren Beifall, da die Hälfte der Abgeordneten den
Höchstbesteuerten vorbehalten blieb. Es erfüllte seinen Zweck. Obwohl der
am 18. Dezember 1848 zusammengekommene Landtag auf diesen Grundlagen gewählt worden war, blieb Braunschweig in den nächsten Monaten von
Krisen und Konflikten verschont.

Die beiden Herzogtümer Mecklenburg-Schwerin und Mecklenburg-Stre-
litz hatten zwar jeweils eigene Regierungen, doch eine gemeinsame Ständeversammlung. Es war die letzte altständischen Typs auf deutschem Boden,
in der nur die Ritterschaft und die Landschaft vertreten waren. Daher war
die Märzbewegung von Anfang an eng mit dem Ruf nach einer Verfassungs-
reform verbunden. Sie wurde von den bürgerlichen Gutsbesitzern und den
städtischen Magistraten getragen. Die Initiative übernahmen „Reformver-
eine", in denen sich das bisher von der Macht ausgeschlossene mittlere Bürgertum sammelte, die aber auch für unterbürgerliche Schichten offen waren. Auf den Rittergütern kam es zu Streiks und Tumulten der Landarbeiter,
während die Regierungen auf den staatlichen Domänen versuchten, durch
Landzuteilungen die Lage zu beruhigen.

Nach gewissem Widerstand der Großherzoglichen Regierungen, die vergeblich auf Hilfe Preußens hofften, wurden einige Märzforderungen erfüllt

und die Einberufung einer Tagung der alten Landstände zur Vorbereitung der Wahl eines verfassunggebenden Landtags bewilligt. Er entschied sich für ein weitgehendes gleiches und allgemeines, doch indirektes Wahlrecht. Auf dessen Grundlage trat am Reformationstag 1848 ein gemeinsamer Landtag zusammen. In ihm waren die Liberalen und Demokraten etwa gleich stark, die Konservativen in der Minderheit. Mecklenburg schien tatsächlich den Weg in das konstitutionelle Zeitalter einzuschlagen. Denn bis dahin waren die bisherigen Geheimen Räte, deren Zusammensetzung ausschließlich die Großherzöge bestimmt hatten, nach und nach den Wünschen der Öffentlichkeit gemäß angepasst worden. Die neuen Regierungen konnten – und zwar nicht allein, weil sie erst im September ins Amt kamen – nur eingeschränkt als Märzministerien bezeichnet werden. Der Kompromiss lief darauf hinaus, die Exekutive weitgehend den Großherzögen zu überlassen. Sie setzten dafür eine Kommission aus von den Reformvereinen vorgeschlagenen Mitgliedern ein. Diese konzipierte die neue Verfassung und arbeitete eine Reform der Behördenorganisation aus.

Ihren Vorschlägen gemäß einigte sich der verfassunggebende Landtag auf ein erweitertes, doch zensitäres Wahlrecht. Der Landesherr bekam in der konstitutionellen Verfassung ein Vetorecht bei der Gesetzgebung und durfte die Kammern auflösen. Auf dieser Grundlage wurde das mecklenburgische Staatsgrundgesetz vom 3. August 1849 verabschiedet. Der Großherzog von Strelitz, der inzwischen eine Militärkonvention mit Preußen geschlossen hatte, lehnte es aber ab. Daraufhin kündigte der Landtag in Schwerin die jahrhundertealte Union auf. Gestärkt durch das rapide Schwinden des Rückhalts der konstitutionellen Reformbewegungen innerhalb und außerhalb des Landes formierte sich, vom Strelitzer Großherzog unterstützt, eine adlige Fronde. Sie bewog den noch zögernden Neffen in Schwerin schließlich, die anschließend gewählte erste freie Abgeordnetenkammer Mecklenburgs Anfang April 1850 aufzulösen. In beiden Herzogtümern wurden die im März gewährten Grundrechte allmählich aufgehoben oder eingeschränkt und 1851 kehrte man zum alten Verfassungszustand zurück.

6.1.2 Die Bedeutung der Bundesstaaten für die Revolution

Die Revolution verlief in den Bundesstaaten erstaunlich gleichmäßig. Ende Februar, Anfang März 1848 verlangten spontane Versammlungen eine nationale Vertretung und formulierten Forderungen, die etwa den späteren Grundrechten in der Reichsverfassung entsprachen. Auf der Grundlage der neuen Freiheiten und verlockt durch den Zerfall der Autoritäten formierten sich unabhängig von dieser bürgerlichen Bewegung solche mit sozialen Forderungen. Dabei stand in den Städten das Elend der Gesellen und Unterschichten im Vordergrund, auf dem Land die Beseitigung der feudalen Lasten oder dort, wo dies bereits geschehen war, die Verbesserung der Ablösebedingungen. In manchen Bundesstaaten wurde in den Unruhen auch die Chance gesehen, alte Konflikte zu bereinigen: so im Königreich Sachsen die Spannungen zwischen der katholischen Dynastie und der lutherischen Bevölkerungsmehrheit, in Kurhessen und Sachsen-Weimar die Lösung des Streits um die Verfügung des fürstlichen Kammervermögens, in Hessen-Darmstadt die zu hohe Belastung der abhängigen Bauern in den Standesherrschaften oder aber den Ausschluss des Bürgertums von der Politik wie in den beiden Mecklenburg.

Die alten Gewalten schreckten vor den Massenunruhen zurück, gewährten die Forderungen und setzten fast überall die verlangten „volkstümlichen" Regierungen ein, von denen einige durch Mitglieder der Nationalversammlung geführt wurden. Auch wenn in einigen Bundesstaaten Minister der vorrevolutionären Regierungen übernommen wurden, andere zunächst gar nicht umgebildet wurden, so mussten sie sich doch der konstitutionell-liberalen Richtung anpassen. Ihre erste Maßnahme war meist die Gewährung der Märzforderungen, die noch den alten Kabinettsregierungen bzw. den Herrschern präsentiert worden waren.

So ängstlich die fürstlichen Gewalten öffentlich zurückwichen, blieben sie doch über die bestehenden diplomatischen Kanäle untereinander in Verbindung. Wenn zunächst nur eine informellen Allianz bestand, so bot diese später Ansatzpunkte für ein abgestimmtes Vorgehen. Preußen und Österreich haben dieses Instrumentarium routiniert genutzt. Noch wenig bekannt ist darüber, welche Pläne dabei zwischen den mittleren und kleineren Bundesstaaten erwogen wurden.

Zu den Rahmenbedingungen der Märzregierungen gehörte, dass sie durch die Volksbewegung zu Reformen angetrieben wurden. Andererseits aber hielten sie sich bei der Umsetzung des von fast allen Fürsten gegebenen Versprechen einer neuen Verfassung zurück. Das Warten auf die Ergebnisse der Beratungen in Frankfurt geschah teils aus Überzeugung, teils war es Taktik, um die Herrscher, ihre Staatsbürokratie und die ständischen Kammern nicht zu verprellen. Anders als die Frankfurter Institutionen setzten die Regierungen der Bundesstaaten, die sich als nicht weniger revolutionär und konstitutionell verstanden als jene, auf Kontinuität und Vereinbarung. Die Märzregierungen beriefen umgehend die vormärzlichen Ständeversammlungen ein, mit denen sie, solange der revolutionäre Elan anhielt, gut zusammenarbeiteten. Sie setzten mit ihnen die Reformen in Gang. Die vormärzlichen Verfassungen entsprachen in vielen Punkten nicht mehr den Vorstellungen der Märzbewegung; dies besonders bei der Stellung der Ständeversammlungen, ihrer Zusammensetzung, ihren Kompetenzen und auch insbesondere im Hinblick auf die Grundrechte. Dennoch blieben sie zunächst bestehen.

Doch auf Dauer war dem Druck nach einer Neuordnung durch verfassunggebende Versammlungen auch in den Bundesstaaten, die bereits eine Konstitution hatten, nicht auszuweichen. Daher wurden noch im Laufe des Sommers neue Wahlgesetze für die künftigen Parlamente, die in unterschiedlichem Maße frei und allgemein, häufig allerdings indirekt, waren, verabschiedet. Bezeichnenderweise aber wurden die Durchführung der Wahlen und die Einberufung der neuen Landtage so weit wie möglich hinausgezögert.

In den neu gewählten Parlamenten, für die sich jetzt die Bezeichnung „Landtag" durchsetzte, kam es teilweise zu schweren Konflikten zwischen den konstitutionellen Liberalen und Radikalen wie Demokraten, deren Anzahl bedeutend gewachsen war. Dadurch, dass nun neue Schichten wählten und wählbar geworden waren, wurde der von den Ständeversammlungen noch unterstützte konstitutionell-liberale Kurs erschwert. Vor allen Dingen die politischen Aktivitäten der bürgerlichen und kleinbürgerlichen Demokratie und ihre Angriffslust unterschieden die neuen Zweiten Kammern deutlich von denen des Vormärz. Fürsten und liberale Märzministerien stemmten sich öfters gegen den parlamentarischen Willen zur Macht. Die parlamentarische Arbeit unter den veränderten Bedingungen hatte offenbart, dass einige Grundannahmen des Liberalismus selbst in seiner ureigensten Domäne, dem Parlamentarismus, nicht mehr galten. Deswegen und weil für die Märzministerien anders als für die Nationalversammlung kein grundlegender Umbau des politischen Systems gegen die fürstlichen Gewalten infrage kam, ist er unterblieben. Dennoch waren die neuen Möglichkeiten der politischen Mitgestaltung als Folge der gewährten Grundrechte und reformiertem Wahlrecht nicht zu unterschätzen.

Es hing stark von der wirtschaftlichen Lage wie der politischen Stimmung ab, in welchem Umfang die Märzregierungen ihren liberalen Kurs weiterhin verfolgen konnten. Immer wieder waren Blockaden in den neuen Landtagen Auslöser sozialer Unruhen im Land. In Thüringen und in Anhalt, aber auch in Hessen-Nassau waren sie so stark, dass die Regierungen sich nicht in der Lage sahen, ihrer ohne die Unterstützung von Reichstruppen Herr zu werden. In den Kleinstaaten konnte sich dabei die Zentralgewalt als Ordnungsfaktor profilieren. Dies lag auch an der tiefen Verunsicherung des fürstlichen Militärs, das zwischen Volksbewegung und Herrscherloyalität eingekeilt war, seit es den Eid auf die Verfassung ablegen musste und in den Bürgerwehren eine Konkurrenz entstanden war.

Parallel kam es häufig zu sozialen Unruhen im Laufe des Sommers und Herbstes, vor allen Dingen auf dem Lande. Die Gründe dafür waren vielfältig: Die Bauern forderten reduzierte Ablösezahlungen. Die ländlichen Unterschichten wollten die Aufteilung des Gemeineigentums und die Einschränkung von Gewohnheitsrechten nicht hinnehmen. Das Handwerk auf dem Land wie auch das dort überwiegend verbreitete Heimgewerbe darbten. In manchen Gegenden waren die Unruhen nur mithilfe militärischer Gewalt einzudämmen.

Im Zuge der Säuberungen wurden Organisation und Presse von Radikalen, Republikanern, teils auch Demokraten geschwächt, einige gingen ins Exil und in manchen Landtagen änderte sich dadurch die Zusammensetzung. Seitdem funktionierte die Zusammenarbeit zwischen diesen und den Regierungen reibungsloser. Die durch die Gewährung der Märzforderungen ausgelöste Gesetzgebungsarbeit wurde fortgesetzt und erweitert. Die Justiz wurde im Sinne des Rechtsstaats weiterentwickelt, die Verwaltung von ihr getrennt und reformiert. Sozialere Steuergesetze wurden verabschiedet, gelegentlich auch erste Schritte hin zur Selbstverwaltung der Gemeinden und der Reform der Armenpflege eingeleitet.

Bis zum Winter trat so eine gewisse Beruhigung in den Bundesstaaten ein. Doch waren die Konflikte noch nicht behoben. Sie brachen nach der Ablehnung der Reichsverfassung durch die Fürsten erneut in gewalttätigen Aktionen aus. Deren Schlagkraft wurde durch die Unterstützung, die sie durch die neuen Landtage fanden, nochmals gesteigert. Dies zwang einige Märzregierungen zum Rückzug, wenn sie nicht bereits Ende des vorigen Jahres durch die Fürsten abberufen worden waren, als sich die Machtverschiebung zugunsten der Gegenrevolution in Deutschland und Europa abzeichnete. Damals war Preußen vorausgegangen, wo die „volkstümliche" Regierung durch eine solche ersetzt worden war, die mehr das Vertrauen der alten Eliten hatte. Fast alle, die dann noch verblieben waren, gaben während des Kampfes um die Reichsverfassung auf.

Dennoch konnte sich das von der revolutionären Bewegung in den Bundesstaaten Erreichte, von dem vieles blieb, sehen lassen. Die Märzforderungen waren überall in Gesetzesform gesichert worden und sind, wenn überhaupt, nur eingeschränkt und teilweise wieder zurückgenommen worden. Unumkehrbar war die Aufhebung der Feudallasten, wo sie zu Beginn der Revolution noch bestanden, und die günstigere Regulierung von deren Ablösung zugunsten der Bauern. Die politische Partizipation bisher ausgeschlossener Schichten war durch die Umwandlung der Ständeversammlungen in Landtage aufgrund eines freieren und allgemeineren Wahlrechts für Männer deutlich ausgeweitet worden. Dennoch blieben teil- und zeitweise Beschränkungen aufgrund des Zensus und des Wahlverfahrens.

Die Staatsverwaltungen waren modernisiert und überall ihre strikte Trennung von der Justiz vollzogen worden. Die Autonomie der Gemeinden war gestärkt worden. Sie hatten durch Erweiterung des aktiven wie passiven Wahlrechts als auch durch die Übertragung einer begrenzten Finanzhoheit einen deutlichen Schritt auf die Selbstverwaltung zu gemacht. Der Rechtsstaat war durch die Einführung von Geschworenengerichten, der Öffentlichkeit der Verhandlungen sowie die Reform des Prozessrechts und insbesondere der Strafgesetze gesichert worden. Daneben waren Materien des bürgerlichen Rechts und des Handelsrechts neu gefasst worden, nicht zuletzt durch die Berücksichtigung sozialer Belange. Die Armenfürsorge wurde verbessert und ausgeweitet.

Wie sehr die durch die Revolution ausgelösten Reformen in den Bundesstaaten den Forderungen der Zeit entsprachen und zukunftsträchtig waren, zeigt das Beispiel der beiden mecklenburgischen Großherzogtümer. Wie kein anderer Bundesstaat haben sie alle Verbesserungen jener Monate rückgängig gemacht und sind von einer konstitutionellen Verfassung zur altständischen zurückgekehrt. Daher blieben sie bis zum Ende des Zweiten Weltkrieges die rückständigsten Bundesstaaten bzw. Reichsländer.

Die Nationalversammlung hatte den Gedanken, die Konstitutionalisierung in den verfassungslosen Bundesstaaten wie zum Beispiel Österreich und Preußen zunächst zu verschieben, bis der vom Reich vorgegebene Rahmen fertig war, fallen gelassen. Vielmehr sollten jetzt durch die im Dezember 1848 in Kraft gesetzten Grundrechte den nicht-konstitutionellen Staaten eine Ersatzverfassung oktroyiert und den konstitutionellen Leitlinien für die Reform vorgegeben werden.

Dies war ein wesentlicher Grund, warum die Revolution von 1848/49 nur für die beiden Vormächte Preußen und Österreich ein verfassungsgeschichtlicher Einschnitt war. Für die beiden altständisch verfassten Großherzogtümer Mecklenburgs war sie sogar ein Umsturz, der aber schon nach einem Jahr durch die Aufhebung des Staatsgrundgesetzes vom August 1849 rückgängig gemacht wurde. Hingegen behielten die konstitutionellen Staaten ihre Verfassungen, wie sie sie in der ersten Welle der Verfassungsgebung in Deutschland zwischen 1814 und 1820 und der zweiten von 1830/31 erhalten hatten. Dies ist erstaunlich angesichts des hohen Stellenwerts, den Verfassungen im politischen Konzept des bürgerlichen Liberalismus, der ja jetzt in den Bundesstaaten an der Macht war, hatten. Von ihm war zudem die Revision der konstitutionellen Systeme häufig gefordert worden. Sie scheiterte aber an der gemeinsamen Abwehrfront von bürgerlichem Liberalismus, Aristokratie und Fürst gegenüber Radikalen und Demokraten, deren Macht in den Parlamenten aufgrund der Wahlrechtsreformen gewachsen war. Nur in Baden ist der Versuch eines vollständigen Umbaus eines konstitutionellen Staates unternommen worden. Die dazu allerdings von der revolutionären Provisorischen Regierung Anfang Juni 1849 einberufene Verfassunggebende Versammlung floh vor den heranrückenden Preußen, ehe sie ihren Auftrag erfüllt hatte.

Die Revolution hinterließ also ein Verfassungsdefizit. Es wird durch die beiden oktroyierten Verfassungen für das Königreich Preußen und das Kaisertum Österreich gemildert. Auch wenn diese bald zugunsten des monarchischen Absolutismus und der ihn stützenden Schichten eingeschränkt wurden, so schlossen sie doch eine Rückkehr zur ständischen Ordnung aus. Der Blick auf das Defizit und das Scheitern des Schaffens einer freien Nation durch eine Reichsverfassung verdeckt aber allzu oft die ansehnliche Ernte der Revolutionsbewegung in den Bundesstaaten.

6.2 Preußen: Von der Bedrohung der Monarchie zur Konsolidierung

Im Königreich Preußen artikulierte sich die Volksbewegung des Frühjahrs zunächst in den neuen Provinzen des Westens, dem Rheinland und Westfalen, um dann auf die schon am weitesten industrialisierten Provinzen Sachsen und Schlesien überzugreifen. Die Petitionen beschränkten sich auf die Märzforderungen, doch zirkulierten daneben in den größeren Städten bereits sozial-revolutionäre Manifeste. Pommern und Brandenburg blieben ruhig. Seit dem 7. März verständigten sich Bürger im Berliner Tiergarten über ihre politischen Absichten, die üblichen Märzforderungen, erweitert um das Verlangen der vorzeitigen Einberufung des Vereinigten Landtags. Danach folgten die Arbeiter und Unterschichten. Da die preußische Staatsregierung nun Truppen einsetzte, kam es zu ersten blutigen Auseinandersetzungen und dem Aufbau von Barrikaden. Trotz Vermittlungsversuchen der Stadtverordnetenversammlung eskalierte die Lage. Nachdem am 13. der Sieg der Revolution in Wien und der Sturz Metternichs in Berlin bekannt wurden, entschloss sich König Friedrich Wilhelm IV. zum Nachgeben. Zugleich hat er die Berliner Garnison von 12 000 auf 20 000 Mann erhöht.

Er bewilligte am 18. die Märzforderungen und gewährte als erstes Pressefreiheit. Er zog die Einberufung des Vereinigten Landtags auf den 2. April vor und erweiterte dessen Mandat dahin, eine Verfassung für Preußen wie für einen deutschen Bundesstaat mit einem Parlament und einem Volksheer auszuarbeiten. Die von dieser Wendung völlig überraschte Menge beschloss nun, statt wie beabsichtigt die Märzforderungen zu überbringen, dem König am frühen Nachmittag auf dem Schlossplatz zu huldigen. Dabei wurde der

Ruf nach dem Abzug der Truppen laut, deren brutales Vorgehen schon zahlreiche Verletzte und Tote gefordert hatte. Dem nachzugeben, wäre auf dem Höhepunkt der gewaltsamen Unruhen nicht nur ein taktischer Fehler, sondern auch einer von großer politisch-symbolischer Tragweite gewesen. Daher befahl der König, den Schlossplatz zu räumen. Warum es dabei zu einer Schießerei mit Toten und Verletzten kam, ist ungeklärt. Die militärische Verantwortung dafür hatte General Karl von Prittwitz. Die Ernennung dieses scharfen Gegners der Volksbewegung am Morgen des Tages zum Oberkommandierenden aller Truppen in Berlin und den Marken passte schlecht zum Kurs des Entgegenkommens.

Am nächsten Tag bedauerte der König offiziell den „Irrtum" und bot den jetzt noch entschlosseneren Barrikadenkämpfern in einer von ihm verfassten plump-persönlichen Proklamation („An meine lieben Berliner!") Amnestie an, falls sie sich auf Verhandlungen einließen. Bis auf eine Wache am Schloss wurden sämtliche Truppen aus der Hauptstadt zurückgezogen. Vielleicht nicht nur, um den Aufständischen entgegenzukommen, sondern auch, weil man ihren Abfall fürchtete. Die bewilligte Bürgerwehr wurde mit den Waffen aus dem Zeughaus ausgerüstet. Am Nachmittag zwangen die Demonstranten den König, den Oberkommandierenden und die Soldaten, sich vor den mehr als 150 Särgen der etwa 230 Gefallenen der Vortage aus allen Schichten der Bevölkerung zu verneigen. Die Königin vermisste nur noch die Guillotine. In den nächsten Tagen ging die Bewachung des Schlosses an die Bürgerwehr über und die prominenteste Hassfigur des Volkes, Kronprinz Wilhelm, musste sich nach England absetzen. Da Polizeikräfte nicht ausreichend zur Verfügung standen, hatte die Revolution die Hauptstadt in der Hand.

Die Krone hatte vollständig kapituliert. Die gleichzeitige Demütigung der Monarchie wie der Armee musste als Zusammenbruch der alten preußischen Institutionen verstanden werden. Offiziere, Minister und engste Berater wie Freunde waren über das Verhalten des Königs konsterniert und verwirrt. Und dennoch hatte die preußische Monarchie ihre vielleicht gefährlichsten Tage überstanden. Gerade durch das Verhalten Friedrich Wilhelms IV., das von den Monarchisten als Erniedrigung empfunden werden konnte, hat er zumindest in der Berliner Bevölkerung sein Königtum tiefer verwurzelt als zuvor. War es Taktik, wofür es einige Anzeichen gibt, oder Kopflosigkeit? Für die Zukunft entscheidend sollte jedenfalls werden, dass der König und die Monarchie die Herausforderung, wenn auch nicht bestanden, so doch überlebt hatten. Schon zwei Tage später konnte der König so etwas wie die Versöhnung mit dem Volke feiern, das er wissen ließ, dass Preußen in Deutschland aufgehen werde. Umgeben von Ministern und Generälen zog er mit einer schwarz-rot-goldenen Armbinde hinter der deutschen Trikolore, die auch über dem Schloss wehte, durch die Stadt.

In einer Proklamation vom selben Tag „An mein Volk und an die deutsche Nation" machte er sich die Märzforderungen zu eigen und wollte sich an die Spitze einer Bewegung für eine konstitutionelle Verfassung in Deutschland wie in den Bundesstaaten stellen. Es war zu spät, diese Führungsrolle, auf die die konstitutionellen Liberalen in den letzten Jahren vergeblich gewartet hatten, jetzt zu übernehmen. Das Volk hatte beschlossen, selbst voranzugehen.

König Friedrich Wilhelm IV. spielte seit diesen Tagen auch die nationale Karte. Denn er hatte gemerkt, wie viel Macht darin lag, die Hoffnung der Nation auf ein Zusammengehen von Berlin und Frankfurt zu nähren. Diese Illusion hat er immer wieder durch gezielte Aussagen gefördert. Der Höhepunkt der nationalweiten Wirkung war wohl der gemeinsame Auftritt mit dem Reichsverweser auf dem Kölner Dombaufest am 14. August 1848. 600 Jahre nach der Grundsteinlegung dieser Kathedrale des mittelalterlichen Reiches schien das neue, das diese Tradition fortsetzte, nicht mehr weit. Doch der Zweck lag nur darin, Zeit zu gewinnen, bis sich Preußen im Inneren konsolidiert hatte, um dann die Komödie zu beenden. Dies war die Taktik des Königs wie eines Teils des Hofes. Es gab aber auch Kreise, die davon überzeugt waren, dass Preußen seine historische Mission verfehlen würde, wenn es die national-konstitutionelle Bewegung nicht anführe. Vor allen Dingen die Regierungen des Königs verfolgten zeitweise glaubhaft diesen Kurs und gerieten deswegen auch mehrmals mit ihm in Konflikt.

Bald zeigte sich, dass die turbulenten Tage zwischen dem 13. und 19. März nicht das letzte Wort der Monarchie waren. Als dies gefahrlos geschehen konnte, begab sich der Hof Ende des Monats nach Potsdam. Dort zog der König die antirevolutionären Kräfte wieder näher an sich, indem er sie in einem geheimen Machtzentrum, der Kamarilla, sammelte: ein erster Schritt in der jetzt verfolgten Strategie, die Revolution laufen zu lassen und zugleich Gegenmaßnahmen vorzubereiten.

Eine solche verdeckte Taktik erschien umso wichtiger, als die preußische Staatsregierung immer mehr dazu gezwungen wurde, auf die Volksbewegung Rücksicht zu nehmen. Das am 19. März berufene Beamtenkabinett, das zum ersten Mal von einem Ministerpräsidenten geführt wurde, musste schon wenige Tage später zurückgenommen werden. So sah sich die am 29. März ins Amt gekommene liberale Regierung Camphausen-Hansemann dem noch von ihrer Vorgängerin einberufenen Zweiten Vereinigten Landtag gegenüber. Die sich am 2. April 1848 in Berlin versammelnden ständischen Vertreter der preußischen Provinzen wurden von der erregten politischen Atmosphäre der Hauptstadt erfasst und von den Erwartungen, die die Masse an sie hatten, überwältigt. Bevor sie nach etwas mehr als einer Woche wieder auseinandergingen, bekannten sie sich zu den Märzforderungen und leiteten die Einberufung einer preußischen Nationalversammlung ein. Sie sollte nach einem allgemeinen und bis auf die Bezieher von Unterstützungsleistungen gleichen, doch indirekten Männerwahlrecht gewählt werden. Zugleich wurde sie darauf verpflichtet, nur eine vom König genehmigte Verfassung zu verabschieden. Dies brachte Friedrich Wilhelm schon zu Beginn der preußischen Verfassungsberatungen in die Position des obersten Schiedsrichters, in die ihn die Frankfurter Nationalversammlung erst am Schluss ihrer Beratungen setzte. Sein Zustimmungsrecht wurde auch für die Verabschiedung des Haushalts und der Gesetze vorbehalten; Kompetenzen, die die ständische Versammlung in erstaunlicher Einmütigkeit der Nationalversammlung bis zur Verabschiedung einer Verfassung übertrug. Damit war die Grundlage für den kommenden Machtkampf in Preußen gelegt: ein starkes Parlament stand gegen das Vetorecht der Krone.

Die neue Regierung beseitigte alle rechtlichen Restriktionen, die die gleichzeitigen Wahlen zu der Frankfurter wie der Berliner Nationalversammlung hätten behindern können. Eigenheiten des Wahlverfahrens und die Dominanz der Städte bescherten Preußen ein entschieden revolutionäres Parlament, auf das zudem außerparlamentarische Klubs der Hauptstadt einwirkten. Fast ein Viertel der 402 Abgeordneten, die am 22. Mai zusammentraten, waren oppositionell eingestellte höhere Beamte der Justiz oder Verwaltung; die von Bismarck so wenig geschätzten radikalen Kreisrichter und liberalen Geheimräte. Durch ihre Vertrautheit mit juristischen und öffentlichen Angelegenheiten wie durch ihre Redegewandtheit zogen sie die nicht viel geringere Anzahl der Bauern vom bürgerlichen Grundbesitzer bis zum Tagelöhner mit. Unterstützt wurden sie oft von den Selbstständigen, liberalen Bürgern, aber auch der erklecklichen Anzahl von Adligen, die von der Notwendigkeit der Modernisierung überzeugt waren. Im Berliner Parlament saßen sehr viel weniger Gelehrte als in Frankfurt, dafür zahlreiche Lehrer und erstaunlich viele Geistliche.

Das Parlament hat sofort die Sicherung und Anerkennung der Revolution angestrebt und keinen Zweifel daran gelassen, dass es ein autonomes und kein abgeleitetes Mandat zur Verfassungsschöpfung habe. Es brachte sein Misstrauen gegenüber Monarch, Armee und Staatsbürokratie durch mehrere Provokationen zum Ausdruck. Begleitet wurden sie durch Unruhen der radikalen Menge, die in der Erstürmung des Zeughauses am 14. Juni gipfelten. Der Einsatz des Militärs untergrub in der Hauptstadt und den größeren Städten des Landes das Vertrauen in die Regierung. Camphausen räumte daher am 20. Juni seinen Posten zugunsten des liberalen adligen Rudolf von Auerswald, seit 19. März Innenminister. Hansemann, der im Amt blieb, bestimmte nun den dezidiert liberaleren Kurs.

Die Regierung Camphausen war auch daran gescheitert, dass die Nationalversammlung ihren Verfassungsentwurf vom 22. Mai 1848 zurückgewiesen hatte. Er orientierte sich zwar an der im Liberalismus hochgeschätzten belgischen Konstitution, kannte aber neben den jetzt garantierten bürgerlichen Rechten weiterhin Standesvorrechte und beschnitt die Macht der königlichen Exekutive zu wenig. Die für den Charakter des Staatsgrundgesetzes entscheidende Abgrenzung zwischen monarchischer Exekutivgewalt und parlamentarischer Macht blieb in der Schwebe.

Im Juli legte die Versammlung einen Gegenentwurf vor. Damit hatte die Regierung auf einem zentralen Feld die Führung verloren. Diese sogenannte „Charte Waldeck" sicherte die von einer Kommission erarbeiteten Grundrechte, die sich an den Beratungen in Frankfurt orientierten. Sie hielt zwar an einer Ersten Kammer fest, wollte sie allerdings von einem ständischen zu einem föderalen Organ umwandeln. Neben dem stehenden Heer des Königs sollte es eine Landwehr und eine Volkswehr geben, die der Volksvertretung zugeordnet sein sollten. Das absolute Veto des Königs gegen Gesetzesbeschlüsse des Parlaments war in ein suspensives umzuwandeln, das das Parlament mit einem dreimal verabschiedeten Gesetzesvorschlag überwinden konnte. Das Wahlrecht für die Zweite Kammer unterschied sich nicht wesentlich von dem für die Nationalversammlung. Das liberale Vermittlungskonzept in der Verfassungsfrage war damit gescheitert.

Im Kampf gegen diesen Entwurf hatten Monarchisten und Konservative eine Plattform zur Sammlung gefunden. Sie erinnerten daran, dass in der französischen Revolution der Weg in den Terror mit der Beseitigung des absoluten Vetos des Königs begonnen habe. Sie unterstellten der Nationalversammlung vergleichbare Absichten zur Untergrabung der staatlichen Autorität. Die Mobilisierung der Royalisten in Armee, Bürokratie, Teilen des Bürgertums, auf dem Land und in den Kirchengemeinden begann. Noch im Juli wurde die „Kreuzzeitung" als Zentralorgan gegründet und in den nächsten Wochen die Brücke zu den politisierenden Militärs geschlagen. Schon in den Straßenkämpfen waren jene in einen Gegensatz zur Volksbewegung geraten. Nun tastete die Forderung nach Volksbewaffnung das Waffenmonopol an und der soldatische Eid auf die Verfassung musste in Entscheidungssituationen immer wieder zu hemmenden Loyalitätskonflikten führen.

Dem folgte das Ende der liberalen Regierungen in Preußen. Durch Übergriffe des Militärs auf die Bevölkerung und teils provozierte Zusammenstöße zwischen Bürgerwehren, den Garden der Revolution und der bewaffneten königlichen Macht sahen sich die Männer des Volkes am 9. August gezwungen, die Verpflichtung dieser auf die neue Ordnung zu fordern. Der empörte König und seine aufgebrachten Offiziere sahen jetzt noch weniger Grund, dem nach dem Huldigungserlass der Reichsregierung zweiten Versuch nachzugeben, einen Keil zwischen Krone und Armee zu treiben.

Der Anti-Reaktion-Beschluss der Berliner Nationalversammlung fand Unterstützung bis weit in das rechte Zentrum hinein. Dies zeigt, wie groß die Furcht vor dem Militär und das Misstrauen gegenüber der Staatsbürokratie aufgrund der bisherigen Erfahrungen geworden waren. Doch selbst in einer konstitutionellen Verfassung, die es in Preußen noch gar nicht gab, waren Kommandogewalt und die Verfügung über die innere Verwaltung Reservate des Königs. Das Parlament aber verhielt sich so, als ob es eine parlamentarische Verfassung gäbe, die keine Reservatrechte kenne und in der die Regierung sein Ausführungsorgan sei. Da das Kabinett Auerswald-Hansemann am 8. September 1848 zurücktrat, da es den Beschluss nicht ausführen wollte, schien dieser Zustand in Preußen bereits zu bestehen. Tatsächlich aber bahnte sich das Gegenteil an. Da durch den Verfassungsentwurf des Parlamentes und diesen Beschluss ein Stimmungsumschwung in der Öffentlichkeit einsetzte, gewannen am Hof die antirevolutionären Kräfte Auftrieb. Friedrich Wilhelm IV. war nun bereit, die Nationalversammlung aufzulösen und eine Verfassung zu erlassen. Nur der Zeitpunkt war noch offen. Als erster Schritt wurde Generalmajor Karl von Prittwitz durch den General der Kavallerie Friedrich von Wrangel, einen noch entschiedeneren Anhänger der Militärpartei, als Oberkommandierender in den Marken abgelöst.

Die labile Lage in Südwestdeutschland, in Wien und in Berlin eröffnete dem Kompromiss nochmals eine Chance. Am 21. September 1848 wurde General Ernst von Pfuel, in den turbulenten Märztagen Gouverneur von Berlin, Kriegsminister und Ministerpräsident eines reinen Beamtenkabinetts. Da er die Überwindung der Kluft zwischen den zivilen und den militärischen Gewalten anstrebte, kam er der Nationalversammlung weit entgegen. Schon zwei Tage später wies er die Kommandeure an, antikonstitutionelle Bestrebungen im Offizierskorps zu unterbinden. Während er sich so bei der Mehrheit der Berliner Nationalversammlung eine Vertrauensbasis schuf, sahen die Linken darin ein Zeichen der Schwäche, das es zu nutzen gelte. Mit Anträgen zur weiten Ausdehnung der persönlichen Freiheitsrechte, zur Beseitigung des Adels als Stand wie aller anderen Titel und Orden und vor allen Dingen zur Abschaffung eines Königtums „von Gottes Gnaden" zielten sie auf die Untergrabung der autoritären, aristokratischen und monarchischen Ordnung Preußens.

Ein solcher „Jacobinismus" schockierte zu einem Zeitpunkt, als die Gegensätze zwischen den politischen Strömungen immer schärfer wurden, immer weitere Kreise. Am 13. August brachte die Mehrheit des preußischen Nationalversammlung einen Antrag ein, die Bürgerwehr zu einer gesetzlichen Einrichtung zu erheben, davon allerdings die sich spontan bildenden Verbände, meist der Arbeiter, Studenten und Radikalen, auszuschließen. Die Demonstrationen dagegen außerhalb des Parlaments verbanden sich mit Maschinenstürmerei und Hungerrevolten in den Vorstädten. Die Bürgerwehr schritt dagegen ein und demonstrierte somit, dass die politischen Gegensätze innerhalb und außerhalb des Parlaments blutiger geworden waren. Die Linke steigerte sich noch, indem sie am 31. Oktober von der Staatsregierung eine militärische Intervention zugunsten der Wiener Aufständischen verlangte. Die Mehrheit bog diese erneute provokante Kompetenzüberschreitung dahin ab, dass sie einen Antrag an die Frankfurter Zentralgewalt stellte, in Österreich zu vermitteln. Daraufhin stieg die Erregung in den Berliner Straßen so sehr, dass die Abgeordneten durch die Bürgerwehr geschützt werden mussten.

Da mit der vom König nun verlangten Verhängung des Belagerungszustandes die Ausgleichsbemühungen seines Kabinetts ans Ende gelangt waren, reichte Pfuel bereits am 16. Oktober seinen Rücktritt ein. Er demissionierte aber erst am 28., da die Lage in der Stadt durch die Verbindung des städtischen mit dem nationalen Radikalismus in der Mitte des Monats noch zu explosiv war. Sein Nachfolger Graf Friedrich Wilhelm von Brandenburg, ein Sohn König Friedrich Wilhelms II. aus morganatischer Ehe, hatte seit dem 8. November den Auftrag, das gegenrevolutionäre Konzept des September umzusetzen. Nach der Niederschlagung der Wiener Revolution schien keine Rücksicht mehr notwendig. Als das Berliner Parlament auf seine schon am nächsten Tag verkündete Verlegung in die märkische Provinzstadt Brandenburg und vorläufige Vertagung bis zum Ende des Monats hin zum Widerstand schritt, schied etwa ein Viertel seiner Mitglieder, vor allem von der rechten Seite, aus. Das sich selbst demontierende Berliner Parlament hatte der Regierung einen willkommenen Anlass geliefert, am 10. November – wie es unter anderem hieß: zu seinem Schutz – den Belagerungszustand zu verhängen, alle Freiheiten des März zu kassieren und die Bürgerwehr aufzulösen. Lokale Unruhen flackerten auf, in der Armee kam es vereinzelt zu Befehlsverweigerungen und Desertionen. Doch gab es im Land auch Zustimmung zum neuen Kurs. Unter den verschärften Bedingungen des Kriegsrechts behielt die Exekutive das Heft in der Hand.

Die verbliebenen, trotz allem noch beschlussfähigen Abgeordneten versammelten sich in einem Gasthof und riefen zur Steuerverweigerung auf, solange sie nicht ungestört in Berlin ihre Beratungen fortsetzen könnten. Dies war ein unzulänglicher Appell an die bürgerlichen Steuerpflichtigen, deren Rückhalt sie zuvor verspielt hatten. Was in Wien nur nach harten Kämpfen erreicht worden war, nämlich die Hauptstadt wieder in die Hand der Krone zu bringen, war in Berlin in wenigen Tagen fast gewaltlos gelungen.

Um eine Eskalation wie im März zu vermeiden, suchte die Berliner Regierung für ihr Vorgehen Rückhalt in Frankfurt als Bürgschaft dafür, dass der konstitutionelle Kurs fortgesetzt werde. Dort waren die Institutionen bereits aufgeschreckt. Denn seit dem Ausscheren Österreichs durch die Ernennung des Kabinetts Schwarzenberg stand und fiel deren Vorhaben mit Preußen. Der am 6. November an den preußischen Hof abgeordnete Unterstaatssekretär Bassermann war angewiesen worden, die weiterhin uneingeschränkte Freiheit der Beratung für die preußische Nationalversammlung zu erwirken. Keine Erleichterung für seine Mission war es, dass die Zentralgewalt zugleich die alleinige völkerrechtliche Vertretung Deutschlands und die Nationalversammlung die Unterwerfung Preußens unter ihre Gesetzgebungshoheit forderten.

Bassermann, Abgeordneter des Casinos, fand seine Überzeugung bestätigt, dass die preußische Nationalversammlung eine von Linken im Zusammenspiel mit der Straße terrorisierte Versammlung sei, von der auch die Reichsinstitutionen nichts Gutes zu erwarten hätten. Daher protestierte er auch nicht gegen ihre Verlegung und Vertagung und machte keinerlei Anstalten zur Vermittlung. Er verstand die Berliner Ereignisse allein als ein Kampf der Mächte der Ordnung gegen die der Anarchie, deren machtpolitische Dimension, das Ringen zwischen Volkssouveränität und Monarchischem Prinzip, blendete er aus. Um die Erfüllung seines Herzenswunsches, die Gewinnung des preußischen Königs für ein Zusammengehen mit den Frankfurter Konstitutionellen, nicht zu gefährden, hat er die Unterwerfung Preußens unter die Frankfurter Institutionen gar nicht erst vorgeschlagen.

Er hat es vielmehr in den Audienzen am 11. und 14. November gegenüber Friedrich Wilhelm IV. als ausgemacht hingestellt, dass die Paulskirche ihm die erbliche Kaiserkrone anbieten würde. So wollte er die deutsche Einheit im Sinne der Casino-Liberalen präjudizieren und die Linke entscheidend schwächen. Der König ließ sich aber weder durch solche Zukunftsaussichten noch durch das Argument, dass die Monarchien in Deutschland nur im Bündnis mit dem konstitutionell-liberalen Bürgertum zu retten sein würden, beeindrucken. Seine unmissverständliche Aussage, dass er nie parlamentarisch zu regieren gedenke und am Gottesgnadentum festhalte, hat Bassermann und seine Gesinnungsfreunde nicht zum Umdenken veranlasst. Sie hielten daran fest, dass die staatliche Einheit Deutschlands nach den Vorstellungen der Paulskirchenmehrheit nur mit Preußen zu erreichen sei. Um diese Möglichkeit nicht zu verbauen, hat er seinem Ministerpräsidenten die Absicht Friedrich Wilhelms verschwiegen, die Würde eines deutschen Oberhaupts nur mit Zustimmung der Fürsten anzunehmen, und in seinem Bericht an die

Nationalversammlung hat er den politisch brisanten Teil seiner Mission vertuscht. Die Versammlung hat ihn dennoch so vernichtend kritisiert, dass er zum – dann nicht angenommenen – Rücktritt bereit war.

Bassermanns Agieren in Berlin wird dadurch relativiert, dass sich auch andere in dem preußischen Konflikt verhedderten. Die Frankfurter Abgeordneten verlangte bereits am 14. November das freie Beratungsrecht für ihre Berliner Kollegen und die Ersetzung der dortigen Regierung durch eine solche, die das Vertrauen des Landes besitze. Wenige Tage später haben sie aber den Aufruf zur Steuerverweigerung als rechtswidrig getadelt. Der Reichsverweser schwang sich in markigen Worten zum Bürgen der Rechte und Freiheiten des preußischen Volkes auf, sah aber zugleich in der Steuerverweigerung den ersten Schritt zur Anarchie. Dennoch entschloss er sich zu einem zweiten Vermittlungsversuch; diesmal durch zwei Reichskommissare, ebenfalls von der Casino-Partei. Sie wurden aber dadurch mattgesetzt, dass die Regierung Brandenburg den Erlass einer Verfassung ankündigte.

Das Reichsministerium sandte daraufhin Ende November den Präsidenten der Deutschen Nationalversammlung, Heinrich von Gagern, hinterher. Dies war Ausdruck der Ausweglosigkeit, in die die Großdeutsche Partei durch das Programm der Regierung Schwarzenberg, den österreichischen Gesamtstaat um jeden Preis zu erhalten, geraten war. Denn dem Vorsitzenden des Ministerrats, dem Österreicher Schmerling, musste klar sein, dass Gagern als Haupt der Kleindeutschen die Chance nutzen würde, deren Ziel näher zu kommen. Folglich ging es Schmerling darum, eine preußische Verfassung zu verhindern, die das Zusammengehen zwischen Berlin und Frankfurt unmöglich machte; nachrangig war für ihn die Ablösung des Ministeriums Brandenburg. Vor allem aber wollte er wie Bassermann die sofortige Zusage des Königs, die Kaiserkrone anzunehmen. Obwohl der König zu diesem Zeitpunkt keinen Grund mehr sah, in irgendeinem Punkt nachzugeben, hielt er Gagern so geschickt hin, dass er, zusätzlich geblendet durch aus Verzweiflung geborene Illusionen, nicht ohne Zuversicht nach Frankfurt zurückkehrte.

Die preußische Nationalversammlung, die sich am 27. November erneut versammelte, war nun ein Rumpfparlament. Dass es zeitweise nicht mehr beschlussfähig war, war von keiner größeren Bedeutung mehr, da es am 5. Dezember 1848 aufgelöst wurde. Zusammen mit diesem Erlass wurde die Verfassungsurkunde für den preußischen Staat veröffentlicht.

Der Verfassungsoktroy vom 5. Dezember 1848 war noch nicht das Ziel, sondern nur taktische Station auf dem Weg zu einer gefestigten Monarchie als Grundlage eines erneuerten Preußen. Grundlage war der Entwurf der Nationalversammlung! Daher enttäuschte das Ergebnis die Liberalen auf den ersten Blick nicht. Doch bei näherem Hinsehen entpuppte es sich erneut als Versuch preußischen Finassierens und Verschleppens. Die Exekutivgewalt wurde dem König alleine zugesprochen, der wie seine Regierung größtmögliche finanzielle Unabhängigkeit vom Parlament zusammen mit einem absoluten Veto bekam. Wenn auch in dem begleitenden Wahlgesetz noch der Mut gefehlt hatte, das Wahlverfahren zur Zweiten Kammer für die Nationalversammlung anzutasten, so garantierte doch die Erste Kammer in ihrer plutokratischen und aristokratischen Zusammensetzung eine deutliche Begrenzung volkssouveräner Macht. Darüber hinaus waren die liberalen wie parlamentarischen Avancen ohne großes Risiko. Denn alles stand unter dem Vorbehalt der Revision durch zwei Kammern, die Ende Februar des kommenden Jahres berufen werden sollten.

Schnell sollte sich zeigen, dass die Versicherung, die Bestimmungen der Reichsverfassung würden denen der preußischen vorgehen, nur Taktik war. Zunächst aber erfüllte das Verfassungsangebot seinen Zweck. Es versicherte dem preußischen Bürgertum, dass trotz der Auflösung der Berliner Nationalversammlung das konstitutionelle und nationale Projekt fortgesetzt würde. Durch seinen freiheitlichen Anstrich warb es über Preußen hinaus in liberalen Kreisen des Deutschen Bundes, denen dadurch ein Abrücken von der Linken erleichtert werden sollte. Das Königreich Preußen brach zwar die Brücke zur Nationalversammlung nicht ab und hielt seine deutsche Option offen, doch klar war auch, dass sein Aufgehen in Deutschland nach den Verfassungsvorstellungen der Frankfurter damit so gut wie ausgeschlossen war.

Die Regierung konnte darauf verweisen, dass sie das vom Könige im März gegebene Versprechen, eine Konstitution zwischen ihm und dem Volk zu vereinbaren, eingelöst habe. In ihren Reihen wie auch in denen der Kamarilla war die Überzeugung gewachsen, dass die Lösung der seit 30 Jahren schwelenden preußischen Staatskrise durch eine Verfassung nicht mehr zu umgehen sei. Das Verhalten Friedrich Wilhelms IV. seit den revolutionären Märztagen hatte sie von dem Wert einer Staatsordnung überzeugt, die die Monarchie vor dem König zu schützen vermochte.

Die zugleich restaurierte monarchische Gewalt sollte garantieren, dass die Entwicklung der Krone nicht ein weiteres Mal entglitt, und sie war ein nicht zu übersehendes Zeichen dafür, zu welchen Bedingungen man die Revision zu vollziehen gedachte. Die im Februar 1849 erneut zusammengetretene Zweite Kammer wollte diese nicht akzeptieren. Sie wurde daher Ende April aufgelöst, als nach der Ablehnung der Kaiserkrone und dem Zerfall des Frankfurter Parlaments in dieser Hinsicht keine Rücksichten mehr nötig waren. Mit einem nun auch die Liberalen nicht mehr schreckenden Dreiklassenwahlrecht wurde eine der Revision geneigtere Zweite Kammer herbeigezwungen, mit der bis zum 31. Januar 1850 die „Verfassungsurkunde für den Preußischen Staat" vereinbart werden konnte, die bis zum Ende der Monarchie Grundlage des preußischen Konstitutionalismus bleiben sollte.

Das liberale Bürgertum hatte die Verfassungsrevision nutzen wollen, um Preußen einer parlamentarischen Monarchie bürgerlicher Prägung näher zu bringen. Erreicht worden war das Gegenteil; die oktroyierte Verfassung war diesem Ideal näher gewesen als die revidierte. Denn es waren alle Möglichkeiten ergriffen worden, um seine Partizipation und politische Mitgestaltung zu beschneiden – und dies insbesondere bei den liberalen Essentialia wie der Festsetzung von Ein- und Ausgaben des Staates, der Entfeudalisierung der Ersten Kammer und der Eindämmung des extensiven königlichen Verordnungsrechts. Dem Liberalismus war eine Lektion erteilt worden, die zu begreifen ihm nach den Erfahrungen in der Revolution noch schwerer fiel: Der Kampf um staatliche Macht war ohne Rückhalt im Volk nicht erfolgreich zu führen.

Als Gewinn bürgerlicher Verfassungspolitik waren allein die schon in der preußischen Nationalversammlung konzipierten Grund- und Freiheitsrechte zu buchen. Sie blieben als Kompromissangebot in der Verfassung vom 31. Januar 1850 und waren der einzige aus der Revolution hervorgegangene Grundrechtskatalog, der sie überdauerte. Wenn die politischen Rechte auch nochmals eingeschränkt worden waren und wenn später Rechtsprechung und Jurisprudenz den Grundrechten jeglichen Vorrang bestritten und sie lediglich wie objektive Normen ohne naturrechtlichen Gehalt behandelten, so haben sie dennoch für die gesellschaftliche Emanzipation von Bürgertum und Massen eine nicht unerhebliche Bedeutung erlangt – wohl nicht zuletzt deswegen, weil sie sich besser in die Staatstradition Preußens einfügten, das immer mehr Rechtsstaat als Verfassungsstaat war und bleiben sollte.

Für den weiteren Verlauf der Revolution sollte entscheidend werden, dass sich parallel und fast gleichzeitig der Umschwung in den beiden wichtigsten deutschen Staaten in auffallend ähnlichen Schritten angebahnt hat: Ernennung eines antirevolutionären Kampfkabinetts, Verlegung der Parlamente in die Provinz und der Begründung einer neuen politischen Ordnung durch den Monarchen und eben nicht das Parlament.

6.3 Die existenzielle Bedrohung des Kaisertums Österreich

6.3.1 Allseitige Herausforderungen

Von allen Staaten Europas ist keiner durch den revolutionären Aufbruch des Jahres 1848 so sehr an den Rand seiner Existenz gebracht worden wie das Kaisertum Österreich. Durch die großdeutschen Ambitionen der Frankfurter Nationalversammlung war seine innere Einheit ebenso gefährdet wie durch die Föderalisierungsbestrebungen des Wiener Reichstages. Die Hauptstadt wurde von den politisch aufrührerischsten, blutigsten und längsten Unruhen in ganz Europa heimgesucht, deren Schwäche allerdings im Fehlen einer inneren Geschlossenheit lag. Wien oszillierte zwischen dem Verlangen nach einer Konstitution, brutaler Empörung als Folge langjähriger Repression und den Gewaltausbrüchen der verelendeten Unterschichten. Dazu kam, dass die bürgerlichen Emanzipationsbewegungen und die sozialen Unruhen außerhalb des deutschen Kerngebiets einen zusätzlichen Schub durch die Unabhängigkeitsbestrebungen der Völker erhielten. Sie reichten von dem Verlangen nach Autonomie auf der Grundlage einer liberalen Konstitution wie in den Königreichen Böhmen und Ungarn bis hin zur nationalen Unabhängigkeit, wie sie im italienischen Vizekönigreich angestrebt wurde.

6.3.2 Die Wiener Revolution

Im Kaisertum Österreich leitete seit über einer Generation der aus dem Reichsadel stammende Graf (seit 1813 Fürst) Klemens Wenzel Lothar von

Metternich die Politik. Erste Priorität hatte für den Staatskanzler die Aufrechterhaltung der inneren und äußeren Wiener Nachkriegsordnung. Zu ihrer Inkarnation war er für Freund und Feind im Deutschen Bund wie in Europa während seiner langen Regierungszeit geworden. Welche Kluft dabei zwischen Herrscher und Untertanen entstanden war, sollte sich gerade in Österreich rasch zeigen, als im März 1848 das Volk in Bewegung geriet.

Die frustrierten Bürger, die in Geselligkeits- und Kulturvereinen die Politik räsonierend begleitet hatten, proklamierten sofort die üblichen Märzforderungen und verlangten die Einberufung gesamtösterreichischer Reichsstände. Über die zufällig sich am 13. März versammelnden niederösterreichischen Stände wollten sie ihr Begehren an Hof und Staatskonferenz bringen. In den dabei entstandenen Tumulten fielen die ersten Revolutionäre unter den Gewehrsalven der Truppe. Daraufhin schlossen sich Bürger, unterbürgerliche Schichten, Arbeiter und Studenten, die in Wien eine Bedeutung wie sonst nirgends erhielten, in einem Bürgerkorps zusammen. In den Vorstädten wurden Läden geplündert und Fabriken gestürmt.

Die Staatskonferenz wollte zunächst weiterhin auf Gewalt setzen, entschloss sich dann aber, nicht zuletzt durch die Intervention des späteren Reichsverwesers Erzherzog Johann, sich dem Volk zu beugen und die Demission Metternichs anzunehmen. Folgenreich war der Entschluss, das Militär zurückzuziehen und der Bürgerwehr die Sicherheit der Stadt zu übertragen. Studenten- und Bürgerverbänden bot dies die willkommene Gelegenheit, sich aus den Beständen des Zeughauses zu bewaffnen und einem Bürgerausschuss die Kontrolle der Stadtverwaltung anzuvertrauen. Die Macht lag aber in den Händen der Nationalgarde und einer studentischen Legion. Sie standen unter dem beherrschenden Einfluss der Radikalen, die das Vertrauen der Arbeiterschaft und der Unterschichten der Hauptstadt genossen. Sie schreckten teils vor Gewalt nicht zurück.

Am 15. glaubte die Staatskonferenz, die Situation nur noch dadurch beherrschen zu können, dass sie die Einberufung einer Volksvertretung zur Verabschiedung einer Verfassung zusagte. Die Frage, ob man sich damit zufriedengeben sollte oder auf der demokratischen Wahl der Volksvertretung und ihrer höchster Entscheidungsgewalt bestehen sollte, entzweite die revolutionären Führer.

Das neue Ministerium, das zum ersten Mal als Kabinett gebildet wurde, fand nach mehreren Umbesetzungen Anfang April seine vorläufige Form unter Außenminister Ludwig Graf Ficquelmont und dem bisherigen Hofkanzler Franz Xaver Freiherr von Pillersdorf als Innenminister. Dessen Einberufung der Stände des österreichischen Gesamtstaates folgten jene aus dem Königreich Böhmen und dem Vizekönigreich Lombardo-Venetien nicht. Da der von ihnen eingesetzte Verfassungsausschuss nicht vorankam, entschloss sich die Regierung angesichts der nach wie vor angespannten Lage, am 25. April eine Verfassung durch kaiserliches Patent in Kraft zu setzen. Schon das Verfahren wurde als Provokation empfunden. Dazu kam ein Senat aus Prinzen, Ministern und Großgrundbesitz sowie ein Volkshaus, das indirekt von den Besitzenden gewählt wurde und dessen Beschlüsse dem Vetorecht des Kaisers unterlagen. Die neue Ordnung sollte nur für die Erbländer, also nicht für Ungarn und die italienischen Besitzungen, gelten. Nach der „Sturmpetition" der Nationalgarden, Arbeiter und Studenten musste sie zurückgenommen werden. Ihre Vorlage und die Ernennung des Feldmarschallleutnants Graf Latour zum Kriegsminister hatte die Volksbewegung strukturiert. Sie gründete einen „Demokratischen Klub", der in den aufblühenden Arbeitervereinen, der „akademischen Legion" und der „Nationalgarde" seine exekutiven Organe hatte. Er war inzwischen so mächtig, dass er in der Nacht vom 3. zum 4. Mai gewaltsam die Demission des Ministerpräsidenten erzwingen konnte. Sein Nachfolger wurde Innenminister Pillersdorf.

Der Kampf gegen seinen Verfassungsentwurf trieb die Entwicklung weiter. Die Radikalen strafften ihre Organisation und bestimmten das Geschehen in der Stadt. Mit halben Zugeständnissen und Verboten kam die Regierung nicht durch, sodass sie schließlich die Revision des Entwurfs durch einen konstituierenden Reichstag, der aus allgemeinen, doch indirekten Wahlen hervorgehen sollte, zugestand. Die Kapitulation wurde durch die Flucht der kaiserlichen Familie am 17. Mai nach Innsbruck perfekt, von wo aus der Gegenschlag in die Wege geleitet werden sollte.

Der Sicherheitsausschuss, zu dem sich die Wiener Aufständischen Ende Mai zusammengeschlossen hatten, schwang sich jetzt zu einer Nebenregierung auf. Er wollte dem kaiserlichen Kabinett sein Programm der Umwandlung der Autokratie in eine demokratische Monarchie mit starker Parlamentsherrschaft aufdrängen. Als die Regierung dem nicht nachkam und zudem führende Militärs, denen man nicht zu Unrecht reaktionäre Gesinnung unterstellte, nicht abberief, verlangte der Ausschuss Anfang Juli ihre personelle Umgestaltung. Erzherzog Johann, der als Vertreter des Kaisers in Wien zurückgeblieben war, gestand dies zu. Ministerpräsident und Außenminister wurde sein Vertrauter Johann Philipp Freiherr von Wessenberg, Innenminister Anton Freiherr von Doblhoff. Ihn hatte der Sicherheitsausschuss vorgeschlagen, dem es darüber hinaus gelang, mit Alexander Bach als Justizminister auch einen Mann aus den eigenen Reihen im Kabinett zu platzieren.

Der konstitutionelle Reichstag wurde am 22. Juli 1848 mit einer Rede des Erzherzogs eröffnet. Die überwiegend vertretenen Bauern und Bürger waren durchgehend gemäßigt, die Linke deutlich in der Minderheit. Seine Arbeit ließ sich zunächst gut an. Am 31. August verabschiedete er das „Gesetz über die Aufhebung der Untertänigkeit und der Grundlasten." Es hob die Herrschaft der Grundherrn über die Bauern auf und räumte ihnen die Möglichkeit ein, die Lasten abzulösen. Es war ein Sieg der Regierung, dass sie dafür eine Entschädigung durchsetzen konnte, genauso wie es ihr gelang, die Sanktionierung des Kaisers für alle Beschlüsse vorzubehalten. Mit diesem Gesetz wurde wie in Deutschland die Schwächung des revolutionären Potenzials durch das allmähliche Ausscheren des Landes eingeleitet. Seine eigentliche Aufgabe erfüllte der konstituierende Reichstag aber nicht. Die politischen und nationalen Gegensätze konnten nicht überwunden werden.

Inzwischen hatte der Sicherheitsausschuss seine erste Niederlage erlitten. Nach französischem Vorbild hat er für seine Anhänger Arbeitsbeschaffungsmaßnahmen erzwungen, musste aber Ende August einsehen, dass damit die Staatskasse überstrapaziert wurde. Die Einstellung der Maßnahmen trieb die Arbeiter zum blutigen Aufstand, in dem der Sicherheitsausschuss an der Seite der Ordnungskräfte gegen sie stand.

In der Gewissheit, dass die monarchische Loyalität außerhalb der Hauptstadt ungebrochen war, und in der Zuversicht, dass nun auch dort langsam die Gemäßigten vordringen würden, kam der Hof dem Wunsch des Reichstags nach. Er kehrte am 12. August 1848 nach Wien zurück. Die Lage schien sich zunächst zu konsolidieren. Durch die sozialen Unruhen erschreckt, rückten das Bürgertum und die Bürgerwehr von der Aufstandsbewegung ab. Daher konnte es die Regierung im September wagen, den Sicherheitsausschuss ebenso aufzulösen wie den radikalen Wiener Gemeinderat. Schließlich gelang es auch, den Versuch des Reichstags, sich als exekutives Revolutionsorgan zu etablieren, zu verhindern. Doch weil die materielle Lage der

Unterschichten sich eher verschlechtert als verbessert hatte, nahmen die Unruhen in den Vorstädten, die von den Arbeiterklubs getragen wurden, an Radikalität zu. Dies ermunterte die bisherigen Kräfte des Sicherheitsausschusses, sich erneut in einem „Zentralkomitee der radikalen Vereine" zu sammeln, um wiederum die politische Führung zu übernehmen.

6.3.3 Böhmen zwischen Nation und Konstitution

Seit dem Beginn des Jahrhunderts war sich die tschechische Nation vor allem über literarische Produktionen und historische Forschungen ihrer selbst bewusst geworden. Vor diesem Hintergrund gelang es Prager Bürgern auf der Grundlage der Märzforderungen, seit dem ersten Drittel des März 1848 eine politische Sammlungsbewegung in Gang zu setzen. Sie verlangte darüber hinaus die Selbstständigkeit des Königreichs Böhmen. Die Aufhebung der Erbuntertänigkeit der Bauern wurde von ihr ebenso gefordert wie die Gleichberechtigung der deutschen und tschechischen Nation im neuen Staat. Das durch den Ausbruch der Aufstände in Italien und Ungarn unter Druck geratene kaiserliche Ministerium machte Anfang April zumindest verbal Konzessionen. Zugleich aber wurde die Bewegung dadurch geschwächt, dass die Forderung nach staatlicher Autonomie die beträchtliche deutsche Minderheit verunsicherte und die nach Aufhebung der Erbuntertänigkeit einen Teil des Adels. Darüber hinaus weigerten sich Mähren und Österreichisch-Schlesien, den auf der Grundlage eines Zensus zu wählenden gesamtböhmischen Landtag zu beschicken.

Der Versuch des kaiserlichen Statthalters, die anschwellende Bewegung in den Griff zu bekommen, misslang. Es kam zu ersten Zusammenstößen mit dem Militär und in Prag wurden nach dem Wiener Vorbild eine bürgerliche Nationalgarde wie eine studentische Legion gebildet. Die kaiserliche Regierung hatte die Kontrolle über die Hauptstadt und das Reich als Folge des Widerstandes gegen den Verfassungsentwurf von Pillersdorf verloren. Daraufhin rief der böhmische Gubernialpräsident Leo Graf Thun Ende Mai eine Provisorische Regierung ins Leben. Sie sollte die Zentralbehörden für die Länder der Wenzelskrone aufbauen und die Einberufung des bereits ausgeschriebenen Landtags durchführen. Die Politik ihres Statthalters, durch Konzessio-

nen an die nationaltschechische Bewegung diese von den sozialen und radikalen Elementen zu trennen und so die Kontrolle zu behalten, wurde von der
kaiserlichen Regierung in Wien schon fast als Staatsstreich bewertet.

Als Reaktion auf die in Böhmen ausgeschriebenen Wahlen zur Frankfurter Nationalversammlung hat der nationaltschechische Flügel der Reformbewegung einen Kongress zur Sammlung der Slawen für Ende Mai nach Prag
einberufen. Dies sollte der erste Schritt zur Umwandlung des Habsburger-
reichs in eine Föderation der Völker sein. Zugleich sahen sich die radikaleren
Elemente in ihren Reihen durch die Vorgänge in der Hauptstadt des Reiches
dazu ermutigt, entschiedener vorzugehen. Sie nahmen die sozialen Forderungen der Prager Arbeiterschaft und der der zahlreichen von auswärts ein-
strömenden Arbeitssuchenden auf, um nach Wiener Vorbild einen Sicherheitsausschuss durchzusetzen. Dabei kam es zu ersten Zusammenstößen mit
dem Militär. Sie gingen am 13. Juni in blutige Kämpfe über, die nach einer
Woche mit der Niederlage der Aufständischen endeten. Der Sieg des Oberkommandierenden, Alfred Fürst Windischgrätz, wurde von den Deutschen
in Böhmen, Österreich und im Deutschen Bund begrüßt – ein Zeichen dafür,
wie sehr für sie inzwischen, sicherlich durch den Slawenkongress gefördert,
die anfangs unterstützte Reformbewegung zu einer nationalen Provokation
geworden war.

Mit der Niederschlagung des Prager Pfingstaufstands 1848 war die tschechische konstitutionelle Bewegung gescheitert. Sie versuchte seitdem mit
nicht mehr Erfolg, ihre Ziele mithilfe der bestehenden Institutionen durchzusetzen. Sie war, wie so oft in der Habsburgermonarchie, an dem Gegensatz
zwischen den Nationen gescheitert. Dazu kamen ihre zu geringe Verankerung im oberen Bürgertum Böhmens und die im Frühjahr eingeleitete Aufhebung der feudalen Abhängigkeit der Bauern, die das Land beruhigte. Der
österreichische Gesamtstaat hatte seine erste Herausforderung bestanden,
seine existenzielle Bedrohung aber noch längst nicht abgewehrt.

6.3.4 Aufstand in Ungarn

Das Kaisertum Österreich hatte am Vorabend der Revolution noch die Struktur eines frühneuzeitlichen Staates. Die Staatsgewalt, die beim Kaiser ruhte,

war eine Sammlung ganz unterschiedlicher Rechte und Privilegien der Königreiche, Fürstentümer und Provinzen. Im Königreich Ungarn herrschten die habsburgischen Kaiser seit 1526 aufgrund des Königstitels. Sie ließen sich in dem Reich, in dem mehrere Ethnien unter der ungarischen Stephanskrone zusammengefasst waren, ständig durch einen Palatin vertreten. Bis zur Revolution hatte Ungarn innerhalb des habsburgischen Herrschaftsgebildes den Status eines halbautonomen Staates erreicht. In Wien wurde nur noch über seine Außenpolitik, das Militär und die Finanzen entschieden. Dafür war eine eigene Hofkanzlei eingerichtet worden.

Als auf dem seit November 1847 in Pressburg tagenden ungarischen Landtag die Nachricht von der Pariser Februarrevolution eintraf, hielt der Führer der Opposition im Unterhaus, Lajos Kossuth, am 3. März 1848 eine programmatische Rede. Er verlangte für sein Vaterland eine verantwortliche Regierung als Voraussetzung für Reformen, die sich auf Rechts- und Steuergleichheit wie die Aufhebung der Urbariallasten erstrecken sollten. Durch die Nachricht über die Wiener Unruhen ermuntert, wurde das Programm um die Forderung nach einer Verfassung für das gesamte Habsburgerreich erweitert. Der bedrängte Kaiser gestand alles zu und ernannte am 17. März den bisherigen Führer der hochadligen Opposition, Graf Lajos Batthyány, zum Ministerpräsidenten. Durch diesen Erfolg ermuntert, haben die oppositionellen und liberalen Kräfte im Landtag bis Mitte April Ungarn grundlegend umgestaltet. Das ständische Unterhaus strebte zugleich durch die Errichtung eines Parlaments und einer diesem verantwortlichen Regierung die Konstituierung einer ungarischen Nation innerhalb des Kaisertums Österreich an. Die Beziehung zu diesem sollte darauf beschränkt werden, dass der Kaiser gleichzeitig König von Ungarn war.

Die Magyaren erlebten im Frühjahr 1848 eine rasante Umwandlung zum parlamentarischen Rechtsstaat. Begleitet wurde sie von der Beseitigung der feudalen Agrarverfassung durch eine noch überwiegend von Adligen dominierte Ständeversammlung. Diese beschloss darüber hinaus, dass in Zukunft neben dem bisherigen Oberhaus ein gestärktes Unterhaus stehen sollte, das von etwa einem Viertel der männlichen Bevölkerung wählbar war. Da die politischen Entscheidungen in Zukunft dort fallen würden, hat sich eine beträchtliche Anzahl der in Ungarn zahlreichen Adligen in dieses Haus wählen lassen. Einmalig im damaligen Europa strebte in Ungarn im April 1848 eine vorwiegend adlige Ständeversammlung eine liberale Zivilgesellschaft und ein konstitutionelles Regierungssystem an. Die kaiserliche Regierung musste diese Entwicklung vorerst widerstandslos akzeptieren. Sie konzentrierte sich auf die Abwehr der großdeutschen Bestrebungen der Frankfurter Nationalversammlung, die Unruhen in Böhmen und die Loslösungsbestrebungen in Norditalien. Sie ernannte daher am 7. April einen ungarischen Ministerpräsidenten und sein Reformkabinett. Mit der Aufnahme seiner Regierungstätigkeit einige Tage später war Ungarn in beträchtlichem Umfang von Wien unabhängiger geworden. Da sich die Regierung Batthyány ihrer prekären Unabhängigkeit bewusst war, strebte sie rasch die diplomatische Anerkennung europäischer Nationen an. Mit dem revolutionären Deutschland sollte aus dem gemeinsamen Interesse, eine habsburgische Restauration zu verhindern, sogar ein Bündnis eingegangen werden.

Am 5. Juli 1848 trat in Pest die nach neuem Recht gewählte Nationalversammlung Ungarns zusammen. Sie musste sich nochmals dadurch bestätigt fühlen, dass der Kaiser in einer Grußbotschaft ausdrücklich die Völker der Stephanskrone ermahnte, den Anordnungen von Parlament und Regierung zu folgen. Denn so sehr von diesen die Reformmaßnahmen begrüßt worden waren, so sehr lehnten sie die damit einhergehenden Ambitionen einer sprachlich-kulturellen Dominanz der Ungarn ab. Deswegen war es zu ersten Unruhen gekommen, die sich mit heftigen Auseinandersetzungen in den Völkerschaften zwischen einheimischen Bauern und ungarischen Grundbesitzern mischten.

Verlockt durch die Bedrängnis der kaiserlichen Regierung und des nach Innsbruck geflohenen Hofes strebte Ungarn danach, seine Unabhängigkeit zu befestigen. Die Regierung wollte aus den im Königreich stationierten nationalen Teilen der kaiserlichen Armee und durch Neurekrutierung eine ungarische Nationalarmee aufbauen. Die Entspannung der militärischen Lage in Norditalien gab Wien neuen Mut. Es brandmarkte diese Absicht ebenso wie jene, eine eigene Währung einzuführen, als Verstoß gegen die Einheit und Unteilbarkeit der Habsburgermonarchie. Wien beabsichtigte nun, einen neuen Ministerpräsidenten zu präsentieren, und verlangte die Übertragung des Oberkommandos der Streitkräfte in Ungarn an einen kaiserlichen Kommissar. Als dieser, vielleicht nicht ohne politische Absicht, am 28. September vom Budapester Mob gelyncht wurde, verhängte der Kaiser das Kriegsrecht und hob das ungarische Parlament und alle seine bisherigen Gesetze auf. Da sich die Nationalversammlung weigerte, dem nachzukommen, war der Krieg unvermeidlich. Der immer noch militärisch bedrängte Kaiser wollte ihn zunächst durch die seit längerem rebellierenden Kroaten unter ihrem Banus Joseph Jellačic führen lassen. Zugleich wurden den Völkern Ungarns ihre Rechte zugesichert und den Bauern die Zugeständnisse vom April 1848 garantiert.

6.3.5 Die Festigung des Kaisertums

Bis zum Spätsommer 1848 war es der österreichischen Armee gelungen, die Lage in Böhmen zu beruhigen, die Separationsbewegung in der Lombardei zu besiegen und vor allem den diese unterstützenden König von Sardinien-Piemont zu schlagen. Die neu gewonnene militärische Handlungsfreiheit sollte nun genutzt werden, um gegen die weitaus gefährlicheren Selbstständigkeitsbestrebungen in Ungarn vorzugehen. Philipp Graf Lamberg wurde zum Kommissar und Oberkommandierender der dort stationierten kaiserlichen Truppen ernannt. Die ungarische Revolutionsregierung war zum Kampf gegen die Intervention entschlossen, in dessen Verlauf Lamberg am 28. September in Pest gelyncht wurde. Am selben Tag übertrug daraufhin das Abgeordnetenhaus dem seit Anfang des Monats bestehenden Landesverteidigungsausschuss unter seinem Präsidenten Kossuth die exekutive Macht. Er konnte die Kroaten bis zum Ende des Monats September nach Niederösterreich abdrängen.

Im Gegenzug mobilisierte die kaiserliche Regierung alle verfügbaren Truppen gegen die ungarischen Aufständischen. Jene in der Provinz folgten willig. Die Truppen in der Hauptstadt meuterten unter dem Einfluss der sich neu formierenden Demokraten, Arbeiter und Studenten, die jetzt zusätzliche Unterstützung durch die allein noch im Reichstag verbliebene Linke erhielten. Um den Abmarsch der Wiener Truppen gegen die ungarischen Rebellen, mit denen man sich solidarisierte, zu verhindern, sprengten sie eine Sitzung des Kabinetts. Der besonders verhasste Kriegsminister Latour, der sich nicht mehr hatte in Sicherheit bringen können, wurde ermordet. Mit den Waffen aus den geplünderten Arsenalen wurde eine Mobilgarde, überwiegend aus bezahlten Gardisten der Unterschichten, ausgerüstet. Nachdem die Regierung auseinandergetrieben worden und der Hof am 7. Oktober erneut geflohen war, herrschte in Wien die revolutionäre Diktatur.

Der inzwischen in Olmütz angekommene Hof nahm die Herausforderung an. Alfred Fürst Windischgrätz, der sich bei der Niederschlagung des Prager Pfingstaufstandes bewährt hatte, bekam den Befehl, die Wiener Revolte zu ersticken. Die Provisorische Zentralgewalt versuchte zu vermitteln, doch blitzten ihre Kommissare im Hauptquartier ebenso ab wie bei der Regierung in Olmütz, da es sich um eine innerösterreichische Angelegenheit handle. Die Linke in der Frankfurter Nationalversammlung solidarisierte sich in einem Aufruf mit dem Rumpfreichstag und der Wiener Bevölkerung. Von den Emissären, die ihn überbrachten, beteiligten sich Julius Fröbel und Robert Blum aktiv am Widerstand gegen die kaiserlichen Truppen.

Windischgrätz verhängte am 20. Oktober den Belagerungszustand über Wien und Umgebung. Drei Tage später, nach Ablauf des Ultimatums, drang er in die Stadt ein. Die ungarische Aufstandsarmee, auf deren Hilfe die Rebellen gehofft hatten, rückte wegen ihrer unzulänglichen Ausrüstung und weil einige Offiziere nicht gegen die kaiserliche Armee kämpfen wollten zu zögerlich vor. Als sie ankam, war die Stadt bereits in der Hand des Kaisers. Der Schulterschluss zwischen der ungarischen und der Wiener Revolution war missglückt. Mit der blutigen Eroberung Wiens und der Verlegung wie Vertagung des Reichstages war die Macht der österreichischen Revolution gebrochen.

Im Zuge der kriegsrechtlichen Aufarbeitung des Aufstands wurden auch die beiden Abgeordneten Robert Blum und Julius Fröbel zum Tode verurteilt. Während Fröbel begnadigt wurde, wurde Blum, den die österreichische Regierung für einen gefährlichen Anarchisten hielt, am 9. November erschossen. Die Regierung wies den Protest der Nationalversammlung mit dem Hinweis zurück, dass deren Abgeordnete im Kaisertum keine Immunität genössen, da das einschlägige Gesetz dort nie veröffentlicht worden sei. Diese ungeheure Demütigung der Frankfurter Institutionen und insbesondere der Linken löste in ganz Deutschland einhellige Empörung und Anteilnahme aus, die für kurze Zeit alle politischen Gegensätze überwölbten.

Das Kabinett Wessenberg, das die politische Verantwortung für das Desaster trug, zog sich aus dieser Einsicht heraus freiwillig zurück. Dies machte den Weg frei für die Ernennung des Schwagers des Siegers von Wien, Felix

Fürst Schwarzenberg, zum Ministerpräsidenten und Außenminister am 21. November 1848. Ihm war klar, dass die außerordentlich labile Lage bei seinem Amtsantritt ein abwartendes und zurückhaltendes Vorgehen erforderte. In Norditalien musste jederzeit mit dem erneuten Aufflackern der Ambitionen des Königreichs Sardinien-Piemont gerechnet werden. Die Lombardei war besetzt, aber noch nicht politisch befriedet und die Republik Venedig leistete effektiven Widerstand. In Ungarn hatten die Rebellen inzwischen eine Armee im Feld, die die österreichische nicht zu fürchten brauchte. Daher behauptete er gegenüber Frankfurt seine Positionen, ohne die ihnen entgegenstehenden zurückzuweisen.

Den konstitutionellen und reformerischen Bewegungen im eigenen Land konzedierte er einige Erfolge. Dazu nahm er einige Vertreter der bürgerlichen Mitte und der liberalen Aristokratie in sein Kabinett auf. Mit Justizminister Bach blieb selbst ein führender Kopf der Wiener Straßenkämpfe in der Regierungsverantwortung. Er legte sich allerdings gegenüber den Reformbestrebungen und dem Reichstag nicht darauf fest, wie es weitergehen sollte. Dem Parlament wurde versichert, dass alle vor der Oktoberrevolution gefassten Beschlüsse weiter gelten sollten. Sein Werk sollte er allerdings in der mährischen Provinzstadt Kremsier zu Ende führen. Obwohl damit der nachrangige Stellenwert, den er ab jetzt haben sollte, symbolisch zum Ausdruck kam, versammelte er sich dort am 22. November 1848 zum ersten Mal.

Der abschließende Schritt zur Stärkung der kaiserlichen Exekutive war, den debilen Kaiser Ferdinand zur Abdankung zu bewegen und die Thronfolge des geistig schlichten und psychisch schwachen Erzherzogs Franz Karl zu verhindern. Im Zusammenspiel mit dessen Gattin, Erzherzogin Sophie, seit langem der politischste Kopf am Hof, setzte er deren 18-jährigen Sohn Franz Joseph als Nachfolger am 2. Dezember 1848 durch. Er verstand sich wiederum als „Kaiser von Gottes Gnaden"; die Bezeichnung „konstitutioneller Kaiser", die sein Vorgänger seit Anfang März trug, verschwand. Ein nicht zu unterschätzender Erfolg zur Wiederherstellung der politischen Macht und symbolischen Strahlkraft des Kaisertums.

Die Regierung Schwarzenberg stand für einen grundsätzlichen Politikwechsel in Österreich. Die Einbindung der Reformbewegungen und die Suche nach Kompromissen mit den Selbstständigkeitsbestrebungen der Völker, wie sie die Vorgängerregierungen ausgezeichnet hatten, kamen für sie nicht infrage. Freilich, ein ausgefeiltes Konzept wie Staat und Gesellschaft demnächst zu gestalten seien, fehlte. Daher bestimmten die Umstände mehr als Konzeptionen das, was sich nun in dieser Hinsicht formte. Kein Zweifel bestand aber für den böhmischen Aristokraten deutscher Herkunft daran, dass der österreichische Gesamtstaat, so wie er war, zu erhalten sei. Dessen Staatsräson liege nicht in der Führung der Deutschen, sondern im Ausgleich zwischen den Völkern. Immer wieder tat er seine Überzeugung kund, dass der Erhalt des Vielvölkerstaats nicht nur in dessen Interesse, sondern auch Europas und Deutschlands sei.

Damit war allen großdeutschen Aspirationen der Nationalversammlung, in welcher Form auch immer, der Boden entzogen. Doch wusste Schwarzenberg auch die Vorteile der Verankerung des Kaisertums in Deutschland zu schätzen. Deshalb stellte er sich allen kleindeutschen Lösungen entgegen. Schon nach einem Jahr war er mit dieser Deutschlandpolitik am Ziel. Der Realpolitiker und gewiefte Taktiker verkörperte den größtmöglichen Gegensatz zum preußischen König Friedrich Wilhelm IV., den er in der deutschen Frage überspielte.

Wie im Königreich Preußen wurde die Festigung des Kaisertums Österreich durch eine Verfassung abgeschlossen. Wie dort war diese hier mehr ein taktischer Schachzug als Begründung einer neuen Ordnung. In beiden Fürstentümern wurde durch die Oktroyierung am 4. März 1849 vor aller Augen demonstriert, dass die verfassunggebende Gewalt des Volkes der des Herrschers weichen musste. Was Ministerpräsident Schwarzenberg schon bei seinem Regierungsantritt verkündet hatte, nämlich dass das Kaisertum Österreich eine unteilbare und unauflösliche Erbmonarchie sei, wurde nun staatsrechtlich festgeschrieben. Der Zentralismus wurde dadurch vervollständigt, dass die Sonderrechte der Kronländer, die nun Provinzen hießen, fast vollständig beseitigt wurden. Das österreichische Reichsministerium konnte die von den Landtagen beschlossenen Gesetze in freiem Ermessen aufheben. Der Exekutive wurden alle Möglichkeiten zum Aufbau einer Autokratie gewährt: der Kaiser erhielt das absolute Vetorecht und das Recht der Notverordnung; er verhängte den Belagerungszustand und löste die Reichsversammlung auf. Obwohl schon die vom Juli 1848 durch Sprachenstreit und völkischen Egoismus gelähmt worden war, wurde vielleicht gerade deswegen erneut eine solche parlamentarische Institution für den Gesamtstaat eingerichtet. Alles nur taktische Finessen, da die Wahlen dazu wie auch zu den Landtagen der Provinzen niemals ausgeschrieben wurden.

6.3.6 Die Niederschlagung der ungarischen Rebellion

Mitte des Monats Dezember 1848 marschierte Windischgrätz als Vollstrecker der neuen politischen Linie der bedingungslosen Unterwerfung in das Königreich Ungarn ein. Bis zum Beginn des Frühjahres hatte er, von Kroaten unterstützt, drei Viertel des Landes erobert.

Die zahlenmäßig und technisch unterlegene ungarische Heimatarmee wurde vom Enthusiasmus, für die Freiheit des Vaterlandes zu kämpfen, angefacht, von der Bevölkerung unterstützt und konnte ihre größere Beweglichkeit ausspielen. So gelang es ihr, die Österreicher bis zum Mai 1848 fast vollständig aus dem Land zu verdrängen und die wichtigsten Festungen in ihre Hand zu bringen. Obwohl bis dahin auch außer in Kroatien die nationalen Unruhen eingedämmt worden waren, blieb die erhoffte militärische und diplomatische Unterstützung durch die europäischen Regierungen aus. Dort zog man den Erhalt des Kaisertums Österreichs der Unabhängigkeit Ungarns vor. Ministerpräsident Schwarzenberg sah sich in seinem Kurs gegenüber Frankfurt, den Gesamtstaat um jeden Preis zu verteidigen, bestätigt.

Das Abgeordnetenhaus war durch die oktroyierte Verfassung für den österreichischen Gesamtstaat von Anfang März 1849 provoziert und durch die militärischen Erfolge stimuliert worden. Daher hat es am 14. April die Unabhängigkeit von Habsburg proklamiert und Kossuth zum Gouverneur mit dem Titel „Präsident" ausgerufen. Dadurch wurde das Verhältnis zu den Nationen der Stephanskrone nochmals komplizierter, da keine von ihnen mit der Dynastie brechen wollte.

Schwarzenberg aber konnte die Niederlage abwenden. Noch im April 1849 wurde sein Schwager Windischgrätz im Oberkommando abgelöst und der Kaiser dazu veranlasst, die Schmach auf sich zu nehmen, den Zaren um Hilfe beim Kampf gegen die Rebellen im eigenen Land zu bitten. Die bereits an der galizischen Grenze zusammengezogene russische Armee brach Mitte Juni vom Osten her gleichzeitig mit den vom Westen kommenden Österreichern auf. Gegen diese Übermacht hatten die ungarischen Rebellen keine Chance. Sie kapitulierten am 13. August 1849. Kossuth floh. Er konnte sich so der österreichischen Rachejustiz an führenden Militärs und Revolutionären entziehen, die das Verhältnis zu Ungarn jahrelang belastete.

6.4 Europäische Verschiebungen

6.4.1 Italien

Auf dem Wiener Kongress war das Kaisertum Österreich zur Vormacht in Italien aufgestiegen. Der gesamte Norden wurde in einem Vizekönigreich Lombardo-Venetien vereinigt. Im Großherzogtum Toskana wurde ebenso eine habsburgische Dynastie eingesetzt wie im Herzogtum Parma. Wenn dort auch 1847 ein Zweig des Hauses Bourbon auf den Thron zurückkam, so suchte es doch weiterhin wie das bourbonische Königreich Neapel-Sizilien Anlehnung an der Vormacht. Im Herzogtum Modena war eine Nebenlinie der Habsburger eingesetzt worden. Die einzige einheimische Dynastie herrschte mit dem Haus Savoyen im Königreich Sardinien-Piemont. Dadurch musste es fast zwangsläufig zum Vorkämpfer eines italienischen Königreichs und zum Rivalen Österreichs werden. Eine Sonderstellung nahm der Kirchenstaat ein. Daher mussten die Vorgänge der Revolutionsjahre in Italien auf Österreich zurückwirken und wurden so auch Determinanten der deutschen Revolution.

Die in Wien geschaffenen Staaten der italienischen Halbinsel waren weder innerlich stabil noch boten sie der immer stärker werdenden nationalen Bewegung einen befriedigenden Ansatzpunkt für die Erfüllung ihrer Wünsche. Folglich war auch Italien von der europäischen Revolutionsbewegung der frühen Dreißigerjahre erfasst worden. Die eher putschartigen Aktionen blieben wirkungslos, hatten allerdings eine politisch aktive Emigration zur Folge, die Verbindungen zu den in den Staaten weiter bestehenden politischen Zirkeln hielt. Aus ihnen heraus formten sich die Bewegungen der Liberalen, die sich an der konstitutionellen Monarchie orientierten, und der Demokraten, die die Republik und das allgemeine Wahlrecht bevorzugten.

Dabei wurde die Lage dadurch kompliziert, dass in deren Reihen gegensätzliche Vorstellungen herrschten, auf welche Weise (durch die Fürsten oder die Volksvertretungen) und in welcher Form (konstitutionelle Monarchie oder Republik) die Einheit des Vaterlandes erreicht werden solle. Unter der Verknappung der Lebensmittel sowie dem Rückgang der Nachfrage nach handwerklichen und industriellen Produkten litt das ganze Land und unter

dem Zusammenbruch der Handelsverbindungen besonders das weit fortge-
schrittene Norditalien. Dadurch wuchs in den bürgerlichen und unterbürgerlichen Schichten, die sich bisher nicht angemessen in der Politik berücksichtigt fanden, die Überzeugung, dass für die Misere der Gegenwart die alten Eliten verantwortlich seien. Sie waren daher entschlossen, sich nachdrücklicher einzumischen.

Das Revolutionsjahr 1848 wurde in Europa entgegen der gängigen Ansicht
nicht in Paris, sondern in der Hauptstadt Siziliens eröffnet. In Palermo kam
es am 12. Januar 1848 zu politisch ziellosen Protesten und Übergriffen. Sie
wurden von Moderaten und Demokraten zu einer Reformbewegung umgebogen, die bis Mitte März 1848 die Unabhängigkeit der Insel auf der Grundlage einer liberalen Verfassung erreicht hatte.

Dieser Erfolg in dem von der 1816 restaurierten Bourbonen-Monarchie
regierten Königreich Neapel-Sizilien löste auf der Halbinsel eine Welle von
Konstitutionalisierungen aus. Von ihr wurden das Großherzogtum Toskana,
Sardinien-Piemont und das Herzogtum Parma erfasst. Selbst der Papst hat
im Kirchenstaat eine Verfassung erlassen, denn die Dynasten hatten erkannt, dass ein Verfassungsstaat die entscheidende Voraussetzung war, um
eine Brücke zum Bürgertum zu schlagen. Mit ihm wollte man die Ansprüche
der Unterschichten und Radikalen abwehren. Die Revolutionsjahre überlebte von den „statuti" allerdings nur der „Statuto Albertino" des Königreichs Sardinien-Piemont vom 6. März 1848. Mit der Errichtung von konstitutionellen Monarchien im Frühjahr 1848 in den größten Staaten Italiens
schien dort die Revolution schon am Ende zu sein, ehe sie im übrigen Europa
begann.

In dem 1815 auf dem Wiener Kongress geschaffenen Königreich Lombardo-Venetien regierte als König in Personalunion der Kaiser von Österreich, der durch einen Vizekönig vertreten wurde. Die beiden Landesteile
hatten eine unabhängigere Stellung als die großen Länder des Kaisertums
und ein gewisses Maß an Selbstverwaltung. Sie erhielten aber in den politisch entscheidenden Fragen ihre Anweisungen von den kaiserlichen Zentralbehörden in Wien. Venetien war weitgehend Agrarland, wohingegen die
Wirtschaft der Lombardei durch Handel, Gewerbe und Manufakturen geprägt war. Die in den Kongregationen schwelende Unzufriedenheit über die
hohen Besatzungskosten und den überproportionalen Beitrag der Provinzen

zum Steueraufkommen des Gesamtstaates wurde durch die vorrevolutionäre Wirtschaftslage verstärkt. Jetzt forderten die wichtigsten Organe der Mitbestimmung der italienischen Bevölkerungsmehrheit neben Reformen eine umfassende Autonomie, die für nicht wenige nur Vorstufe zur Unabhängigkeit war.

Erste Zusammenstöße zwischen der Bevölkerung und der österreichischen Besatzung in Mailand gingen Mitte März in Barrikadenkämpfe über, als dort die Nachricht von der Wiener Revolution eintraf. Innerhalb von fünf Tagen wurden die Truppen vertrieben. Danach konstituierte sich bis zum 8. April eine Revolutionsregierung für die gesamte Lombardei. Die zur Sicherung der errungenen Macht notwendige militärische Unterstützung wollte der König von Sardinien-Piemont, Karl Albert, gewähren.

Die Hoffnung, durch dieses Bündnis ein oberitalienisches Königreich zu begründen, zerfiel schnell. Die Mailänder Regierung, die sich jetzt als italienische verstand, fand keinen Rückhalt in den Massen. Sie bekam die wirtschaftlichen Probleme nicht in den Griff, da sich Monarchisten und Republikaner darüber zerstritten, wie weit der Einfluss König Karl Alberts gehen sollte. Nach dem ersten Schritt zur Konsolidierung des Kaisertums Österreich durch die Niederschlagung des Prager Pfingstaufstandes ergriffen die Truppen des Feldmarschalls Joseph Radetzky Mitte Juni wieder die Initiative und zwangen den Gegner bis zur ersten Hälfte des August zum völligen Rückzug. Wien beruhigte die Lage politisch zusätzlich dadurch, dass der Lombardei mehr Freiheit und eine Verfassung versprochen wurde.

Auch in Venedig war die nationale Bewegung und der soziale Protest in eine Aufstandsbewegung übergegangen, als der Autoritätsverfall der kaiserlichen Behörden während der Wiener Revolution sichtbar wurde. Der kaiserliche Statthalter und die Armee, durch die Meuterei ihrer italienischen Teile zusätzlich geschwächt, zogen sich bis Ende März aus der Stadt zurück. Die rasch auf breiter Basis gebildete revolutionäre Regierung strebte mit den befreiten Städten des Veneto eine Föderation an. Wie in Mailand suchte man auch in Venedig die militärische Unterstützung König Alberts. Man bestand aber für den politischen Anschluss auf dem Erhalt der republikanischen Einrichtungen und der weiteren Demokratisierung. Die Pläne zerschlugen sich mit der Niederlage des Königs und der Rückkehr der Österreicher in die Lombardei. Schon bis Ende Juni 1848 war das Veneto wieder in ihrer Hand, doch die Eroberung der Republik Venedig gelang nicht.

Inzwischen bemühten sich Frankreich und England, einen Frieden des Gleichgewichts zwischen dem Kaisertum Österreich und dem Königreich Sardinien-Piemont zu vermitteln. Nach der Stabilisierung der Lage im österreichischen Kernland ließ Ministerpräsident Schwarzenberg im Februar 1849 die Verhandlungen platzen. Der gedemütigte König versuchte sich erneut als Vorkämpfer der italienischen Einheit in Norditalien zu profilieren. Um republikanischen Einigungsbestrebungen zuvorzukommen, rückte er mit einer unzulänglich einsatzfähigen Armee ins Feld. Daher konnten die Österreicher ihn am 23. März 1849 noch im eigenen Land schlagen. Ihr Sieg bei Novara leitete den Beginn der Reaktion in Italien ein. In Sardinien-Piemont vollzog sich ein Thronwechsel. In Neapel arrangierten sich die Reformer mit dem absolutistischen Regime; in der Toskana wurde die Volksversammlung aufgelöst und der habsburgische Großherzog kehrte zurück.

Das Kaisertum Österreich hat damit seine politische wie militärische Position in Norditalien endgültig befestigt. Das Ende der belagerten Republik Venedig war nun nur noch eine Frage der Zeit. Sie gab am 27. August 1849 vor allem deshalb auf, weil wegen der Niederlage Piemonts dessen Flotte ihre Versorgung über das Meer nicht länger sichern konnte.

Im Juni 1846 bestieg der der Modernisierung gegenüber aufgeschlossene Giovanni Maria Mastai Ferretti als Pius IX. den Stuhl Petri. Die ersten Amnestien, eine Strafrechtsreform und die Milderung der Zensur verwirrten und begeisterten das liberale Italien. Endgültig zu einer Hoffnung der Neoguelfen, die an der Seite der katholischen Kirche die Einigung Italiens anstrebten, war er geworden, als er bis zum Frühjahr 1848 mit den Nachbarstaaten eine Wirtschaftsunion errichtete und Laien zur Regierung des Kirchenstaats heranzog. Diese verheißungsvollen Ansätze erhielten wie überall in Italien einen Rückschlag, als mit der Niederlage der piemontesischen Armee Ende Juli 1848 die ersten Anläufe zur Konstitutionalisierung der Fürstenstaaten wie zur Überwindung der Fremdherrschaft zu scheitern drohten.

Der von dem aus dem Kirchenstaat stammenden Pontifex ernannten Regierung fiel es immer schwerer, das konstitutionelle Programm sowohl mit dem weltlichen Herrschaftsanspruch und der geistlichen Stellung des Oberhaupts der katholischen Kirche in Einklang zu bringen als auch die Erwartungen der Nationalbewegung zu erfüllen. In dieser angespannten Situation fiel deren starker Mann am 15. November 1848 einem Attentat zum Opfer, für das vermutlich die sich im Aufwind fühlenden Demokraten verantwortlich waren. Der Papst floh ins benachbarte Königreich Neapel-Sizilien. Auf der Grundlage des allgemeinen Männerwahlrechts wurde Ende Januar 1849 eine verfassunggebende Versammlung gewählt. Schon am 9. Februar hob sie die weltliche Herrschaft des Papstes auf, rief die Republik aus und beseitigte alle klerikalen Vorrechte. Im März 1849 wurden Rat und Exekutive der Hauptstadt in demokratischen Wahlen bestimmt. Sie wurden kurz darauf mit diktatorischen Vollmachten ausgestattet – angesichts der wiedererstarkten Stellung Österreichs und der Bemühungen des Papstes um eine internationale Militärallianz gegen die Römische Republik. Dies war ein Bündnis mit Billigung Österreichs unter der Führung Frankreichs, auf das bisher die Republikaner Italiens und Europas ihre Hoffnungen gesetzt hatten. Doch der im Dezember 1848 zum Präsidenten gewählte Louis Bonaparte wollte sich dadurch die Unterstützung der katholischen Kirche und der ihr folgenden Landbevölkerung für seine Diktatur-Pläne zu Hause sichern. Gegenüber dieser Übermacht musste die Republik am 4. Juli 1849 kapitulieren. Am Tage zuvor hatte die Assemblea Constituente wie die Frankfurter Nationalversammlung noch kurz vor ihrem Ende ihr Werk vollenden können, mit dem es in Geist und Substanz vergleichbar war. Der zurückgekehrte Papst errichtete ein reaktionäres Regime, das die Verneinung von all dem war, was er selbst in Gang gesetzt hatte.

6.4.2 Frankreich

In Frankreich hatte die politische Vorherrschaft der Bourgeoisie den Übergang vom System der Restauration zum Bürgerkönigtum unbeschadet überstanden. Sie beherrschte aufgrund eines Rechts, das nur einem verschwindenden Bruchteil der Franzosen zu den nationalen Wahlen zuließ, nach wie vor die Kammer der Deputierten. Allerdings musste sie sich in diesen Jahren mit einer wachsenden außerparlamentarischen Opposition auseinandersetzen. Da waren die Republikaner und Demokraten, die ihren Rückhalt bei kleinen Händlern, Arbeitern und diese beeinflussenden Intellektuellen wie Journalisten hatten. Ideologisch wurzelten sie im theoretisch und organisatorisch schon weit fortgeschrittenen Sozialismus. Dazu kamen die Legitimisten, die die Wiederherstellung der Bourbonenmonarchie anstrebten und ihre Anhänger in Adel, Klerus, aber auch Bürgertum und Volk des Westens und Südens hatten. Eher am Rande kämpften die Bonapartisten gegen das bestehende System. Sie glaubten, durch die Schilderhebung des im Exil lebenden Louis Bonaparte, eines Enkels des großen Napoleon, wieder an die alte Glanzzeit anknüpfen zu können.

Da diese plutokratische Klassenherrschaft die Lage im Inneren zu keinem Zeitpunkt beruhigen konnte, drängten jetzt selbst Abgeordnete der Kammer auf eine Erweiterung des Wahlrechts. Die königliche Regierung stellte sich dem entgegen. Daher ging ein Teil der Deputierten zu öffentlichen Protestkundgebungen über. Zu deren Überraschung und Entsetzen erblickte die außerparlamentarische Opposition darin eine Chance und schloss sich sofort an. Damit schlug genau wie 1830 ein Machtkonflikt zwischen der königlichen Exekutive und einem Teil der Kammer in einen Aufstand der Pariser Bevölkerung um. Die aufständischen Massen waren entschlossen, sich diesmal nicht erneut um die Republik betrügen zu lassen, die sie mit der Verbesserung ihrer Lebensverhältnisse verbanden. Die bürgerlichen Revolutionäre konnten die Situation nur retten, indem sie sich dieser Forderung anschlossen und eine Revolutionsregierung auf breiter politischer Basis mit Einschluss der Arbeiterschaft bildeten. Der König floh nach England.

Das Ergebnis dieses 24. Februar 1848, der traditionell als der Anfang des europäischen Revolutionsjahres gilt, hat Täter wie Opfer überrascht: denn es war mehr durch die aus dem Augenblick entstandenen Improvisationen als durch bewusste Steuerung entstanden. Die Männer, die den Auftrag hatten, den Aufstand in die gesetzliche Ordnung zu überführen, waren dieselben, die für die nunmehr beseitigte von 1830 verantwortlich waren. Sie taten das Gegenteil von dem, was damals getan worden war, und kamen doch zu einem vergleichbaren Ergebnis. Die Wirkung, die die Pariser Ereignisse auf dem Kontinent auslösten, ist nur dadurch erklärbar, dass hinter dem spektakulären Regimewechsel vom Königreich zur Republik in der größten Monarchie Europas die Umstände, unter denen er abgelaufen ist, verschwanden.

Die Provisorische Regierung wie die Pariser Bevölkerung spaltete die Frage, wie weit der Regimewechsel sozial abgesichert werden sollte. In der allgemeinen Euphorie des Aufbruchs und um die Auswirkungen der Depression abzufedern, wurden bereits seit Ende Februar in Paris Nationalwerkstätten eingerichtet. Sie standen unter der Selbstverwaltung der vom Staat bezahlten Arbeiter. Zur Wahl der am 4. Mai eröffneten Verfassunggebenden Nationalversammlung waren diesmal statt 300 000 etwa neun Millionen Franzosen berechtigt. Dennoch brachte sie eine überwältigende bourgeoise und bürgerliche Mehrheit, da das Land und die Provinzen vor allem Notabeln und keine Politiker gewählt hatten.

Am 15. Mai putschten die Verlierer der Wahlen. Die von der Nationalversammlung eingesetzte Exekutivkommission wurde mithilfe der Nationalgarde der Lage schnell Herr. Die bürgerliche Mehrheit nahm die Niederlage der Linken zum Anlass, um die ineffektiven und kostspieligen Nationalwerkstätten aufzulösen. Die Pariser Unterschichten wehrten sich dagegen in mehrtägigen blutigen Straßenkämpfen. Der von der Nationalversammlung beauftragte Kriegsminister Louis-Eugène Cavaignac warf diese nieder. Daraufhin wählte ihn das Parlament am 28. Juni zum Präsidenten des Ministerrats, der die Exekutivkommission ablöste, und verlängerte den Ausnahmezustand. Die Republik war mit einer Brutalität gegen die Massen vorgegangen, die die Monarchie kaum gewagt hätte. Die Monate Mai und Juni veränderten das Klima in Paris und Frankreich nachdrücklich. Die Sozialisten waren aus der Exekutive verdrängt worden und hatten einen Teil ihres Massenanhangs verloren. Die Macht lag bei einer politisch wenig profilierten und ungefestigten Mitte der Nationalversammlung. Sie einte nicht mehr als der Wunsch nach stabilen Verhältnissen und die Furcht vor sozialistischen Experimenten.

In Beratungen, die sich vom Mai bis zum Oktober hinzogen, erarbeitete die Nationalversammlung eine Verfassung, durch die das monatelange revolutionäre Provisorium beendet wurde. Es war die klassisch liberale Verfassung dieser Tage, deren soziale Bestimmungen über unverbindliche Appelle nicht hinausgingen. An der Spitze der Republik stand ein Präsident, der sowohl Staatsoberhaupt als auch Regierungschef war. Die Mehrheit in der Nationalversammlung hatte sich durch die brutale Niederschlagung des Aufstands im Juni die städtischen Unterschichten entfremdet und durch die Steuerpolitik die Massen auf dem Land. Dies wurde bei den Präsidentenwahlen vom 10. Dezember 1848 offenbar. Sie gewann keiner der von den Parteien der Nationalversammlung präsentierten Kandidaten, sondern zur Überraschung aller der Außenseiter Louis Bonaparte. Als unbeschriebenes Blatt konnte er die von der Republik Enttäuschten hinter sich sammeln; dazu noch alle, die an sein Versprechen glaubten, das Eigentum zu sichern, die Armut zu überwinden und zugleich den Sozialismus zu bekämpfen. Die Katholiken gewann er für sich durch die Zusicherung, den von den Republikanern vertriebenen Papst nach Rom zurückzuführen.

Der Neffe Napoleons I. hatte keine Skrupel, das anzusteuern, was ihm seine Gegner vorgeworfen hatten, nämlich die Zweite Republik in das Zweite Kaiserreich zu überführen. Er löste die zerstrittene Nationalversammlung auf. Die Neuwahlen vom Mai 1849 brachten die erhoffte Zusammensetzung, sodass er die von der Parlamentsmehrheit gestützte Regierung sechs Monate später durch eine willfährige ablösen konnte. Von dieser Basis aus wurde durch Reduktion der Anzahl der Wahlberechtigten, Durchdringung von Verwaltung und Armee mit Anhängern, Zuwendungen an die Massen und inszenierte Rundreisen durch das Land in den nächsten beiden Jahren eine plebiszitäre Herrschaft aufgebaut.

Von Frankreich war die Initialzündung für die Revolutionen des Kontinents ausgegangen. Die ersten Proklamationen der dortigen Regierung mussten Gleichgesinnte in Europa glauben lassen, dass das Land bei der Umgestaltung des monarchischen Europa vorangehen wollte und dass sie an ihm einen Rückhalt finden würden. Doch schon die Maßnahmen des Frühjahrs und Sommers ließen Zweifel daran aufkommen und zehn Monate danach war davon nichts geblieben. Revolution und Republik waren in Frankreich gescheitert, da die bürgerlichen Revolutionäre die Diktatur der Vollendung ihres Werkes vorzogen, weil sie sich außerstande sahen, die fundamentalen Gegensätze im Land zu überwinden. Vor dem Hintergrund eines mentalen und materiellen Gegensatzes zwischen Stadt und Land wie der Verelendung städtischer und ländlicher Unterschichten kämpften Bürgertum und Bourgeoisie gegen vor Gewalt nicht zurückschreckende Arbeiter und Gesellen. Die Opfer der großen Revolution, Katholizismus und Aristokratie, konnten nicht gewonnen werden. Alles überlagerten die an der Staatsform festgemachten ideologischen Gegensätze zwischen Republikanern, Legitimisten und Bonapartisten.

6.4.3 Die übrigen Mächte und die deutsche Revolution

In Großbritannien wurde die Liberalisierung und Demokratisierung Deutschlands zunächst in der Öffentlichkeit uneingeschränkt begrüßt. Am

Hof war die Stimmung ähnlich. Sie wurde durch die engen verwandtschaftlichen und persönlichen Beziehungen des ersten Ministerpräsidenten der Reichsregierung, des Fürsten Leiningen und zeitweise durch den preußischen Gesandten in London Josias von Bunsen gefördert. Ihre Vorstellungen stießen beim Prinzgemahl Albert von Sachsen-Coburg-Gotha auf Sympathie. Wenn auch die britische Regierung ähnlich dachte, so hinderte dies Ministerpräsident John Russel und Außenminister Henry Palmerston nicht daran, die Einigungsbewegung unter der traditionellen Perspektive des Gleichgewichts und der Machtpolitik zu beobachten. Vor allem die Aufwertung Preußens in diesem Prozess beunruhigte. Doch auch die nationalen Töne und die Erfahrungen, die sie mit Frankfurt in der Schleswig-Frage machten, bestärkten sie in ihrer Haltung.

In den Vereinigten Staaten von Amerika wurde Deutschlands Weg zu einem demokratischen Nationalstaat in der Öffentlichkeit sehr viel weniger beachtet als in Großbritannien. Das wurde durch die Bereitschaft der Administration in Washington, den Aufbau eines demokratischen politischen Systems in der Mitte Europas zu unterstützen, mehr als ausgeglichen. Öfter als einmal wurden in den Debatten der Nationalversammlung die Institutionen der USA von unterschiedlichen politischen Richtungen als Vorbild gepriesen. Es war die einzige Großmacht, bei der die Zentralgewalt mit ihrem Wunsch, gegenseitige diplomatische Beziehungen aufzunehmen, auf keinerlei Hindernisse stieß. Für beide Seiten vorteilhafte Handelsbeziehungen wurden in Aussicht genommen und das Prestigeprojekt der Reichsgewalt, der Aufbau der Reichsflotte, umfangreich und vielfältig unterstützt.

Russland war zunächst durch die revolutionäre Bewegung in Europa in die Defensive geraten. Es musste erkennen, dass es dort seine Kontrollfunktion, die ihm auf dem Wiener Kongress zugestanden worden war, verloren hatte. Diese Entwicklung hatte schon mit dem Auseinanderdriften der Großmächte den Zwanzigerjahren als Folge ideologischer Gegensätze in eingesetzt. Seitdem unterstützten Frankreich und Großbritannien immer mehr freiheitliche Bewegungen, soweit sie ihren machtpolitischen Interessen nicht in die Quere kamen. Als Reaktion darauf rückten Russland und Preußen auf der Basis der Unterdrückung nationalpolnischer Bestrebungen näher zusammen.

Das Zarenreich wurde von der europäischen Revolutionswelle nicht erfasst; umso mehr konnte es ein Bollwerk der Gegenrevolution bleiben. Auf die deutsche Entwicklung nahm es durch die Verwandtschaftsbeziehungen zu einigen Höfen Einfluss. In Preußen bemühte es sich anfangs vor allem mithilfe der Diplomatie, eine Annäherung des Königreichs an die nationale Bewegung zu hintertreiben, um zu verhindern, dass es in den Sog der Reformen geriete. Danach hat es aus machtpolitischen Überlegungen alle Versuche, die deutsche Einigung nach preußischen Vorstellungen zu erreichen, hintertrieben. Österreich hatte auch in dieser Hinsicht einen verdeckt, doch effektiv agierenden Verbündeten. Über die gleichgesinnte Kamarilla am Hohenzollern-Hof fand Petersburg ausreichend Anknüpfungspunkte.

Nationalversammlung und Reichsgewalt pflegten daher eine ablehnende Distanz zum Zarenreich. Sie wurde nochmals dadurch bestätigt und befestigt, dass dieses Preußen zum Malmöer Waffenstillstand gezwungen hatte und so die nationalen Ambitionen der Frankfurter Institutionen konterkarierte und damit in eine tiefe Krise stürzte. Zumindest der Reichsgewalt wurden dadurch die Augen geöffnet. Sie versuchte spät, ihr Verhältnis zu Russland auf eine völkerrechtliche Basis zu stellen. Der Zarenhof, der keinerlei Interesse an deren Aufwertung hatte, wies die Avancen nicht direkt zurück, sondern verfolgte wie viele Großmächte eine Hinhaltetaktik angesichts des ungewissen Ausgangs des deutschen Experiments.

Dass sich Russland nur verdeckt und indirekt gegen die deutsche Revolution in Stellung brachte, darf nicht dazu verleiten, sein Gewicht zu unterschätzen. Es versuchte immer wieder einmal, über die mittleren und kleineren deutschen Fürstenhöfe den Gang der Entwicklung zu beeinflussen. Andererseits erinnerten diese Petersburg gerne an seine Verpflichtungen als Garantiemacht des Deutschen Bundes, wenn ihnen, wie zum Beispiel bei der Mediatisierung, Gefahr drohte. Das Zarenreich blieb durchgehend Rückhalt der konterrevolutionären Kräfte. Vor allem war es deren militärisches Reservoir in der Bedrängnis, wie die Unterstützung Österreichs im Kampf gegen die ungarischen Rebellen und die Ermunterung Preußens zur Niederschlagung der deutschen Revolution zeigen.

6.5 Schleichender Machtverlust

Die Revolution war Ende Februar, Anfang März 1848 mit einer Gewalt und Schnelligkeit ausgebrochen, die selbst Zeitgenossen die Sprache verschlagen hat. Fast gleichzeitig traten Probleme unterschiedlichster Art, die seit längerem oder kürzerem schwelten, ans Licht. Regionen, Schichten wie Tagelöhner und Landarbeiter, Frauen und Individuen, die sich bisher nicht in die Politik eingemischt hatten, meldeten sich nun zu Wort. Die Revolution war unübersehbar. Hingegen vollzog sich die Konterrevolution schleichend und verdeckt. Sie wurde in den Kabinetten, Ministerien und Stäben vorbereitet. Hilfreich war dabei der Rausch, den die völlig unerwarteten Erfolge der ersten Monate im Volk und bei den Volksmännern ausgelöst hatte. Er nährte die Illusion von dem sich widerstandslos wie von selbst vollziehenden Umbruch. Als sie sich allmählich verflüchtigte, wurde sie abgelöst von einer aus der Ratlosigkeit geborenen Selbsttäuschung.

Für Deutschland wurde folgenreich, dass die gegenrevolutionären Vormächte des Deutschen Bundes sich seit Herbst konsolidierten und die Regierungen Schritt für Schritt das Heft des Handelns in die Hand bekamen. Dabei half Preußen die Selbstdemontage der Berliner Nationalversammlung. Hingegen wurde für Österreich ausschlaggebend, dass es bis dahin die separatistischen Aufstände in Böhmen und Norditalien eindämmen konnte. Der entscheidende Durchbruch zur Befreiung von den revolutionären Fesseln war aber die Niederschlagung der Wiener Revolution Ende Oktober. Sie schuf die Voraussetzung, um sich in den kommenden Monaten auf den Entscheidungskampf gegen die ungarische Rebellion zu konzentrieren. Er war erfolgreich, weil Russland aus seiner diplomatischen antirevolutionären Position in die militärische Offensive überging. Für den in seinen Grundfesten erschütterten Vielvölkerstaat war es ein Glück, dass sie Unabhängigkeitsbewegungen nicht koordiniert waren, jede für sich statt alle gemeinsam das Ziel anstrebten.

Die Republik Frankreich schlug überraschend schnell den Weg vom euphorischen Aufbruch der Erneuerung und Verbrüderung über die Trennung der bürgerlichen von der proletarischen Revolution zur brutal durchgesetzten Klassenherrschaft ein. Dadurch verloren die konstitutionellen und republikanischen Bestrebungen in den Staaten Europas einen Bündnispartner. Dies trug wohl unter anderem zum frühen Zusammenbruch der konstitutionellen Bewegungen in Italien bei. Vollendet wurde er durch die Niederlage der Republiken in Venedig und im Kirchenstaat.

Den Revolutionären Europas, die noch bis zum Frühjahr 1848 die Verbrüderung der Völker gepredigt hatten, kam nun ihr Nationalismus in die

Quere. Eine Abstimmung, geschweige denn eine Kooperation der revolutionären Bewegungen über die Grenzen hinweg hat es nicht gegeben. Nicht einmal in einer Nation wie in Italien konnte davon die Rede sein. Denn dort spalteten der Gegensatz zwischen Monarchisten und Republikanern und die Meinungsverschiedenheiten über die Rolle des Königreichs Piemont-Sardinien in der nationalen Einigung Reformer wie Revolutionäre. Hingegen gab es eine Zusammenarbeit unter den Kräften der Gegenrevolution. Wenig ist noch über die diplomatische Abstimmung zwischen den deutschen Fürsten bekannt. Deutlich zeichnet sich hingegen die Internationale der antirevolutionären Monarchen ab. Preußen fand Rückhalt an Russland, das darüber hinaus Österreich vor der Niederlage durch die aufständischen Ungarn bewahrte. Die Republik Frankreich, die die europäischen Revolutionen ausgelöst hatte, schwenkte spätestens mit der Wahl Louis Bonapartes zum Präsidenten ab Dezember 1848 ins Lager der Gegner um. Zusammen mit Österreich machte es ab 1849 dem revolutionären Spuk in Italien ein Ende.

Für die deutsche Revolution bedeuteten diese Entwicklungen, dass die Option einer Unterstützung von außen Monat für Monat schwand. Der Zerfall der revolutionären Bewegungen in den europäischen Staaten, einschließlich Preußens und Österreichs, musste Ängste auslösen und die Tatkraft schwächen. Die in den Vereinigten Staaten, begrenzt in Großbritannien und in einigen europäischen Mittelstaaten, weiterhin vorhandenen Sympathien für die Errichtung einer konstitutionellen Monarchie in Deutschland waren zu schwach, um im Falle der Bedrohung Hilfe mobilisieren zu können. Vielmehr musste sich mit jedem Erfolg der Gegenrevolution hier wie Europa das Gefühl einstellen, auf verlorenem Posten zu stehen.

6.6 Die Abwendung der gesellschaftlichen Gruppen

6.6.1 Wirtschaftliche Gründe

Die deutsche Revolution verdankte ihren Durchbruch und die Erfolge der ersten Monate dem Umstand, dass von ihr fast alle Bevölkerungsschichten erfasst wurden. Obwohl dies aus unterschiedlichen Gründen und Motiven geschah, wurde sie von ihren Gegnern als eine Einheit wahrgenommen.

Dadurch erhielt sie die Wucht des Anfangs. Diese hat sich bis zum Ende des Jahres erheblich abgeschwächt. Das ausreichende Angebot an Grundnahrungsmitteln und ihre Verbilligung beseitigte die ärgste Not, die vor allem die Unterschichten angetrieben hatte. Dennoch blieben auf dem Land Tagelöhner, Häusler und Heimarbeiter in Bewegung. Jedoch gingen von den Bauern keine unterstützenden Impulse mehr aus, nachdem die Probleme der Bauernbefreiung weitgehend in ihrem Sinne geregelt worden war oder Aussicht darauf bestand. Der Revolution kamen so durch die Besserung der Ernährungslage und Reformmaßnahmen in breitem Umfang Unterstützer abhanden. Andererseits aber blieben wirtschaftliche und gesellschaftliche Verwerfungen im Handwerk, den Branchen der Frühindustrialisierung, dem Wirtschaftsbürgertum und im Bankwesen. Sie wurden jetzt aber insofern politisch, als ihre Überwindung von der Revolution erhofft worden war oder aber sie ihr inzwischen sogar angelastet wurden.

In den Branchen, die vor der Revolution besonders stark eingebrochen waren, gab es im Sommer 1848 Anzeichen der Besserung. Die Preise für die Grundnahrungsmittel fielen als Folge der guten Ernten der beiden vorangegangenen Jahre. Daher gingen in diesen Tagen auch die Hungerrevolten zurück. Die Anzeichen der Besserung verflüchtigten sich aber schon im Herbst wieder. Da im Revolutionsjahr jedoch in den Branchen der Frühindustrialisierung die Konjunktur lahmte, hielten die gesamtwirtschaftliche Krise und die von ihr ausgehenden gesellschaftlichen Verwerfungen an. Die Zeitgenossen gaben dafür vor allen Dingen den politischen Unruhen in einigen Bundesstaaten und Österreich die Schuld: ein viel zu wenig beachteter Umstand für die nun einsetzende Abwendung eines Teiles der bisherigen Unterstützer von der Revolution und den Aufwind, den die Konterrevolution seitdem langsam erhielt. Bis zum Sommer 1849 gab es keine grundlegende Verbesserung beim Einkommen der Massen und der anhaltenden Arbeitslosigkeit. Daran änderten auch staatliche Notarbeiten und Beschäftigungsprogramme wenig. In den preußischen Kernprovinzen gelang es staatlicher wie adliger Propaganda, Unterschichten so sehr davon zu überzeugen, dass die Revolution für den Verlust von Brot und Arbeit verantwortlich sei, dass sie sie sogar zum gewaltsamen Vorgehen gegen Revolutionäre motivieren konnten.

Doch auch in den Reihen jener, die nicht unmittelbar von Not bedroht waren, machte sich ein Gefühl der Unsicherheit breit. Es speiste sich aus der sinkenden Kaufkraft der Löhne, der fehlenden Garantie einer durchgehenden Beschäftigung und den stark schwankenden Lebensmittelpreisen.

Das Handwerk kämpfte seit einer Generation mit den Auswirkungen der Gewerbefreiheit, der Konkurrenz der maschinellen Industriegüter und der Übersetzung. Dies trieb viele Gesellen in die Fabrik oder in die Selbstständigkeit, die für sie wie für manchen Meister nur die Vorstufe zur Beschäftigung als Tagelöhner und Gelegenheitsarbeiter gewesen ist. Mit der Teuerung kam ein massiver Einbruch der Nachfrage in Gewerbe, Handwerk und der Konsumgüterproduktion hinzu, sodass die dort Beschäftigten ihren gewohnten Lebensstandard nicht mehr halten konnten, teils sogar in das Prekariat abrutschten. Die steigenden Ausgaben für die Armen belegen diese Not statistisch ebenso eindrucksvoll, wie der Höhepunkt der Konkurse gerade im Jahre 1848 die außerordentliche Gefährdung aller Selbstständigen unterstreicht. In Preußen sollen zeitweise 90 % aller Handwerker von der Gewerbesteuer befreit gewesen sein!

Im Gefolge von Teuerung und Konjunktureinbruch der Jahre 1846 und 1847 war die Existenz zahlreicher Meister und Gesellen in Handwerk und Gewerbe, von Heimgewerbetreibenden und Arbeitern nachdrücklich gefährdet. Trotz der fallenden Preise für Grundnahrungsmittel seit dem Spätherbst 1847 besserte sich die Lage für diese Personengruppen nicht erkennbar. Denn die Strukturprobleme bestanden fort und die Nachwirkungen der Krise waren noch nicht überwunden. Sparguthaben und Subsistenz waren aufgebraucht. Die in Arbeitslosigkeit oder Heimarbeit abgesackten Handwerker konnten, zumal sie keine Aussicht auf Kredite hatten, ihre Werkstätten selten wieder eröffnen und den alten Kundenkreis an sich binden. Da das Handwerk über seine Möglichkeiten hinaus den Bevölkerungsüberschuss aufgenommen hatte, erfolgten trotz steigender Nachfrage kaum Wieder- oder Neueinstellungen. Von den Handwerkern wurde der Zusammenhang zwischen den langfristigen strukturellen Problemen ihres Metiers und ihrer aktuellen Verschärfung durch die revolutionären Ereignisse immer wieder artikuliert.

Zu den anhaltenden Strukturproblemen des Handwerks zählte die Übersetzung mit der Folge des sinkenden Pro-Kopf-Einkommens. Zugleich hatten vor allem die Betriebe, die für den weiteren Markt produzierten, mit den Auswirkungen der Gewerbefreiheit und der maschinellen Produktion zu kämpfen. In der Textilherstellung blieben die Rückwirkungen des Übergangs von der Heimarbeit zur Manufaktur akut. Die Heimarbeiter auf dem Lande oder die Tuchmacher in den Städten, die meist noch zünftisch in kleinen Handwerksbetrieben organisiert waren, erlagen dieser Konkurrenz oder aber ihr Einkommen fiel unter das Existenzminimum. Die Produktion von Textilien im Heimgewerbe oder bei den städtischen Webern erreichte 1847 einen Tiefpunkt und im Jahr der Revolution wurden die geringsten Preise erzielt.

Die Aussicht auf eine selbstständige Meisterstelle hatte sich für die Gesellen in fast allen Zweigen des Handwerks beträchtlich eingetrübt. Da ihre Perspektive daher stattdessen in materieller Not oder Arbeit in der Fabrik bestand, waren sie während der Revolution besonders rührig. Ihr Protest richtete sich daher auch nicht allein gegen die Obrigkeit, sondern auch gegen die Meister und ihre Zunftmonopole. Sie beklagten die geringen Löhne, die zu langen Arbeitszeiten, die Sonntagsarbeit sowie die Stück- und Akkordarbeit. In den größeren Handwerksbetrieben konnten sie einige ihrer Forderungen durchsetzen. Es war kein Zufall, dass vor allen Dingen sie in den Monaten des Umbruchs Propagandisten frühsozialistischer Ideen wie progressiver Besteuerung, kostenloser Bildung, Arbeitsbeschaffung und Wohlfahrtsunterstützung wurden. Sie schlossen sich früh zu Interessenorganisationen zusammen. Die Gesellen, die das Rückgrat besonders der gewaltsamen Auseinandersetzungen in den ersten Monaten gewesen sind, nutzten die neuen Freiheiten, um ihre sozialen Interessen durchzusetzen. Das politische Projekt der Verfassungsgebung bewegte sie deutlich weniger, denn die politischen Rechte, die sie für ihr Anliegen brauchten, waren ihnen durch die Umsetzung der Märzforderungen bereits gewährt.

Die Arbeiter, deren Situation mit jener der Gesellen vergleichbar war, wagten jetzt auch Streiks zur Durchsetzung ihrer Forderungen. Sie verlangten ebenfalls kürzere Arbeitszeit, feste Löhne und Vergütung von Überstunden von ihren Arbeitgebern. Immer wieder einmal kam es dabei zur Zerstörung von Produktionsanlagen. Dies geschah weniger, um den Aktionen Nachdruck zu verleihen, sondern weil die Handarbeiter fürchteten, durch die Maschinen um ihren Broterwerb gebracht zu werden. Doch bei den Arbeitern kamen wie auch bei den Gesellen sozialpolitische Forderungen hinzu. Dass die Arbeitslosigkeit nicht durch öffentliche Arbeitsbeschaffung aufgefangen wurde, dass die gesetzliche Regelung längerer Kündigungsfristen und die Errichtung von Instanzen der Konfliktschlichtung ausblieb, wurde als Versagen der Machthaber empfunden. Deswegen wurden gelegentlich Sitzungen politischer Vereine gesprengt.

In der Revolution hat das Handwerk nicht mehr die Rückkehr zum alten Zunftwesen propagiert. Doch hat es relativ geschlossen Verhältnisse gefordert, die diesem recht nahe kamen: Monopol auf die Ausübung bestimmter Gewerbe wie solidarische Absicherung in Fällen der Not. Dies waren Positionen, die schon allein deswegen nicht mehr durchgesetzt werden konnten, da sie der industriellen Entwicklung entgegenstanden und nur auf Kosten längst etablierter Konkurrenz zu erringen gewesen wären. Entsprechende Signale gingen von der Nationalversammlung aus und mussten besonders unter den Meistern zu Enttäuschungen führen.

Die Beziehung des Handwerks insgesamt zu den führenden konstitutionellen Liberalen war widersprüchlich. Sie hielten an deren verfassungs- und nationalpolitischen Zielen fest, teilten deren Vorstellungen von einer freien Wirtschaft und einer dynamischen Gesellschaft aber nicht. Zu diesem politischen Dissens kam der Einsatz für eine Besserung der Lage. Dabei entwickelte sich wie bei den Arbeitern auch bei Gesellen und Meistern des Handwerks im Laufe der Revolution ein ambivalentes Verhältnis zur Nationalversammlung. Gerne bediente man sich der durch sie eröffneten Möglichkeiten, lastete es aber ihren Repräsentanten an, wenn mancher Anspruch nicht erfüllbar war. Am Verhältnis des Liberalismus zu Bürgern, Handwerk und Gewerbe zeigt sich eines seiner vielen Dilemmata. Wenn seine Abgeordneten in den Parlamenten die angestrebte Modernisierung konsequent durchführen wollten, ging dies nicht ohne Opfer seiner Anhänger ab.

Noch mehr als Gesellen und Meister konnten sich die städtischen Unterschichten um ihren Lohn geprellt sehen. Sie hatten die Barrikaden gebaut und mit ihren Aktionen entscheidend dazu beigetragen, dass die Fürsten konstitutionelle Reformen und Wahlen bewilligten. Schließlich hatten sie die meisten Blutopfer in den Straßenkämpfen gebracht. Dennoch gab es auch nach einem halben Jahr keinerlei Anzeichen dafür, dass sich an ihrer bedrängten Lage etwas ändern würde. Hier lag der blinde Fleck des Liberalismus.

Der Bau und Betrieb von Eisenbahnen war bis vor der Revolution zu einem ansehnlichen Gewerbe für schätzungsweise 150 000 Arbeitnehmer geworden. Im Vorfeld und während der Revolution zeigten sich auch zum ersten Mal ihre politischen Auswirkungen. Ohne das neue Verkehrsmittel wären das Zusammenwachsen der liberalen und demokratischen Bewegung im Bund sowie manche beeindruckende Demonstration am Beginn nicht denkbar gewesen. Der Güter- und Personentransport war von der allgemeinen Konjunktur abhängig und geriet daher vor der Revolution in einen Abschwung. Entscheidender für die wirtschaftliche Lage aber wurde, dass der Ausbau der Strecken seitdem ebenfalls einbrach. Fast die Hälfte der im Eisenbahnbau Beschäftigten wurde bis zum Ende der Revolution entlassen. Darüber hinaus induzierte der Einbruch bei der Produktion einen sinkenden Absatz und Entlassungen im Bergbau, der Verhüttung und im Maschinenbau.

Die Konjunktur im frühindustriellen Sektor (Bergbau, Hüttenwesen, Eisen- und Stahlherstellung, Maschinen- und Eisenbahnbau) brach Ende des Jahres 1847 vor allem wegen des Rückgangs des Eisenbahnbaus ein. Der Abschwung, begleitet von Entlassungen, Lohnsenkungen und Rationalisierungsanstrengungen, zog sich über die gesamte Zeit der Revolution hin. Das Bild wurde noch dadurch verdüstert, dass einige Handelshäuser in Konkurs gingen, es zu einem gravierenden Einbruch der Börsenkurse kam und einige Banken in Schieflage gerieten. Wenn dies auch Branchen mit nicht allzu hoher Beschäftigungszahl waren, so konnten die Auswirkungen in Ballungsgebieten gravierend sein. Sie verstärkten das Bild von einer umfassenden Krise der Wirtschaft und des Systems.

Die Unternehmer der Frühindustrialisierung sind nicht als unmittelbare Unterstützer der bürgerlich konstitutionellen Revolution hervorgetreten. Diese wurde aber mit einer fortschrittlichen Gesamtentwicklung wie auch einer die eigenen Interessen fördernden Wirtschaftspolitik verbunden. Daher wird man ihnen Sympathie für den angestrebten Umbau der Verhältnisse unterstellen dürfen. Quantitativ nicht bedeutend, doch politisch und wirtschaftlich einflussreich, war ihre Abwendung aufgrund der Rückwirkungen der fortgesetzten revolutionären Unruhen auf die Konjunktur ihrer Branchen ein nicht zu vernachlässigender Verlust für die Revolution.

Unmittelbar sichtbar war die Wirkung der Revolution auf das Geld- und Kreditwesen wie die Börse. Durch die vorausgehende wirtschaftliche Entwicklung im frühindustriellen Sektor schon in einer Kreditklemme steckend, reagierte das Kapital auf die politische Unsicherheit durch eine zunehmende Risikoscheu. Deren signifikantester Ausdruck war eine Zurückhaltung bei der Vergabe von Krediten und der Einbruch der spekulativ aufgeblähten Kurse an der Börse. Die seit 1847 fallenden durchschnittlichen Aktienkurse zogen erst 1852 wieder an. Der Börsenkrach traf diesmal nicht nur die üblicherweise an der Börse aktiven Kreise, sondern Teile des Bürgertums und des Kleinbürgertums, die mit Vorliebe mit Papieren von Eisenbahngesellschaften spekuliert hatten. Sie gerieten in eine besondere Zwangslage, da vor allem sie ihre Aktien mit Krediten erworben hatten.

Die Einlagen der Banken fielen von 1847 an in den beiden Revolutionsjahren kontinuierlich, ebenso wie die Wechsel- und Lombardbestände. Einige renommierte Bankhäuser wie zum Beispiel der Schaaffhausen'sche Bankverein wurden zahlungsunfähig und konnten nur durch die Intervention des Staates durch Umwandlung in eine Aktiengesellschaft gerettet werden. Dazu kamen die gleichzeitigem Zusammenbrüche einiger frühindustrieller Unternehmen. Der durchschnittliche Aktienkurs an den deutschen Börsen fiel zwischen 1845 bis 1848 und in diesem Jahr besonders extrem gegenüber dem Vorjahr um 20,4 %!

Die bisher noch nicht dagewesene Nachfrage nach Kapital durch die industriellen Branchen musste dazu führen, dass die Liquidität immer enger wurde und folglich sich Kredite verteuerten. Dies hatte Auswirkungen auf die kapitalbedürftigen Sektoren selbst, denen in der Phase des Aufbaus Kredite fehlten, um betriebliche und technische Probleme zu lösen. Doch trafen die Restriktionen des Kapitalmarkts auch Handwerk, Textil- und Konsumgüterindustrie, die bereits in einer Notlage steckten. Man wird daher davon ausgehen können, dass in diesen Branchen so gut wie nicht mehr investiert wurde und ihnen gerade in der Krise keine Mittel zu deren Überbrückung auf dem Kapitalmarkt zur Verfügung standen.

Diese Tendenzen markieren einen konjunkturellen Umschlag der Gesamtwirtschaft, aber besonders in den Branchen der Frühindustrialisierung, an der Jahreswende 1847/1848. Der Niedergang setzte sich durch das ganze Jahr der Revolution fort und eine Erholung ist nicht zufällig erst mit dem Ende der Kämpfe zur Durchsetzung der Reichsverfassung im Spätsommer 1849 erkennbar. Zu diesem Zeitpunkt zogen auch die Aktienkurse wieder an, die von den politischen Erwartungen und Befürchtungen in den revolutionären Monaten beeinflusst worden waren.

Die Wirtschaftsbürger wurden von der Sorge über die kommerziellen Einbußen infolge der Unruhen umgetrieben. Klagen darüber, dass die politischen Zeitereignisse sich negativ auf alle Zweige des Handels und der Industrie auswirkten, wurden allenthalben in der Presse laut. Die Bürger in den selbstständigen Berufen und im Dienste des Staates beunruhigten insbesondere die Aufstände und die blutigen Aktionen in Berlin, Wien und Frankfurt. Sie deuteten diese als ein Aufkommen des Jakobinismus und die sozialistischen Parolen als Angriff auf die bürgerliche Eigentumsordnung. Mithilfe der Bürgerwehren versuchten sie, vor Ort solchen Entwicklungen entgegenzutreten.

6.6.2 Politische Motive

Im Jahre 1848 erbrachte die Landwirtschaft immer noch den größten Beitrag zur jährlichen Wirtschaftsleistung im Deutschen Bund; in ihr war die Mehrheit der Bevölkerung beschäftigt. Daher erhielten die politischen Forderungen des März, die das Bürgertum formulierte, einen entscheidenden Schub dadurch, dass das Land zur gleichen Zeit von Unruhen erfasst wurde. Es war für den Verlauf der Revolution folgenreich, dass die beiden Bewegungen kaum miteinander verbunden waren.

Denn nachdem die Auflösung der feudalen Agrarverfassung einschließlich der Ablösung der Feudallasten zugunsten der größeren und mittleren Bauern entschieden worden war, zeigte es sich, dass der Horizont der Landbewohner nicht die Nation, sondern das Dorf, vielleicht noch der nächste Marktflecken oder die Kreisstadt war. Die Nation, die für das Bürgertum aus kulturellen und wirtschaftlichen Gründen schon länger Ideal wie Bezugspunkt ihres Handelns und Denkens war, blieb den Bauern fremd. Die Freiheit der Presse, der Meinung und das Recht zur Versammlung rangierten auch nicht an der Spitze des Wertekosmos einer Landbevölkerung, deren Analphabetenrate, je nach Gegend und Konfession, zwischen 20 und 50 % schwankte. Auf dem Land verunsicherten eher manche ideologischen Vorstellungen oder antikirchlichen Ausfälle, die man aus Frankfurt vernahm.

Die immer wieder geschilderten Begriffsverwirrungen ländlicher und städtischer Unterschichten sind gewiss nicht repräsentativ, doch werfen sie ein Schlaglicht auf ein wenig gesehenes Problem. „Pressfreiheit" wurde gelegentlich verstanden als die Freiheit von Pressung durch guts- und standesherrliche Abgaben wie Vorrechte. Von der Republik und der von ihr versprochenen Gleichheit erhoffte man sich Steuerfreiheit und ausreichend Brot für alle. Manche Plünderung und mancher Waldfrevel wurden damit gerechtfertigt, dass man jetzt ja wohl in einer solchen lebe. In München soll eine Deputation von Bauern Maximilian II. angetragen haben, König einer Republik zu werden!

Nationalstaatsgründung und Sicherung von Freiheitsrechten motivierten die bäuerlichen Gewinner der Entfeudalisierung, nachdem ihre materiellen Interessen befriedigt worden waren, nur noch bedingt. Die Art, wie diese Erfolge erzielt worden sind, befestigte die Überzeugung der Landbewohner, die Beseitigung der drückenden Lasten wie der unzeitgemäßen Institutionen der agrarischen Feudalverfassung selbst erkämpft zu haben und ihre Gewährung vor allem dem Landesherrn zu verdanken. Von diesen Reformen mit ihren erheblichen Auswirkungen auf die Massen konnte Frankfurt also kaum profitieren.

Die nach dem Sommer 1848 weiter anhaltende Unruhe auf dem Land war politisch von keiner großen Bedeutung mehr. Sie resultierte aus dem Elend der ländlichen Heimarbeiter und der Unzufriedenheit der Kleinbauern und Landarbeiter, die auf das jetzt beseitigte dörfliche Gemeineigentum angewiesen gewesen waren. Dagegen formierte sich eine Interessenkoalition der Bauern mit den Feudalherren, gegen die sie kurz zuvor noch rebelliert hatten. In Preußen wurden die Landwirte zum Rückgrat der von Guts- und Großgrundbesitzern geführten königstreuen Organisationen. Durch dieses neue Arrangement der Kräfte auf dem Land und vor allem durch das abnehmende Interesse der bäuerlichen Massen an dem Frankfurter Projekt schwand dessen Rückhalt im Volk.

Der wirtschaftlichen und sozialen Not auf dem Lande im Gefolge der Entfeudalisierung und der fallenden Erträge nahmen sich die Konstitutionellen und Liberalen in den Nationalversammlungen von Berlin und Frankfurt wie auch in den Landtagen kaum an. Teils fehlte dem städtischen Bürgertum dafür das Verständnis, teils war es mit anderen Problemen zu sehr beschäftigt. Andererseits blieb dem Land das, was in den Parlamenten debattiert und entschieden wurde, fremd. Die Erfüllung seiner politischen Forderungen wie Einschränkung der bürokratischen Bevormundung und mehr Autonomie der Gemeinden erwartete es ebenfalls vor allem vom Landesherrn. So ist es zum Schaden der konstitutionellen Bewegung nie zu einem engeren Schulterschluss zwischen ihr und den Massen auf dem Land gekommen.

Seit die bürgerliche Opposition durch die Errichtung der Frankfurter Institutionen zu einem politischen Machtfaktor in Deutschland geworden war, mussten die in sie gesetzten übergroßen Erwartungen fast zwangsläufig zu Enttäuschungen führen – zuerst und am sichtbarsten beim Waffenstillstand von Malmö Mitte September 1848. Er zeigte, dass nationale Ambitionen an den Machtinteressen europäischer Staaten ihre Grenzen finden würden. Die Männer des Volkes mussten gegen das Volk, das zwei von ihnen ermordet hatte, Truppen mobilisieren. Schon der frühere Einsatz von Reichstruppen gegen die badischen Rebellen hatte den tiefen Riss in der Gesamtbewegung offenbart. Mit weiteren Truppeneinsätzen gegen Aufständische in einigen Kleinstaaten sowie Versuchen, Parteien und Presse zu überwachen, gerieten die Frankfurter Institutionen in die Gefahr, zu Instrumenten der von ihnen bekämpften Reaktion zu werden.

Seit dem Herbst verflüchtigten sich die großdeutschen Hoffnungen und mit jedem Monat wuchs die Ungeduld darüber, dass das Verfassungswerk immer noch nicht vollendet war. Dies schadete der Nationalversammlung, während das Ansehen des Parlamentarismus zur gleichen Zeit durch die unwürdigen Szenen im Wiener Reichstag und in der Berliner Nationalversammlung beschädigt wurde. Gleichzeitig schwelten die gegensätzlichen Vorstellungen, wie man sich zu den Fürsten positionieren sollte, weiter. Sollten sie eingebunden werden, wie dies die Liberalen wollten, oder aber sollte man die Ziele ohne Rücksicht auf sie mit oder ohne Gewalt verfolgen, wofür Demokraten, Republikaner und Radikale empfänglich waren?

Mit Sozialismus, Konservativismus und Politischem Katholizismus formierten sich neue außerparlamentarische Strömungen. Zusammen mit den anderen Interessenvertretungen waren sie in der Öffentlichkeit durch ihre Organisationen und Publikationsorgane präsent. Sie stabilisierten die jeweiligen Milieus und verfestigten die Interessen. Dies war einerseits ein Zeichen für Pluralismus, doch entzogen diese Organisationen andererseits der Gesamtbewegung auch Kräfte. Für eine bisher recht konforme Gesellschaft, die wenige, klar abgegrenzte politische Lager gekannt hatte, erleichterte dies die Orientierung nicht. Dazu regten sich seit dem Herbst wieder kleine Gruppen Konservativer, deren Machtpositionen im Militär, an den Höfen, in der

Staatsverwaltung und auf dem Land nicht erschüttert worden waren. In Preußen, doch auch in anderen Bundesstaaten, lebte ein vorrevolutionärer Royalismus weiter, der leicht zu mobilisieren war.

6.6.3 Schwindende Unterstützung

Es war nicht zu übersehen: Bis zum Winter 1848 hat sich das politische Kräftefeld in Deutschland neu geordnet. Der revolutionäre Schub des Frühjahrs hatte sich erschöpft. Die Bauern hatten das Interesse an der Revolution weitgehend verloren. Für die städtischen und ländlichen Unterschichten wie die Kleinbürger hatte sich die wirtschaftliche Lage nicht gebessert. Die Krise in den frühindustriellen Branchen, im Eisenbahnbau, auf dem Kapitalmarkt und an den Börsen war hinzugekommen. Das Wirtschaftsbürgertum geriet in den Sog der Depression und fürchtete sich zusammen mit dem mittleren und unteren Bürgertum vor Anarchie und Verlust des Eigentums. Dies hat zusammen mit den Attentaten, Aufständen und Barrikadenkämpfen ein Klima der Unsicherheit hervorgerufen, das nicht mehr zu übersehen war. Die Anzahl der Eheschließungen ging zurück und das Bevölkerungswachstum brach fast gänzlich ein, während es um 1840 noch bei 13 % im Jahr gelegen hatte! 1848, als das politisch erzwungene Exil noch nicht zu Buche schlug, erreichte die Auswanderungsquote mit über 60 000 fast den Höchstwert der beiden vorangegangenen zwei Jahre.

Mittelschicht und Großbürgertum schwankten zwischen der Zuversicht, ihre politischen Ziele doch noch zu erreichen, und der Versuchung, sich den alten Gewalten zu nähern, um die Exzesse einzudämmen und den sozialen Umsturz zu verhindern. Ihn fürchteten teils auch linke Demokraten und Republikaner. Für sie blieb dennoch – wie sich immer wieder zeigen sollte – der außerparlamentarische Weg eine Option. Die konstitutionellen Liberalen hatten sich durch das tatkräftige Eingreifen der Reichsgewalt gefestigt. Um das Heft des Handelns vorerst wieder in die Hand zu bekommen, musste sie allerdings zu Mitteln greifen, die einen Teil ihrer Anhänger vor den Kopf stießen. Freilich war auch der Spielraum der fürstlichen Gewalten durch die Zerklüftung des Lagers, das ihnen bisher geschlossen gegenübergestanden hatte, gewachsen. Als die Revolution in der öffentlichen Wahrnehmung noch von Sieg zu Sieg eilte, hatten die Fürsten bereits durch informelle Kooperation die Grundlage für den Gegenschlag gelegt. Durch die Rückschläge der Revolutionsbewegungen in einigen europäischen Staaten und die Konsolidierung der Vormächte des Deutschen Bundes wurde er wahrscheinlicher. Die Entlassungen der Märzregierungen waren ein erstes Zeichen.

Die bürgerliche Revolution musste, sobald sie in die Verantwortung kam, viele ihrer Anhänger enttäuschen. Die liberale Politik der Mitte war in einem sich verfestigenden pluralistischen, teils gewaltbereiten Umfeld schwieriger geworden. Ein starker Antrieb der Märzbewegung, das Streben nach Freiheitsrechten zur ungehinderten politischen Betätigung, entfiel, nachdem diese von den Märzregierungen der Bundesstaaten gewährt worden waren. Die Anziehungskraft der Aussicht auf eine Nationalstaatsgründung in Freiheit ließ nach. Die Gründung des Centralmärzvereins und die Reichsverfassungskampagne zeigen, dass sie dennoch immer noch mobilisieren konnte. Das Volk wandte sich nicht in großem Umfang von dem Projekt ab, doch schwand dessen Rückhalt.

7 Die Auflösung der Nationalversammlung

Karikatur von 1849 auf die Ablehnung der Kaiserkrone durch Friedrich Wilhelm IV.

7.1 Die Aufgabe des großdeutschen Traums

Seit der zweiten Hälfte des Oktober 1848 beschäftigte die deutsche Öffentlichkeit nichts mehr als die bevorstehende Entscheidung zwischen den sich radikalisierenden Wiener Aufständischen und den sich auf die Stadt zubewegenden kaiserlichen Truppen. Davon wurde auch die Nationalversammlung erfasst. Während sie Überlegungen anstellte, wie auf den Kampf zwischen Reaktion und Anarchie in Österreich zu reagieren sei, legte ihr der Verfassungsausschusses den Entwurf zu drei Paragrafen über die Grundsätze zur Festlegung des Reichsgebiets vor.

Der Ausschuss hatte sich darauf verständigt, dass kein Teil des Deutschen Reiches mit einem nicht-deutschen Land zu einem Staat vereinigt werden dürfe. Deutsches Land könne mit nicht-deutschem Land nur in der Form der Personalunion zusammengeschlossen werden. Die Brisanz dieser Bestimmungen, die schon der Verfassungsentwurf der 17 kannte, lag darin, dass unter deutschem Land das Gebiet des Deutschen Bundes verstanden wurde, also auch die deutschsprachigen Teile Österreichs einschließlich des Königreichs Böhmen und der Markgrafschaft Mähren. Dies hat der Entwurf des Verfassungsausschusses nochmals ausdrücklich festgehalten.

Der Vielvölkerstaat sollte also geteilt werden, Österreich sein bisheriges Selbstverständnis aufgeben und die Habsburger ihre historische Leistung opfern, um Fürsten in einem deutschen Bundesstaat zu werden! Es gehörte nicht viel politischer Weitblick dazu, vorauszusehen, dass nach dieser Konstruktion die nicht-deutschen Teile der Habsburger Monarchie nicht mehr allzu lange würden zusammengehalten werden können, zumal Ungarn und Italiener bereits gegenwärtig nach Selbstständigkeit strebten. Wäre das Kaisertum Österreich mit dem neuen Deutschland durch Personalunion verbunden worden, dann wären die Deutschen, Böhmen und Mährer Österreichs die ersten Untertanen der Weltgeschichte gewesen, die gleich zwei Kaiser zum Herrn gehabt hätten: einen habsburgischen und einen deutschen!

In der damit eröffneten ersten Lesung wurden alle denkbaren Variationen durchgespielt. Sie waren weder eindeutig den politischen Lagern zuzuordnen noch auch der deutschen oder österreichischen Nationalität. Zu einem denkbar ungünstigen Zeitpunkt, vor dem Hintergrund der Wiener Turbulenzen, wurde das Verhältnis der deutschen Revolution zum Kaisertum

Österreich geklärt. Die viertägige Debatte hatte darüber hinaus den Zweck, das seit dem Malmöer Waffenstillstand ramponierte Ansehen der Versammlung in nationalen Kreisen zu heben. Daher wurde sie von viel Pathos und manchen unrealistischen Wunschvorstellungen getragen. Schon davor war von österreichischer Seite die Idee des 70-Millionen-Reiches lanciert worden. Sie hatte den Vorteil, das Kaisertum ungeschmälert zu erhalten und zugleich breite Zustimmung bei deutschen Nationalisten zu finden. Folglich griffen sie einige Redner gerne auf. Die 40 Millionen Staatsbürger des Kaisertums Österreichs und die 30 Millionen des Deutschen Bundes sollten in einem Staatenbund zusammengeschlossen werden. Dieser europäischen Vormacht wurde die Aufgabe zugeschrieben, Frieden in Europa und Ordnung in dessen Südosten zu gewährleisten. Zugleich sollte sie ein Wall gegen Ausdehnungsbestrebungen des despotischen Zarismus in den slawischen Raum sein. Soweit Deutsche ihren österreichischen Kollegen beisprangen, ließen sie sich mehr durch die imperialen Möglichkeiten einer solchen Lösung verlocken. Sie wollten das Deutschtum in einem solchen Reich zusätzlich zu einer kulturellen und zivilisatorischen Mission verpflichten. Manche waren von den Zukunftsaussichten dieses Reichs an den „vier Meeren" so berauscht, dass sie in ihm schon die kommende Weltmacht sahen.

Kritische Stimmen wiesen darauf hin, dass eine solche Machtzusammenballung die Großmächte auf den Plan rufen würde und dass Staaten so verschiedener innerer Strukturen kaum zu einem Bundesstaat, höchstens zu einem Staatenbund zusammengeschlossen werden könnten. Man dürfe sich von der Einwohnerzahl nicht blenden lassen. Dieses Reich wäre nicht mächtiger als der Deutsche Bund und in ihm würde von der Freiheit, die man wolle, wenig erhalten bleiben. Wolle man ein Mindestmaß an Mitbestimmung des Volkes, bestünde dann nicht eher die Gefahr, dass die Deutschen nach der „slawischen Pfeife" würden tanzen müssen?

Deswegen zogen vor allen Dingen deutsche Beiträger die Eingliederung der Teile des Kaisertums, die zum Deutschen Bund gehörten, in das neue Deutschland vor, ohne sich viel Gedanken darüber zu machen, was aus dem Rest werden sollte. Auch diese europäische Großmacht sollte ein Bollwerk gegen den russischen Despotismus sein, wäre sie doch für die Nachbarvölker wegen ihrer freiheitlichen inneren Verfassung, wirtschaftlichen Kraft und überlegenen Kultur der bevorzugte Bündnispartner. Vor allem deutsche Anhänger des großdeutschen Gedankens sprachen der Habsburgermonarchie die Existenzberechtigung ab. Als ein mittelalterliches Konglomerat von angesammelten Herrschertiteln habe sie keine Zukunft, denn in ihm könnten die die Völker bewegenden Ideen der Gegenwart, Konstitutionalismus und Nationalismus, keine Wurzeln schlagen. Diesen Männern erschien darüber hinaus für den Rest der Habsburgermonarchie die Personalunion zumutbar, gingen sie doch zum damaligen Zeitpunkt davon aus, dass zumindest das Vizekönigreich Lombardo-Venetien und das Königreich Ungarn nur noch so zu halten sein würden.

Redner aus Deutschland sprachen sich am vorbehaltlosesten für die Empfehlung des Ausschusses aus. Sie beriefen sich meistens auf das Nationalitätenprinzip, das die Trennung der deutschsprachigen Österreicher vom Rest der Monarchie sowieso herbeiführen würde. Ohne den Widerspruch zu merken, haben gerade diese Kreise auf dem Einschluss Böhmens und Mährens bestanden, da diese ja bereits zum Heiligen Römischen Reich gehört hätten. Es klang auch immer wieder an, dass die Gestaltung des neuen Deutschland, so wie es die Mehrheit des Parlamentes wolle, ohne Österreich sehr viel leichter fallen würde als mit ihm – ein nicht zu unterschätzendes Motiv, das wohl nicht wenige Abgeordnete unabhängig von ihren nationalen Präferenzen bei der Abstimmung bewegt haben wird.

Selbst die deutsche Linke befürwortete ein großdeutsches Reich als Widerpart Russlands und Schutzmacht der Deutschen im Osten Europas. Sie schätzte dabei die Machtverhältnisse falsch ein. Sie empfahl dem Parlament, mit Berufung auf die Volkssouveränität diesen Plan ohne Verhandlungen mit der Wiener Regierung und ohne Rücksicht auf die Völker der Habsburgermonarchie umzusetzen. Ihr gab sie insofern keine Zukunft mehr, als sie zusammen mit der österreichischen Linken für das Selbstbestimmungsrecht der Nationen eintrat. Beide empfahlen die Republik als Staatsform der Zukunft; nur sie garantiere die höchstmögliche freiheitliche Entwicklung. Das sich jetzt stellende dynastische Problem würde sich dann von selbst erledigen.

Für die die Mehrheit repräsentierende Mitte waren Nationalstaat und Sicherung der Errungenschaften der Revolution nicht voneinander zu trennen. Eine entschiedene Konsequenz zogen sie aus dieser Überzeugung nicht. Casino und rechtes Zentrum waren zwischen großdeutschen Wünschen und der Furcht, was aus ihrer Verwirklichung für die verbliebene Habsburgermonarchie folgen würde, hin- und hergerissen. In ihren Reden schwang am häufigsten die Furcht mit, dass die Deutschen in Österreich von der Mehrheit der anderen Völker dominiert werden könnten. Daher war ihnen deren Sicherung durch Rückhalt an Deutschland ein besonderes Anliegen. Doch wie dann zugleich eine konstitutionelle Staatsentwicklung unter der herrschenden Dynastie möglich sein sollte, wussten sie nicht. Auffallend zurück hielten sich die Kleindeutschen. Vermutlich hatten sie das Gefühl, dass die Abstimmung über den Entwurf des Verfassungsausschusses, um den es ja jetzt erst ging, ihren Wünschen gemäß ausfallen würde. Heinrich von Gagern, ein führender Kopf dieses Lagers und der politischen Mitte, sondierte bereits seit Anfang Oktober vertraulich in Berlin, ob sich Preußen für die Vorstellungen der Kleindeutschen würde erwärmen können. Ohne von dort schon ein Signal zu haben, legte er am 26. Oktober ein eigenes Konzept vor. Gerade weil es staatsmännisch abwägend auch die Interessen der Habsburgermonarchie berücksichtigte, stieß es auf wenig Begeisterung; noch nicht einmal seine Fraktion wollte ihm folgen. Denn er war sich erstaunlicherweise mit Schwarzenberg darin einig, dass die Auflösung des habsburgischen Kaiserreichs weder im Interesse Deutschlands noch Europas sei. Seine Schwächung würde zu Umwälzungen und zur Gefährdung des Friedens führen. Er ging auch im Gegensatz zu mehreren deutschen Rednern davon aus, dass die Deutschen in Österreich in der Habsburgermonarchie verbleiben, aber auch die Bindung an Deutschland erhalten wollten. Eine mögliche Lösung für dieses Dilemma sah er in einer Staatsform zwischen Bundesstaat und Staatenbund.

Eine schwankende Haltung dazu, wie das Verhältnis zwischen Deutschland und Österreich zu gestalten sei, legten auch die Konservativen an den Tag. Sicher waren sie sich aber, dass Monarchie, Legitimität und Tradition zu bewahren seien. Nur die deutschen Katholiken missbilligten eindeutig den Ausschluss Österreichs, da er die Stellung ihrer Konfession im neuen Deutschland schwächen würde. Dazu sahen sie umso mehr Anlass, da sie gerade bei ihrem Versuch, das konfessionelle Schulwesen zu erhalten, eine bittere Niederlage hatten hinnehmen müssen.

Ein weit in die Zukunft reichendes Konzept, das mit einem Schlag die Entscheidung für Deutschland oder Österreich überwinden sollte, brachte der österreichische Bevollmächtigte bei der Zentralgewalt, Baron Menßhengen, ins Spiel. Er wollte das Kaisertum Österreich mit dem neuen Deutschland zusammen mit den Königreichen der Niederlande und Dänemarks zu einer mitteleuropäischen Union zusammenfassen. Die Nationalversammlung ist aber auf solche Überlegungen nicht eingegangen. Die Diskussion dieser Tage hat sich auf die territorialen und staatsrechtlichen Aspekte konzentriert. In erstaunlichem Maße wurden andere Probleme ausgeklammert oder nur gestreift. Wie fügten sich die Grundrechte und die bereits intensiv beratene Verfassungskonzeption in das neue Gebilde ein? Konnte es überhaupt parlamentarisch regiert werden? Die Erfahrungen, die man seit dem Zusammentritt des österreichischen Reichstages mit dem Parlamentarismus in einem Vielvölkerstaat gemacht hatte, ließen daran erhebliche Zweifel aufkommen. Wie war die Personalunion, eine Institution des monarchischen Systems, mit dem konstitutionellen vereinbar? Welches Oberhaupt hätte dieses Reich haben sollen? Einen deutschen, einen preußischen oder einen habsburgischen Kaiser? Und wie waren die beiden mächtigsten Dynastien zu integrieren?

Dem Vorschlag, die Entscheidung bis zur Klärung der offenen Lage in Österreich abzuwarten, wurde nicht gefolgt. So fand die Abstimmung zu einem Zeitpunkt statt, als das aufrührerischen Wien von kaiserlichen Truppen eingeschlossen war. Es war also noch nicht erobert und der ungarische Entsatz war noch nicht zurückgeschlagen worden. Die Paragrafen 2 und 3 der Reichsverfassung wurden am 27. Oktober 1848 mit großer Mehrheit dem Vorschlag des Verfassungsausschusses gemäß angenommen; sämtliche Änderungs- und Zusatzanträge wurden abgelehnt. Viele mögen sich damit getröstet haben, dass in der ersten Lesung das letzte Wort noch nicht gesprochen war. Selbst unter den Österreichern fand sich keine Mehrheit für den ungeschmälerten Erhalt ihrer Monarchie. Mancher mag in der Erwartung seine Zustimmung gegeben haben, dass ein Habsburger Kaiser des neuen Reichs werden würde. Diese Entscheidung war ein Zeichen dafür, dass trotz schwindenden Rückhalts die Nationalversammlung nach wie vor beanspruchte, souverän, ohne Rücksicht auf die Fürsten und die ausländischen Staaten über die Zukunft Deutschlands entscheiden zu können.

Der Vorsitzende des Reichsministeriums, der Österreicher Anton von Schmerling, hatte es vermieden, sich in der Debatte festzulegen. Denn ihm war es stets darum gegangen, eine Mehrheit für den Zusammenschluss Deutschlands mit Österreich, in welcher Form auch immer, zu schmieden. Das Ergebnis war für solche Pläne ein Rückschlag. Dennoch bemühte er sich verzweifelt darum, die Lage offenzuhalten. Selbst nach dem kurz darauf erfolgten Sieg der Konterrevolution in Österreich und der Demütigung Frankfurts durch die Erschießung Robert Blums wollte er einen Bruch zu vermeiden. Die Reichsregierung bat lediglich darum, die Reformen des März konsequent weiterzuführen und keine Rachejustiz zu üben. Die sich festigende österreichische Staatsführung ließ sich davon nicht beeindrucken. Ministerpräsident und Außenminister Felix Fürst Schwarzenberg entwarf vielmehr am 27. November vor dem zum ersten Mal im mährischen Kremsier zusammengetretenen Reichstag eine geschlossene Gegenposition. Ihr Kern war: Die staatliche Einheit des Kaisertums Österreich müsse erhalten bleiben. Sie sei für die Stärke Deutschlands und den Frieden in Europa unverzichtbar.

Auch er wollte keinen endgültigen Bruch. Daher schlug er vor, dass beide Staaten sich zunächst neu konstituieren sollten, um danach über eine Form des zwischenstaatlichen Zusammenschlusses zu verhandeln. Für den klug taktierenden Schwarzenberg war dies nicht nur ein Baustein in der Festigung Österreichs, sondern auch die Basis, von der aus er die Gründung Deutschlands unter preußischer Führung unterminierte. Die Reichsregierung ging sofort auf das Angebot ein, denn sie wollte Entscheidungen in Wien und Frankfurt zuvorkommen, die ein engeres Zusammengehen zwischen Deutschland und Österreich noch unwahrscheinlicher machten. Es galt auch, die Bedrängnis des sich konsolidierenden Kaisertums durch die Unabhängigkeitsbestrebungen in Norditalien und Ungarn zu nutzen.

Die Entscheidung der Nationalversammlung vom 27. Oktober bedeutete zusammen mit jener der österreichischen Staatsregierung einen Monat später, dass die Habsburgermonarchie in ihrer bestehenden Form erhalten bleiben und in das noch zu errichtende Deutsche Reich kein Teil von ihr eingehen würde. Einigkeit bestand auf beiden Seiten aber darin, dass die unabhängigen Staaten sich enger zusammenschließen sollten. Schmerling war klar, dass seine bisher eher verdeckt agierenden kleindeutschen Gegner dadurch gestärkt worden waren. Um ihnen den Wind aus den Segeln zu nehmen, modifizierte er sein Programm. Es galt durch schnelles Handeln zu verhindern, dass sich die beiden Staaten durch die jeweilige Konstituierung so sehr gegeneinander abschlössen, dass ein engeres Zusammengehen unmöglich gemacht werden würde. Er schlug mit Zustimmung seiner Ministerkollegen vor, Deutschland in einem solchen Umfang zu einer Föderation umzubauen, dass auch die bisher zum Bunde gehörenden Teile Österreichs einbezogen werden könnten, ohne ihren Zusammenhang mit den übrigen Teilen der Donaumonarchie aufzugeben: eine Lösung, die sich am leichtesten mit einem habsburgischen Kaiser verwirklichen lassen würde.

Schmerling spürte wohl, dass er für ein solches Vorgehen nicht mehr den nötigen Rückhalt finden würde. Daher machte er den Vorschlag, dem einflussreichsten Politiker der borussophilen Kleindeutschen, Heinrich von Gagern, als neuem Ministerpräsidenten diese Aufgabe zu übertragen. Doch war auch mit so viel taktischem Raffinesse das Projekt nicht mehr zu retten. Der verdutzte Gagern reagierte kühl. Zudem wurde Anfang Dezember deutlicher, dass die bisherigen Regierungsfraktionen keine weiteren Verhandlungen mit Österreich wollten. Sie arbeiteten vielmehr daran, dass Schmerling dafür die Zustimmung der Nationalversammlung versagt würde. Als ihn am 14. Dezember auch noch seine Ministerkollegen aufforderten, seinen Platz zu räumen, hat er zusammen mit dem zweiten Österreicher des Kabinetts noch am Abend seinen Rücktritt eingereicht. Seine Taktik war gescheitert, denn ein wesentlicher Bestandteil von ihr war, dass er dem Kabinett unter Gagern weiterhin angehörte, um dessen Österreich-Politik in seinem Sinne zu lenken.

Es ist kaum anzunehmen, dass Schmerling, wie er später schrieb, von dem Abrücken seiner Parteigänger völlig überrascht worden sei. Hinter einer solchen Aussage verbarg sich wohl eher eine tiefe Enttäuschung über ein solches Verhalten. Um sie zu mildern, schlug ihm Gagern vor, für den von ihm geräumten Posten des Präsidenten der Nationalversammlung zu kandidieren. Doch es wurde nur schlimmer. Im entscheidenden Wahlgang erhielt er fünf Tage nach seinem Rücktritt lediglich drei Stimmen. Gewählt wurde der erste Vizepräsident, Eduard Simson aus Königsberg, ein eifriger Verfechter des preußischen Erbkaisertums. Die Weichen für ein Deutschland unter dessen Führung – ohne Österreich – waren gestellt.

Schmerling brach über die Weihnachtstage nach Wien und Olmütz auf, um mit den Männern des neuen österreichischen Kabinetts, von denen er kaum einen persönlich kannte, in näheren Kontakt zu kommen. Noch auf der Fahrt dahin wurde ihm von Schwarzenberg die Stelle des kaiserlichen Bevollmächtigten bei der Zentralgewalt angeboten. Ob er im Dienste eines Ministerpräsidenten, der seiner Österreich-Politik den Boden entzogen hatte, glaubte, davon noch etwas retten zu können, ist fraglich. Sicher aber ist, dass Schwarzenberg ihn nicht dafür, sondern für seine Ziele einspannen wollte. Einer der wenigen Vertrauten von Erzherzog Johann in Frankfurt sollte ihn auf dem politischen Kurs des Ministerpräsidenten halten und vor allem verhindern, dass er das Amt des Reichsverwesers niederlegte. Denn mit seiner Hilfe wollte Schwarzenberg beharrlich aus der Deckung heraus ein einiges, demokratisches und preußisches Deutschland verhindern.

7.2 Die Verabschiedung der Verfassung

Als die Kleindeutschen daran gingen, ihr Projekt umzusetzen, waren ihre Chancen zu dessen Verwirklichung nur wenig besser als die der Großdeutschen zuvor. Bei nüchterner Betrachtung musste die Auflösung der Berliner Nationalversammlung als ein antiparlamentarischer Akt gewertet werden und die Oktroyierung der Verfassung als ein Zeichen, dass Preußen sich den Vorstellungen Frankfurts nicht unterwerfen werde. Stattdessen gab sich die Mehrheit der Frankfurter Abgeordneten nur allzu gern der Illusion hin, dass in Brandenburg nur ein rebellisches Rumpfparlament aufgelöst worden sei und der Oktroy vom 5. Dezember im Kern nicht zu dem, was man selbst wolle, im Widerspruch stehe. So setzte sich die kleindeutsche Idee immer mehr durch. Doch nicht, weil sie der Mehrheit der Volksmänner besonders attraktiv erschien oder diese eine besondere Vorliebe für Preußen hatten; vielmehr ließ die Entwicklung seit Ende 1848 nur noch diese Option als realistisch erscheinen, um den Nationalstaat zu retten.

Heinrich von Gagern war der Vertrauensmann der parlamentarischen Mehrheit, die ein kleindeutsches Reich mit einem preußischen Erbkaiser wollte. Am 17. Dezember übertrug ihm der Reichsverweser das Amt des Präsidenten des Reichsministerrats, wie seinem Vorgänger zusammen mit dem Innen- und Außenministerium. Die verbliebenen Mitglieder des Kabinetts behielten ihre Ämter. Während seiner Sondierungen in Berlin Ende November hatte er vom König keinerlei verbindliche Zusagen erhalten. Dazu war mit der oktroyierten Verfassung vom 5. Dezember seine Überzeugung erschüttert worden, dass ein Deutsches Reich nur zustande kommen könne, wenn Preußen auf eine Gesamtstaatsverfassung verzichte. Dennoch präsentierte er unverdrossen der Nationalversammlung sein Konzept eines deutschen Bundesstaats unter preußischer Führung, der mit Österreich eine Union bilden sollte. Auch seine Regierung legte er darauf fest. Um das Parlament, das er zu einem raschen Abschluss der Verfassungsgebung mahnte, näher an seine Politik zu binden, verlangte er dessen ausdrückliche Zustimmung. Er erhielt sie äußerst knapp am 13. Januar 1849, obwohl er sie mit einer Rede, die inner- und außerhalb des Parlaments beeindruckte, erbat. Da ihm angesichts der Machtverschiebungen in Deutschland wohl auch klar war, dass das Verfassungsprojekt ohne die Einbindung der Fürsten nicht mehr umzusetzen sein würde, suchte er über deren Bevollmächtigte ebenfalls ein engeres Einvernehmen mit diesen.

Dennoch stand seine Regierung unter keinem günstigen parlamentarischen Stern. Ihr Rückhalt schwand, da die Fraktionen in den Umbrüchen des Frühjahrs 1849 immer instabiler wurden. Zwar war ein Teil der Linken bereit, die neue Regierung zu stützen, doch hatte Gagerns Casino-Fraktion zugleich ihre österreichischen Abgeordneten verloren. Sie sammelten sich mit den Gegnern der Politik des Reichsministeriums unter der Führung Schmerlings neu. Erstaunlicherweise nahm niemand daran Anstoß, dass sie jetzt über eine Verfassung mitentschieden, die in ihrer Heimat gar nicht gelten sollte! Trotz dieser Widrigkeiten und obwohl seine bisherigen Erfahrungen mit Preußen nicht hoffnungsfroh stimmen konnten, hielt der neue Ministerpräsident an seinem kleindeutschen Kurs fest. Denn er und sein Anhang sahen keine Alternative mehr dazu. Und hatte König Friedrich Wilhelm in den letzten Monaten nicht mehrmals überraschende Wendungen vollzogen?

Zu Beginn des Jahres 1849 wurde Deutschland von einer Welle der Politisierung erfasst, durch die allenthalben spürbar wurde, dass die Stunde der Entscheidung herangereift war. Schon im November des Vorjahres war von den linken Fraktionen der Nationalversammlung als Reaktion auf das Erstarken der fürstlichen Gewalten der „Centralmärzverein" ins Leben gerufen worden. Er war als Dachorganisation konzipiert, die die Vereine stärken und koordinieren sollte, die sich zur Einheit auf der Grundlage der Errungenschaften des März 1848 bekannten. Der Auftrag war bewusst in Anknüpfung an die Gemeinsamkeiten des bürgerlichen Aufbruchs formuliert. Daher schlossen sich ihm Vereine vom liberal-konstitutionellen Lager bis zum republikanischen an, um den Rückhalt der Nationalversammlung im Volk zu festigen. Diese Initiative brachte zusammen mit den wachsenden Spannungen bis zum Beginn des Frühjahrs zahlreiche Neu- und Wiedergründungen von politischen Vereinen hervor. Die Aktivitäten aller nahmen sichtbar zu. Ohne diese Wiederbelebung des Vereinswesens hätte später der bewaffnete Kampf um die Reichsverfassung niemals diese Breite und Durchschlagskraft erhalten können.

Bis dahin waren auch zahlreiche Gegner des Kurses der Nationalversammlung aus der Schweiz und dem Elsass zurückgekehrt, die sich nach ihrer Niederlage im vorigen Herbst dorthin zurückgezogen hatten. Nach dem Ablauf des sechsmonatigen Waffenstillstands vom September stand der erneute Krieg mit Dänemark bevor. Von Berlin und Wien waren Signale einer nachlassenden Bereitschaft zur Zusammenarbeit mit Frankfurt ausgegangen. Dies beschleunigte dort die Beratungen, mit denen man zum Ziel kommen wollte, ehe sich auch die Option Preußen zerschlug. Die Lage in Berlin war widersprüchlich und verwirrend. Die Regierung drängte den widerwilligen König zu mehr Kompromissbereitschaft. Zugleich sondierten Kreise am Hof insgeheim Möglichkeiten, die deutsche Frage an Frankfurt vorbei zu lösen.

Die Nationalversammlung hat angesichts der konterrevolutionären Bedrohungen ihre gesamte Kraft darauf konzentriert, das Verfassungswerk zu Ende zu bringen. Das glaubte sie, sich schuldig zu sein. Dafür war sie gewählt worden, dadurch wollten sich die Männer des Volkes vor dem Volk und der Geschichte rechtfertigen. Sie wollten ihr Ansehen und ihre Ehre bewahren – in ihrem Denken die höchsten Werte für einen Mann und Politiker von Anstand. Doch bekam dadurch, dass sich die Nationalversammlung jetzt auf die rasche Verabschiedung konzentrierte, ihr Vorgehen etwas Abgehobenes, wurde alles, was außerhalb vorging, an die Seite gedrängt.

Das Parlament steckte zu Beginn des Jahres 1849 in einer Zwangslage, aus der heraus sein Handeln zu verstehen ist. Nachdem es für das Verhältnis des neuen Deutschland zum Kaiserreich Österreich keine Lösung gefunden hatte, blieb nur noch die hauchdünne Chance eines Zusammengehens mit Preußen. Dieses mit einzubinden wäre vielleicht zweckmäßig gewesen, wurde aber, von Aktionen Einzelner abgesehen, gar nicht mehr erst versucht. Die Reaktionen der Fürsten auf die Bitte um offizielle Stellungnahme zum Entwurf der Reichsverfassung nach der ersten Lesung waren eine Bestätigung dieser Entscheidung. Es kamen nach dem 28. Januar nur Vorschläge zur Abänderung und Verbesserung, die die Hoffnung, auf diesem Weg die Gegenseite einzubinden, nicht erfüllten. Darauf einzugehen hätte bedeutet, das bisher Erreichte wieder infrage zu stellen. Der Verfassungsausschuss bereitet Anfang Februar die zweite Lesung vor. In dieser Zeit gelang es der Linken aufgrund der Instabilität der sich zum Teil neu formierenden Fraktionen, das Wahlrecht auf die Tagesordnung zu setzen. Die bisherige Mehrheit hätte es gerne am Schluss der zweiten Lesung behandelt. Daher verknüpfte sich jetzt die in den Vordergrund tretende Ausgestaltung des Oberhaupts des neuen Reiches mit der Wahlrechtsfrage. Der dazu vorgelegte Entwurf des Verfassungsausschusses vom 8. Februar stieß im Plenum auf eine Ablehnung wie keiner zuvor. Die Casino-Mehrheit im Ausschuss hatte Bestimmungen durchgedrückt, die sogar die Fraktion verwunderten. Dort machte sich das Gefühl breit, dass ein indirektes öffentliches Wahlverfahren und der Ausschluss ganzer Bevölkerungsgruppen von der Wahl unmoralisch sei, da man doch selbst ganz anders das Mandat errungen habe. Daher wurden mit Teilen des Casinos und unabhängiger österreichische Abgeordneter, die damit vielleicht den Keil zwischen Frankfurt und Preußen vergrößern wollten, am 2. März in erster Lesung ein Wahlrecht gebilligt, das dem zur Nationalversammlung ähnlich war.

Um vergleichbare Rückschläge zu vermeiden und das große Ziel doch noch zu erreichen, haben sich auf Initiative der Casinofraktion Mitte Februar deren Mitglieder mit solchen der linken Mitte und Konservativen zur kleindeutschen Partei des „Weidenbusch" zusammengeschlossen. Mit etwa 220 Mitgliedern verfügte sie über keine sichere Mehrheit. Zur gleichen Zeit haben Abgeordnete der Rechten und des rechten Zentrums mit inzwischen fraktionslosen Österreichern einen „großdeutschen Verfassungsausschuss" gegründet. Sein Ziel war es, das deutschsprachige Österreich dem künftigen deutschen Staat zu erhalten. Folglich wollte man dessen föderalere Ausgestaltung und anstelle des Erbkaisers ein kollektives Direktorium aus Vertretern der deutschen Bundesstaaten unter der abwechselnden Führung Preußens und Österreichs. Die sich damit abzeichnende Blockade der Verfassungsberatungen wurde durch die Initiative der österreichischen Regierung von Anfang März überwunden.

Zu diesem Zeitpunkt fühlte sich die österreichische Regierung stark genug, um das demokratische Experiment zu beenden. Der Reichstag von

Kremsier wurde aufgelöst und am 4. März eine Verfassung für den Gesamt-staat oktroyiert. Das Kaisertum Österreich machte klar, dass es nur mit allen seinen Ländern in den künftigen deutschen Staatsverband eintreten werde. Mit einer Note vom 9. März an das Reichsministerium wurden sogleich die deutschlandpolitischen Konsequenzen aus dem neuen Kurs gezogen. In ihr wurde eine abstruse Verfassungskonstruktion präsentiert, die eine Mi-schung von Deutschem Bund und der Kreisverfassung des Alten Reichs war, auf deren Grundlage die Vorherrschaft des Kaiserreichs über Deutschland befestigt werden sollte. Es wurde die längst verworfene und unpraktikable Idee eines Direktoriums an der Spitze des Reiches wieder aufgewärmt. Schwarzenberg scheute auch nicht davor zurück, der Nationalversammlung zuzumuten, den Parlamentarismus aufzugeben. Denn das neue deutsche Parlament sollte aus 70 Abgeordneten mit beratender Kompetenz, die aus den einzelstaatlichen Landtagen zu wählen waren, bestehen. Das war eine glatte Absage an die Idee der deutschen Einheit in Freiheit. Da in solchen Vorstellungen selbst Wohlwollende nur eine Provokation erblickten, gaben die Großdeutschen auf. Die ersten Abgeordneten aus Österreich zogen sich mit der Begründung zurück, kein Recht zu haben, an einer Verfassung mit-zuwirken, die in ihrer Heimat nicht gelten werde. Da diese Ansicht nicht alle österreichischen Abgeordneten teilten, stellte das Casino Überlegungen an, die verbliebenen aus der Nationalversammlung auszuschließen. Die Absicht, so die Kleindeutschen zu stärken, stieß bei den anderen auf keine Begeiste-rung.

Jetzt blieb nur noch Preußen. Dies wurde am sichtbarsten durch die Initi-ative Carl Theodor Welckers, seit Juli 1848 zugleich badischer Bevollmäch-tigter bei der Zentralgewalt. Der bisherige großdeutsche Abgeordnete stellte einen Tag nach dem Bekanntwerden der Pläne Schwarzenbergs zur allge-meinen Überraschung am 12. März den Antrag, „die gesamte Reichsverfas-sung, so wie sie jetzt nach der ersten Lesung mit Berücksichtigung der Wün-sche der Regierungen von dem Verfassungsausschuss redigiert vorliegt" durch einen „einzigen Gesamtbeschluss" anzunehmen und dem König von Preußen „die erbliche Kaiserwürde" zu übertragen. Der Verfassungsaus-schuss empfahl daraufhin dem Plenum, den Text zusammen mit dem Wahl-gesetz in der vom Ausschuss für die zweite Lesung redigierten Fassung zu billigen. Wie wohl vielen war ihm klar, dass dies ein aus der Not geborener Schritt war. Er machte daher den später nicht aufgenommenen Zusatz, dass dem ersten Reichstag das Recht vorbehalten werden sollte, einzelne Bestimmungen auf dem Weg der gewöhnlichen Gesetzgebung abzuändern!

In dem Vorstoß sah eine Gruppe von linken Abgeordneten unter der Führung von Heinrich Simon, Mitbegründer und Vorstandsmitglied der bürgerlich-linken Fraktion „Westendhall", die Chance zu retten, was an demokratischen Positionen zu retten war. Mit Gesinnungsgenossen schloss er sich in der Gruppierung „Braunfels" zusammen, um mit dem „Weidenbusch" Voraussetzungen festzulegen, auf deren Grundlage sie für den Antrag Welcker stimmen könnten. Es ging ihnen darum, die garantierten Freiheiten zu sichern und zu verhindern, dass an der Verfassung wesentliche Veränderungen vorgenommen würden, falls Friedrich Wilhelm die Annahme der Kaiserkrone von Bedingungen abhängig machen würde. Paragraf 1 der Verfassung müsse unverändert bleiben, um die Bereitschaft der Nationalversammlung zur Einbeziehung der deutschen Länder Österreichs zu dokumentieren. Dass suspensive Veto sowie das Wahlrecht waren in der Form der ersten Lesung zu übernehmen. Der „Weidenbusch" glaubte aber, an dem im Verfassungsausschuss schon durchgesetzten absoluten Veto und dem Erbkaisertum festhalten zu können, da diese Forderungen angesichts der allgemeinen Empörung über Österreich eine Mehrheit finden würden.

Die Fraktion des „Weidenbuschs" täuschte sich. Dem „großdeutschen Verfassungsausschuss" gelang es, die Annahme des Antrags Welcker zu verhindern. Er fiel nach mehrtägiger Plenardebatte am 20. März knapp durch. Daraufhin trat das Reichsministerium am nächsten Tag zurück. Dies war kein parlamentarischer Akt, sondern vielmehr ein politischer Schachzug, durch den die Regierung Gagern die vorbehaltlose Unterstützung ihres propreußischen Kurses erzwingen wollte. Daher ist sie auch ohne Zögern dem Wunsch des Reichsverwesers nachgekommen, die laufenden Geschäfte weiter zu führen.

Daraufhin vollzog der „Weidenbusch" eine Kehrtwende. Die noch fehlenden rund 20 Stimmen zur Mehrheit sollten auf Druck des geschäftsführenden Ministerpräsidenten Heinrich von Gagern erreicht werden, indem die Forderungen der Gruppe um Simon erfüllt würden. Frucht dieses Entgegenkommens war ebenfalls, dass die Nationalversammlung am 22. März beschloss, die zweite Lesung mit Verzicht auf jegliche Diskussion durchzuführen. Das Vorlegen von Vorschlägen zur Ergänzung oder zur Verbesserung wurde an hohe Quoren gebunden. Abschnitt 3 über das Reichsoberhaupt sollte zuletzt vorgenommen werden.

Sicherlich auch getrieben durch die inzwischen das übliche Maß deutlich übersteigende Kritik an seiner Tatenlosigkeit beendete das Parlament die zweite Lesung am 27. März. Das suspensive Veto wie das allgemeine, gleiche und direkte Wahlrecht und mit hauchdünner Mehrheit das Erbkaisertum wurden gebilligt. Ebenfalls festgesetzt wurde das suspensive Veto des Reichsoberhaupts auch bei Verfassungsfragen. Diese nicht vereinbarte Bestimmung verdankt ihre Aufnahme in den Text dem Zusammengehen der Linken mit den Großdeutschen. Sie wollten dem preußischen König noch eine Kröte zu schlucken geben. Zunächst aber wurde ihm ein Originalexemplar des am 28. März 1849 amtlich verkündeten Verfassungstextes zugestellt.

7.3 Das Ende der kleindeutschen Illusion

Noch am Tag, an dem die Reichsverfassung in Kraft trat, wurde der preußische König Friedrich Wilhelm IV. in der Hoffnung, ihm dadurch die Annahme der Würde zu erleichtern, ohne Gegenstimmen zum Deutschen Kaiser gewählt. 290 Abgeordnete stimmten für ihn, 248 enthielten sich. Dies war nochmals Ausdruck des Selbstbewusstseins der bürgerlichen Revolutionäre, das sie aus ihrer Berufung auf die Volkssouveränität zogen: denn die Wahl eines Deutschen Kaisers war durch das Einberufungsmandat der Nationalversammlung nicht gedeckt.

Nachdem dieser Kraftakt gelungen war, hat die Nationalversammlung die Entscheidung dadurch gesucht, dass sie das Werk für endgültig und unabänderlich proklamierte. Dies geschah im Wissen darum, dass weitere Verhandlungen innerhalb der sich auflösenden Versammlung keinen Zweck mehr hatten und ihre Kompromissfähigkeit vollständig erschöpft war. Darüber hinaus fehlte das Vertrauen, dass in Verhandlungen mit den Bundesstaaten eine Verfassung zustande kommen würde, die auch nur annähernd den Vorstellungen der Mehrheit der Versammlung entsprach. Daher bot sich die rettende Tat an. Die Lage hatte sich so zugespitzt, dass es nur noch Erfolg oder Scheitern gab. Einen dazwischenliegenden Verhandlungsspielraum sah die Mehrheit nicht mehr.

Am 2. April hatte sich das preußische Kabinett für die bedingte Annahme der Reichsverfassung gegenüber den beiden Kammern ausgesprochen. Der König aber hielt sie für unannehmbar. Er war davon überzeugt, dass die Nationalversammlung überhaupt keine Krone vergeben könne und das, was ihm angeboten werde, nur ein „Hundehalsband" sei, mit dem man ihn an die Revolution ketten wolle. Öffentlich schob er vor, dass die Kaiserkrone dem Erzhaus Österreich gebühre. Die Deputation der Nationalversammlung empfing er nur, weil er von mehreren Seiten dazu gedrungen wurde. Ihr antwortete er am 3. April, dass das Angebot ihn tief ergriffen habe, doch sei die Einheit Deutschlands nicht ohne das Einvernehmen mit den Fürsten und freien Städten aufzurichten. Die Abgeordneten wollten in ihrer Antwort vom folgenden Tag die Verfassung nicht wie der König nur als Verhandlungsunterlage betrachten. Sie betonten, dass die Annahme der Wahl zum Deutschen Kaiser auf der Grundlage der vorliegenden Fassung erfolgen müsse. Sie werteten deshalb die Ausführungen des Königs als Ablehnung.

Noch am Tage des ersten Zusammentreffens mit der Frankfurter Deputation hat Preußen sich in einer Zirkulardepesche bereit erklärt, die deutschen Dinge in seinem Sinne zu regeln. Dieses Schreiben an die deutschen Regierungen war aber nichts als ein Ausdruck der Verlegenheit: denn die Initiative wurde von deren Auftrag und der Zustimmung der Nationalversammlung abhängig gemacht!

Für den Reichsverweser, der sich gerade von einer schweren Krankheit erholt hatte, war nun das Maß voll. Die Reichsverfassung missfiel ihm und er hatte nicht verhindern können, dass dem preußischen König die Herrschaft über Deutschland angeboten worden war. Mit ihm war er sich darin einig, dass sie eigentlich seinem Hause zustand. Er wollte sein Amt niederlegen. Vom Reichsministerium und einer Delegation der Nationalversammlung bestürmt sowie von Schwarzenberg an seine Pflicht erinnert, die preußische Führungsrolle zu verhindern, ließ er sich umstimmen. Er betrachtete sich seitdem als interimistischen Reichsverweser eines interimistischen Ministeriums.

Dieses machte sich sofort daran, den preußischen Schlag zu parieren, indem es die deutschen Regierungen offiziell aufforderte, die Reichsverfassung anzunehmen. 28 kamen dem in einer Kollektivnote vom 14. April nach; die meisten wohl aus Furcht vor erneuten Unruhen und dem demokratischen Aufbruch des Frühjahrs. Die Annahme erfolgte kaum aus innerer

Überzeugung. Denn diesen Staaten musste klar sein, dass sie sich dadurch in der Form, wie sie bisher bestanden, aufgeben würden. Mediatisierung, der Verlust staatlicher Macht, Eingriffe in das Rechtssystem, eine tief greifende Modernisierung von Gesellschaft und Wirtschaft wären die Folge gewesen. Deshalb fehlten die Vormächte Österreich und Preußen sowie die Königreiche. Dennoch wurde von deren Zustimmung die Verbindlichkeit der Note für alle abhängig gemacht. Württemberg wurde allerdings durch die Unruhen im Lande gezwungen, sich am 25. April anzuschließen. Kurz darauf folgte das revolutionäre Sachsen.

Das Reichsministerium sah darin eine Ermunterung, auch die anderen Könige zu einem Gesinnungswandel zu bewegen. Der interimistische Ministerpräsident ordnete Unterstaatssekretär Bassermann nach Preußen ab, da er neue Hoffnung schöpfte. Denn in geheimen Absprachen mit einigen preußischen Abgeordneten und einem engen Berater des Königs war vereinbart worden, nochmals einen Versuch zu wagen. Er lief darauf hinaus, dass die Reichsverfassung, nachdem sie Preußen akzeptiert habe, entgegen dem ausdrücklichen Votum der Nationalversammlung in einigen Kernpunkten revidiert werden könne.

Doch als Bassermann am 30. April erneut in Preußen eintraf, hatte sich die Lage dramatisch verändert. Die preußische Nationalversammlung, deren Zweite Kammer die Reichsverfassung inzwischen als rechtsgültig betrachtete, war aufgelöst worden und am 28. hatte Friedrich Wilhelm die ihm angetragene Kaiserkrone erneut und endgültig abgelehnt. Er verwarf das Werk der Paulskirche als eine vom souveränen Volk geschaffene Verfassung grundsätzlich. Es sei mit dem Gottesgnadentum unvereinbar und verstoße gegen das Vereinbarungsprinzip. Er bemängelte besonders, dass eine zu starke Bundesgewalt zu tief in die inneren Verhältnisse der Staaten eingreifen könne, sodass diese im Laufe der Zeit absorbiert werden würden. Die Grundrechte könnten diesen nicht aufgedrängt werden, da sie auf zweifelhaften Grundsätzen beruhten. Die Ablehnung wurde auch mit den Kompromissen begründet, die die Verabschiedung überhaupt erst ermöglicht hatten: mit dem nur suspensiven Veto des Kaisers und dem allgemeinen und gleichen Wahlrecht. Die Verfassung habe letztlich den Zweck, das Monarchische Prinzip zu beseitigen, um auf pseudolegalem Weg die Republik einzuführen.

Die Bedrängnis, in der sich die Nationalversammlung gesehen hatte, hat den preußischen König in eine Position gebracht, von der aus er das gesamte Werk mit einem Wort zu Fall bringen konnte. Dazu kam, dass das liberale Bürgertum nach den Erfahrungen mit den revolutionären Volksbewegungen und nach der Verabschiedung des allgemeinen Wahlrechts eine starke Monarchie als Eckstein von Stabilität und Ordnung für unverzichtbar hielt; dies nicht aus legitimistischen Erwägungen, sondern aus machtpolitischem Kalkül.

Das Konzept der Begründung eines deutschen Nationalstaats auf parlamentarischem Weg mit fürstlicher Zustimmung war nicht aufgegangen, da es von Anfang an voller nicht eingestandener Widersprüche steckte. Warum sollte sich ein überzeugter Anhänger des Gottesgnadentums zum Oberhaupt eines durch eine Revolution geschaffenen Staates machen lassen? Friedrich Wilhelm hatte ein feines Gespür dafür, dass der deutsche Kaiser kein Monarch von Gottes Gnaden, sondern von Volkes Gnaden sein würde, mit allen Konsequenzen, die darin lagen. Bei der Begründung einer erblichen Kaiserwürde im Mannesstamm war prinzipiell Unvereinbares zusammengeschweißt worden: ein Herrscher von Volkes Gnaden, dem mit der Erblichkeit ein Charakteristikum des Gottesgnadentums verblieben war. Das war eine von zahlreichen Konsequenzen, die daraus folgte, dass mit der Volkssouveränität und dem Monarchischen Prinzip zwei gegensätzliche die Staatsgewalt begründenden Grundsätze die Verfassung durchzogen. Die staatliche Macht war der konstitutionellen Mehrheit das Risiko eines Bündnisses mit den bürgerlichen Radikalen und den unterbürgerlichen Schichten nicht wert. Daher kamen für sie Alternativen jenseits des erblichen Kaisertums nicht infrage.

Die Lager gingen nun in Stellung. Die Nationalversammlung bekräftigte am 11. April ihren Entschluss, an der Verfassung festzuhalten. Zwei Wochen später wurden die ablehnenden Regierungen zur Anerkennung aufgefordert. Preußen, das vorrangige Motiv der Zustimmung der Staaten wohl richtig einschätzend, sicherte ihnen mehrmals für den Fall von Unruhen militärische Hilfe zu, falls sie sich auf seine Seite schlagen würden. Daraufhin forderte das Frankfurter Parlament am 4. Mai die Regierungen wie die gesetzgebenden Körperschaften der Einzelstaaten, dazu die Gemeinden zusammen mit dem Volk, auf, die Verfassung zur Anerkennung und Geltung zu bringen. Die Staaten, die das Verfassungswerk anerkannt hatten, sollten den Kern des

Reiches dadurch konstituieren, dass sie die Wahlen für den auf den 22. August zu berufenden Reichstag durchführten. Zugleich wurde Preußen signalisiert, dass es dennoch in die Kaiserwürde eintreten könne, sobald es die Verfassung annähme.

Dies ermunterte die interimistische Reichsregierung jetzt ebenfalls, die Durchsetzung der Reichsverfassung mit friedlichen Mitteln zu unterstützen. Sie drohte zugleich damit, dass sie jeder Intervention gegen eine solche Bewegung entgegentreten würde. So widersprüchlich es erscheinen mag, so war diese Entschlossenheit Teil eines Plans, um Preußen doch noch einzubinden. Gagern und sein kleindeutscher Anhang spekulierten nämlich darauf, dass der Reichsverweser zurücktreten würde, weil er diese Politik missbilligte. Dann hätte Friedrich Wilhelm IV. seinem Wunsch gemäß die provisorische Statthalterschaft in Deutschland übernehmen können. Doch Erzherzog Johann lehnte es ab, für die Durchsetzung des kleindeutsch-preußischen Kaiserreichs die Hand zu reichen. Er tat seinem Regierungschef auch nicht den Gefallen zurückzutreten. Daraufhin gaben Heinrich von Gagern und sein Ministerium am 10. Mai endgültig auf.

Heinrich von Gagern musste sich zusammen mit seinen liberalen und kleindeutschen Parteifreunden spätestens jetzt eingestehen, dass sie ihren Lebenstraum nicht hatten verwirklichen können. Bei ihm wie bei manchem anderen hat das zu schweren psychischen Zerrüttungen geführt. Die meisten von ihnen hatten von Anfang an das kleindeutsch-preußische Kaiserreich angestrebt. Daher drängte sich jetzt die Frage auf, ob es dann klug war, einen österreichischen Erzherzog zum Reichsverweser zu bestellen. Der preußische König hatte eine Abordnung der Nationalversammlung auf dem Kölner Dombaufest im Sommer 1848 ermahnt, nicht zu vergessen, dass es in Deutschland auch noch Fürsten gebe. Diese Wahrheit wurde den Abgeordneten nun brutal bewusst. Denn sie haben in der Tat weitgehend so agiert, als ob es diese nicht gäbe, wollten aber ihr Werk nicht gegen sie vollenden. Jetzt aber hatte die Entwicklung deutlich gemacht, dass es nur die niemals eingestandene Alternative gab: marginale Veränderungen mit den Fürsten oder aber das liberale und demokratische Deutschland der Reichsverfassung gegen sie. Das liberale Bürgertum hat sich dieser Einsicht verschlossen, weil es den Umsturz der Ordnung und die Gewalt fürchtete. Doch genau das Chaos zog nun als Folge dieses Kurses am Horizont herauf. Das Scheitern war vollkommen!

Am 19. April war in Frankfurt die Aufforderung der Regierung Schwarzenberg an die österreichischen Abgeordneten bekannt geworden, nach Hause zurückzukehren. Da es zu keiner engeren Verbindung mehr zwischen Österreich und Deutschland kommen würde, sind ihr ein Teil der Großdeutschen aus beiden Ländern gefolgt. Die preußische Regierung zog nach, als sie mit Frankfurt brach. Mit dem Hinweis, dass sie dazu kein Recht hätte, weigerte sich eine größere Anzahl. Andere Bundesstaaten folgten und verstärkten so die Welle freiwilliger Austritte. Schon am Tage des Rücktritts der Regierung Gagern war das kleindeutsche Bündnis des „Weidenbusch" in seine Bestandteile zerfallen, die Reste des Casinos und die ehemalige bürgerliche Linke. Wenige Tage später verließen Gagern und sein Anhang Frankfurt, weil keine Aussicht mehr auf die gewaltlose Durchsetzung der Verfassung bestand. Sie glaubten wohl selbst nicht mehr an den Trost, dass dies ein „vorläufiger Verzicht" sei. Die moralische Verantwortung für die weiteren Beschlüsse des Parlaments, in dem sie inzwischen in der Minderheit waren, wollten sie ebenso wenig weiterhin mittragen wie die für den inzwischen ausgebrochenen Bürgerkrieg. Eine kleine Schar von der Linken, die Ende des Monats aufgab, sah dies anders. Sie rief das Volk zur Rüstung für die Verteidigung der Verfassung auf.

Die verbliebenen etwa 130 weitgehend linken Abgeordneten wollten die demokratische Kontinuität dadurch wahren, dass sie bis zum Zusammentritt des ersten Reichstags ausharrten. Angesichts der heranrückenden Preußen zogen es die etwa 100 Verbliebenen vor, nach Stuttgart auszuweichen. In Württemberg fühlten sie sich unter der von ihrem Kollegen Friedrich Römer geführten Regierung sicher. Ihre Illusion, von dort aus an der Spitze der Aufständischen Südwestdeutschlands nach Frankfurt zurückkehren zu können, zerstob rasch. Von mehreren Seiten unter Druck gesetzt, löste das Ministerium am 18. Juni die Versammlung mit Gewalt auf, um dem Einmarsch fremder Truppen zuvorzukommen.

8 Der Kampf um die Reichsverfassung 1849

Abführung der Gefangenen über die Elbbrücke zu Dresden

Kupferstich eines unbekannten Künstlers, 1849

8.1 Das letzte Aufgebot

Preußen und der interimistische Ministerpräsidenten Heinrich von Gagern setzten Anfang Mai 1849 darauf, den Reichsverweser aus seinem Amt zu verdrängen. Wenn beide daran dachten, den preußischen König an seine Stelle zu setzen, so verfolgten sie doch damit ganz unterschiedliche Ziele. Der Führer der Liberalen und Kleindeutschen wollte von dem Frankfurter Verfassungswerk möglichst viel retten, Friedrich Wilhelm hingegen wollte ein Deutschland nach seinen Vorstellungen errichten. Voraussetzung für die Umsetzung des Plans war, dass es dem Reichsverweser nicht mehr gelingen würde, eine Reichsregierung zu bilden, und er deswegen seine öfters geäußerte Rücktrittsabsicht umsetzen würde.

Erzherzog Johann hat sich aber in der ersten Maihälfte dazu entschlossen, seinen Pflichten weiterhin nachzukommen. Er glaubte, es seinem Hause schuldig zu sein, so lange zu verharren, bis das Kaisertum wieder in der Lage war, seine Interessen in Deutschland wahrzunehmen. Um ihn in dieser Haltung zu festigen, ernannte Ministerpräsident Schwarzenberg noch im März den von beiden geschätzten Grafen Rechberg zum Beauftragten Österreichs bei der Zentralgewalt. Zugleich wurde damit begonnen, einen Verbund von Bundesstaaten gegen die deutschlandpolitischen Pläne Preußens aufzubauen. Schließlich hat der Bürgerkrieg die Situation grundsätzlich verändert. Johann und seine Berater sahen in der Aufrechterhaltung der Zentralgewalt eine Voraussetzung für dessen Eindämmung. Aktuell galt es in den Tagen des Mai, die Einsetzung einer revolutionären Exekutive zur Führung der Aufstandsbewegungen durch die Nationalversammlung zu verhindern. So wurde die größte Krise der Provisorischen Zentralgewalt die Stunde des Reichsverwesers. Nie war er bedeutender und keine seiner Handlungen war folgenreicher als sein Ausharren im Amt und die Bildung eines neuen Ministeriums im Mai 1849.

Wie bisher hat der Erzherzog, auch als das Land von schweren Unruhen heimgesucht wurde, auf die Auswahl der Kandidaten für seine Regierung wenig Einfluss genommen, sich allerdings das letzte Wort vorbehalten. Seit der zweiten Woche des Mai sondierte er und nahm Vorschläge entgegen. Das jetzt zu schmiedende Kabinett musste mit der Feindschaft Preußens, der Linken wie der Kleindeutschen rechnen. Daher brachten den Mut dazu vor allem Männer auf, die wenig zu verlieren hatten oder bisher nicht in die Frankfurter Händel verstrickt gewesen waren. Auf Empfehlung des Großherzogs wurde der hessen-darmstädtische Generalleutnant und Diplomat August Ludwig Prinz zu Sayn-Wittgenstein-Berleburg als Kabinettschef und Kriegsminister in Erwägung gezogen. Zugleich kam mit August Giacomo Jochmus ein weiterer Militär ins Spiel. Er war erst 1848 aus osmanischem Militärdienst nach Deutschland zurückgekehrt. Ihm wurde das nunmehr errichtete Marineministerium und das Außenministerium übertragen, obwohl ihn der Reichsverweser bisher nicht kannte.

Gegen den ihm weiterhin vorgeschlagenen preußischen Geheimen Justizrat Maximilian Grävell sträubte er sich zunächst. Denn dieser war in der Nationalversammlung nur als kauziger Außenseiter und in seinem bisherigen Berufsleben mehr durch Starrsinn und Disziplinlosigkeit aufgefallen. Er konnte aber den Reichsverweser durch seine politischen Ansichten gewinnen. Wie dieser war er davon überzeugt, dass Zentralgewalt und Nationalversammlung unabhängig voneinander seien und der Auftrag der letzteren mit der Verabschiedung der Verfassung erledigt sei. Die Reichsgewalt könne von keiner Seite zur deren Durchsetzung gezwungen werden; es sei vielmehr ihre Aufgabe, im Land für Ruhe und Ordnung zu sorgen. Zum vorläufigen Ministerpräsidenten und Innenminister machte ihn der Reichsverweser wegen der Charaktereigenschaften, derentwegen er ihn zuvor abgelehnt hatte. Denn er traute wohl nur ihm die Rücksichtslosigkeit und psychische Robustheit zu, die notwendig erschien, um dem Ministerium das Überleben in einer Atmosphäre von Feindschaft, Hass und Häme zu sichern.

An die Stelle des resignierenden Reichsjustizministers Robert von Mohl trat der Advokat Johann Hermann Detmold. Wie Grävell hat er zeitweise der äußersten rechten Fraktion, dem „Café Milani", angehört. In der Nationalversammlung war er durch seine spöttischen Zwischenrufe und die Vertretung der Partikularinteressen seiner Heimat Hannover hervorgetreten. Er überzeugte seinen Fraktionskollegen Ernst Merck davon, das Reichsfinanzministerium zu übernehmen. Der Hamburger Reeder und Kaufmann wollte nicht wie sein Vorgänger das Handelsministerium mitverwalten. Da es seine Aufgaben erfüllt hatte, wurde es aufgelöst.

Der Reichsverweser hätte gerne den preußischen General Peucker weiter als Kriegsminister gehalten. König Friedrich Wilhelm IV. empfand es allerdings als eine Zumutung, seinen General einer Regierung zur Verfügung zu stellen, der er jede Legitimität absprach. Er hatte allerdings nichts dagegen einzuwenden, dass Peucker das Oberkommando über die Reichstruppen übertragen wurde. Denn trotz des Zerwürfnisses zwischen Preußen und der Zentralgewalt verband sie als gemeinsames Ziel die Bekämpfung der Aufstände. Auf dieser Grundlage stellte sich trotz aller Gegensätze in der Deutschlandpolitik zwischen Frankfurt und Berlin eine pragmatische Kooperation ein.

Bis auf den noch nicht abkömmlichen Wittgenstein war das Kabinett am 17. Mai vollständig. Es konnte die Nationalversammlung, die ihm durchgehend mit Misstrauen und Verachtung entgegentrat, dreimal mit Berufung auf das von ihr erlassene Gesetz über die Provisorische Zentralgewalt ausmanövrieren. Zunächst machte Ministerpräsident Grävell in seiner Regierungserklärung deutlich, dass sein Ministerium sich ganz im Gegensatz zu dem vorherigen nicht als konstitutionelles verstehe, sondern unabhängig vom Parlament handeln werde. Zum andern habe die Nationalversammlung die Reichsregierung von allen Angelegenheiten der Verfassung ausgeschlossen, daher sei sie auch nicht verpflichtet, diese durchzusetzen. Selbstverständlich werde man, wie es das Gesetz ebenfalls verlange, die Wohlfahrt und Sicherheit Deutschlands wahren, indem man jeglicher Gewalt entschieden entgegentrete.

Nun gewann es eine nicht vorauszusehende Bedeutung, dass sich der Erzherzog bei seiner Einsetzung nicht allein durch die Volksversammlung, sondern auch durch die Gemeinschaft der Fürsten hatte legitimieren lassen. Dies ermöglichte der Zentralgewalt jetzt einen souveränen Umgang mit dem Parlament. Die Aufforderung Preußens, es aufzulösen, wurde als unrechtmäßig zurückgewiesen, zumal die Gefahr bestand, dass die beginnenden Unruhen dann nur weiter angeheizt würden. Klugerweise setzte man darauf, dass es sich selbst demontieren würde. Solange die Versammlung bestand, wollte das Reichsministerium, gestützt auf die im Gesetz garantierte Unabhängigkeit, an ihr vorbei regieren. Die Versuche der sich radikalisierenden Nationalversammlung und später des Rumpfparlaments, den Reichsverweser durch einen Reichsstatthalter zu ersetzen oder sein Ministerium zu stürzen, wurden ignoriert. In den Turbulenzen der zweiten Hälfte des Mai 1849 waren die einst kooperierenden Gewalten, Reichsministerium und Nationalversammlung, ebenso schnell Kontrahenten geworden wie die Rivalen Preußen und Reichsgewalt Kooperierende.

Am 21. Mai übernahm Wittgenstein das Kriegsministerium. Seine erste Amtshandlung war die Ernennung seines Vorgängers zum kommandierenden General der Reichstruppen in Frankfurt und Umgebung. Da er schon während der Regierungsbildung als Vorsitzender in Erwägung gezogen worden war, war dies die Gelegenheit, nicht nur den interimistischen Ministerpräsidenten zu ersetzen, sondern ihm zugleich das Innenministerium zu entziehen. Denn Grävell hatte seine Ämter, wie es fast zu erwarten gewesen war, starrköpfig und ohne auch nur ein Mindestmaß an kollegialer Einbindung geführt. Detmold wurde zum interimistischen Reichsminister des Innern und Wittgenstein am 3. Juni zum Reichsministerpräsidenten ernannt.

Das Reichsministerium war nun eine kleine Truppe von vier Mann. Während bei den vorhergehenden Regierungswechseln personelle Kontinuität gewahrt worden war, fehlte diese bei dem jetzigen Ministerium vollständig. Darin kam der Funktionswechsel der Zentralgewalt zum Ausdruck: von einem Organ der Revolution zu einem Instrument Österreichs im Kampf mit Preußen um die Vorherrschaft in Deutschland. Bis auf Reichsfinanzminister Ernst Merck standen alle Minister zwei Ressorts vor. Da die Reichsregierung nicht mehr mit dem Parlament zusammenarbeiten wollte, konnte auf die Unterstaatssekretäre verzichtet werden, zumal die Finanzlage eine Verkleinerung des Kabinetts wie auch der Reichsbehörden gebot. Obwohl niemand gerne eingetreten ist und selbst seine Mitglieder ihm wenig Vertrauen entgegenbrachten, sollte dieses Kabinett jenes mit der längsten Lebensdauer werden. Es wurde vor allen Dingen durch die Überzeugung zusammengehalten, dass die Abdankung des Erzherzogs zu diesem Zeitpunkt verhängnisvoll gewesen wäre: denn sie hätte die Bahn für die preußische Vorherrschaft in Deutschland frei gemacht. Aktuell war die Furcht größer, dass dann die Unruhen in einen Bürgerkrieg zwischen den die Reichsverfassung anerkennenden und den sie ablehnenden Staaten übergehen würden.

Mit der Auflösung der Nationalversammlung und der Festigung der Zentralgewalt bis Ende Mai 1849 war das liberale Projekt, das mit dem Aufbruch des Frühjahrs 1848 begonnen hatte, vollständig gescheitert. Die Verfassung, durch die die Revolution hätte domestiziert werden sollen, war nicht umsetzbar gewesen und wurde jetzt sogar Auslöser eines Bürgerkriegs. Die Provisorische Zentralgewalt, die die Verfassungsgebung hätte absichern und durchsetzen sollen, schob diesen Auftrag beiseite. Als Institution der Revolution, die am längsten Bestand hatte, präsentierte sie sich als Ordnungsmacht und nahm Kurs auf die Wiederherstellung des alten Systems.

8.2 Die Ausgangslage

Krise und Neubildung der Reichsregierung vollzogen sich vor dem Hintergrund von Unruhen im ganzen Land. Die Aufständischen konnten sich darauf berufen, dass die Nationalversammlung am 26. Mai das Volk dazu aufgefordert hatte, die Reichsverfassung mit allen Mitteln durchzusetzen. Das Kabinett von Gagern stand der Bewegung mit Sympathie, doch ratlos gegenüber. Hingegen trug das neue Ministerium zusammen mit dem Reichsverweser dazu bei, die Kampagne zu delegitimieren. Sie übernahmen die Deutung von deren Gegnern, dass es dieser gar nicht um die Konstitution gehe, sondern darüber hinausgehende Ziele verfolge. Die Chance, die in der hohen Zustimmung der Bevölkerung zur Reichsverfassung lag, hätte nur von einer legitimen nationalen Instanz genutzt werden können. Nach dem Ausfall der Nationalversammlung kam dafür nur noch die Zentralgewalt infrage. Daran hinderte sie aber ihr antikonstitutioneller und pro-österreichischer Kurs.

Dass auch im Rhein-Main-Gebiet und dem Odenwald Unruhen ausgebrochen waren, zwang die Reichsgewalt, die zur Verfügung stehenden Reichstruppen dort zu konzentrieren. Daher musste sie es Preußen mehr willentlich als widerstrebend überlassen, Ruhe und Ordnung im Land wiederherzustellen. Das Königreich wurde schon seit längerem von Russland teils gedrängt, teils gemahnt, die konterrevolutionäre Initiative zu ergreifen und als Voraussetzung dafür, den Ausgleich mit Österreich zu suchen. Der erneut aufgeflammten Krieg um Schleswig, den die Reichsgewalt ebenfalls Preußen hatte überlassen müssen, wurde vom Zaren missbilligt. Daher stoppte Friedrich Wilhelm IV. den Vormarsch in Jütland bereits Mitte Mai. Schon im Juli 1849 wurden die Kämpfe durch einen erneuerten Waffenstillstand mit Dänemark beendet, an dem die deutsche Öffentlichkeit wiederum keinen Gefallen fand. Einerseits bot Alexander III. militärische Hilfe im Kampf gegen die Revolution an, andererseits ließ er Preußen wissen, dass er dessen Wunsch, die deutsche Einheit zu vollenden, ablehne. Er wollte keinerlei Machtverschiebung in Mitteleuropa.

Im Königreich Preußen wurde in einigen Städten des Westens zugunsten der Reichsverfassung demonstriert. Einige Gemeinden verabschiedeten Petitionen zu deren Einführung. Gelegentlich wurde Widerstand gegen die Einberufung zur Landwehr geleistet und in wenigen Städten des Ostens machten sich bürgerliche Kreise für die Reichsverfassung stark. Dennoch schätzten Regierung, König und Militärs die Lage im Land und vor allen in der Hauptstadt als stabil ein. Es erschien ihnen daher kein Risiko, jetzt als Ordnungsmacht in Deutschland einzugreifen. Die Aufgabe wurde ihnen dadurch erleichtert, dass die lokalen und regionalen Unruheherde nicht miteinander in Verbindung standen.

8.3   Der sächsische Aufstand

Im Königreich Sachsen war die Industrialisierung am weitesten fortgeschritten und das Gewerbe besonders dicht angesiedelt. Auf dieser Grundlage war eine kleinbürgerliche Demokratie gewachsen, die sich seit der Märzbewegung zum Teil in „Vaterlandsvereinen" organisierte. Schon bei den Wahlen zur Nationalversammlung hat sie ihre Durchschlagskraft bewiesen. Zur stärksten politischen Kraft war sie in den Gemeinderatswahlen vom 17. November und den Landtagswahlen vom 15. Dezember 1848 geworden. Die Arbeiter sammelten sich in eigenen Vereinen. Das gemäßigt liberale Bürgertum fand seinen Rückhalt bei den etwa 50 „Deutschen Vereinen". Die dominierende kleinbürgerliche Demokratie führte den Streit mit dem bürgerlich-liberalen Kabinett wegen des Landtagswahlrechts an. Sie wollte die direkte Wahl ohne Zensus und ein parlamentarisches Einkammersystem. Als der Landtag am 14. Februar 1849 darüber hinaus die Publikation der Grundrechte der Reichsverfassung forderte, gab die Regierung auf, da der König dies ablehnte.

Um der neuen Regierung den Start zu erleichtern, ließ König Friedrich August am 2. März die Grundrechte veröffentlichen. Nach dem Vorbild seines preußischen Schwagers Friedrich Wilhelm widersetzte er sich kurz darauf der Umsetzung der Reichsverfassung, die bei seinem Volk auf breite Zustimmung stieß. Der Landtag wurde nach Hause geschickt und die Regierung löste sich Anfang Mai auf.

Die Halsstarrigkeit des Königs schmiedete das oppositionelle Lager zusammen. Es berief am 2. Mai in Dresden eine permanente Kommission, der sich Kommunalgarde und Bürgerwehr zur Verfügung stellten. Im Vertrauen auf die heranrückende preußische Hilfe verbot der König eine Parade der Dresdner Kommunalgarde zu Ehren der Reichsverfassung. Daraufhin brach am Nachmittag des 3. Mai in der Hauptstadt ein Aufstand aus. Der Dresdner Stadtrat setzte einen Sicherheitsausschuss ein. Er sollte den König zur Aufgabe seines Widerstandes bringen, ehe die unzulänglich bewaffneten Aufständischen in der Stadt gegen sächsische und preußische Truppen kämpfen mussten. Durch seine Flucht am frühen Morgen des 4. Mai schnitt der König aber jede Möglichkeit zur Verständigung ab. Statt die dadurch ausgelöste Verwirrung in der Truppe zu nutzen, bot der Sicherheitsausschuss dem Stadtkommandanten Verhandlungen an. Er ergriff die Gelegenheit, um die Disziplin zu festigen und um die Zeit bis zum Eintreffen der Preußen zu überbrücken.

Währenddessen wurde vom Sicherheitsausschuss eine Provisorische Regierung gebildet, die alle parlamentarischen Richtungen des sächsischen Landtags umfasste. Sie rechtfertigte sich damit, dass nach der Flucht des Königs und seines Kabinetts eine neue Ordnungsmacht nötig sei, und verband damit den Anspruch auf die Führung des Aufstandes in ganz Sachsen. Ihr Programm war die Annahme der Reichsverfassung und die Abwehr der preußischen Aggression. Die bürgerlichen Kräfte wollten es dabei belassen, für die Linke war dies aber nur ein erster Schritt. Um die Einigkeit zu erhalten, hat die Provisorische Regierung weitergehende politische Erörterungen vermieden und sich auf das Nächstliegende beschränkt. Sie forderte die sächsischen Kommunen zur Unterstützung auf und bat die Staaten, die die Reichsverfassung anerkannten, und die Zentralgewalt um Hilfe.

Nach dem Wiederaufflammen der Kämpfe entschloss sie sich am 5. Mai zu entschiedeneren revolutionären Maßnahmen. Bis dahin war wertvolle Zeit verstrichen und die anfängliche Einigkeit zerbrochen. Denn die bürgerlichen Liberalen sahen gerade in der Einsetzung der Provisorischen Regierung je länger, je mehr die Wendung zum gesetzwidrigen Widerstand. Daher waren die Bemühungen, die Anerkennung der Städte und Gemeinden zu finden, auch nur teilweise erfolgreich. Obwohl das Militär auf die sächsische Verfassung vereidigt worden war und sich einige Regimenter für die Reichsverfassung ausgesprochen hatten, blieben die Truppen in Dresden bei ihrer Fahne.

Folglich gingen die sächsischen Soldaten nach dem Ablauf des Waffenstillstands zum Angriff über. Von preußischen Bataillonen unterstützt, waren sie den durch den Mut der Verzweiflung angetriebenen Barrikadenkämpfer nicht nur numerisch überlegen, sondern vor allen Dingen in der Bewaffnung. Dies wogen auch mehrere Tausend heranrückende Kämpfer nicht auf, die außer ihrem revolutionären Enthusiasmus wenig zu bieten hatten. Sie waren von einigen Stadtverwaltungen und politischen Vereinen im Land abgeordnet worden. Mit der Flucht der Provisorischen Regierung Sachsens am 9. Mai war der Spuk zu Ende. Einige Aufständische zogen in die Pfalz und nach Baden weiter in der Hoffnung, dort erfolgreicher für ihr Anliegen wirken zu können.

Das Königreich war weitgehend ruhig geblieben. Daher hatte die sächsische Regierung ihre Truppen in Dresden konzentrieren können. Dennoch hatte der Aufstand auf der Grundlage eines über Monate gut ausgebauten Vereinswesens im Land einen starken Rückhalt. Die Umsetzung der Reichsverfassung war weitgehend unumstritten. Die Provisorische Regierung vermied alles, was als Hochverrat oder Rebellion hätte verstanden werden können und profilierte sich als Kämpferin gegen die preußische Aggression. Die siegreiche Reaktion hingegen verbreitete die Lesart, dass der Aufstand nicht der Reichsverfassung gegolten habe. Vielmehr seien die königstreuen Sachsen durch ausländisches Gesindel zur Auflehnung gegen die Monarchie verführt worden. Für alle, die Vergleichbares vorhatten, war die rasche Niederschlagung des Aufstands durch preußische Truppen ein wirkmächtiges Signal. Die ausgebliebene moralische und praktische Unterstützung durch die Nationalversammlung und vor allem das Reichsministerium musste entmutigen.

Nach den viertägigen Straßenkämpfen hatten die Barrikadenkämpfer schätzungsweise 250 Tote zu beklagen, die Gegenseite etwa ein Zehntel davon. Standgerichte wurden nicht eingesetzt. Soweit die Rebellen nicht geflohen waren, mussten sie sich vor Gericht verantworten. Die sächsische Justiz war damit noch über Jahre beschäftigt.

8.4   Die pfälzische Erhebung

Die aufgeklärte Reformregierung Montgelas hat bei der Integration der Pfalz in das Königreich Bayern 1816 die besonderen Verhältnisse, die dieses Territorium aufgrund seiner langjährigen Zugehörigkeit zu Frankreich prägten, nicht angetastet. Dies hat einerseits die Angliederung erleichtert, führte andererseits im Laufe der Zeit zu Spannungen. Denn in der Neuerwerbung lebten freie, rechtsgleiche und rationalistische Individuen, in der aufgeklärten absolutistischen Monarchie rechts des Rheins eine ständische Gesellschaft, die sich an den Normen der christlichen Kirchen orientierte.

Die Pfalz fügte sich zunächst bruchlos in die Märzrevolution von 1848 ein. Eine breite Bewegung zur Unterstützung der Nationalversammlung hielt die unterschiedlichen politischen Lager zusammen. Folglich stieß auch deren Aufruf Ende des Jahres, angesichts des Erstarkens der Reaktion die Errungenschaften des März im „Centralmärzverein" zu verteidigen, auf Zustimmung. Am 7. Dezember wurde der Landtag zum ersten Mal nicht ständisch gewählt. Dort haben die Pfälzer Volksvertreter ganz im Sinne ihrer Wähler gemeinsam mit der gesamten Linken auf der Anpassung der bayerischen Verhältnisse an die Reichsgesetzgebung, der Übernahme der Grundrechte und parlamentarischem Regieren bestanden. Der Landtag wurde daraufhin am 8. März 1849 vertagt.

Auf die Verlautbarung der bayerischen Regierung hin, die Reichsverfassung nicht ohne Zustimmung der beiden Kammern und des Königs zu übernehmen, entschloss sich die politische Elite der Pfalz, ihre Einführung zu erzwingen. Die Mehrheit wollte den legalen Weg noch nicht verlassen und forderte die Wiedereinberufung der Kammern. Doch stattdessen entließ der König sein Märzministerium.

Auf diese Provokation hin rief der Dachverband der konstitutionellen und demokratischen Vereine der Pfalz zu einer zentralen Kundgebung am 2. Mai in Kaiserslautern auf. Die von Vertretern aller politischen Richtungen, Abgeordneten des Landtags sowie der Nationalversammlung und Bürgermeistern besuchte Volksversammlung entschied sich für einen Weg zwischen Drohung und Bruch. Sie gaben einem Ausschuss den Auftrag, die Region in den Verteidigungszustand zu versetzen, bis der König und sein Ministerium die Reichsverfassung angenommen hätten. Er war in der Hand der jüngeren Radikalen; die alte Elite der konstitutionellen Liberalen blieb auf Distanz. Als

Vollzugsorgane wurden in den Kantonen Verteidigungsausschüsse gebildet. Richter und Beamte sollten durch einen Eid auf die Reichsverfassung an die Bewegung gebunden werden. Da dies schwer durchsetzbar war, beließ man es später bei einem Bekenntnis zu ihr und forderte Loyalität nur so weit ein, als sie mit pflichtgemäßer Amtsführung vereinbar war. Der Landesverteidigungsausschuss suchte sofort Rückhalt am Reich. Das Ministerium Gagern hat aber lediglich am 5. Mai einen Kommissar zur Vermittlung abgeordnet. Dem Ausschuss gelang es jedoch, den zur Linken zählenden Jacob Bernhard Eisenstuck davon zu überzeugen, dass er genau das vorhabe, was diese immer fordere, nämlich die aktive Durchsetzung der Reichsverfassung. Dadurch konnten die Pfälzer Aufständischen zeitweise den Eindruck erwecken, im Sinne der Reichsregierung zu handeln. Diese sah aber in dem Wohlwollen ihres Kommissars eine Überschreitung von dessen Kompetenzen. Sie berief ihn daher am 10. Mai zurück. Zusammen mit der Proklamation des Reichverwesers vom 12., in der er die gesamte Reichsverfassungsbewegung in Deutschland als anarchisch und gesetzlos diffamierte, war dies ein herber Rückschlag.

Doch ermunterte der Ausbruch des Aufstands in Baden am 13. Mai und der Zustrom von Freischärlern von außerhalb dazu, weiter zu gehen. Um die Bewegung durch demokratische Legitimation stärker im Land zu verankern, wurden Vertrauensmänner der kantonalen Ausschüsse zusammengerufen, um am 17. Mai in Kaiserslautern eine Provisorische Regierung einzusetzen. Da sie von ähnlichem politischen Zuschnitt wie der Landesverteidigungsausschuss war, hatte dieser sein Ziel erreicht, die vorläufige Regierungsgewalt der Pfalz durch Vertreter des Volkes übertragen zu bekommen. In der Proklamation vom folgenden Tag rechtfertigte die revolutionäre Exekutive ihr Vorgehen. Die deutschen Fürsten hätten die Entscheidung der Vertreter des deutschen Volkes nicht anerkannt und der Widerstand des bayerischen Königs habe die Pfalz ins Chaos gestürzt. Nicht wie bisher als Untertanen, sondern aus Liebe zum Vaterland und zur Freiheit sollten die Pfälzer nun ihrer Regierung folgen. Die Enttäuschung der Rebellen durch die Frankfurter Institutionen setzte sich fort. Noch am selben Tag mussten sie sich von Reichsministerpräsident Grävell sagen lassen, dass ihr Vorgehen weder mit der Verfassung des Reiches, die sie angeblich verteidigen wollten, noch mit der bayerischen vereinbar sei. Selbst die Nationalversammlung konnte sich zu keiner nachdrücklichen Unterstützung aufraffen.

Doch auch im eigenen Land kam die neue Exekutive nicht aus dem Ruch heraus, nicht auf demokratischem Wege zustande gekommen zu sein und mehr zu wollen, als sie vorgab, nämlich eine selbstständige Republik Pfalz. Daher verharrte die Bevölkerung zwischen passivem Widerstand und skeptischer Gleichgültigkeit. Nachdem die Staatsregierung am 22. Mai den Ausnahmezustand verhängt hatte, verweigerten sich zahlreiche Behörden. Dennoch schritten die Führer der Erhebung tatkräftig voran, da sie jetzt nichts mehr zu verlieren hatten.

Die Regierung setzte ihre Anordnungen mithilfe der bestehenden Vereine, kantonalen Ausschüsse und Kommissare, die wiederum von Zivilkommissaren kontrolliert wurden, um. Angesichts der labilen Situation wurde versucht, überwiegend ohne Gewalt mit Druck und Überzeugung zum Ziel zu kommen. Die Durchsetzungsfähigkeit hing stark von der politischen Stimmung vor Ort ab. Die Kommissare stießen ebenso auf begeisterte Zustimmung wie auf hinhaltende Ablehnung und Widerstand, besonders in katholischen Gebieten. Der Aufbau der revolutionären Infrastruktur war zeitweise so erfolgreich, dass sich die Kreisregierung in die Festung Germersheim zurückzog, weil das bayerische Militär in der Pfalz nicht einsatzbereit war.

Um die Gunst der Massen zu gewinnen, wurden die Holz- wie Salzpreise gesenkt und erlaubt, den Bedarf an Streu und Holz in begrenztem Umfang in den Staats- und Gemeindewäldern zu decken. In zahlreichen Volksversammlungen und durch die kontinuierliche Produktion von Flugblättern wurde eine rege Propaganda entfaltet. Sie rief immer wieder zum Kampf gegen Preußen, für die Reichsverfassung und für die Freiheit der Pfalz auf. Als Zeichen des demokratischen Aufbruchs wurde die Gemeindeordnung aus der napoleonischen Zeit durch eine neue ersetzt. Die Gemeinden wurden der staatlichen Aufsicht entzogen, ihre Selbstverwaltungsrechte und die Verfügungsgewalt über ihr Vermögen wurden erweitert. Kurz vor der preußischen Invasion wurden freie und demokratische Gemeinderatswahlen abgehalten.

Anders als die badischen Revolutionäre fanden die pfälzischen keine gefüllte Staatskasse vor; die Kreisregierung hatte sie rechtzeitig in Sicherheit gebracht Sie mussten improvisieren und Widerstände überwinden. Angesichts dessen konnte das, was zusammenkam, sich sehen lassen. Man griff auf die Kassen von Ämtern und Gemeinden zu. Darüber hinaus gingen aus den Kantonen „freiwillige Beiträge" ein und die badische Regierung stellte von den versprochenen 60 000 Gulden immerhin 20 000 zur Verfügung. Einkommensstarke Bürger mussten eine steuerliche Zusatzleistung erbringen und die Vermögenden eine Zwangsanleihe zeichnen.

Für den alles entscheidenden Aufbau einer pfälzischen „Volkswehr" wurden eigens kantonale Verteidigungsausschüsse gegründet, die den Aufbau der Militärmacht vor Ort in Gang brachten. Als erster Schritt wurden alle waffenfähigen Männer zwischen dem 18. und 30. Lebensjahr einberufen. Ihre Ausrüstung und Bewaffnung hatten die Gemeinden zu übernehmen. Durch das Versprechen auf Rangerhöhung und Verdoppelung des Soldes wurde versucht, in der Pfalz stationierte bayerischen Soldaten zu gewinnen. Dies gelang nur begrenzt. Obwohl die königliche Armee in der Pfalz ein Drittel ihrer Mannschaften durch Desertion verloren hat, sind davon die wenigsten zur Volkswehr übergelaufen. Mithilfe der verbliebenen und vor allen Dingen der loyalen Offiziere gelang es, die Festungen bis zum Entsatz durch Preußen zu halten.

Umfangreicher war der Zustrom an Freischärlern und polnischen Offizieren, die seit dem in ihrer Heimat 1831 gescheiterten Aufstand bei jeder europäischen Revolution zur Verfügung standen. Als völlige Fehlbesetzungen erwiesen sich die beiden Oberkommandierenden, zunächst ein österreichischer Offizier und dann ein polnischer General. Immerhin hatte die siebenköpfige Militärkommission an ihrer Seite, die vor allen Dingen aus ehemaligen preußischen Offizieren bestand, mehr militärischen Sachverstand.

So war bis Anfang Juni eine bunte Armee von etwa 13 000 Mann zustande gekommen. Sie waren weder ausreichend ausgebildet noch ausgerüstet. Da es in der Pfalz keine Zeughäuser gab, die man stürmen konnte, verfügten sie fast nur über leichte Waffen und Stichwaffen aus umgearbeiteten Sensen. Über den Aufmarsch des Feindes hatte man nur zufällige Nachrichten und eine Strategie scheint es nicht gegeben zu haben. Wenn es zu Kämpfen kam, waren dies auf eigene Faust gewagte Scharmützel einzelner Verbände.

Da das Königreich Preußen sich mit dem Feldzug gegen die Aufständischen der Pfalz und Badens als die einzig effektive Ordnungsmacht profilieren und seinen Anspruch auf die Reichsgewalt legitimieren wollte, hat es in einem Umfang Truppen mobilisiert, der in keinem Verhältnis zur militärischen Herausforderung stand. Ein politisch nicht hoch genug einzuschätzender Gewinn war es, dass an ihrer Seite Reichstruppen unter dem preußischen Generalleutnant Eduard von Peucker das Rhein-Main-Gebiet sicherten. So kam es zu den tragischen Gefechten zwischen ihnen und Aufständischen, die die gleichen schwarz-rot-goldenen Kokarden trugen. Truppen aus Staaten, die die Reichsverfassung ablehnten, kämpften an der Seite von solchen, die sie bereits angenommen hatten, gegen Soldaten, die für ihre Durchsetzung ihr Leben einsetzten.

Am 11. Juni legte der Oberkommandierende Kronprinz Wilhelm mit seinem Stab in Mainz die Strategie fest. Die Reichstruppen sollten mit einem preußischen Armeekorps auf der rechten Rheinseite bis zum Neckar gegen die badischen Aufständischen vorrücken. Dort sollten sie verharren, bis die preußischen Truppen die Pfalz so weit gesichert hätten, dass sie in ihrem Rücken über den Rhein setzen konnten.

Der Angriff begann am 13. Juni von drei Seiten. Bereits am nächsten Tag ist die Provisorische Regierung geflohen. Schon am 19. setzte ein preußisches Armeekorps bei Kandel über den Rhein. Zu nennenswerten Kämpfen ist es nicht gekommen, vielmehr trieben die Preußen die sich auflösende pfälzische Volkswehr vor sich her. Ihre schmählichen Reste schlossen sich den badischen Aufständischen an.

Preußen hatte beim Aufflackern der ersten Unruhen beschlossen, die badische und pfälzische Verfassungsbewegung niederzuwerfen. Dies war ohne Abstimmung mit dem Königreich Bayern geschehen. Die Staatsregierung wie auch der Reichskriegsminister waren lediglich von der Absicht unterrichtet worden. Diese Blamage hatte sich die Staatsspitze zum Teil selbst eingebrockt, da sie sich zu lange nicht über den Kurs gegenüber den pfälzischen Rebellen hatte einigen können. Darüber hinaus war die bayerische Armee in keinem guten Zustand und in manchen Garnisonen waren Unruhen ausgebrochen, die an der Loyalität von Truppenteilen Zweifel aufkommen ließen. Doch hielten vor allem die Offiziere ihrem König die Treue. Preußen konnte eine Anerkennung seines Feldzugs darin sehen, dass Bayern später die Hälfte von dessen Kosten übernahm.

Da das Königreich Bayern für die preußische Deutschlandpolitik gewonnen werden sollte, hat Prinz Wilhelm dem ihm nachrückenden bayerischen Armeekorps die Pfalz sofort überlassen. Es wurde ein mehrjähriges Besatzungsregime errichtet, doch wurde der Kriegs- und Belagerungszustand nicht verhängt. Daher sind der Pfalz Sonder- und Standgerichte wie in Baden erspart geblieben. Die Aufarbeitung des Aufstandes war auf den Rechtsweg verwiesen worden. Je länger er dauerte, umso mehr zogen es Staatsregierung und Justiz vor, die Provinz zu befrieden, statt die Kluft zu ihr zu vertiefen. Eine gute Voraussetzung dafür war, dass die seit dem März 1848 durchgeführten Reformen nicht angetastet wurden. Nach einer kurzen Phase der Aufarbeitung und Reaktion wollte man schnell zur Normalität zurückkehren. Denn der Staatsregierung war bewusst, dass ihr Vorgehen gegen die pfälzische Reichsverfassungsbewegung rechtlich zweifelhaft war, da das Königreich wie alle anderen Bundesstaaten die Frankfurter Institutionen anerkannt hatte.

8.5 Die gescheiterte badische Republik

Das auf dem Wiener Kongress geschaffene Großherzogtum Baden setzte sich aus einer Vielzahl ehemaliger, recht unterschiedlicher Reichsterritorien zusammen. Die daher notwendige Integrationsfunktion konnte die Dynastie der Markgrafen von Baden-Durlach nur unzureichend erfüllen. Sie war in vielen Teilen des Landes nicht verwurzelt und dem herrschenden Großherzog Leopold fehlte die zweifelsfreie dynastische Legitimation. Umso wichtiger wurde für den Zusammenhalt die Verfassung von 1818, die die konstitutionelle Monarchie begründete. Die einem Parlament schon recht nahekommende Zweite Kammer agierte erfolgreich im Sinne des Liberalismus, da die Großherzoglichen Regierungen in einer konstruktiven Zusammenarbeit ebenfalls einen Weg zur Stabilisierung des Landes sahen. Zusammen mit einem Gesetz, das einem Drittel der männlichen Bevölkerung über 25 Jahre das Recht zur Landtagswahl einräumte, war dies die Grundlage für dessen unangefochtene Vorherrschaft in der Landespolitik.

Sie begann durch eine neue Gemeindeordnung und das Bürgerrechtsgesetz von 1831 zu bröckeln. Da durch diese die Unterschiede zwischen den Klassen politisch bedeutungslos wurden, erwuchs dem Besitz- und Bildungsbürgertum in den gewerblichen und handwerklichen Mittel- und Unterschichten eine politische Konkurrenz. Sie war mehr demokratisch und republikanisch als liberal. Bis zum Beginn der Revolution von 1848 wurde sie durch den gemeinsamen Gegensatz zur Staatsbürokratie noch eingebunden.

Liberalismus und Demokratie wurden tragende Elemente des badischen Selbstverständnisses. Insofern hatten sich Gemeinde- wie Landesverfassung als Instrumente der Integration bewährt, wenn auch vielleicht nicht im Sinne ihrer Schöpfer.

Die bereits im Februar vor allem in Nordbaden einsetzenden Massenversammlungen übernahmen zwar die klassischen liberalen Forderungen, doch gingen sie mit dem Wunsch nach Abschaffung der Standesprivilegien, einer volkstümlichen Regierung im Land und einer Vertretung des Volkes beim Bund darüber hinaus. Die hier starken Bewegungen des Radikalismus und Republikanismus sahen in dem Umbruch die Chance zu einer radikalen Umgestaltung der Verhältnisse in ganz Deutschland durch einen Putsch. Ihr zweimaliges Scheitern schürte in Baden und darüber hinaus die Furcht vor Umsturz und Republik. Die bürgerlichen Liberalen im Land rückten daher näher an die Staatsregierung heran, die sie seit dem März als die ihrige betrachteten. Wie diese lehnten sie die Einberufung einer verfassunggebenden Versammlung und Neuwahlen ab.

Die Unruhen des September zeigten aber, dass in Baden die Unzufriedenheit mit der schleichenden Normalisierung groß war. Dazu belebte die Sammlungsbewegung des Herbstes gegen das Erstarken der Reaktion und für die Unterstützung der Nationalversammlung den republikanischen Gedanken. Die Rufe nach parlamentarischem Regieren und der Abschaffung der ständisch-adligen Kammer wurden lauter. Das rechte Spektrum von den Konservativen bis zu den reformfreudigen Liberalen sammelte sich jetzt in „Vaterländischen Vereinen", während die Anhänger von Demokratie, Republik und Volkssouveränität „Volksvereine" gründeten. In ihnen fanden sich Handwerker, Gewerbetreibende, freie Berufe, doch auch Besitzbürger. Neben dem Programm war es der organisatorischen Aufbauleistung des Mannheimer Finanzbeamten Amand Goegg zu verdanken, dass sie erheblich stärker als ihre politische Konkurrenz im Land auf Resonanz stießen. Sie gründeten einen Landesausschuss unter dem Vorsitz des Rechtsanwaltes Lorenz Brentano, der aus derselben Stadt stammte. Er hatte sich in politischen Prozessen ein landesweites Ansehen erworben und saß in der Ständeversammlung wie der Nationalversammlung.

Zur gleichen Zeit traten die Prozesse gegen die Putschisten auf der Stelle und beschädigten das Ansehen der staatlichen Autorität. Dazu hatten sowohl die Staatsregierung beigetragen, indem sie sich sofort an die am 20. Dezember verabschiedeten Grundrechte gebunden sah, als auch der Großherzog, der sie fortgesetzt zu Konzessionen an die Volksbewegung ermunterte.

Dennoch wollten die sich dadurch im Aufwind fühlenden Volksvereine nicht sofort die Republik proklamieren, sondern zuvor eine breite Plattform gewinnen. Daher verlangten sie von der badischen Regierung die Durchsetzung der von ihr anerkannten Reichsverfassung im ganzen Deutschen Bund zu unterstützen. Zusätzlich forderten sie erneut Neuwahlen zu einer verfassunggebenden Versammlung, von der eine grundsätzliche Umgestaltung der Verhältnisse erhofft wurde.

Da die Volksvereine mit einer Petitionskampagne zur Durchsetzung ihrer Forderungen gescheitert waren, entschlossen sie sich dazu, ihre Stärke auf dem außerparlamentarischen Weg auszuspielen. Auf einer Massenversammlung am 12. Mai in Offenburg brachen sie mit der Regierung, indem sie deren Rücktritt forderten und die Beseitigung der Ständeversammlung verlangten. Die Proklamation von wirtschaftlichen Reformen und materieller Besserstellung sollte den Rückhalt bei den Massen stärken und die Aufnahme von Wünschen der Armee diese zum Anschluss ermuntern. Selbst für die Aufständischen unerwartet, meuterten daraufhin die Soldaten in der größten Festung des Landes. Außer in Rastatt kam es in zahlreichen Garnisonen zu Konflikten zwischen Mannschaften und Offizieren.

Nach der Offenburger Versammlung konnte die Reichsregierung dem Ersuchen der badischen um militärische Hilfe nicht nachkommen. Sie benötigte die ihr zur Verfügung stehenden Kräfte selbst. Den Kompromissvorschlag, eine Provisorische Regierung in ihrem Namen einzusetzen, die solange im Amt bleiben sollte, bis ein Kompromiss gefunden worden war, lehnte der Volksverein ab. Diese Zuspitzung der Lage veranlasste die großherzogliche Familie, in der Nacht vom 13. auf den 14. Mai das Land zu verlassen. Dadurch sah sich der Volksverein zur Übernahme der Macht ermuntert.

Die, denen jetzt die Regierungsgewalt zugefallen war, waren davon ebenso überrascht wie jene, denen sie entrissen worden war. Die neuen Herren waren auf ihre Rolle weder mental noch programmatisch vorbereitet. Vielmehr herrschten in ihren Reihen gegensätzliche Vorstellungen darüber, was mit der gewonnenen Macht anzufangen sei. Der jetzt in Gang gekommene badische Aufstand war nicht wie sonst überall nur eine Revolte der Untertanen gegen die Obrigkeit. In ihm kämpften auch die konstitutionellen Liberalen einerseits und Republikaner wie Demokraten andererseits um die

Vorherrschaft im Großherzogtum. Doch zeichnete eine weitere Besonderheit den badischen Aufstand aus. Hier wurde nicht um die Anerkennung der Reichsverfassung gekämpft. Denn die großherzogliche Regierung war eine der ersten, die sie anerkannte und, obwohl sie das in große Schwierigkeiten brachte, sofort an ihre Umsetzung im Land ging. Sie stand sehr viel eindeutiger hinter der Reichsverfassung als jene, die jetzt den Kampf für ihre Sicherung vor allen Dingen deswegen propagierten, um die gegensätzlichen politischen Lager zusammenzuhalten!

Die badische Armee war die einzige gewesen, die während des Kampfes um die Reichsverfassung ihrem Fürsten die Gefolgschaft verweigerte. Dafür waren sowohl Unzulänglichkeiten des militärischen Alltags wie Unterbringung, Versorgung und das Verhältnis zwischen Offizieren und Mannschaften als auch Strukturprobleme innerhalb der Truppe verantwortlich. Hinzu kam, dass im Sommer 1848 mit der Verdoppelung der Mannschaftsstärke eine große Zahl von bereits stark politisierten Soldaten eingezogen wurden. Seitdem drang verstärkt republikanisches und demokratisches Gedankengut ein, kräftig unterstützt von Agitatoren des Volksvereins. So fand die Kampagne der Volksvereine in den unteren und mittleren Rängen der Armee besonders starke Resonanz, da sich diese in einer verkürzten Sicht von der Reichsverfassung, an die die Armee im Mai gebunden worden war, eine grundlegende Verbesserung ihrer Situation erhofften. Daher fiel eine Propaganda, die alle Fürsten zu deren Gegnern machte, auf fruchtbaren Boden. Die Soldaten hatten mit Berufung auf die Grundrechte Rede-, Meinungs- und Versammlungsfreiheit durchgesetzt. Seitdem war es für die Offiziere immer schwieriger, die Disziplin aufrecht zu erhalten. Durch die Flucht des Großherzogs zusammen mit einigen Offizieren waren der Armee auch der Oberbefehlshaber und die Kommandobehörde abhandengekommen. Daher resignierten immer mehr Offiziere und die militärische Autorität löste sich auf.

Nach der Flucht des Großherzogs konnte der Landesausschuss des Volksvereins ungehindert in der Hauptstadt die revolutionäre Exekutive aufbauen. Sie stand unter der Führung von Lorenz Brentano. Er garantierte Zustimmung bis ins mittlere und höhere Bürgertum hinein, da er für dieses Garant von Eigentum und Ordnung war. Da er darüber hinaus dazu neigte, zwischen den Aufständischen und den alten Mächten zu vermitteln, hatten ihm die Radikalen Minister und Berater aus ihren Reihen beigeordnet. Vor Ort stützte man sich vor allen Dingen auf einheimische Kommissare und die

Volksvereine. Ähnlich wie in der Pfalz wurden Neuwahlen sämtlicher Bürgermeister und Gemeinderäte angesetzt, um die Anhängerschaft in den Kommunen zu stärken. Mehr als dort arrangierten sich die lokalen Behörden mit den Kommissaren und selbst die Staatsverwaltung hat sich untergeordnet. Erleichtert wurde die Gefolgschaft dadurch, dass der Eid auf die Reichsverfassung und die revolutionäre Regierung mit dem Vorbehalt zugunsten der amtlichen Verpflichtungen abgelegt werden durfte. Schließlich war die Revolutionsregierung in der komfortablen Lage, anfangs über ausreichend Finanzmittel verfügen zu können. So blieb in Baden der Widerstand in Behörden, der Justiz, den Gemeinden und den verschiedenen gesellschaftlichen Gruppen gering.

Die Suche nach Verbündeten in Deutschland war weniger erfolgreich. Es kam lediglich zu einem „Schutz- und Trutzbündnis" mit der Pfalz, von dem diese deutlich mehr profitierte. Die Hoffnung, dass der badische Aufstand durch Erfolge der europäischen Revolutionen einen Schub erhalten würde, erwies sich schnell als Illusion. Daher waren für Brentano erste verlustreiche Scharmützel mit den Reichstruppen an der Nordgrenze die Gelegenheit, bisherige Regierungskommissionen zusammenzulegen, da sie zu schwerfällig seien. Zugleich sollten damit die Radikalen entmachtet werden, von deren blinden Aktionismus die Gefahr ausging, das Land zu spalten und das Anliegen des badischen Aufstands zu diskreditieren. An die Spitze der fünfköpfigen Provisorischen Regierung, die mit umfassenden Kompetenzen ausgestattet wurde, trat der Kammerliberale Joseph Fickler. Als zeitweiliger Außenminister bemühte er sich um die Zusammenarbeit mit Staaten, die hinter der Reichsverfassung standen. Dabei ist er am 2. Juni in Stuttgart verhaftet worden. Daher blieb Innenminister Lorenz Brentano auch der starke Mann der Provisorischen Regierung.

Durch den Zuzug von Freischärlern ermuntert, wollten die entschiedenen Republikaner diese Machtverhältnisse ändern. Von ihrem Putschversuch in den ersten Junitagen ließ sich Brentano aber nicht beeindrucken, da er die Bevölkerung und Bürgerwehr Karlsruhes sowie einige großherzogliche Bataillone auf seiner Seite wusste. Der blutige Zusammenstoß zwischen den Revolutionären wurde im letzten Augenblick dadurch verhindert, dass einige Putschisten verhaftet und sie schließlich zur Aufgabe überredet wurden.

Die Zwietracht der badischen Revolutionäre nährte im Reichsverweser die Hoffnung, mit den kompromissbereiten Kräften zu einer Übereinkunft kommen zu können. Wie wenig sein Appell vom 10. Juni noch der Situation gemäß war, wurde ihm vier Tage später klargemacht. Die inzwischen einberufene Verfassunggebende Landesversammlung nannte ihn einen „heuchlerischen Fürsten" und verkündete seine Absetzung durch das Stuttgarter Rumpfparlament als Gesetz.

Obwohl die Sicherung des badischen Aufstandes alle Kräfte erforderte, war die Ausschreibung von Wahlen zu einer Verfassunggebenden Versammlung unumgänglich. Denn diese Forderung war seit dem Herbst 1848 von der demokratisch-republikanischen Bewegung erhoben worden und das diktatorische Regime Brentanos in der Form der Provisorischen Regierung brauchte eine demokratische Legitimation. In der am 3. Juni nach dem neuen demokratischen Wahlgesetz bestimmten Versammlung saßen überwiegend unerfahrene Abgeordnete. Denn Liberale und Konservative hatten sich kaum um Mandate beworben, weil sie glaubten, keine faire Chance zu haben. In den drei Wochen ihrer Tätigkeit hat die Versammlung die Demokratisierung Badens durch ein einheitliches Staatsbürgerrecht für das inzwischen zum „Freistaat" erklärte Großherzogtum und eine neue Gemeindeordnung, einschließlich erneuertem Wahlrecht, vorangetrieben. Hauptsächlich aber war sie gezwungen, sich Gedanken darüber zu machen, wie die militärische Bedrohung abgewehrt werden könne.

Diese zwang sie auch, statt einen freiheitlichen Staat zu entwerfen, am 13. Juni eine Diktatur einzusetzen. Da man Brentano die exekutive und legislative Gewalt nicht uneingeschränkt übertragen wollte, wurde ein Triumvirat eingesetzt. Es abzuberufen und zur Rechenschaft zu ziehen, behielt sich das Parlament aber vor. Da seine Kollegen sich meist bei der Armee aufhielten, entschied der Vorsitzende überwiegend allein. So geriet er verstärkt unter den Einfluss der großherzoglichen Ministerialbürokratie und Verwaltung. Andererseits agierten die Führer der demokratischen Vereine und die Kommissare vor Ort immer unabhängiger von der Zentrale und die Befehlshaber der Truppen handelten fast autonom.

Das Heer des badischen Aufstands war eine durch und durch gemischte Truppe. Etwa die Hälfte der 30 000 Soldaten kam aus der ehemaligen großherzoglichen Armee. Sie blieb selbstständig, da auch die Revolution ihre Erfahrung und Professionalität zu schätzen wusste. Allerdings hatten sich vor allen Dingen Mannschaften und Unteroffiziere dem Aufstand angeschlossen. Sie konnten von ihren Truppenteilen zu Offizieren gewählt werden, um den Mangel daran zu beheben. Von den großherzoglichen wurden sie nicht als gleichwertig akzeptiert. Die andere Hälfte stellte die von dem bewährten revolutionären Kämpfer Johann Philipp Becker aufgebaute Volkswehr. Der Zulauf aus dem Volk ließ allerdings zu wünschen übrig. Freiwillige meldeten sich wenige. Der Einberufung der Männer zwischen 18 und 30 Jahren entzog sich ein beträchtlicher Teil und selbst der verbliebene konnte nicht hinreichend ausgerüstet werden. Umso mehr wurde begrüßt, dass sich Teile von Truppen, die seit den Dreißigerjahren in Europa in Revolutionen gekämpft hatten, und ausgerüstete Kampfverbände der Emigranten anschlossen. Den größten revolutionären Einsatz legten aber die bereits mit leichten Waffen heranziehenden Verbände der Freischärler und Arbeiter an den Tag. Ihretwegen bestand ein dauerndes Misstrauen der politischen Führung gegenüber der Volkswehr.

Die badischen Revolutionäre waren in einer komfortablen Lage. Zur Ausrüstung ihrer Kämpfer konnten sie auf Vorräte in den Zeughäusern zurückgreifen und zunächst verfügten sie auch über ausreichende Finanzreserven und Steuereinkünfte. Doch überstiegen die Kosten für die Rüstung bald die Rücklagen und während der Unruhen gingen die Steuern immer unregelmäßiger ein. Alternative Finanzquellen wurden zu unzulänglich und zu spät erschlossen, da der Streit über ihre soziale Ausgestaltung zu lange andauerte. In Vorbereitung des Feldzuges wurde auch der bisherige Oberkommandierende, ein großherzoglicher Oberst, durch den polnischen General Ludwik Mierosławski ersetzt. Nach dem Posener Aufstand von 1847 zum Tode verurteilt, dann begnadigt, brachte ihm die Märzrevolution 1848 in Berlin schließlich die Freiheit. Auch als Führer der sizilianischen Freischaren, mit denen er die Landung der königlichen Truppen auf der Insel verhindern wollte, war er im Frühjahr 1849 gescheitert. Dennoch wurde er mit der Zusage eines unumschränkten Oberkommandos und einer fürstlichen Bezahlung nach Baden gelockt. Dort traf er am 10. Juni mit einigen Offizieren und einer polnischen Legion ein.

Die Armee, die ihm gegenüberstand, war das Ergebnis weitreichender politischer Entscheidungen. Die großherzogliche Regierung hatte zunächst darauf gesetzt, mit militärischer Unterstützung des Reiches die Unruhen einzudämmen, ehe Preußen eingreifen konnte. Da aber die Reichsregierung dazu nicht in der Lage war, unterstützte sie deren Gesuch vom 1. Juni an den preußischen König. Dies war besonders demütigend, da Preußen am Fall des Großherzogtums demonstrieren wollte, wie es mit Parteigängern der Reichsgewalt umzugehen gedachte. Es verlangte dessen Beitritt zum Dreikönigsbündnis und die Umbildung von dessen Exilregierung nach seinen Vorstellungen. Die Zentralgewalt musste sich öffentlich vorwerfen lassen, gegenüber der nach preußischer Ansicht inzwischen illegitimen Nationalversammlung wie den Aufständischen in Baden und der Pfalz eine zwielichtige Haltung eingenommen zu haben. Da Preußen daher jetzt im Namen des Bundes intervenieren müsse, verlangte es die Erstattung der Kosten.

In der Überzeugung, dadurch einen Bürgerkrieg vermeiden zu können, schlug das Reichsministerium vor, den gesamten Feldzug gegen die Rebellen im Namen des Reiches zu führen. Preußen lehnte dies ab. Es wollte sich als die Macht profilieren, die allein in Deutschland die Ordnung wiederherstellen könne. Es war aber bereit, die Unterstützung von Reichstruppen für sein kleineres Armeekorps, das vom Norden gegen Baden zog, anzunehmen. Dadurch sollte der Anschein erweckt werden, dass sein Krieg gegen die Befürworter der Reichsverfassung von den Fürsten und dem Reich gebilligt würde.

Die Strategen der badischen Revolutionsarmee wollten ihre militärische Unterlegenheit durch schnelles Vorpreschen kompensieren. Solange Preußen in der Pfalz gebunden war und in Württemberg, Franken, den beiden Hessen und Nassau Volk und Militär in Unruhe waren, wollte man, in der Hoffnung auf Unterstützung von dort, auf Frankfurt vorstoßen. Von der Hauptstadt der Revolution aus sollte ganz Süddeutschland zum Ausgangspunkt des Kampfes für die Reichsverfassung gemacht werden. Das Unternehmen scheiterte aber, denn die Reichsregierung verstärkte die Reichstruppen in Frankfurt. Die Armeen Preußens und des Reiches bezogen bereits zwischen dieser Stadt und Mainz Stellung und die badische zeigte wenig Neigung, außerhalb des Landes zu kämpfen. Daher konnten einige Reichstruppen zusammen mit hessen-darmstädtischen den Vorstoß bereits an der Grenze abfangen.

Der schnelle Vormarsch Preußens in der Pfalz und das Heranrücken der kombinierten Truppen des Reiches und Preußens auf den Neckar ließ Mierosławski nur noch die Defensive. Nachdem er Mannheim und Heidelberg nicht hatte halten können, verschanzte er sich hinter der Murg an der engsten Stelle des Landes erneut. Unter Missachtung der Neutralität Württembergs umging Peucker am 29. Juni die Front und rollte sie von Osten her auf. Sie brach schon am folgenden Tag ein. Der Oberkommandierende und sein Stab hielten es daher am 1. Juli für angebracht, sich nach Frankreich abzusetzen.

Die Reste der aufständischen Armee, vor allem Freischärler, wurden vom Feind nach Süden getrieben. Durch Übergriffe und Disziplinlosigkeit verscherzten sie sich dabei die Sympathien der Bevölkerung. Am 11. Juli haben sie sich über die Schweizer Grenze zurückgezogen. In Rastatt konnten sich noch 6000 Mann bis zum 23. halten, da der Reichskriegsminister darum gebeten hatte, die gerade neu instandgesetzte Reichsfestung nicht zu beschießen.

Die Provisorische Regierung und die Landesversammlung wurden seit dem 25. Juni in die Flucht der Revolutionsarmee nach Süden hineingerissen. Da er jeden politischen Rückhalt verloren hatte, floh Brentano bereits in der Nacht vom 29. auf den 30. Juni mit seiner Familie in die Schweiz und im November nach Amerika. Die verbliebenen Triumvirn zogen sich an den Bodensee zurück. Von dort aus haben sie nur noch mit hohlen Revolutionsphrasen zum weiteren Kampf aufrufen können, ehe sie mit den Resten der Armee über die Schweizer Grenze zogen.

Auf der Grundlage des bereits im Juni verhängten Kriegsrechts wurden mehrere Tausend Angeklagte von unter preußischen Richtern tagenden Standgerichten abgeurteilt. Die über 70 Todesurteile wurden weitgehend über Abwesende verhängt und fast nur an Soldaten vollstreckt. Verbittert hat nicht allein die Härte, sondern dass vor allen Dingen die mittleren und unteren Ränge in Politik und Militär zur Rechenschaft gezogen wurden, da die Führer geflohen waren. Auch deswegen setzte bald eine Amnestierung ein, die hauptsächlich die Reaktionspolitik absichern und dem Neuaufbau der Loyalität zum Herrscherhaus dienen sollte. Preußen bestand auf einer Regierung nach seinen Vorstellungen und auf der Auflösung der Großherzoglichen Armee und deren Neuaufbau unter seiner Aufsicht. Dieser Ausgang des republikanischen Experiments in Baden, das unter so günstigen Bedingungen begonnen hatte, hat die Idee des bürgerlichen Republikanismus in Deutschland auf Dauer diskreditiert.

Mit der Niederschlagung des badischen Aufstands endete das von der Situation erzwungene Einvernehmen zwischen der Reichsgewalt und Preußen abrupt. Dieses weigerte sich, die Bundesfestung Rastatt wieder herauszugeben. Ende Juli ließ sich Kronprinz Wilhelm zusammen mit zwei Bataillonen in Frankfurt nieder. Vermutlich sollte dem zur Kur weilenden Reichsverweser die Lust zur Rückkehr vergällt werden. Das Großherzogtum Baden musste ab jetzt die preußische Politik in Deutschland und gegenüber der Reichsgewalt vorbehaltlos unterstützen.

9 Die Rückkehr zum Deutschen Bund

Kolorierte Lithographie von Josef Kriehuber, 1848.

9.1 Der Aufbau einer Reichsmarine

Es ist kaum in Erinnerung geblieben, dass die Revolution von 1848/49 Deutschland die erste Reichsflotte beschert hat. Ein Grund dafür war der Ehrgeiz der revolutionären Exekutive. Die Reichsgewalt wollte für den demokratischen Nationalstaat nicht nur vorläufige staatliche Strukturen, einen diplomatischen Dienst, Entwürfe nationaler Gesetze, sondern eben auch eine Kriegsmarine hinterlassen. Diesen langfristigen und umfassenden Auftrag, der an die Grenzen ihrer Kräfte ging, hatte sie von der Nationalversammlung erhalten. Diese glaubte dafür einige plausible Gründe zu haben.

Seit sich der deutsche Seehandel infolge der Dekolonisierung Nord- und Südamerikas ausgeweitet hatte, wurde seine Beeinträchtigung durch Piraterie sowie Repressalien führender Seemächte stärker als zuvor empfunden. Aus der Erkenntnis heraus, dass der Anteil am Welthandel vom Besitz von Seestreitkräften abhängig sei, hatten Reeder und Fernhandelskaufleute bereits den Deutschen Zollverein zum Aufbau einer Kriegsflotte gedrängt. Von den Interessenten tüchtig gefördert, verbanden sich solche Bestrebungen mit dem Nationalismus und einer populären Flottenbewegung. So wurden Welthandel, deutsche Einheit und deutsche Seemacht Teil der bürgerlichen Reformbestrebung. Dem Deutschen Bundestag, der für diese Frage bisher keine Sensibilität gezeigt hatte, wurde die Flottenfrage durch den Krieg gegen Dänemark im April 1848 aufgedrängt. Das Königreich blockierte die deutschen Häfen der Nord- und Ostsee und war von See her nicht angreifbar. Denn selbst die Hansestädte und die Anrainerstaaten verfügten über keine Kriegsschiffe und Preußen besaß lediglich einige Kanonenboote zur Küstenverteidigung. Mit dem Krieg gegen Dänemark übernahm die Nationalversammlung auch dieses Problem.

Dort fiel es auf fruchtbaren Boden, da nicht wenige Abgeordnete bisher der populären Flottenbewegung Rückhalt gegeben hatten. Für sie war eine deutsche Marine fraglos eine Klammer für den Nationalstaat und ihre Präsenz auf den Weltmeeren Vorbedingung für Großmachtstatus und Fernhandel. Die Volksmänner setzten daher schon früh einen Ausschuss ein, der sich dieses „tief gefühlten Bedürfnisses der Nation" annahm. Er schlug eine Armada für die aktuelle Sicherung der Küsten und den künftigen Schutz der see- und handelspolitischen Interessen Deutschlands vor. Dazu sollten die deutschen Bundesstaaten sechs Millionen Taler aufbringen, drei sofort, der

Rest nach Bedarf. Hier manifestierte sich ein bisher übersehener wirtschafts- und wehrpolitischer Gegensatz, der die Revolution begleitete: Die fürstliche Orientierung auf den Bundesstaat und das Landheer stand gegen die weltumspannenden Handelsinteressen von Großkaufleuten und Reedern und deren Schutz. Da ein solches Projekt nur von einer Exekutive durchgeführt werden konnte, war dies mit ein Motiv für die Einsetzung der Provisorischen Zentralgewalt für Deutschland.

Dieses Prestigeprojekt für das Ansehen des künftigen Deutschlands in der Welt entsprang der wirklichkeitsblinden Euphorie der Anfangsmonate: denn es fehlten dazu alle Voraussetzungen. Es gab keine Erfahrung im Bau von Kriegsschiffen, keine dazu geeigneten Werften, keine Kriegshäfen, weder Ingenieure noch Offiziere und Mannschaften. Dennoch haben Parlament und Provisorische Zentralgewalt den Aufbau der Marine mit einem solchen Nachdruck wie kaum etwas anderes betrieben. Sie sahen darin eine Möglichkeit, den Rückhalt der bürgerlichen Revolution im Volk zu stärken. Der Reichsregierung eröffnete sich dabei zusätzlich ein Terrain, auf dem sie staatliches Handeln entfalten konnte, ohne Konkurrenz oder Gegnerschaft der Fürstenstaaten fürchten zu müssen.

Erst Ende Oktober 1848 kam das Reichsministerium dazu, die organisatorischen Grundlagen für die Umsetzung des Flottenprojekts zu legen. Im Handelsministerium wurde eine Marineabteilung für die politischen Fragen eingerichtet, während die gleichzeitig gegründete Technische Marinekommission diese bei allen sachlichen und praktischen Angelegenheiten zu beraten hatte. Handelsminister Arnold Duckwitz, ein Bremer Reeder, Kaufmann und Senator, der sich schon seit Jahren für den Schutz der deutschen Handels- und Übersee-Interessen einsetzte, ging die Aufgabe engagiert an. Es gelang ihm, Prinz Adalbert von Preußen, den in Deutschland bekanntesten Fachmann für Flottenfragen, als Leiter der Marinekommission zu gewinnen.

Das von der Nationalversammlung in Gang gesetzte Marineprojekt hatte inzwischen eine solche Eigenständigkeit erreicht, dass es auch nach deren Ende von der Reichsgewalt unvermindert fortgeführt wurde. Nachdem Handelsminister Duckwitz zusammen mit der Regierung Gagern sein Amt niedergelegt hatte, wurde ein selbstständiges Marineministerium gebildet. Dort wurden seit Mai 1849 die Aufgaben unter Generalleutnant August Freiherrn von Jochmus gebündelt, nachdem die Marinekommission Mitte Februar 1849 aufgelöst worden war.

Die sich allmählich formende Flotte wurde Anfang Juni 1849 dem Sachsen Karl Rudolph Bromme, genannt „Brommy", unterstellt. Er hatte im griechischen Freiheitskampf zwischen 1827 und 1831 Schlachtenerfahrung sammeln können und danach im Auftrag der wittelsbachischen Regierung die griechische Marine aufgebaut. Von dort aus bewarb er sich für den Dienst in der Reichsmarineverwaltung, in die er Anfang 1849 eintrat.

Die Marinebehörden verfügten zunächst über ausreichende Mittel, denn im Juni 1848 hatte die Nationalversammlung sechs Millionen Taler für ihr Prestigeprojekt bewilligt. Doch wurde auch dieses in den Konflikt zwischen der Zentralgewalt und Preußen über die künftige deutsche Politik nach dem Scheitern der Reichsverfassung hineingezogen. Denn Preußen wollte sich, indem es nun den Aufbau einer eigenen Marine intensivierte, auch in dieser Hinsicht als neue Führungsmacht profilieren. Es wollte beweisen, dass dieses nationale Anliegen bei ihm besser aufgehoben sei als bei den Reichsinstitutionen. Dies war mit ein Grund, warum in der Reichsverfassung nur dem Reich das Recht zugebilligt wurde, Kriegsschiffe zu unterhalten. Nunmehr spürte die Reichsregierung das Abrücken Preußens dadurch, dass dessen Beitrag und auch einige seiner Parteigänger ausfielen. Darüber hinaus blieben weitere Staaten säumig. Bayern zahlte nur wenig und Österreich verweigerte sich vollständig, da es die Bundesinteressen im Mittelmeer mit seiner Flotte schütze. Daher wurde die Finanzierung trotz privater Spenden und des Griffs auf Mittel aus dem Festungsbau immer schwieriger.

Schon allein deswegen erledigten sich die Vorgaben der Nationalversammlung, die Anfänge einer Flotte zu schaffen, die sich auf den Weltmeeren würde sehen lassen können. Vor allem aber würde der Waffenstillstand mit Dänemark im März 1849 auslaufen. Daher konzentrierte sich die Rüstung darauf, Schiffe für den Seekampf mit diesem Königreich aufzubringen. Wegen der Eile musste genommen werden, was sich bot, und das waren vor allen Dingen kriegstauglich gemachte Handelsschiffe. Nicht weniger widrig war die Rekrutierung von deren Besatzung, insbesondere der Offiziere. Selbst durch die Verlockung der Erhöhung von Rang und Besoldung war kaum jemand dafür zu gewinnen, in den Dienst einer Regierung zu treten, deren Zukunft höchst ungewiss war. Deswegen zögerten auch ausländische Werften, Verträge zu unterzeichnen. Nicht zuletzt kreuzte die Flotte der Zentralgewalt in der Nord- und Ostsee als Armada eines noch nicht bestehenden Staates ohne völkerrechtlichen Schutz.

Umso anerkennenswerter ist, dass beim erneuten Ausbruch des Kriegs mit Dänemark im April 1849 vier Schiffe einsatzbereit waren. Zusammen mit der Marine Schleswig-Holsteins konnten diesmal die Küsten geschützt und die Beeinträchtigung des deutschen Seehandels verhindert werden. Mit dem Wiederaufflammen dieses Krieges nach dem Auslaufen des Waffenstillstands vom 10. Juli 1849 musste gerechnet werden. Daher wurden Rüstung und Rekrutierung selbst während des Niedergangs der bürgerlichen Revolution weitergetrieben.

Darüber hinaus wurde das Reichsministerium von der Überzeugung beherrscht, dass das bisher Geschaffene der Kern einer Reichsflotte werden würde. Deswegen war es für die Zentralgewalt ein wesentliches Element des von ihr angestrebten „ehrenvollen Abgangs", sie als das letzte Symbol deutscher Einheit zu übergeben. Dies erwies sich aber als außerordentlich schwierig; denn selbst der ausreichende Unterhalt bis dahin war dauernd gefährdet. Die Mühe hat sich aber gelohnt. Obwohl fast alle Voraussetzungen dafür fehlten und trotz ständigen Geldmangels wie häufiger politischer Querschüsse konnte die Provisorische Zentralgewalt darauf verweisen, dass sie in gerade einmal einem Jahr neun Dampfschiffe, zwei Segelschiffe und 27 Kanonenboote erworben, ausgerüstet und bemannt hatte. Sie wurden Ende 1849 der Bundeskommission übergeben.

Da dieser Flotte von Experten Entwicklungspotenzial bescheinigt wurde, konnte sie Kommodore Brommy bis zur Wiedererrichtung des Deutschen Bundes im Mai 1851 zusammenhalten. Die Mehrheit von dessen Mitgliedern war aber nicht bereit, sie als Kontingent einer Bundesflotte zu finanzieren. Die Schiffe wurden daher versteigert oder abgewrackt. Offiziell aufgelöst wurde die erste deutsche Reichsmarine als eine Hinterlassenschaft der Revolution von 1848/49 am 31. März 1853.

9.2 Die preußische Herausforderung

Als der Reichsverweser Ende Juni 1849 zu einem mehrwöchigen Kuraufenthalt nach Gastein aufbrach, ließ er ein Reichsministerium zurück, das von den es bedrängenden Aufgaben überwältigt zu werden schien. Es musste sich eines Preußens erwehren, das den Krieg gegen das Königreich Dänemark und die Waffenstillstandsverhandlungen mit ihm selbstherrlich führte. Dazu verfolgte es seine deutschlandpolitischen Pläne an der Zentralgewalt vorbei über das Bundesrecht hinweg. Schließlich sicherte es im Kampf gegen die Anhänger der Reichsverfassung seine Deutschlandpolitik militärisch ab und profilierte sich als einzige zuverlässige Ordnungsmacht in Deutschland.

Die finanzielle Grundlage für eine ausgreifende Politik war so schlecht wie noch nie. Der beträchtliche Beitrag Preußens entfiel, seit es Frankfurt seine Anerkennung entzogen hatte, und die Regierungen, die seinen deutschlandpolitischen Plänen zuneigten, nahmen das gerne zum Vorwand, um sich ihren Verpflichtungen zu entziehen. Damit sie ihnen dennoch nachkamen, schickte der Reichsfinanzminister mit nicht allzu großem Erfolg Sondergesandte an mehrere deutsche Höfe. Anfang September ging er davon aus, dass die Reichsgewalt nur noch zwei Wochen überleben könne.

Da sie inzwischen zum wichtigen Instrument der Deutschlandpolitik Österreichs geworden war, stopfte dieses gelegentlich, wenn auch widerwillig, die Lücken. Die politisch wichtigste Zuwendung von dort war die Übernahme von Ministerpräsident August Fürst Wittgenstein als Feldmarschallleutnant in kaiserliche Dienste. Denn der Großherzog von Hessen-Darmstadt hat, wohl auf Druck Preußens, damit gedroht, seinem Generaladjutanten das Gehalt von 7000 Rheinischen Gulden zu entziehen, falls er nicht das Reichsministerium verließe. Mit der Mahnung, „sein Austritt hat zur Folge, daß die übrigen Minister auch gehen – dann stehe ich ganz allein", erreichte Johann, dass Wien auch in diesen sauren Apfel biss.

Schon seit Anfang April 1849 strebte König Friedrich Wilhelm IV. danach, vom amtsmüden Erzherzog die Reichsverweserschaft zu übernehmen. Nachdem das Verfassungsprojekt der Nationalversammlung gescheitert war, forderte er ihn daher am 18. Mai mit Nachdruck auf, ihm die Reichsgewalt zu übertragen. Jetzt sollte Deutschland unter seiner Führung geeinigt, die Verfassung des Reiches in seinem Sinne umgestaltet und zugleich Österreich aus ihm verdrängt werden. Johann, der sich seit Anfang April 1849 als nur noch von den deutschen Fürsten legitimierter Reichsverweser betrachtete, bestand darauf, allein ihnen insgesamt sein Amt zurückgeben zu können. Daraufhin hat Friedrich Wilhelm überraschend schnell darauf verzichtet, die Stellung eines Reichsstatthalters anzustreben. Unter dem Einfluss seiner Berater war er nun entschlossen, die deutschlandpolitische Stagnation, die er durch die Ablehnung der Kaiserkrone verursacht hatte, durch eine eigene Initiative zu überwinden.

Für Friedrich Wilhelm IV. war es unumstößlicher Grundsatz, eine Alternative zu Revolution und Volkssouveränität nur mit und durch die Fürsten zu entwerfen. Dazu sollten sie sich auf der Grundlage einer von ihnen beratenen Verfassung freiwillig zu einem Bund zusammenschließen. Österreich sollte darin nicht eingeschlossen werden, da ihn dies schwächen würde. Es sollte aber durch eine „Union" völkerrechtlich eng mit ihm verbunden bleiben.

Die österreichische Regierung sah in dem Verlangen, dass das Kaisertum seine Bundesrechte aufgeben solle, nichts anderes als die perfide Ausnutzung von dessen gegenwärtigen Schwierigkeiten. Ihr leicht zu durchschauendes Angebot, die Zentralgewalt einem Direktorium aus drei deutschen Staaten zu übertragen, hielt Preußen nicht mehr davon ab, durch eigenmächtiges Handeln seine Führungsstärke zu demonstrieren. Die dazu auf den 17. Mai anberaumten Verhandlungen zwischen den fünf deutschen Königreichen endeten am 26. mit dem „Dreikönigsbündnis" zwischen Preußen, Sachsen und Hannover. Deren Mitwirkung war allerdings an die Bedingung geknüpft, dass alle deutschen Staaten außer Österreich sich anschließen würden. Die Verhandlungspartner beriefen sich auf das Bundesrecht. Die Gefährdung der inneren Sicherheit Deutschlands zwinge sie zur Schaffung einer einheitlichen Leitung der deutschen Angelegenheiten. Damit wurde der Zentralgewalt zugleich bedeutet, dass sie dazu nicht in der Lage sei. Grundlage des neuen Deutschlands sollte der preußische Verfassungsentwurf für einen Bundesstaat sein. Er lehnte sich zwar eng an den Text der Frankfurter Reichsverfassung an, höhlte aber deren demokratische Substanz fast vollständig zugunsten der Exekutive und der Fürsten aus.

Immer noch erschien es Preußen als erstrebenswert, diesen Weg aus der Position des Reichsverwesers heraus zu gehen. Doch wies dieser alle Interventionen zurück. Er ließ Berlin wissen, dass er sein Amt niederlegen werde, wenn dies im Interesse Deutschlands sei, und dass keine Macht ihn verdrängen könne. Das frustrierte Staatsministerium konterte, indem es bezweifelte, dass die Frankfurter Kollegen überhaupt noch in der Lage seien, zum Wohle Deutschlands zu handeln. Sie wollten daher ihre Regierungshandlungen in Zukunft ignorieren. Doch sollte es sich zeigen, dass die legitime Macht in Deutschland nicht so leicht zu überspielen war, wie dies die faktische glaubte. Die gemeinsamen Interessen, die Bekämpfung der Aufstände, der Krieg gegen Dänemark und vor allem die Notwendigkeit, einen Ausweg aus der gegenseitigen Rivalität zu finden, zwangen beide zusammen. Dies war dem Reichsministerium klarer als dem Königreich. Es bot daher eine Zusammenarbeit in gegenseitiger Anerkennung an. Verbunden damit war die verklausulierte Aussicht, sich zum gegebenen Zeitpunkt nicht gegen eine preußische Machtübernahme zu sperren. Preußen lehnte ab. Es blieb sich aber in dem Schwanken, das seit Ausbruch der Revolution seine Deutschlandpolitik kennzeichnete, treu. Einen Monat später hat der König dem Erzherzog seiner Unterstützung, wann immer es um das Wohl Deutschlands und ihrer beider Länder gehe, versichert. Danach hat sich seine Regierung wiederum intensiv darum bemüht, das Dreikönigsbündnis zu erweitern. Es machte aber dieselbe Erfahrung wie die Nationalversammlung bei ihren Anstrengungen, die Reichsverfassung durchzusetzen. Widerhall fand es vor allem bei den kleineren Staaten, die seinen Rückhalt angesichts der revolutionären Bedrohung im eigenen Land brauchten. Die Königreiche blieben in unterschiedlicher Distanz. Selbst die Parteigänger Hannover und Sachsen ließen den Faden nach Wien nicht abreißen und verlangten weiterhin die Einbeziehung der Provisorischen Zentralgewalt.

Angesichts des Schwankens der Gegenseite glaubte das Reichsministerium, abwarten zu können, bis sich das Königreich Preußen in dem Unternehmen verschlissen habe. Dafür mehrten sich im Sommer 1849 die Anzeichen. Am 21. Juli wurde Alexander von Schleinitz, ein Befürworter des Ausgleichs mit Österreich, mit den auswärtigen Angelegenheiten Preußens betraut. Der bayerische Ministerpräsident von der Pfordten trat als schärfster Kritiker der preußischen Pläne hervor und das Königreich Württemberg wies diese Ende September offiziell zurück. Nach den Siegen Österreichs über die Aufständischen in Ungarn und Venedig im August 1849 wurde dessen Zusage überzeugender, allen, die sich gegen Preußen positionieren würden, einen Rückhalt zu bieten.

9.3 Die Überwindung der deutschen Blockade

Nach dem Ende des Bürgerkriegs um die Reichsverfassung war das Verhältnis zwischen der Zentralgewalt und Preußen wieder frostiger geworden.

Dazu kam, dass durch den Anschluss kleinerer und mittlerer Fürstentümer an das Königreich auch bei diesen Frankfurt an Autorität verloren hatte und sie sich ihren finanziellen Verpflichtungen immer mehr entzogen. Das Reichsministerium glaubte nun aus der verfahrenen Lage herauskommen zu können, indem unter Einbindung der Fürsten eine neue zentrale Institution geschaffen würde. Sie sollte zeitlich begrenzt sein und klar umrissene Aufgaben haben. Vor allem aber sollte sie unter Berücksichtigung der veränderten Umstände versuchen, doch noch eine Verfassung für Gesamtdeutschland zustande zu bringen: eine Vision, die unterstreicht, dass das Selbstbewusstsein der Zentralgewalt nicht gebrochen war, die letzte einigende und vermittelnde Kraft in einem politisch tief gespaltenen Lande zu sein.

Schon realistischer war das Konzept einer deutschen Politik, mit dem man öffentliches Ansehen und erneuerte Autorität gewinnen wollte. Es wurde demonstriert, dass man weder preußischen Machtgelüsten weichen werde noch sich zum Instrument der österreichischen Interessen machen lasse. Im Mittelpunkt stand das Bemühen, in diesem Sinne eine allgemein anerkannte Nachfolgeinstitution zu schaffen, die die bisherigen Aufgaben und Funktionen der Zentralgewalt übernehmen könne. Der Weg dahin sollte mit einem Österreich gegangen werden, das sich verstärkt seinen deutschen Interessen zuwenden und die Mittelstaaten wie Königreiche dafür gewinnen sollte.

Als ersten Schritt dahin bestellte das Reichsministerium mit Johann Balthasar von Biegeleben einen Sonderbeauftragten. Er kam aus den Diensten des Großherzogtums Hessen-Darmstadt, für das er seit 1845 als Geschäftsträger in Österreich tätig gewesen war. Bis zum 16. Mai 1849 hatte der Parteigänger Heinrichs von Gagern als Unterstaatssekretär im Reichsaußenministerium gearbeitet. Sein Auftrag war, eine Vereinbarung zwischen Preußen und Österreich über eine neue Zentralgewalt zustande zu bringen, der sich dann die anderen Staaten anschließen sollten.

Die Reichsgewalt war sich zwar darüber klar, dass in Berlin das Bedürfnis nach einer neuen zentralen Institution für Deutschland nicht sehr groß sein würde. Denn eine solche wäre eher ein Hindernis für die Lösung der deutschen Frage im Sinne Preußens. Doch setzte sie andererseits darauf, dass sich das Königreich inzwischen verrannt habe und die objektiven Gegebenheiten eine neue Bundesleitung erforderten, wenn die gegenwärtige aufgelöst werden sollte. Das wünschte ja auch Berlin.

Für Biegeleben war es schon ein Erfolg, dass die Verhandlungen mit ihm am 5. August aufgenommen wurden; sie dauerten bis zum 20. Schon nach wenigen Verhandlungstagen entwarf er eine „provisorische Vereinbarung zwischen den deutschen Höfen", aus der das spätere „Interim" hervorging. Deren Zweck war die „Erhaltung des Deutschen Bundes". Eine Vereinbarung der Bundesstaaten über eine Verfassung für Deutschland wurde vorbehalten. Eine Reichskommission aus je zwei von Preußen und Österreich ernannten Mitgliedern sollte die Aufgaben und Kompetenzen der jetzigen Provisorischen Zentralgewalt übernehmen. Die preußische Staatsregierung akzeptierte den Entwurf als Verhandlungsgrundlage. Sie bestand nur darauf, ihren mit dem „Dreikönigsbündnis" und der „Union" eingeschlagenen Weg in der Deutschlandpolitik weiter zu verfolgen.

Wohl zur Überraschung von beiden Seiten waren die Verhandlungen und Absprachen mit Wien von Anfang September keinesfalls einfacher als mit Berlin. Dies lag einerseits an dem Selbstbewusstsein der Regierung Schwarzenberg nach der Stabilisierung des Kaisertums. Andererseits ging die Provisorische Zentralgewalt nach der Rückkehr des Reichsverwesers aus der Kur mit neuem Elan an ihre Aufgaben heran. Erzherzog Johann hatte schon immer den Ehrgeiz gehabt, einen essenziellen Beitrag zur Einheit Deutschlands zu leisten. Dafür erschien ihm die Lage in den nächsten Monaten nicht ungünstig. Er zog daher ein Fortbestehen der gegenwärtigen Zentralgewalt in Erwägung und wollte ihr Ende oder das ihrer Nachfolgerin auf den Zeitpunkt festlegen, an dem eine Verfassung für ganz Deutschland vorliege. Für diese ließ er unter Berücksichtigung der preußischen Pläne auch gleich ein weiteres Konzept ausarbeiten. Schwarzenberg jedoch hielt daran fest, dass zurzeit die Konsolidierung des Kaisertums Österreich vorgehe. Und nicht nur er konnte sich kein Verfassungskonzept vorstellen, das dies berücksichtige und zugleich die Zustimmung der Bundesfürsten finden werde.

Immerhin konnte der Reichsverweser erreichen, dass seinem Legitimitätsempfinden und aristokratischen Ehrgefühl Genüge getan würde. Die Kompetenzen der Zentralgewalt sollten an Preußen und Österreich nur mit der Zustimmung der Gesamtheit der Fürsten zurückgegeben werden. Denn nach Johanns Ansicht hatten sie ihm diese neben der Nationalversammlung übertragen. Darüber hinaus sollte sich sein Abgang und der seines Ministeriums in würdevoller Form vollziehen, keinesfalls als Scheitern erscheinen. Ein politischer Prestigegewinn war es, dass der Zentralgewalt offiziell bescheinigt wurde, dass die Initiative zur Überwindung der gegenwärtigen Blockade von ihr ausgegangen sei. Das nahm auch Preußen hin, für das sie eigentlich gar nicht mehr existierte! Schon Anfang des Monats hatte es diese Position aufgeweicht, als preußische Truppen den am 3. September von seiner Kur zurückkehrenden Reichsverweser in Frankfurt begrüßten. Dennoch blieb er davon überzeugt, dass deren Anwesenheit in Frankfurt ein weiterer plumper Versuch sei, ihn aus seinem Amt zu verdrängen.

Die Sondierungen in Berlin und in Wien waren für die Zentralgewalt ein Erfolg. Doch lagen beide Seiten im entscheidenden Punkt noch auseinander. Preußen hielt daran fest, dass der von ihm angestrebte engere Bund die bundesrechtlich zulässige Wiederherstellung des Deutschen Bundes sei. Für Wien war dieser Plan mit dem Bundesrecht völlig unvereinbar; es wollte daher sofort und unmittelbar zu den früheren Verhältnissen zurück.

Die leidige Verfassungsfrage wurde ausgeklammert. Ihre Erledigung wurde auf die Zeit der Zwischenlösung verschoben oder danach der gemeinsamen Übereinkunft der deutschen Bundesfürsten ans Herz gelegt.

Daher konnte das Protokoll des „Interims" am 30. September 1849 unterzeichnet werden. Preußen und Österreich sollten je zwei Mitglieder in eine in Frankfurt residierende „Bundes-Kommission" entsenden. Ihr waren die Kompetenzen der Provisorischen Zentralgewalt zu übertragen. Danach sollte sie die Leitung der „gemeinsamen Angelegenheiten des Deutschen Bundes übernehmen", bis zu dessen endgültiger Ausgestaltung. Die deutschen Bundesstaaten konnten sich bei ihr durch Bevollmächtigte vertreten lassen. Sobald deren Zustimmungen vorliegen, würde der Reichsverweser Würde und Rechte an den Kaiser von Österreich und den König vom Preußen übertragen. Nach Beratung mit seinem Ministerium stimmte dieser als einer der ersten am 6. Oktober zu; die Mehrheit des Verwaltungsrates des Dreikönigsbündnisses folgte zwei Tage später.

Das „Interim" war der zu diesem Zeitpunkt angemessene Kompromiss. Österreich gewann die benötigte Zeit, ohne dass schon etwas endgültig festgelegt worden wäre. Mit dem Reichsverweser und seinem Ministerium verschwand die oberste Exekutive in Deutschland, die eine Konkurrenz zu der von Preußen angestrebten Oberleitung des „engeren Bundes" gewesen wäre. Die Bundeskommission war eine Verwaltungsbehörde, die zudem im Mai 1850 aufgelöst werden sollte. Von dieser Seite waren also die Hindernisse für einen Bundesstaat unter preußischer Führung aus dem Weg geräumt.

Preußen hat daher das „Interim" auch sofort in der Öffentlichkeit dahingehend interpretiert, dass Österreich seinen Bundesstaatsplänen zugestimmt habe. Deren Umsetzung nahm es auch sogleich in Angriff. Doch war die Aussicht, sich preußischer Dominanz entziehen zu können, so verlockend, dass sich die Königreiche Sachsen und Hannover querstellten. Dennoch setzte der Verwaltungsrat des Dreikönigsbündnisses am 17. November den Wahltermin für eine Verfassungsgebende Versammlung auf den 31. Januar 1850 fest. Damit war aber jetzt allein die Aussicht verbunden, dass Preußen statt zu einer Führungsmacht in Deutschland zum Anführer der deutschen Kleinstaaten würde. Doch war selbst auf diese kein Verlass. Denn in einigen demonstrierten die neue Landtage ihre gewachsene Macht. Wenn die Regierungen auch nicht an ihr Votum gebunden waren, so war es ein starkes Zeichen, dass sie sich ihnen bei ihrem Zusammengehen mit Preußen verweigerten.

Dennoch war Österreich so sehr aufgeschreckt, dass es wieder einmal alternative Verfassungspläne vorlegte, an die es selbst nicht glaubte, darunter der eines „mitteleuropäischen Staatenbundes". Unter diesem Signum wollte es sich mit Deutschland zu einem Wirtschaftsraum zusammenschließen. Dass es aber eigentlich die Wiederherstellung des Deutschen Bundes anstrebte, machte es dadurch deutlich, dass es öffentlich der preußischen Auffassung, dieser bestehe nicht mehr, entgegentrat.

Ministerpräsident Schwarzenberg war davon überzeugt, mit dem „Interim" den entscheidenden Schritt dafür getan zu haben, die Rückkehr Österreichs nach Deutschland zu ermöglichen. Das würde die Begründung eines vereinten Deutschland unter preußischer Führung vereiteln. Umso erstaunter war er, dass die Provisorische Zentralgewalt, die er bisher in seinem Sinne hatte instrumentalisieren können, dessen schnelle Umsetzung verhinderte. Denn es prallten die Sichtweisen zweier unterschiedlicher Politiker-Typen aufeinander: in Wien der rational kalkulierende Machtpolitiker, in Frankfurt der moralische und legitimistische Idealist und Träumer. Dieser räumte der Art, wie er aus dem Amt scheiden sollte, einen ebenso hohen Stellenwert ein wie der Zustimmung aller Bundesstaaten zum „Interim".

Bis Anfang Dezember fehlten nur noch die Zusagen nachrangiger Staaten. Unter ihnen war allerdings Oldenburg, in dessen Hoheitsgebiet die Reichsflotte überwinterte. Daher glaubte man in Frankfurt, dass Preußen diese doch noch über das Großherzogtum für das Dreikönigsbündnis gewinnen wolle. Ein dorthin abgeordneter Sondergesandter konnte die Lage bis zum 12. Dezember bereinigen. Doch auch danach bestand der Erzherzog weiterhin auf der Zustimmung aller, getreu seiner Maxime, seine Macht nur mit der Einwilligung derer zu übergeben, die sie ihm übertragen hatten. Deswegen wollte er die Bevollmächtigten, die nur noch wenige Bundesstaaten in Frankfurt unterhielten, zur Abschiedszeremonie zuziehen. Genau dies aber wollte Preußen nicht, da es sich in nationalen Fragen als der alleinige Repräsentant seiner Parteigänger sah. Schwarzenberg schlug eine Teilnahme ohne sichtbare Einbindung vor. Falls nicht darauf verzichtet werden könne, empfahl er eine Abschiedsrede nach Wiener Vorgabe, da er sonst weitere Verwicklungen fürchtete.

Der österreichische Ministerpräsident beließ es aber nicht dabei, den Ernst der Lage durch die Drohung zu unterstreichen, keinen weiteren Unterhalt mehr für die Zentralgewalt und die Flotte zu zahlen. Vielmehr ordnete er im Einvernehmen mit Preußen die Bundeskommissare ohne Rücksicht auf weitere Frankfurter Empfindlichkeiten ab. Sie trafen noch vor der letzten Sitzung des Reichsministeriums am 19. Dezember 1849 ein.

Am folgenden Tag verabschiedete sich das Reichsministerium von den Bevollmächtigten der Bundesstaaten. Danach kam es mit den Kommissaren Österreichs und Preußens zusammen, um die ihm übertragenen Rechte und Pflichten an den Kaiser von Österreich und den König von Preußen zu übergeben. Der Reichsverweser ließ es sich nicht nehmen, nochmals seine Sicht der Dinge auszubreiten. Mit seinem Ministerium habe er immer danach gestrebt, den Ruhm und das Wohl des Vaterlandes zu mehren, seinen Zusammenhalt zu festigen und ihm den Frieden zu erhalten. Nur weil er mit seinem Reichsministerium, dem er dafür nachdrücklich dankte, auf seinem Posten geblieben sei, habe er verhindert, dass Deutschland der Anarchie anheimgefallen sei. Manche Abgeordnete werden davon überrascht gewesen sein, dass er ausdrücklich die guten Absichten der Nationalversammlung lobte und immer noch an eine Verfassung für Deutschland glaubte. Auch gegenüber dem Ausland wollte die Provisorische Zentralgewalt rechtlich einwandfrei und mit Anstand scheiden. Den Regierungen, mit denen noch Beziehungen bestanden, wurde die Resignation offiziell notifiziert. Mit der letzten Institution, die die deutsche Revolution von 1848/49 hervorgebracht hatte, war auch diese Ende des Jahres 1849 endgültig liquidiert.

10 Einsichten

Karikatur auf die Niederlage der Revolutionen in Europa 1849

10.1 Was geschah

Die deutsche Revolution von 1848/49 war Teil der europäischen Revolutionswelle dieser Jahre. Deren Schwerpunkte lagen in Frankreich, den Provinzen der Habsburgermonarchie und in den Staaten der italienischen Halbinsel. Diese Umwälzungen waren Höhepunkt und Abschluss eines Revolutionsgeschehens, das mit dem Zusammenbruch der napoleonischen Herrschaft in Europa einsetzte. Es basierte auf der aufklärerischen Überzeugung, dass der Mensch ein vernunftbegabtes Individuum sei, und wurde von den zentralen Ideen der Französischen Revolution wie Menschenrechte, Nation und Volkssouveränität angetrieben. Zugleich war die Furcht vor dem „Pöbel" und die Angst vor der Diktatur revolutionärer Ideologen oder eines plebiszitären Führers stets gegenwärtig.

Außerhalb Frankreichs schlugen sich die Ideen zum ersten Mal in der Verfassung von Cádiz aus dem Jahre 1812 nieder. Ihre Vorbildwirkung entfaltete sich am Ende des ersten Jahrzehnts und in den frühen Zwanzigerjahren des 19. Jahrhunderts in den europäischen Staaten und Nationen des Mittelmeers. Schon diese Revolutionen hatten ihre Ursachen teilweise im Versagen der siegreichen Fürstenstaaten bei der Neuordnung Europas auf dem Wiener Kongress von 1814/15. Er hatte die Wünsche der Völker und des Volks ebenso missachtet wie die politischen Ambitionen des Bürgertums, das wirtschaftlich, gesellschaftlich und kulturell zur prägenden Kraft der kommenden Jahre werden sollte. Die dadurch gewachsene Unzufriedenheit durchzog die Zwanzigerjahre und brach in den frühen Dreißigern in der zweiten europäischen Welle von Aufständen auf. Diese gingen teils mit Nationalstaatsgründungen einher.

Die damit sichtbar gewordene Brüchigkeit der Wiener Nachkriegsordnung ermunterte die Kräfte, die zu ihr in Opposition standen. Die Bürger trugen ihre Proteste jetzt vermehrt in die Öffentlichkeit und konnten erste Erfolge in der Form der von ihnen erzwungenen Verfassungsgebungen erzielen. Diese Gewinne waren auch auf das Elend der Massen zurückzuführen. Denn eine explosionsartige Bevölkerungsvermehrung konnte von einem noch meist zünftischen Gewerbe und Handwerk wie von einer Landwirtschaft mit einer noch überwiegend feudalen Agrarverfassung nicht aufgefangen werden. Schon damals bildete sich das für die Revolutionen Europas in der ersten Hälfte des 19. Jahrhunderts folgenreiche Verhältnis von politischer und sozial-wirtschaftlicher Opposition heraus. Durch ihr paralleles Auftreten erhielten die Revolutionen mehr Durchschlagskraft, doch verliefen sie meist unverbunden nebeneinander her.

Für die demokratische Entwicklung im Deutschen Bund war die den Bundesstaaten in Wien eröffnete Möglichkeit, „landständische Verfassungen" einzuführen, von historischer Bedeutung. Dabei ist es nicht ohne Ironie, dass genau diese Entwicklung dadurch hätte verhindert werden sollen. Der Hauptzweck dieser Bestimmung war, das Zusammenwachsen der aus verschiedenen Teilen zusammengesetzten neuen Bundesstaaten zu fördern. Dazu sollten Ständevertreter, nicht Abgeordnete, nach einem zensitären Männerwahlrecht in eine Versammlung gewählt werden, deren ständische Zusammensetzung festgelegt war. Dennoch entwickelte sich in ihnen durch die immer selbstbewusster wahrgenommenen Rechte eine Vorstufe zum Parlamentarismus und durch die Wahlen eine frühe demokratische Kultur. Die Abgeordneten der Frankfurter Nationalversammlung waren von den Erfahrungen dieses Parlamentarismus und dem dabei geformten Selbstverständnis als Abgeordnete erkennbar geprägt.

Es war eine Folge des indirekten Zensuswahlrechts, der Abkömmlichkeit und der Finanzierung der parlamentarischen Tätigkeit, dass ganz überwiegend Bürgerliche in den Zweiten Kammern, die im Gegensatz zu den Ersten allein gewählt wurden, die Sitze einnahmen. Aus ihnen formte sich aufgrund gemeinsamer Herkunft, Werte und Erfahrungen in der praktischen Politik die noch wenig organisatorisch verbundene Bewegung des Liberalismus. Er verstand sich als die Gesamtbewegung der Protagonisten des Volkes, die gegenüber der Obrigkeit dessen Interessen wahrt. In den unterschiedlichsten Spielarten wurde der Liberalismus zur dominierenden Kraft in der Revolution. Da sich diese Entwicklung aber nur in den konstitutionellen Staaten Süd- und Mitteldeutschlands vollzog, kam es zu einer Dreiteilung der politischen Systeme im Deutschen Bund. Denn ihnen traten die Staaten mit weiterhin altständischer Verfassung zur Seite und jene, die wie Österreich und Preußen keine gesamtstaatlichen Vertretungen kannten, sondern nur solche der Provinzen.

Die Macht, einen freiheitlichen Nationalstaat nach ihren Vorstellungen zu schaffen, erhielt diese politische Elite nach einer Generation, weil Krisen in der Wirtschaft und Verwerfungen in der Gesellschaft hinzukamen. Denn dadurch gerieten vor allem die Unterschichten in Bewegung, die bisher kaum oder gar nicht politisiert worden waren.

Wegen der zentralen Stellung der Landwirtschaft innerhalb der damaligen Volkswirtschaft und den hohen Ausgaben aller Haushalte für Grundnahrungsmittel hatte die Teuerung als Folge schlechter Ernten in den Jahren vor der Revolution Auswirkungen auf alle Branchen. Sie traf das Land, wo die Auswirkungen der „Bauernbefreiung" und das Elend der Heimarbeiter Unruhen ausgelöst hatten, ebenso wie das Handwerk, das an Überbesetzung und industrieller Konkurrenz litt. Doch auch in den Branchen der Frühindustrialisierung und den eng mit ihnen verbundenen des Eisenbahnbaus und Kapitalmarkts brach die Konjunktur ein. Dadurch entstand eine tiefe Verunsicherung in der Gesellschaft und das Gefühl einer gesamtwirtschaftlichen Depression. Dies hat zwar erheblich zu der anfänglichen Durchschlagskraft der Revolution beigetragen, war aber weder ihre entscheidende Ursache noch hat es ihren Verlauf nachdrücklich bestimmt.

Die Hauptursache war politisch und deswegen war die deutsche Revolution auch vor allem eine politische Revolution, deren Antrieb und Ziel die freiheitliche und demokratische Nationalstaatsgründung nach liberalen Vorstellungen war. Auf diesem Weg sollte eine Neuaufteilung der politischen Macht zwischen den aufstrebenden Schichten und den alten Eliten erreicht werden. Dennoch war die Krise der Wirtschaft relevant, weil durch sie Bevölkerungsgruppen in Bewegung gerieten, die durch die politische kaum erfasst wurden. Dies gab der Revolution ihre Wucht des Anfangs. Das Verhältnis zwischen wirtschaftlichen und politischen Ursachen und Motiven war nicht das von Ursache und Wirkung, sondern dass der Parallelität. Die Herde der Unruhen waren personell, organisatorisch und in ihren Zielen wenig aufeinander bezogen. Es war sogar so, dass die Revolution in den Institutionen die Revolution der Straße argwöhnisch beäugte.

Die Februarrevolution in Paris war nicht mehr als ein Auslöser, der ein großes Bündel endogener Probleme zum Ausbruch brachte. Das Kennzeichen der Märzbewegung in Deutschland war, dass sie, besonders im Vergleich mit den folgenden Ereignissen, relativ homogen verlief. Die Märzforderungen, die in fast allen größeren Städten des Landes von Volksversammlungen gleichartig erhoben wurden, waren ganz überwiegend politisch. Sie zielten darauf ab, die rechtlichen Voraussetzungen für eine freie politische Betätigung zu schaffen. Dies gelang überraschend schnell. Ihre Gewährung und die Einsetzung von Regierungen aus der bisherigen Opposition in den Bundesstaaten, meist noch im selben Monat, waren die ersten Siege der Revolution. Sie waren vor allen Dingen darauf zurückzuführen, dass die verschiedenen Schichten des Volkes sich noch in vormärzlicher Tradition hinter dem Bürgertum sammelten. Daher gelang es diesem auch, den Weg zur Nationalversammlung zu steuern, bei deren Zusammentritt die revolutionäre Euphorie auf einen Höhepunkt gelangte. Diese Anfangserfolge waren paradoxerweise zugleich eine der Ursachen für das spätere Scheitern. Die Überschätzung der eigenen Kraft und die Unterschätzung des Gegners, der zwar bedrängt, doch nicht nachhaltig geschwächt war.

Der Vorwurf unzulänglicher sozialer Repräsentation, der dem Parlament der Paulskirche oft gemacht wird, ist unhistorisch. Die Zeitgenossen haben sie nicht erwartet und gewollt; sie wählten wie bisher Honoratioren, keine Vertreter von Interessen. So kam zum ersten Mal auf der Grundlage eines allgemeinen Männerwahlrechts ein Parlament zustande, und zwar eines von außerordentlichem Bildungsniveau. Seine Abgeordneten gingen mit vorbildlichem Fleiß und Einsatz an ihre Aufgabe heran.

Es zeigten sich aber schon zu diesem Zeitpunkt Entwicklungen, die die Stärke und Einheitlichkeit der revolutionären Bewegung schwächen würden. Zum einen war dies die Entschärfung aller Probleme, die mit dem Umbau der Agrarverfassung zusammenhingen, durch die Regierungen der Bundesstaaten. Die Folge war, dass die Unterstützung der Revolution durch die beträchtliche Zahl der Bauern, die davon profitierten, erkennbar nachließ. Zugleich begann die Mobilisierung und Organisierung des Volkes. So formten sich politische Kräfte, die in der frühen Phase nicht mehr in die Parlamente gelangten. Daneben wurden Organisationen zur Vertretung berufsständischer oder wirtschaftlicher Interessen ins Leben gerufen. Sie waren ebenfalls Ansatzpunkte zur Differenzierung der im März und April noch einheitlichen Bewegung.

Alles wurde durch den Grunddissens über die Strategie des weiteren Vorgehens überlagert. Die Liberalen wollten sich mit den bisherigen Erfolgen zufriedengeben und die Verständigung mit den Märzregierungen suchen. Demokraten, Radikale und Republikaner hingegen wollten die Ziele möglichst rasch aus eigener Kraft erreichen. Den führenden Liberalen wurde und wird oft der Vorwurf gemacht, dass sie aus Furcht vor der sozialistischen Republik und dem demokratischen Jakobinismus die Brücke zum politischen

Gegner statt zu den Unterschichten geschlagen hätten. Dabei wird unterstellt, dass seitens jener die Bereitschaft zur Zusammenarbeit überhaupt vorhanden und Interessengegensätze überwindbar gewesen wären. Mit der Einsetzung der Provisorischen Zentralgewalt verfolgte die in der Nationalversammlung bereits institutionalisierte bürgerliche Revolution ihren Kurs der Domestizierung durch Institutionalisierung und Verrechtlichung weiter. Wenn sie auch nicht direkt von der Nationalversammlung abhängig war, so wurde mit ihr doch die erste parlamentarische Regierung in Deutschland begründet. Die weitreichenden Folgen dieser Entscheidung sind bisher kaum erkannt worden. Denn mit ihr machte diese Revolution klar, dass sie sich nicht auf die Verfassungsgebung beschränken, sondern vielmehr bereits die aktuelle Politik durch Unterordnung der Fürstenstaaten, auf deren Mithilfe sie dabei angewiesen war, mitbestimmen wollte. Darüber hinaus war es die Absicht, Vorentscheidungen hinsichtlich der Einrichtung des kommenden Nationalstaats zu treffen. Die Begründung der Zentralgewalt hatte Auswirkungen auf die künftige Verfassung. Damit waren die Staatsform der Monarchie und der innere Ausbau des Staates zugunsten einer starken Zentralgewalt kaum mehr zu revidieren.

In zweierlei Hinsicht war die Einsetzung Erzherzog Johanns zum Reichsverweser eine folgenreiche Fehlentscheidung. Zum ersten war für die Mehrheit der Casino-Liberalen damals die kleindeutsche Lösung der deutschen Frage eine Option, vielleicht schon die bevorzugte. Dann aber war es widersinnig, einen habsburgischen Dynasten an die Staatsspitze zu berufen. Wenn zum zweiten jemals die Chance bestand, die Revolution gewaltsam zu Ende zu führen, dann war dies in der „Reichsverfassungskampagne" der Fall. Dazu hätte es eines überzeugten Revolutionärs an der Spitze bedurft, der mit den Reichstruppen über ein nicht zu unterschätzendes militärisches Potenzial verfügen konnte.

Das Reichsministerium hatte aufgrund seiner improvisierten Einsetzung mit vielen Unzulänglichkeiten zu kämpfen. Zudem war seine Funktion als Ministerium eines noch nicht bestehenden Staates nicht konsequent durchdacht worden. Zunächst war es das Instrument der Casino-Liberalen-Mehrheit der Nationalversammlung. Es wandelte sich dann zu einer Ordnungsmacht zur Bekämpfung der Anarchie. Auf diesem Wege wurde es zum Juniorpartner Preußens bei der Bekämpfung von Bestrebungen zur Durchsetzung der Reichsverfassung. Schließlich wurde es zur ausschlaggebenden Institution, die die deutschlandpolitischen Pläne Preußens verhinderte, die Wiederherstellung des Deutschen Bundes anstrebte und dadurch die Rückkehr Österreichs nach Deutschland ermöglichte.

Grenze und Problematik des Reichsministeriums wurde überdeutlich an dem Problem Schleswig-Holstein. Weil Zentralgewalt und Nationalversammlung die militärischen Mittel und die außenpolitische Macht fehlten, um nationale Träume zu erfüllen, erlitten sie einen Ansehensverlust bei ihren bisherigen Unterstützern und Anhängern. Für die daraufhin ausgebrochenen Unruhen war der Waffenstillstand von Malmö nur Anlass, nicht Ursache. In ihnen artikulierten sich nämlich schon zuvor vorhandene Probleme: die unbefriedigten Erwartungen der Unterschichten und die Befürchtung der politischen Konkurrenz, dass die Liberalen in Regierungen und Parlamenten die Revolution im Kompromiss mit den Fürsten verraten würden. Bei der Bekämpfung der Aufstände konnten sich die Frankfurter Institutionen einerseits als Ordnungsmacht profilieren, gerieten dabei andererseits in einen Gegensatz zu einem Teil der Kräfte, die sie bisher gestützt hatten.

Es war die größte Illusion, der sich die bürgerliche Revolution in Deutschland hingegeben hat, zu glauben, die Fürsten würden die Reichsverfassung vorbehaltlos akzeptieren. Denn darauf ist das Verfahren, ohne Rücksicht auf die politische Entwicklung außerhalb der Paulskirche eine Verfassung zu debattieren und zu verabschieden, die einzig und allein den Vorstellungen der Abgeordneten der Nationalversammlung entsprach, hinausgelaufen. Hier kulminierte die bürgerliche Revolution aus zwei Gründen: erstens in der Behauptung des absoluten Vorrangs der Reichsverfassung mit Berufung auf die Volkssouveränität; zweitens in der Wirkung des Werkes. Es wäre bei Weitem nicht nur ein demokratischer Nationalstaat begründet worden, sondern vor allem wäre durch den Zwang, der von den Grundrechten ausgig, Deutschland vollkommen umgestaltet worden. Es hätte keinen Adel mehr als Stand, keine abhängigen Bauern, keinen Bundesstaat mehr ohne Verfassung und ohne eine mit umfassenden Rechten ausgestattete Volksvertretung gegeben. Die gesamte Rechtsordnung aller Bundesstaaten hätte nach rechtsstaatlichen Prinzipien umgestaltet werden müssen. In Deutschland hätte es nur noch vor staatlicher Willkür geschützte Bürger gegeben. Ihnen wäre die freie politische Betätigung ebenso garantiert gewesen wie das uneingeschränkte Wirtschaften in einer kapitalistischen Marktgesellschaft auf der Grundlage des individuellen Eigentums.

Die Frankfurter Grundrechte spiegeln einen liberalen und demokratischen Geist von erstaunlicher Modernität. Deswegen konnten sie auch Vorbild für die Weimarer Reichsverfassung von 1919 werden und teils sind sie wörtlich in das Grundgesetz von 1949 übernommen worden. Für die Zeitgenossen aber wäre ihre Umsetzung der Beginn eines Programms umfassender Modernisierung gewesen; ein existenzieller Eingriff in die zu diesem Zeitpunkt bestehende Ordnung aller Bundesstaaten. Für einige wäre es die vollkommene Umkehrung von dem, was bisher gegolten hatte, gewesen. Ihre Annahme hätte für alle Bundesstaaten eine Selbstaufgabe bedeutet. Daher musste sie von jenen, die noch Selbstbewusstsein besaßen und die Mittel hatten, ihren Widerstand auch durchzustehen, abgelehnt werden. Die Sicht hat sich zu sehr auf die dramatische Szene der Zurückweisung der Reichsverfassung durch den preußischen König gegenüber der Delegation der Nationalversammlung fixiert. Dadurch wurden die von ihm vorgeschobenen Gründe in der Konstruktion der Staatsspitze zu vorschnell als die eigentlichen angesehen.

Auch hinsichtlich ihrer staatlichen Kompetenzen wären die Bundesstaaten ganz erheblich reduziert worden. Eine eigene Außenpolitik wäre nicht mehr möglich gewesen. Sie hätten die Zuständigkeit für die Zölle und wichtigsten Steuern vollständig und über das Post- und Verkehrswesen teilweise verloren. Sie wären in einem Staat mit starker Zentrale mediatisiert worden. Der Staatenbund wäre in einen Bundesstaat verwandelt worden. Man erfasst die politische Machtdimension dieser Verfassungsbestimmungen nur, wenn man sie nicht als Prinzipien einer gemeinschaftlichen Ordnung versteht, sondern als Leitlinien, die die Aufteilung der Macht zwischen politischen Gegnern regeln.

Die folgenreichste Fehleinschätzung von Entwicklungen, die sich außerhalb der Verfassungsberatungen vollzogen, war die Ignorierung der preußischen Haltung dazu. Wenn die Lage auch offen war und von Berlin nicht immer eindeutige Signale ausgegangen waren, so hat doch der König selbst früh und unmissverständlich gegenüber Frankfurter Abgesandten erkennen lassen, dass er die Verfassung niemals akzeptieren würde. Dass die Paulskirche dennoch an der Konstruktion eines preußischen Kaisertums festhielt, war nichts anderes als eine aus der Ausweglosigkeit geborene Verzweiflungstat.

Die Frankfurter Reichsverfassung ist durch eine gewisse Systemlosigkeit ausgezeichnet. Sie wird besonders deutlich bei den Bestimmungen über die Zuständigkeiten des Reiches, die über den gesamten Verfassungstext verstreut sind. Die Materien der Gesetzgebung fallen sachnotwendig in die Zuständigkeit der Zentrale eines Nationalstaats. Darüber hinaus behielt diese sich bisherige Kompetenzen der Bundesstaaten vor, die zur Schaffung eines einheitlichen Wirtschaftsraums unerlässlich schienen. Gekrönt wurde diese Tendenz zur Zentralisierung dadurch, dass das Reich sich selbst die Kompetenz zur Festsetzung neuer Kompetenzen übertrug. Da die Umsetzung der Reichsgesetze ebenfalls weitgehend Sache des Reiches gewesen wäre und die Reichsgewalt befugt war, „gemeinsame Einrichtungen und Maaßregeln", die sie im „Gesammtinteresse Deutschlands" für notwendig hielt, auf gesetzmäßigem Wege einzuführen, hätte dies eine beträchtliche Ausweitung der Reichsverwaltung bedeutet.

Über den Reichstag, dem all diese Kompetenzen übertragen wurden, konnten die Bundesstaaten allerdings auf die Reichsgesetzgebung Einfluss ausüben, denn er bestand aus zwei Häusern. In das Staatenhaus durften die Regierungen und die Volksvertretungen der Fürstentümer und freien Städte jeweils zur Hälfte Vertreter auf sechs Jahre entsenden. Da diese allerdings ein freies Mandat hatten, war die Einflussnahme der Bundesstaaten dadurch wiederum eingeschränkt.

Die Brisanz der Verfassung wurde bisher nicht recht eingeschätzt, da die Staatsorganisation immer unter dem Aspekt der Spannung von Föderalismus und Zentralismus gesehen wurde. Eine solche Sicht verdeckt die machtpolitische Auseinandersetzung, um die es für die Zeitgenossen dahinter ging. Die Gegensätze müssen auf folgenden Nenner gebracht werden: Staatenbund souveräner Fürsten gegen parlamentarisch-demokratischen Nationalstaat des Bürgertums! Die nicht ungeschickte Taktik war, den Staat dort, wo die Machtinteressen der Fürsten nicht berührt waren, nämlich auf der nationalen Ebene, zu begründen. Von dort sollte er ihnen, die als Inhaber der militärischen Gewalt und der Verwaltungsressourcen die Mächtigeren waren, von oben her übergestülpt werden. Doch als die Entscheidung anstand, war das revolutionäre Potenzial dazu bereits zu schwach.

Die Festigung der gegenrevolutionären Kräfte bereitete sich in den Bundesstaaten turbulent und widersprüchlich vor. Die Fürsten und die vormärzlichen Ständeversammlungen wichen überall erschreckt vor der revolutionären Gewalt zurück und erfüllten die Forderungen des März. Mit der Umsetzung des Programmes wurden liberale Märzregierungen beauftragt. Dadurch beruhigte sich die Lage und es ergab sich eine neue Konstellation. Konstitutionelle Liberale und alte Gewalten bekämpften gemeinsam Aufstände und Putsche, blockierten die Ausweitung des Wahlrechts, zögerten die Einberufung der Landtage hinaus und verhinderten die Einführung von Verfassungen bzw. die Erneuerung von bestehenden. Sichtbarstes Zeichen der neuen Machtverhältnisse nach dem März 1848 war es, dass im Herbst des Jahres die Ablösung der Märzregierungen einsetzte.

Begonnen hat damit Preußen, das noch im März von den heftigsten Erschütterungen in ganz Deutschland erfasst worden war. Selbst das Überleben der Monarchie stand auf der Kippe. Auch hier überwanden Konzessionen die Bedrohung. Obwohl die Wahl einer Verfassunggebenden Nationalversammlung auf der Grundlage eines allgemeinen, doch indirekten Männerwahlrechts den Weg zur konstitutionellen Monarchie konsequent fortzuführen schien, so erwies sie sich aber letztlich doch als der Beginn des Umschlags. Es wurden unerwartet viele Bürgerliche, außerdem Adelige mit liberalen und Beamte wie Richter mit demokratischen Vorstellungen gewählt. Daher radikalisierte sich das Berliner Parlament im Kampf für die Volkssouveränität gegen den monarchischen Absolutismus. Das Abrücken des erschreckten Bürgertums gab Konservativen und Royalisten in Armee und Bürokratie die Chance, ihren Anhang in Kirchengemeinden und auf dem Land zu sammeln. Nicht zuletzt erweiterte sich der Spielraum der monarchischen Exekutive dadurch, dass sich die Frankfurter Nationalversammlung immer mehr auf die kleindeutsche Lösung fixierte. Die beiden Verfassungen befestigten die Machtverhältnisse. Wenn sie auch der monarchischen Gewalt eindeutig den Vorrang einräumten, so zeigten sie doch insgesamt, dass auch in Preußen die Rückkehr zu den vorrevolutionären Zuständen ausgeschlossen war.

Das Kaisertum Österreich verdankte seine Rettung aus der existenziellen Bedrohung durch revolutionäre Erhebungen und nationale Separationsbestrebungen Defiziten, die in diesen selbst lagen, einer weithin intakten Armee und ausländischer Hilfe. Die Krisenherde blieben isoliert, die Aktionen entwickelten sich unabhängig voneinander. Das böhmische Streben nach Autonomie und Reform wurde durch den nationalen Gegensatz entscheidend geschwächt. Die Rebellion im Kernland blieb auf die Hauptstadt beschränkt. Die militärische Unterstützung der italienischen Separatisten durch das Königreich Savoyen-Piemont war für das kaiserliche Heer keine Herausforderung. In Ungarn allerdings stieß es an seine Grenzen, da den dortigen Rebellen mit den ungarischen Teilen der kaiserlichen Armee und deren Infrastruktur ein erhebliches Potenzial zur Verfügung stand. Dies wurde nochmals durch die geschlossene Unterstützung des Landes gestärkt. Die allmähliche Befreiung aus diesen Bedrohungen kam mit dem Regierungswechsel im November und dem Thronwechsel im Dezember 1848 zu einem ersten Abschluss. Dies bedeutete für die deutsche Revolution, dass die großdeutschen Hoffnungen begraben werden mussten.

Dass die konstitutionellen, nationalen und republikanischen Bewegungen in Italien relativ schnell verfielen, stärkte darüber hinaus die habsburgische Vormacht auf der Halbinsel. Von nicht zu unterschätzender symbolischer Bedeutung, auch für Deutschland, musste es sein, dass diese Erfolge zum Teil in Anlehnung an die Französische Republik erzielt wurden. Denn diese, deren Gründung im Februar 1848 die europäische Revolutionswelle ausgelöst hatte, war noch innerhalb desselben Jahres auf dem Abmarsch ins Lager der Konterrevolution.

Konkrete Auswirkungen auf die deutsche Revolution hatte hingegen ihr zurückgehender Rückhalt an den Massen bis zum Ende des Jahres 1848. Verantwortlich dafür waren ebenso enttäuschte politische Erwartungen wie unerfüllte wirtschaftliche Forderungen. Dazu kam die Frustration wegen der anhaltenden Depression und ein allgemeines Gefühl der Verunsicherung infolge der Aufstände und Putsche. Dass aber auch die Erfüllung von Forderungen nicht immer die Abwendung verhinderte, zeigt das allmähliche Ausscheren der Bauern seit dem Sommer des Jahres 1848.

In der zweiten Hälfte des Oktober 1848 widmete sich die Nationalversammlung der Frage, wie das Verhältnis des neuen Deutschlands zum Kaisertum Österreich zu gestalten sei. In der zweimonatigen Debatte wurden alle nur denkbaren Möglichkeiten einer Verbindung zwischen dem Reich und Österreich vorgetragen. Die Versammlung entschied sich für die Option, die österreichischen Teile des Deutschen Bundes (das deutschsprachige Österreich, das Königreich Böhmen und die Markgrafschaft Mähren) entweder vollständig in den neuen deutschen Nationalstaat zu integrieren oder aber sie mit diesem lediglich durch eine Personalunion zu verbinden. Damit war die großdeutsche Option gescheitert. Denn es konnte kein Zweifel daran bestehen, dass nicht einmal eine angeschlagene Habsburgermonarchie sich selbst aufgeben würde, geschweige denn eine sich konsolidierende. Die entsprechende Wiener Antwort war für die Kleindeutschen der letzte Anlass, um in die Offensive zu gehen. Ihr fiel zuerst der Österreicher Schmerling als Vorsitzender des Reichsministerrats zum Opfer.

In der allenthalben zu spürenden Atmosphäre, dass eine Entscheidungssituation herangereift sei, hat die Nationalversammlung die Verfassungsberatungen zu Ende geführt. Sie wurde von der Überzeugung angetrieben, ihr Werk vollenden zu müssen, um vor sich selbst und der Geschichte bestehen zu können. Beschleunigt wurde die Entwicklung dadurch, dass Österreich Anfang März 1849 die Idee der deutschen Einheit in Freiheit verwarf. Der Durchbruch erfolgte durch den Kompromiss zwischen den Casino-Liberalen und der bürgerlichen Linken. Letzterer wurde garantiert, dass das bisher Erreichte für die Annahme der Kaiserkrone durch den preußischen König nicht geopfert würde. Dazu kam das gleiche, geheime und direkte Wahlrecht und das suspensive Veto des Staatsoberhaupts anstelle des absoluten.

Die Nationalversammlung hat in ihrer existenziellen Bedrängnis noch einmal zu einer Kompromissfähigkeit gefunden, die ihr zuvor allzu oft gefehlt hat. Die Entwicklung war aber darauf zugelaufen, König Friedrich Wilhelm IV. von Preußen zum Richter über die Reichsverfassung zu machen – einen Mann, der niemals das geringste Anzeichen dafür gegeben hatte, dass er die ihm zugedachte Rolle eines Kaisers von Volkes Gnaden spielen würde. Es kann unterstellt werden, dass die Gründe, die er für seine Ablehnung formulierte, von den anderen regierenden Fürsten geteilt wurden, unabhängig davon, ob sie der Reichsverfassung zustimmten oder nicht. Denn sie bestritten der Nationalversammlung grundsätzlich die konstituierende Gewalt und damit das Recht, eine Verfassung ohne Verständigung mit den Dynastien, die Träger der Souveränität im Deutschen Bund waren, zu verabschieden.

Sein monarchisches Selbstwertgefühl vermittelte dem preußischen König zu Recht das Empfinden, dass für ihn und seine Standesgenossen in dem durch diese Verfassung begründeten liberalen und demokratischen Nationalstaat lediglich eine Rolle vorgesehen war, die einer Selbstaufgabe gleichkam. Der Mehrheit der Nationalversammlung war in aller Deutlichkeit die von ihr stets verdrängte Wahrheit vor Augen geführt worden: Eine Verfassung nach ihren Vorstellungen war nur gegen die Fürsten, nicht mit ihnen möglich. Wenn Gagern und seine Kleindeutschen, die bis zur Selbsttäuschung auf den preußischen König gesetzt hatten, nach seiner Verwerfung des Werks der Nationalversammlung entgegen allen Absprachen weiterhin nach einem Übereinkommen mit ihm suchten, war dies nur noch würdelos.

Es war eine folgenreiche Entscheidung des Reichsverwesers nach dem Zusammenbruch der Nationalversammlung, die die Provisorische Zentralgewalt eingesetzt hatte, im Amt zu bleiben und trotz aller Widerstände ein neues Reichsministerium zu bilden. Damit ging ein Funktionswechsel der Zentralgewalt innerhalb des revolutionären Geschehens einher. Sie wandelte sich von einer Exekutive der Revolution zu einer Institution zur Verhinderung der Nationalstaatsgründung durch Preußen und des damit verbundenen Ausschlusses Österreichs aus Deutschland. Als weiteres Motiv kam hinzu, den beginnenden Bürgerkrieg um die Reichsverfassung einzudämmen.

Der sächsische Aufstand vom Mai 1849, der in den viertägigen Barrikadenkämpfen von Dresden kulminierte, war von der gesamten politischen Elite des Landes getragen worden und fand breiten Rückhalt im Volk. Dies lag zum einen daran, dass die revolutionären Institutionen sorgsam darauf achteten, die Grenze zur Illegitimität nicht zu überschreiten, sondern sich vielmehr auf die unumstrittenen Anliegen der Durchsetzung der Reichsverfassung und der Abwehr der preußischen Aggression konzentrierten. Breite Unterstützung fanden sie an den Gemeinderäten und einem gut ausgebauten Vereinswesen der Arbeiterschaft und der kleinbürgerlichen Demokratie. Von der Niederschlagung des sächsischen Aufstands ging für alle, die sich weiterhin für die Durchsetzung der Reichsverfassung einsetzen wollten, das Signal aus, dass sie auf sich allein gestellt sein würden.

Die pfälzische Rebellion wurde von jungen demokratischen und liberalen Politikern initiiert und getragen, die bisher in der zweiten Reihe gestanden hatten. Da die angesehenen Köpfe fehlten, fand sie nicht die geschlossene Unterstützung wie in Sachsen. Sie kam nie ganz aus dem Ruch heraus, über die Durchsetzung der Reichsverfassung hinaus die Trennung der Pfalz von Bayern und damit die Beseitigung der Monarchie anzustreben. Dennoch fand sie Rückhalt genug, um in nicht einmal zwei Monaten eine revolutionäre Truppe aufzubauen. Sie hat den Preußen keinen Widerstand geleistet, sondern sich bei ihrem Heranrücken aufgelöst.

Obwohl die Forschung oft recht gedankenlos den badischen Aufstand vom Sommer 1849 unter die Reichsverfassungskampagne zählt, ist dies nur eingeschränkt möglich. Denn die badische Regierung hatte als eine der ersten die Reichsverfassung anerkannt, folglich konnte es um deren Durchsetzung im Land gar nicht mehr gehen. Der eigentliche Antrieb des Aufstandes war der Machtkampf zwischen der Staatsregierung und den konstitutionellen Liberalen auf der einen Seite sowie den im Baden schon immer starken Demokraten und Radikalen auf der anderen. Diese fühlten sich seit dem März 1848 um die Macht geprellt. Sie verlangten Neuwahlen und eine neue Verfassung für das Land, mit der sie die Verhältnisse zu ihren Gunsten zu zementieren gedachten. Mit der überzogenen Forderung, dass sich die Großherzogliche Regierung für die Geltung der Reichsverfassung in ganz Deutschland einsetzen müsse, sollte der Bogen zu den Verfassungsbewegungen außerhalb des Landes geschlagen werden. Auf der Grundlage eines gut ausgebauten Netzwerkes konnten die Demokraten, durch glückliche Umstände begünstigt, schneller als erwartet die Macht im Land übernehmen. Der Großherzog floh mit seinem Anhang, Staatsverwaltung und Kommunalverwaltung kooperierten weitgehend, Finanzmittel und Zeughäuser fielen den Rebellen in den Schoß und schließlich liefen, einmalig in der deutschen Revolution, große Teile der Armee über. Die Chance auf eine badische Republik war so groß wie noch nie. Doch genau darin lag die Herausforderung für alle anti-revolutionären Kräfte außerhalb Badens, die diese erfolgreich annahmen. Das Scheitern des republikanischen Experiments, das unter so günstigen Bedingungen begonnen hatte, hat die Idee des bürgerlichen Republikanismus in Deutschland auf Dauer diskreditiert.

Für Preußen war die gesamte Reichsverfassungskampagne nicht nur ein Kampf gegen die Revolution. Es sah in ihr auch die Chance, sich in Deutschland als alternative Ordnungsmacht zur Reichsgewalt zu profilieren, um so die beanspruchte Führungsrolle bei der Neugestaltung der Verhältnisse zu legitimieren. Daher wurden in einem Umfang Truppen mobilisiert, der in keinem Verhältnis zur militärischen Herausforderung stand.

Nach der Ablehnung der Kaiserkrone durch König Friedrich Wilhelm IV. ging das Königreich Preußen in die Initiative, um die Einigung Deutschlands auf der Grundlage einer Verfassung nach seinen Vorstellungen zu verwirklichen. Die Zentralgewalt, die dabei im Wege stand, wurde überspielt und ignoriert. Trotz schwindender Machtbasis setzte diese darauf, dass die faktische und die legitime Macht in Deutschland weiterhin aufeinander angewiesen seien, um aus der verfahrenen Situation herauszukommen. Ihre Kalkulation, dass Preußen sich in seinem Projekt verschleißen würde, ging schließlich auf. Denn es zeigte sich, dass die deutschen Fürsten trotz des Eingehens auf die preußischen Pläne ein Reich unter preußischer Führung ebenso wenig wollten wie ein demokratisches. Ihre im Deutschen Bund liebgewonnene Souveränität ging ihnen über alles.

Es war noch einmal ein Verdienst der Zentralgewalt, dass sie die Initiative ergriff, um die Blockade in der deutschen Frage zu überwinden. Erleichtert wurde ihr dies dadurch, dass sie selbst wie auch Preußen alle weitergehenden Pläne begrub. Die Rückkehr zum Deutschen Bund über das „Interim" konnte von allen Seiten akzeptiert werden. Denn dadurch erhielt Deutschland eine einheitliche Leitung, Österreich wurde nicht ausgeschlossen und Berlin konnte seine Einigungspläne weiter verfolgen. Alles in allem war die Machtfrage verschoben worden.

Es war ein Markstein in der Geschichte der deutschen Seerüstung, dass die Provisorische Zentralgewalt im Auftrag der Nationalversammlung den Aufbau der ersten deutschen Marine übernahm. Dafür sprachen damals vor allem aktuelle Überlegungen. Zum Schutz des aufblühenden deutschen See- und Fernhandels war schon vor der Revolution eine Kriegsmarine gefordert worden. Die seitdem auch in den Massen populäre Flottenbewegung verband sich mit der nationalen. Für die Männer der Nationalversammlung war eine Reichsflotte unverzichtbarer Teil der Nationalstaatsgründung. Der Krieg gegen Dänemark und die Tatsache, dass hier keine Konkurrenz der Fürstenstaaten zu fürchten war, sprachen dafür, das Projekt sofort anzugehen. In der Euphorie der revolutionären Anfangsmonate ist dabei übersehen worden, dass dafür die Voraussetzungen in Deutschland so gut wie nicht vorhanden waren.

Gerade deswegen ist es besonders anerkennenswert, was die Reichsgewalt geleistet hat. Schon im Frühjahr 1849 konnten einige Schiffe erfolgreich in den Krieg gegen Dänemark eingreifen. Am Ende ihrer Amtszeit hatte sie ein ansehnliches Geschwader zusammen, das der Kern einer künftigen

Reichsmarine hätte werden können. Doch hatten die Mitglieder des Deutschen Bundes an diesem Symbol der deutschen Einheit, das ihnen von der Revolution vermacht wurde, kein Interesse.

Der Reichsverweser blieb sich bis zum Ende treu. Wegen eines rechtlich einwandfreien und würdevollen Abgangs für sich und sein Ministerium ging er das Risiko des Scheiterns der gesamten Vereinbarungen des Übergangs von der Provisorischen Zentralgewalt zum Deutschen Bund ein. Doch auch diesmal wurden ihm die Grenzen der Macht Frankfurts durch die Großmächte aufgezeigt. So ist die Provisorische Zentralgewalt doch noch termingerecht Ende des Jahres 1849 als letzte Institution der deutschen Revolution von 1848/49 aus dem Amt geschieden.

10.2 Gründe des Scheiterns

So kontrovers die Revolution von 1848/49 bewertet wird, so besteht dennoch Einigkeit darüber, dass sie eine Epoche in der deutschen Geschichte markiert. So ambivalent sie gewesen ist, so umstritten war und ist die Auseinandersetzung mit ihr. Es haben immer zwei gegensätzliche Motive Erinnerung und Wissenschaft angetrieben. Einerseits sei die Revolution der Fixstern der demokratischen Entwicklung in Deutschland. Doch andererseits wurde in ihrem Scheitern eine gewisse Tragik gesehen, weil dadurch die Verbindung von Nationalstaat und Demokratie nicht gelungen sei. Dabei schwingt mit, dass dies eine historische Ursache für die nationalsozialistische Gewaltherrschaft war.

Nicht überzeugend ist die These, dass mit dem Scheitern der Revolution die demokratische Entwicklung in Deutschland verhindert worden sei. Ein deutscher Sonderweg kann damit schon deswegen nicht erklärt werden, da auch die anderen Umwälzungen in Europa nicht das erreicht haben, was sie anstrebten. Als Erbe der Revolution hat gerade auch das Kaiserreich die angestoßenen Entwicklungen übernehmen müssen. Sein Reichstag, die politische Öffentlichkeit, das Verbands- und Vereinswesen sind ohne die Revolution von 1848 nicht denkbar. Und der Parlamentarismus war lebendig geblieben. Er zeigte eine gestalterische Kraft im Reich und noch sehr viel mehr in den Bundesstaaten.

Sucht man nach den Gründen des Scheiterns, dann springt zunächst ins Auge, dass die führenden Revolutionäre sich zu viele Illusionen gemacht haben. Da war die Selbsttäuschung über die Schwäche des fürstlichen Gegners. Sie war am folgenreichsten in dem Glauben, dass dieser die Frankfurter Reichsverfassung trotz der Zumutung, die sie für ihn bedeutete, anstandslos akzeptieren würde. Liberale und Demokraten verstanden sich als Reformer, nicht als Rebellen. Auch daraus resultierte die falsche Einschätzung ihres Verhältnisses zu den Fürsten, die in ihnen sehr wohl solche sahen. Eine weitere Fehlentscheidung war die Ausgestaltung der Staatsspitze mit dem preußischen König Friedrich Wilhelm IV. als Kaiser. Denn dieser hatte zu keinem Zeitpunkt Anzeichen gemacht, dass er die ihm zugedachte Rolle spielen würde. Eine Alternative zu dieser Lösung war nicht überlegt worden. Daher geriet der preußische König in die Rolle des obersten Schiedsrichters, der mit einem Wort das Gesamtwerk zum Einsturz bringen konnte. Schließlich war es illusionär zu glauben, dass eine europäische Großmacht wie die Habsburgermonarchie sich selbst aufgeben würde, um die großdeutsche Lösung des deutschen Einheitsproblems zu ermöglichen.

Weil sie sich als Reformer verstanden, haben die Achtundvierziger das Problem der militärischen Gewalt zu sehr vernachlässigt. Das Militär hat aber schließlich über Sieg und Niederlage der Revolution entschieden. Die Versuche, es durch Huldigungserlasse, eidliche Verpflichtungen oder Vereidigung auf die Verfassung zu einer loyalen Bejahung der neuen Verhältnisse zu bewegen, wie dies die Reichsgewalt und auch die Berliner Nationalversammlung versuchten, erwiesen sich als unzulänglich. Die hergebrachte Bindung an den Monarchen war stärker. Freilich muss man den Revolutionären zugutehalten, dass sie mit dem Ungeheuerlichen, das dann doch geschah, nicht rechneten: dem Einsatz der militärischen Gewalt gegen die eigene Bevölkerung.

Eben weil sie keine Revolutionäre sein wollten, haben die führenden Bürgerlichen die Staatsregierungen und deren Verwaltung sowie das Militär der Fürsten nicht angetastet. Sie haben sich vielmehr von ihren taktisch nicht ungeschickten Konzessionen in den kritischen Anfangsmonaten blenden lassen und sind auf das Angebot der Zusammenarbeit eingegangen. So behielten die Fürsten ihren stabilen und eingespielten bürokratisch-militärischen Staatsapparat. Er war die Grundlage, von der aus sie ihr uneingeschränktes Herrschaftsmonopol schließlich verteidigten. Denn kein Fürst, auch nicht die, die sich zur Reichsverfassung bekannten, war wirklich zu einem konstitutionellen Kompromiss bereit. Das, was so aussah, geschah aus Taktik und Furcht.

Dazu kamen Herausforderungen und Belastungen, die sich aus der Entwicklung ergaben, also jenseits von Mentalität und Selbstbewusstsein der Revolutionäre lagen. Hier ist vor allem der rasche Zerfall der einheitlichen Märzbewegung zu nennen, die der Revolution die Wucht und Durchschlagskraft des Anfangs gegeben hatte.

Zunächst spalteten sich die politischen Kräfte. Die Liberalen setzten auf das Konzept der Reform in den Parlamenten. Hinsichtlich der Verfassungsgebung hatten sie ein gespaltenes Verhältnis. Sie strebten eine Konstitution auf der nationalen Ebene an, die die Fürsten akzeptieren sollten. Zugleich verhinderten sie die Verabschiedung bzw. Revision bestehender Konstitutionen in den Bundesstaaten, nachdem dort das Wahlrecht erweitert worden war. Die Demokraten, die diesen Weg teilweise unterstützten, wurden in entscheidenden Punkten über das, was die konstitutionellen Liberalen wollten, durch die revolutionäre Entwicklung hinausgetrieben, hin zu einer eigenständigen politischen Formation. Sie band unterbürgerliche Schichten an sich, indem sie ihre Interessen aufnahm. Zeit- und stellenweise sympathisierte und agierte sie mit den Aufständischen in den Straßen. Ein Grunddissens trennte seitdem die einstigen Protagonisten der Revolution: Sollte sie in Zusammenarbeit mit den alten Mächten auf reformerischem Weg zu Ende geführt werden, wie dies die konstitutionellen Liberalen wollten, oder aber, gestützt auf die Masse des Volkes, notfalls mit Gewalt gegen diese?

Sehr früh traten außerparlamentarische Putschbewegungen auf den Plan. Sie wollten gewaltsam einen vollständigen Systemwechsel nicht nur im Kampf gegen die alten Gewalten, sondern auch gegen die Frankfurter Institutionen herbeiführen. Unabhängig davon und nicht miteinander verbunden machten Unterschichten, Zurückgesetzte und Opfer der Entwicklung meist gewaltsam auf der Straße auf ihre Lage aufmerksam.

Ein weiterer wesentlicher Grund des Verfalls der Märzbewegung waren ihre Erfolge: erstens die Beseitigung der letzten feudalen Reste der Landwirtschaft und eine für die Bauern günstigere Ablöseregelung der Feudallasten. Dies schwächte das Interesse des Landes an der Revolution. Dazu kam zweitens die rasche Gewährung der Grundrechte, die zur freien politischen Betätigung unverzichtbar waren. Die dadurch angestoßene politische Differenzierung der Gesellschaft schwächte den Einsatz von zahlreichen gesellschaftlichen Gruppen für die Revolution. Denn jetzt konnten sie mithilfe dieser Rechte ihre Interessen selbstständig und unabhängig von der ursprünglichen Revolutionsbewegung verfolgen. Das taten soziale Schichten, Interessengruppen und kulturelle Formationen von den Arbeitern bis zu den Katholiken. Diese Erfolge der Revolution wurden jedoch nicht ihren Protagonisten, die in den Frankfurter Institutionen versammelt waren, angerechnet, sondern den Märzregierungen und dem Landesherrn, die sie ja auch gewährt hatten. Nachdem sich die Konstellation „Volk gegen Fürsten und Staatsbürokratie" aufgelöst hatte, wurden sich die bisher geschlossen Handelnden bewusst, dass sie verschiedene, ja oft gegensätzliche Absichten verfolgten.

Genau gegenläufig zum Zerfall der Märzbewegung erfolgte die Stärkung ihrer Gegner bis zum Ende des Jahres 1848. Zunächst die Konsolidierung der Vormächte des Deutschen Bundes, Österreich und Preußen; dazu kamen die europäischen Verschiebungen: die Wandlung Frankreichs vom Auslöser der Revolutionen des Kontinents zur antirevolutionären Präsidentschaft des Louis Bonaparte; die Siege Österreichs in Norditalien; und der Ausbau der antirevolutionären Wartestellung Russlands.

Der freiheitliche und demokratische Nationalstaat blieb zwar das übergreifende Ziel, doch ließ seine Attraktivität durch die vielen konkurrierenden Interessen und Bestrebungen, die sich jetzt formieren konnten, nach. Die Revolution kannte viele Schauplätze, Akteure, Probleme und Ziele. Sie hatte keine einheitliche ideologische Grundlage und Organisation, kein Zentrum, von dem aus sie gelenkt wurde. Diese zerfleddernde Dynamik zusammenzufassen, wurde gar nicht erst versucht. Das Reichsministerium, das als Institution dazu am ehesten berufen gewesen wäre, hat die Aufgabe nicht einmal erkannt. Stattdessen hat es seine Kräfte für etwas vergeudet, was noch gar nicht anstand: den Aufbau des kommenden Staates.

Das Verhältnis der preußischen Revolutionäre zu den Frankfurtern macht die Grenzen der bürgerlichen Bewegung in Deutschland nochmals deutlich. Die Chance, die darin gelegen hatte, dass ihre stärksten Gegner, die preußische Monarchie und das Metternich'sche System, gelähmt waren und zugleich im Bund wie im größten Bundesstaat die Konstitutionalisierung anstand, ist kaum erkannt geschweige denn offensiv ergriffen worden. Die beiden Nationalversammlungen konkurrierten mehr miteinander als sie kooperierten. Die Gruppen und Vereine außerhalb der beiden Parlamente haben sich so gut wie gar nicht aufeinander zubewegt. Darüber hinaus haben beide Nationalversammlungen keine ernsthaften Versuche unternommen, sowohl die revolutionären Massen in den Städten als auch die abwartenden auf dem Land und in den Kleinstädten für ihre Sache zu gewinnen.

In der Berliner und Frankfurter Nationalversammlung kam als Erbe von Ständeversammlungen und Provinziallandtagen ein Verständnis des Parlamentarismus zum Vorschein, das sich in der Opposition zu Staatsverwaltung und Staatsregierung erschöpfte. Es verführte immer wieder dazu, auf Kosten von Pragmatik und Kompromiss eine Politik der reinen Gesinnung zu propagieren. Je länger die Beratungen der Verfassung andauerten, umso mehr nahm die Distanz zwischen diesem Anliegen und den sich inzwischen breit artikulierenden unterschiedlichen sozialen und lokalen Interessen zu.

Die Vielzahl der Verwerfungen, die zum Ausbruch der Revolution geführt hatten, blieben weiter bestehen. Dazu waren beträchtliche neue Aufgaben, die mit der Modernisierung der Gesellschaft und der Staatsgründung zusammenhingen, dazugekommen: Reform der einzelstaatlichen politischen Systeme, Verankerung des Rechtsstaats und der liberalen Freiheitsrechte, Nationalstaatsgründung und gesamtdeutsche Konstitution, Agrarreform und Adelsentmachtung, Erneuerung der Gesellschafts- und Wirtschaftsstrukturen, Stabilisierung der Legitimationsbasis der Nationalversammlung. Daher wurde von vielen der Revolution immer wieder konzediert, dass sie einem Bündel von Problemen gegenüberstand, das in der Kürze der Zeit kaum zu bewältigen war. Vielmehr habe deren Komplexität und Widersprüchlichkeit die Schwierigkeiten bis zur Unlösbarkeit potenziert. An der Diskrepanz zwischen Mitteln und Möglichkeiten und der Größe der Herausforderungen litten die Nationalversammlungen wie die Reichsgewalt.

10.3 Wirkungen

Auch wenn die deutsche Revolution von 1848/49 ihre vorrangigen Ziele nicht erreicht hat und letztlich besiegt wurde, ist das Verdikt vom Scheitern vor allem aus zwei Gründen zu einfach. Erstens verstellt der Blick auf die nationale Ebene zu sehr die mittelbaren und indirekten Auswirkungen in den Bundesstaaten wie in Gesellschaft und Wirtschaft. Für jene, die jetzt an den Rand gedrängt worden waren, blieb das für einen demokratischen Staat, eine freie Gesellschaft und den Rechtsstaat Erreichte Vorbild, das immer wieder mobilisiert werden konnte. Zweitens verdeckt die Charakterisierung der folgenden Jahre mit den Schlagworten „Neoabsolutismus" und „Reaktion", dass sich die 1848/49 grundgelegten konstitutionellen Systeme weiterentwickelten. Darüber hinaus wurden den antirevolutionären Kräften von dem erstaunlich rasch wieder politisch offensiven Bürgertum (jetzt eben mit nicht-revolutionären Mitteln) zahlreiche Konzessionen abgerungen. Nicht weniger typisch für diese Jahre ist die Spannung zwischen der Verteidigung des staatlichen Machtmonopols durch die monarchischen und aristokratischen Eliten gegen das weiterhin auf politische Mitgestaltung drängende Bürgertum, hinter dem sich jetzt aber immer deutlicher Proletariat und Arbeiterschaft abzeichneten, die ihre ideologische und organisatorische Formierung in den Jahren 1848/49 gefunden hatten.

Ein Beweis dafür, dass die durch die Revolution in Bewegung geratenen Massen nicht mehr mit obrigkeitlich-bürokratischem Regiment zu regieren waren, ist die Tatsache, dass die Epoche der Reaktion schon nach zehn Jahren endete. Es sind viele Ansatzpunkte geblieben, von denen aus dann Liberalisierung und Modernisierung rasch in Gang gebracht werden konnten.

Durch die Revolution wurde die deutsche Bevölkerung in einem Maße wie nie zuvor politisiert. Schon im März 1848 waren alle Restriktionen freier politischer Betätigung gefallen. Ein weiterer Schub erfolgte durch die Wahlen zu den Nationalversammlungen Ende April, Anfang Mai auf der Grundlage eines allgemeinen Männerwahlrechts und dann der Landtage in den Bundesstaaten einige Monate später. Dazu kamen die alle Schichten umfassenden Volksversammlungen und auch die Gründung sozial sehr offener politischer Vereine. Diese erfassten im Deutschen Bund vermutlich mehr Menschen als in jedem anderen Staat Europas. Man schätzt, dass im Verlauf der Revolution etwa 1–1,5 Millionen Deutsche in ihnen organisiert waren.

In diese Fundamentalpolitisierung wurden Schichten hineingezogen, die bisher ferngestanden hatten, fast die gesamte Landbevölkerung und die städtischen Mittel- wie Unterschichten. Trotz ihres entscheidenden Beitrags für den Durchbruch der Märzrevolution fanden sie für ihre Anliegen bei den bürgerlichen Revolutionären kein Verständnis. Diese Erfahrung hat einen Teil von ihnen noch während der Revolution davon überzeugt, ihr Schicksal selbst in die Hand zu nehmen. Schon damals sind die Anfänge eines selbstbewussten Proletariats zu erkennen, das sich dann unter der Führung von Intellektuellen zu einer eigenen Klasse entwickelte.

Die bisher ebenfalls politisch an den Rand gedrängten Frauen wurden von dem Aufbruch erfasst. Sie nahmen an Volksversammlungen teil, gestalteten demokratische Feste aus, nahmen in eigens für sie eingerichteten Logen an den Debatten der Nationalversammlungen und Landtage teil. Sie gründeten Frauenzeitschriften und führten politische Salons. Selbst auf den Barrikaden kämpften sie; unter den Berliner Märzgefallenen waren sechs von ihnen. In Zeitschriften und Theaterstücken wurde das „politisch aktive Weib" zu einer beliebten Witzfigur.

Ein weiterer Beleg für das nicht mehr einzudämmende politische Erwachen ist das massive Wachstum der Presse. Die satirischen Magazine blühten auf und die Anzahl deutschsprachiger Tageszeitungen verdoppelte sich zwischen den Jahren 1847 und 1849.

Die Gründung zahlreicher Berufs- und Interessenverbände, die die Revolution meist überlebten, waren ein Beitrag zur Auflösung der hergebrachten Ständegesellschaft. Dort gab es Satzungen und geregelte Verfahren; dort bestimmte nicht mehr die Geburt die Stellung innerhalb der Organisation, sondern die Funktion.

Berufsverbände der Gesellen, Arbeiter und Unternehmer wurden gegründet. Doch auch kulturelle und wissenschaftliche Vereinigungen traten auf nationaler Ebene ins Leben. Die Kirchen riefen die Gläubigen aus dem ganzen Land zu jährlichen Versammlungen, ebenso wie Germanisten, Juristen und Mediziner zu wiederkehrenden Treffen zusammenkamen. Vereine, Verbände, Interessenorganisationen und Kongresse waren seitdem fester Bestandteil der deutschen Gesellschaft. Sie transformierten sie von einer ständisch-konformen zu einer pluralistisch-funktionalen.

Wenn sich die Revolution auch nicht direkt fortgesetzt hat, sondern teilweise sogar hart ausgebremst worden war, so war sie doch Katalysator für eine autonome politische Öffentlichkeit geworden, die Teilhabe immer weiterer Schichten und Gruppen an der Politik und für eine pluralistischere Presselandschaft sowie das Aufblühen eines vielfältigen Verbandswesens.

Grundrechte in der Form von Untertanenrechten kannten schon einige Verfassungen des Vormärz. In Frankfurt und manchen Bundesstaaten war nicht nur die Zahl dieser Rechte erweitert worden, sondern sie hatten auch neue Funktionen erhalten. Sie gewährten Schutz vor staatlicher Willkür und wurden zu Instrumenten der Modernisierung für eine ständisch-agrarische und bürokratische Gesellschaft. Diese Erfahrung blieb zumindest in den Köpfen der oppositionellen politischen Eliten präsent. Daran konnte auch der Beschluss des Deutschen Bundes, der die Grundrechte der Paulskirche im August 1851 eigens aufhob, nichts mehr ändern. Wie schon im Vormärz, so sind die Bundesstaaten dabei wie auch bei der Anwendung der restriktiven Bundespresse- und Bundesvereinsgesetze von 1854 nicht uneingeschränkt gefolgt. Viele Einzelstaaten konnten und wollten sie nicht im vorgegebenen Sinne einhalten. Trotz umfassender Einschränkungen gab es vielfältige einzelstaatliche Aufweichungen der Verbote, besonders seit den 1860er Jahren. Dabei konnte man an die revolutionäre Erfahrung anknüpfen.

Es wurden erneut Versuche unternommen, das fürstlich-bürokratische und aristokratische Herrschaftsmonopol gegen die aufstrebenden gesellschaftlichen Kräfte aufrecht zu erhalten. Sie waren nicht zuletzt aufgrund der Erfahrungen der Revolution zum Scheitern verurteilt. Schon nach einem Jahrzehnt setzte eine Liberalisierung ein, die an sie anknüpfte.

Und bei den Wahlen verlief die Entwicklung nicht anders. Das allgemeine und gleiche Wahlrecht für Männer, nach dem die Nationalversammlungen und einige Landtage während der Revolution gewählt worden waren, wurde fast überall schnell durch ein solches der Klassen oder des Zensus ersetzt. Doch selbst jetzt noch konnte sich der Anteil der wahlberechtigten Männer im europäischen Vergleich sehen lassen. Mit der Liberalisierung der Sechzigerjahre fielen dann einige Restriktionen. Durch die Übernahme des Wahlrechtskompromisses der Paulskirche für den Norddeutschen Bund und das Deutsche Reich feierte das direkte und gleiche Männerwahlrecht einen späten Triumph. Mit fast 90 % der wahlberechtigten Männer über 25 hatte es einen Spitzenplatz in der Welt.

Während der Revolution haben alle Staaten des Deutschen Bundes, die bis dahin keine Verfassung hatten, eine solche des konstitutionellen Typs erlassen. Vor allem wurden mit dem Königreich Preußen und dem Kaisertum Österreich die Vormächte Verfassungsstaaten. Damit setzte sich für die bisherigen Ständeversammlungen der Begriff Landtag durch. Darin kam ihre Aufwertung zum Ausdruck. Der Schritt zu einer wirklichen parlamentarischen Repräsentation erfolgte dadurch, dass das Wahlrecht erweitert und die

Wahlverfahren demokratischer wurden. Feste Kontingente für soziale Gruppen in den Parlamenten wurden beseitigt. Die Abgeordneten waren nicht mehr Vertreter eines Standes, sondern der Wähler ihres Kreises. Ein nicht zu unterschätzender Schritt in Richtung Demokratisierung war diese neue Form der Repräsentation. Vor allen Dingen Linke und Demokraten verstanden es, die auf einem erweiterten Wahlrecht fußenden Parlamente zu einem Forum für ihre Politik zu machen. In ihnen wurde der Kampf um Erweiterung des Wahlrechts, Parlamentarisierung und soziale Gleichheit geführt. Sie trugen nicht wenig zum Scheitern der preußischen Deutschlandpolitik bei, da ihr Widerstand die Staatsregierungen zur Zurückhaltung zwang.

Die fürstlichen Regierungen haben versucht, das in den Grundrechten steckende Potenzial möglichst einzuschränken. Letztere blieben aber in der preußischen und in einigen anderen Verfassungen erhalten. Daher boten sie der Politik weiterhin ideelle Orientierung und die Opposition konnte bei passender Gelegenheit auf sie zurückgreifen. Schließlich zeigte es sich, dass das in Frankfurt entworfene Konzept einer allgemeinen Staatsbürgerschaft zwar umgebogen und aufgehalten werden konnte, sich aber letztlich doch im Kern durchsetzte. Auch diese Entwicklung war eine nachträgliche Bestätigung der damaligen Verfassungsarbeit.

Als Gewinn bürgerlicher Verfassungspolitik ist ebenfalls zu vermuten, dass Preußen formell eine konstitutionelle Monarchie blieb. Wenn sie auch unter monarchischem Vorbehalt stand, die Zweite Kammer wenig substanzielle Befugnisse hatte und sie zusätzlich durch die gleichberechtigte Erste, das Herrenhaus, in Schach gehalten werden sollte, so entwickelte sie sich doch im Laufe der Zeit zu einer nicht mehr zu ignorierenden mitgestaltenden Kraft. Der als Kompromissangebot in die Verfassung vom 31. Januar 1850 aufgenommene Katalog der Grundrechte blieb ohne rechtliche Verbindlichkeit. Dennoch behielt er seine Attraktivität. Oppositionelle Politik berief sich ebenso darauf wie die Staatsregierung, wenn es darum ging, bürgerliche Kreise zu gewinnen oder neu erworbene Gebiete zu integrieren.

In Österreich wurde die Verfassung Ende 1851 aufgehoben und im selben Jahr waren die beiden mecklenburgischen Großherzogtümer zur altständischen zurückgekehrt. In den anderen Fürstentümern erhielt das Monarchische Prinzip Vorrang auf Kosten der Volksvertretung. Dadurch und auch aufgrund des revidierten Wahlrechts wurden die Auseinandersetzungen zwischen Exekutive und Legislative weniger konfrontativ. Dennoch blieb deren Einfluss auf die Gestaltung der Verhältnisse in zahlreichen Bundesstaaten erheblich. Gerade durch den Ausschluss der unteren Klassen wurde die Zusammensetzung der Parlamente homogener und damit ihre Durchsetzungskraft effektiver. Welche Möglichkeiten trotz aller Schikanen immer noch gegeben waren, belegt der preußische Verfassungskonflikt eindrucksvoll.

Weitreichender aber war, dass die parlamentarische Kontinuität seit der Revolution erhalten blieb. Sie förderte den Aufstieg der Landtage zu nicht mehr zu umgehenden Mitgestaltern in der zweiten Hälfte des Jahrhunderts. Schon in den vormärzlichen Ständeversammlungen hatten sich Verfahren und Formen ausgebildet. Diese wurden in der Revolution weiterentwickelt, indem sich die Abgeordneten in Fraktionen sammelten und die Wählerschaft durch die Bildung von politischen Vereinen formiert wurde.

In den Nationalversammlungen, besonders in der Frankfurter, schritt die Bildung der Fraktionen am weitesten voran. Dadurch, dass sie sich Satzungen gaben und zur Durchsetzung politischer Anliegen zusammenfanden, erhielten sie eine gewisse Stabilität. Sie agierten schon wie Vertretungen von Parteien im Parlament. Die Bindung des einzelnen Abgeordneten an seine Wählerschaft war so eng wie nie zuvor. Denn in manchen Gegenden wurden Komitees errichtet, die ihn kontrollierten und teilweise auch Anweisungen gaben. Das Zusammenspiel von Abgeordneten, Fraktion und Wählerschaft, selbst auf der nationalen Ebene, war also eine Erfahrung der Revolution. Eine weitere, bisher nicht gekannte, kam hinzu: Obwohl das Reichsministerium vom Parlament nicht abhängig war, suchte es den Rückhalt an Fraktionen und Gruppierungen, die so in die Regierungsverantwortung eingebunden wurden.

Selbst Bismarck und die Hochkonservativen sahen nach 1849 ein, dass das Königtum nur noch eine Zukunft als konstitutionelle Monarchie habe, eine Verfassung also unverzichtbar sei. Die deutsche Staatsrechtslehre hat diesen Verfassungstyp, unabhängig von der Machtverteilung zwischen Monarch und Parlament, als der historischen Entwicklung wie der geopolitischen Lage gemäß verteidigt und die Überlegenheit konkurrierender, vor allem westlicher Modelle bestritten. Dennoch war nicht zu übersehen, dass die Repräsentation der Massen in einer Industriegesellschaft zum Parlamentarismus drängte. Im Kaiserreich wuchs die Macht des Reichstags und die der

Landtage kontinuierlich. Der konstitutionelle Fürstenstaat, wie er in der Revolution durchgesetzt worden war, war der erste Schritt dazu.

Die Fürsten haben von den von ihnen gemachten Konzessionen am frühesten und konsequentesten die Vereidigung des Militärs auf die Verfassung beseitigt. Welche Bedeutung es selbst in der Innenpolitik hatte, dass sie die alleinige und uneingeschränkte Verfügung darüber hatten, war gerade unter Beweis gestellt worden. Darüber hinaus war das Militär Symbol fürstlicher Autorität und staatlicher Souveränität. Im Zeitalter des heraufkommenden Nationalismus nahm die Bedeutung der bewaffneten Macht als Instrument nationaler Selbstbehauptung sogar noch zu. Die konkurrierenden Gewalten, vor allen Dingen die Parlamente, haben dies weitgehend hingenommen. Doch haben einige auch heftige Konflikte nicht gescheut, um über den Staatshaushalt wenigstens einen gewissen Einfluss zu gewinnen.

Eine Grundrechtsbestimmung, die im Kern erhalten blieb, war die Glaubens- und Gewissensfreiheit. In diesem Zusammenhang war in die Frankfurter Reichsverfassung das Verbot aufgenommen worden, zivile und staatliche Rechte an die Konfession zu binden. Auf diesem Weg erfolgte die vollständige Gleichstellung der Juden. Sie wurde anschließend in einigen Bundesstaaten wieder eingeschränkt, zum Teil wurde sie von einer Akkulturation an die christliche Mehrheitsgesellschaft abhängig gemacht. Dennoch war auch dieser Weg unumkehrbar. Die Reichsverfassung von 1871 gewährte den Juden die volle Staatsbürgerschaft. Die Zurücksetzung in Gesellschaft, Staat und Berufsleben war damit aber noch nicht beseitigt.

Kontinuität gab es aber auch in den Defiziten der politischen Emanzipation. Die zaghaften Ansätze, Frauen stärker ins öffentliche Leben einzubinden, brachen vollständig ab. Die Unterschichten und das Proletariat blieben an den Rand gedrängt. Das Klassenwahlrecht und das Parlament als eine genuin bürgerliche Einrichtung sorgten dafür. Dennoch waren diese Schichten in der Politik präsent als immer größer werdende Herausforderung, als Objekt der Furcht und Repression. Vor allem das Proletariat überstand diese Phase. Dies nicht zuletzt aufgrund der praktischen und organisatorischen Erfahrungen wie der politischen und ideologischen Festigung, die es in der Revolution durchgemacht hatte.

Kein geringer Gewinn für die politische Kultur in Deutschland war der Fundus von Verfassungsprinzipien und Grundsätzen zur Gestaltung einer demokratischen Gesellschaft, wie sie die Paulskirche in Reichsverfassung und Wahlgesetz hinterlassen hatte. Auf ihn wurde in den kommenden Jahrzehnten in Politik und demokratischer Erinnerung immer wieder zurückgegriffen.

Die Selbstverwaltung der Gemeinden, Kreise, Bezirke und, wo diese bestanden, auch der Provinzen war während der Revolution deutlich erweitert worden. Danach wurden die Finanzen der Selbstverwaltungskörperschaften erneut stärker unter die Kontrolle der Staatsverwaltung gestellt und vor allem in Preußen die ortspolizeilichen Rechte eingeschränkt. Die Wahl zu den Räten erfolgte nun wieder nach dem Zensuswahlrecht oder aber indem die Stadtbürger in unterschiedliche Rechtskreise eingeteilt wurden, in Preußen nach ihrer Steuerleistung. Die Vorsitzenden der Gremien wurden teils mit, teils ohne Einwirkung der Staatsverwaltung bestellt. In den Sechzigerjahren wurden die Einschränkungen meist wieder gelockert. Durch den immensen Anfall neuer Aufgaben infolge der Verstädterung in den darauffolgenden Jahrzehnten näherten sich die Kommunen faktisch einer autonomen Stellung innerhalb des Staatsverbandes an.

Kaum geschmälert hat das rechtsstaatliche Erbe die Revolution überlebt. Die Trennung von Verwaltung und Justiz, die Staatsanwaltschaft als autonome und unabhängige Anklagebehörde, die Unabhängigkeit von Richtern und Rechtsprechung von der staatlichen Gewalt wurden zur Leitlinie in den europäischen Staaten. Selbst in Staaten ohne Verfassung wie Russland drangen durch rechtsstaatliche Justizreformen erste konstitutionelle Elemente in die Autokratien ein. Öffentliche und mündliche Verfahren wie die Beteiligung von Laien bei der Urteilsfindung der Geschworenengerichte wurden verbindlich. Diese saßen jetzt auch in Berufs- und Gewerbegerichten. Damit hatte die Revolution eine Demokratisierung der Rechtsprechung und die Heranführung des Volkes an das Recht einleiten wollen. Dieser Weg wurde in den kommenden Jahren – mit Einschränkungen – weitergegangen. Rechtsstaatliche Verfahren waren seitdem Garanten für die Rechtssicherheit der Bürger wie der Angeklagten. Wenn auch einige Bundesstaaten in den Fünfzigerjahren die rechtsstaatlichen Errungenschaften einschränkten, so war dies nur ein zeitlich begrenztes Sichstemmen der Reaktion gegen eine nicht aufzuhaltende säkulare Tendenz.

Gesetze und Kodifikationen wurden nachhaltig von bürgerlichen Wertvorstellungen geprägt. Die Grund- und Menschenrechte schlugen sich in

zahlreichen Normen nieder. Selbst die Freiheitsrechte sind nur eingeschränkt, aber nicht prinzipiell infrage gestellt worden. Die große Strafrechtsreform von 1851, an der 30 Jahre lang gearbeitet wurde und für die die
Revolution die letzten Hindernisse aus dem Weg geräumt hatte, war von der
Frankfurter Grundrechtsdebatte geprägt. Die Verhängung der Todesstrafe
wurde erschwert und sie durfte nicht mehr öffentlich vollzogen werden.
Vermögenskonfiskation, Pranger und Landesverweise wie andere anachro-
nistische Strafen wurden aus dem Strafgesetzbuch verbannt und körperliche
Misshandlungen ausdrücklich untersagt.

Die Ideen der Nation und des Nationalstaats hatten in der Revolution einen ersten Aufschwung erlebt. Bis dahin war die Nation vor allen Dingen ein
Ideal der kulturellen Eliten und des Wirtschaftsbürgertums gewesen. Durch
das Projekt der Nationalstaatsbildung 1848/49 erfuhr sie weite Verbreitung,
sie drang insbesondere in die unterbürgerlichen Schichten ein. Dies war die
Voraussetzung dafür, dass sie zu einer wirkmächtigen Triebkraft des 19.
Jahrhunderts wurde, wenn auch soziale Gruppen wie die Arbeiter oder politische Formationen wie die preußischen Konservativen ein ambivalentes
Verhältnis zu ihr behielten und die Idee in den Städten stärker mobilisierte
als auf dem Land.

Zweifelsfrei hatten die Revolutionsjahre darüber hinaus das Zusammenwachsen der Nation gefördert. Viele Publikationsorgane, Verbände, Interessenorganisationen, Parteien und Kommunikationsnetze, die bisher nur regional und lokal gewesen waren, erweiterten sich auf die nationale Ebene hin.
Diese deutschlandweite Kommunikation förderte die Bildung eines Natio-
nalbewusstseins. Es stand nun in Konkurrenz zu den bis dahin bestehenden
Loyalitäten zu Land und Dynastie. Und schließlich war das Konzept der
Reichsmarine ein Erbe der Revolution. Die Verfassung des Kaiserreichs übertrug wie die von 1849 die Seerüstung dem Reich, während das Landheer den
Bundesstaaten blieb.

Wenn die Revolution von 1848/49 mit der Gründung des Nationalstaats
auch gescheitert war, so hat sie doch das Verdienst, das Thema auf die Tagesordnung der Geschichte gesetzt zu haben. Es war seitdem keine Frage
mehr, ob die deutsche Einheit kommen würde, sondern nur noch wie. Für
alle politisch relevanten Kräfte war dies die Herausforderung der Zukunft,
die sie antrieb. Dies war niemandem deutlicher als dem Gründer des kom-

menden deutschen Nationalstaats, Otto von Bismarck. Ein wesentliches Motiv für ihn war es, diese historische Aufgabe durch Preußen und die Fürsten zu lösen. Auf diese Weise vollzog er die obrigkeitliche Nationalstaatsgründung, um einer erneuten demokratischen von unten durch das Bürgertum zuvorzukommen. Damit schloss er an die preußische Unionspolitik der Revolutionsjahre an und vollendete sie.

Doch war Bismarck aufgrund der Revolutionserfahrung auch klar, dass sein Werk nur gelingen konnte, wenn er seine Konkurrenten dadurch ausmanövrierte, dass er teilweise Elemente der Frankfurter Reichsverfassung übernahm. Dazu gehörte vor allem die parlamentarische Vertretung der Nation auf der Grundlage des allgemeinen, direkten und geheimen Wahlrechts. Eine verantwortliche Reichsregierung schloss er aber aus. Er machte mit dem Bundesrat das Kaiserreich nicht nur föderaler, als dies in Frankfurt beabsichtigt gewesen war, sondern schuf damit auch ein Gegengewicht gegen den befürchteten Parlamentsabsolutismus.

Eine wenig beachtete, doch weitreichende Folge für die politische Kultur in Deutschland war das Ende der bürgerlichen Vorherrschaft in der Politik im Gefolge des Scheiterns der Revolution. Bis dahin zeichnete Liberale und Demokraten das Selbstbewusstsein aus, historische Protagonisten des Volkes zu sein, die den alten Eliten und der Staatsgewalt gegenüberstanden. Diese geschichtsphilosophische Gewissheit ist gerade durch die Ausübung revolutionärer Macht erschüttert worden. Die höchsten politischen Ideale des Bürgertums, Nation und Verfassung, hatten sich nicht als Antriebskräfte erwiesen, die einen umfassenden Aufbruch auslösten, die die Machtrivalitäten und die sozialen Gegensätze überspielt hätten. Es haben sich Kräfte formiert, die dazu und vor allen Dingen zu den wirtschaftlichen und gesellschaftlichen Konzepten Alternativen anboten. Sie erwiesen sich in dem jetzt aufkommenden Konkurrenzkampf um die Mobilisierung der Massen als überlegen. Dadurch wurde der Monopolanspruch erschüttert, am spektakulärsten durch die blutigen Kämpfe gegen ihn.

Doch nicht weniger hat zur Schwächung des Machtanspruchs des Bürgertums beigetragen, dass sich ihm die in der Revolution abgenötigte Entscheidung zwischen Volk und Fürst als unumkehrbar erwies. Das liberale Bürgertum glaubte weiterhin, auf den Rückhalt am Monarchen aus wohlverstandenem Eigeninteresse nicht verzichten zu können. So blieb die Kluft zwischen seiner wirtschaftlichen wie gesellschaftlichen Macht und seinem politischen

Einfluss. Unter anderem deswegen überlebte der Typ der konstitutionellen Monarchie in Deutschland bis zum Untergang der Fürstenstaaten. Trotz einer rasanten Industrialisierung behielten dadurch obsolet gewordene Schichten übermäßig Macht und Einfluss.

Aufgrund der durch diese Erfahrungen gewachsenen Selbstzweifel verschob sich der Schwerpunkt liberaler Politik. Es ging nun nicht mehr um die Teilung der staatlichen Macht mit den alten Eliten, sondern man konzentrierte sich weitaus erfolgreicher auf Liberalisierung und Modernisierung von Gesellschaft und Wirtschaft. Hier konnte der Liberalismus eine bereits im Vormärz gepflegte Überzeugung über die Zeiten bewahren. Ererbte Vorrechte behindern die wirtschaftliche Dynamik in einer modernen Gesellschaft. Nur individuelle Leistung fördert den allgemeinen Wohlstand und die Besserung der materiellen Lebensbedingungen aller.

Die lange Geschichte der Bauernbefreiung, die in Deutschland im ersten Jahrzehnt des 19. Jahrhunderts einsetzt, kam in der Revolution zum gesetzgeberischen Abschluss. Wo die feudale Agrarverfassung noch bestand, wurde sie in den Bundesstaaten von den Märzregierungen beseitigt. Wo sie bereits durchgeführt worden war, wurde die Ablösung der Rechte der Grundherren, die auf beiden Seiten zu beträchtlicher Unzufriedenheit gesorgt hatte, so gelöst, dass sich die Lage beruhigte. Die Entschädigung für die Ablösung der Feudalrechte wurde reduziert und durch die Beseitigung des Prinzips der Freiwilligkeit so geregelt, dass sich die Grundherren ihr nicht mehr entziehen konnten. Grundsätzlich sollte die Ablösung seitdem nicht mehr durch Land, sondern in Geld erfolgen. Dafür erhielten die ehemaligen Grundherren durch die fast überall eingerichteten Landrentenbanken die Ablösesumme gleich in vollem Umfang in der Form verzinslicher Rentenbriefe ausbezahlt. Ohne dass dies direkt beabsichtigt gewesen war, trug dies erheblich zur Modernisierung der Landwirtschaft bei. Denn dadurch erhielten die ehemaligen Grundherren das dazu nötige Kapital. Die einst unterтänigen Bauern wurden Schuldner der Rentenbanken, die die Begleichung der Schulden ihren wirtschaftlichen Möglichkeiten anpassen konnten. Innerhalb weniger Jahre sind bisher abhängige Bauern zu freien Grundeigentümern geworden. Begünstigt wurde dies dadurch, dass nach der Revolution die Agrarkonjunktur anzog und damit die Ablösesummen auch für kleinere Bauern aufzubringen waren.

Doch wurde nicht nur die Abhängigkeit der Bauern von ihrem Grundherrn beseitigt, sondern alle feudalen Rechte des Adels und der Kirche auf dem Land, insbesondere die Patrimonialgerichtsbarkeit und die Polizeigewalt. Die Folgen waren gravierend. Verfassungsrechtlich wurde ein einheitlicher Untertanenverband geschaffen, als Voraussetzung für eine Staatsbürgergesellschaft von persönlich freien Individuen mit individuellem Besitz. Wirtschaftlich wurden die Bauern von für den Grundherrn arbeitenden Untertanen zu eigenständigen Unternehmern, die für sich und den Markt produzierten. Grund und Boden verloren ihren privilegierten rechtlichen Status, sie wurden zu einem Wirtschaftsgut und Produktionsfaktor unter anderen. Dies war eine entscheidende Voraussetzung für die Entwicklung einer Landwirtschaft, die in der Lage war, die ständig wachsende Bevölkerung zu ernähren. An all diesen Neuerungen hielt die Staatsbürokratie fest, da sie selbst seit Jahrzehnten die einheitliche Staatsbürgergesellschaft anstrebte, wenn auch teils aus anderen Motiven als die bürgerlichen Reformer.

Wenn der Adel auch Privilegien in der Revolution verlor, so blieben seine wirtschaftliche Potenz und seine bevorzugte Position in Militär und Verwaltung unangetastet. Sie waren Grundlagen seines Sozialprestiges, seines weiterhin erheblichen politischen Einflusses. In einigen Gebieten Deutschlands blieben noch feudale Abhängigkeiten bestehen und in Preußen konnte der Adel bis zum Untergang des Königreiches auf dem Lande einige Vorrechte verteidigen.

Dennoch war die Entfeudalisierung des Landes, die in der Revolution vollendet wurde und durch Neuordnung zum Abschluss kam, ihr vielleicht wirkmächtigstes Vermächtnis. Dies nicht zuletzt deswegen, weil sie unangetastet blieb. Denn die Regierungen der Bundesstaaten strebten selbst schon seit Jahrzehnten danach, die intermediären Gewalten auf dem Lande zu beseitigen, und die wirtschaftlichen Erfolge sprachen für sich.

Das Wirtschaftsbürgertum nahm aus der Revolution die Erweiterung des Aktienrechts mit. Die Aktiengesellschaft unterlag nun keinen besonderen Voraussetzungen und Kontrollen mehr. Dies war mit Nachdruck vor allem vom Kreditwesen gefordert worden. Es profitierte als erstes davon, indem in der Krise einige Banken in diese Gesellschaftsform umgewandelt wurden, um sie so durch breitere Kapitalbeteiligung, teils des Staates, zu retten. Das neue Aktienrecht wurde ein entscheidender Grundstein für die kapitalistische Dynamik der folgenden Jahrzehnte.

Während die Neuordnung der Kapitalgesellschaften allgemein begrüßt und daher nicht mehr infrage gestellt wurde, war die Gewerbefreiheit während der Revolutionsmonate selbst im Lager ihrer Befürworter nicht unumstritten. Daher stieß es auf Zustimmung, dass die Bundesstaaten durch die Einführung zeitgemäßer Korporationen wie Innungen und Handwerkskammern anstelle der Zünfte versuchten, die Gewerbefreiheit einzuschränken. Die selbstständige Ausübung eines Handwerks wurde an Befähigungsnachweise, insbesondere die Meisterprüfung, gebunden.

Schließlich hat die Revolution dazu beigetragen, das Bewusstsein dafür zu fördern, dass die Sozialpolitik eine Aufgabe des Staates ist. Zum einen dadurch, dass sich Berufs- und Interessenverbände formiert haben, die dies einforderten, auf Defizite verwiesen und auf die Gesetzgebung Einfluss nahmen. Zum anderen hat die Erfahrung mit den aufständischen Unterschichten die Staatsverwaltung davon überzeugt, dass Gewerbe- und Sozialpolitik Instrumente sind, um Unruhen zuvorzukommen. Ohne diese neue Sicht hätte es vermutlich die gesetzgeberischen Eingriffe in den kommenden Jahren in Arbeitszeit, Arbeitsverhältnisse und Fabrikwesen nicht gegeben.

Im Ganzen war die durch die Maßnahmen der bundesstaatlichen Regierungen und die in der Reichsverfassung festgelegten Normen vorgezeichnete Entwicklung trotz aller folgenden Revisionen nicht mehr aufzuhalten. Gesellschaft und Wirtschaft sind als Folge der korporationsrechtlichen Auflösung des Adels und der Stände, der vollständigen Aufhebung des Feudalsystems auf dem Lande wie der erweiterten Selbstverwaltung in den Städten und schließlich der Beseitigung zahlloser das gewinnorientierte Wirtschaften einengender Restriktionen liberaler geworden.

10.4 Bedeutung

So hat die Revolution von 1848/49 mehr indirekte und langfristige als unmittelbar sichtbare Auswirkungen gehabt. Sie entfalteten sich gegen Widerstände, windungsreich und oft spät. Mal war das Erbe Vorbild, mal Schreckbild.

Dies hatte insgesamt weitreichende Folgen, denn die Nation fand zu lange nicht das für sie angemessene Gehäuse. Die Gesellschaft blieb zu lange autoritär und wenig freiheitlich und die gesellschaftliche wie wirtschaftliche

Macht wurde nicht adäquat in politische transformiert. Diese blieb vielmehr in den Händen der überlebten Eliten. Dass eine vollendete Revolution solche Verwerfungen mit all ihren Folgen hätte vermeiden können – darin liegt das Schicksalhafte ihres Scheiterns.

Der Umbruch brachte eine Vielzahl von politischen und gesellschaftlichen Kräften hervor, die ihn auch mitgestalteten. Dennoch blieben Liberale und Demokraten führend. Denn es waren vor allen Dingen sie, die in den Ständeversammlungen, den Landtagen, den beiden Nationalversammlungen und den Märzregierungen Teile ihrer Vorstellungen von der Neuordnung Deutschlands umsetzen konnten. Ihr eigentliches und in der Tat revolutionäres Vermächtnis aber waren die Entwürfe einer Verfassung für das Königreich Preußen und die verabschiedete Frankfurter Reichsverfassung. Die Kühnheit dieser Visionen hatte zwei Konsequenzen. Zum einen waren sie zu weit ausgreifend, um jemals von den konterrevolutionären Kräften akzeptiert zu werden, und über die Macht, sie ihnen aufzuzwingen, verfügten die revolutionären Reformer nicht. Dieses Dilemma gestanden sie sich in letzter Konsequenz nie ein. Positiv zeigt sich die Kühnheit darin, wie sicher die Erfordernisse der Zukunft erkannt worden waren. Das politische System, der Staatsaufbau, der Rechtsstaat, ja selbst die Prinzipien von Wirtschaft und Gesellschaft, wie sie sich in Deutschland letztlich durchsetzten, waren damals grundgelegt worden.

Die geschichtsphilosophische Einsicht, dass die Sieger, hier die fürstlichen Konterrevolutionäre, nicht immer auf der richtigen Seite stehen, wird durch diese Entwicklung so eindrücklich wie selten bestätigt. Darin, dass das in der Revolution von 1848/49 Angestrebte nicht durchgesetzt werden konnte, liegt ihre Tragik; darin, dass es doch noch zum Durchbruch kam, ihr Triumph. Das umschreibt ihre Dialektik und Ambivalenz im ganzen Umfang.

Quellen und Literatur

Europa vor den Revolutionen von 1848/49

a) Quellen

Der europäische Liberalismus im 19. Jahrhundert: Texte zu seiner Entwicklung. – 4 Bde. / hrsg. von Lothar Gall u. Rainer Koch. – Frankfurt am Main 1981.
Quellen zur Ära Metternich / hrsg. von Elisabeth Droß. – Darmstadt 1999. – (Ausgewählte Quellen zur deutschen Geschichte der Neuzeit; 23a).
Quellen zur europäischen Verfassungsgeschichte im 19. Jahrhundert: Institutionen und Rechtspraxis im gesellschaftlichen Wandel. Teil 1: Um 1800 / hrsg. von Peter Brandt [u. a.]. – Bonn 2004.
Quellen zur europäischen Verfassungsgeschichte im 19. Jahrhundert: Institutionen und Rechtspraxis im gesellschaftlichen Wandel. Teil 2: 1815–1847 / hrsg. von Peter Brandt [u. a.]. – Bonn 2010.

b) Darstellungen

Schroeder, Paul W.: The Transformation of European Politics: 1763–1848. – Oxford 1996.
Langewiesche, Dieter: Europa zwischen Restauration und Revolution: 1815–1849. – 5. Aufl. – München 2000. – (Oldenbourg Grundriss der Geschichte; 13).
Handbuch der europäischen Verfassungsgeschichte im 19. Jahrhundert: Institutionen und Rechtspraxis im gesellschaftlichen Wandel. – Bd. 1: Um 1800 / hrsg. von Peter Brandt, Martin Kirsch u. Arthur Schlegelmilch, unter redaktioneller Mitwirkung von Werner Daum. – Bonn 2006.
Ruppert, Karsten: Europa im Zeitalter des Hambacher Festes. – In: Jahrbuch der Hambach Gesellschaft 14 (2006) (175 Jahre Hambacher Fest; 1832–2007). – 11–41.
Fahrmeir, Andreas: Europa zwischen Restauration, Reform und Revolution 1815–1850. – München 2012. – (Oldenbourg Grundriss der Geschichte; 41).
Sperber, Jonathan: Revolutionary Europe: 1780–1850. – 2nd ed. – Harlow, N. Y., 2017.
Europa im Vormärz: Eine transnationale Spurensuche / hrsg. von Klaus Ries. – Ostfildern 2016.

Ruppert, Karsten: Griechischer Freiheitskampf und deutscher Philhellenismus. – In: Jahrbuch der Hambach Gesellschaft 25 (2018). – 13–44.

Ruppert, Karsten: Die politische Wirkungsmacht von Geschichtsbildern und kulturellen Prägungen: der Philhellenismus in Europa. – In: Außenbeziehungen und Erinnerung: Funktionen, Dynamiken, Reflexionen / hrsg. von Friedrich Kießling u. Caroline Rothauge. – Berlin 2021. – 75–95.

Die Exekutiven der Revolutionen: Europa in der ersten Hälfte des 19. Jahrhunderts / hrsg. von Karsten Ruppert. – Paderborn 2022.

Europa in den Revolutionen von 1848/49

a)   Quelle

Quellen zur europäischen Verfassungsgeschichte im 19. Jahrhundert: Institutionen und Rechtspraxis im gesellschaftlichen Wandel. – Teil 3: 1848–1870 / hrsg. von Peter Brandt u. a. – Bonn 2015.

b)   Darstellungen

Europa 1848: Revolution und Reform / hrsg. von Dieter Dowe [u. a.]. – Bonn 1998. – (Politik- und Gesellschaftsgeschichte; 48).

Die Revolutionen von 1848 in der europäischen Geschichte: Ergebnisse und Nachwirkungen; Beiträge des Symposions in der Paulskirche vom 21. bis 23. Juni 1998 / hrsg. von Dieter Langewiesche. – München 2000. – (Historische Zeitschrift: Beihefte; N.F.; 29).

Demokratiebewegung und Revolution: 1847 bis 1849. Internationale Aspekte und europäische Verbindungen / hrsg. von Dieter Langewiesche. – Karlsruhe 1998.

Revolution in Deutschland und Europa 1848/49 / hrsg. von Wolfgang Hardtwig. – Göttingen 1998.

Mommsen, Wolfgang J.: 1848: Die ungewollte Revolution: Die revolutionären Bewegungen in Europa 1830–1849. – Frankfurt am Main 1998.

1848: Verlauf, politische Programme, Folgen und Wirkungen / hrsg. von Heiner Timmermann. – Berlin 1999. – (Dokumente und Schriften der Europäischen Akademie Otzenhausen; 87).

The Revolutions in Europe: 1848–1849: From Reform to Reaction / hrsg. von Robert John Weston Evans u. H. Pogge von Strandmann. – Oxford u. New York 2005.

Sperber, Jonathan: The European Revolutions: 1848–1851. – 2nd. ed. – Cambridge 2007.

Handbuch der europäischen Verfassungsgeschichte im 19. Jahrhundert: Institutionen und Rechtspraxis im gesellschaftlichen Wandel. – Bd. 3: 1848–1870 / hrsg. von Werner Daum. Unter Mitwirkung von Peter Brandt, Martin Kirsch u. Arthur Schlegelmilch. – Bonn 2020.

Vormärz/Deutscher Bund

a) Quellen

Deutsche Bundesversammlung: Protokolle der Deutschen Bundesversammlung nebst den loco dictaturae gedruckten Separat-Protokollen, Beilagen und Vorträgen. 1828–1848; 1849; 1850–1866. – Hildesheim u. Frankfurt am Main 1816-1866.
Öffentliches Recht des Teutschen Bundes und der Bundesstaaten. – 4. Aufl. – Frankfurt am Main 1840.
Staat und Kirche im 19. Jahrhundert: Dokumente zur Geschichte des deutschen Staatskirchenrechts. – Bd. 1: Staat und Kirche vom Ausgang des alten Reichs bis zum Vorabend der bürgerlichen Revolution / hrsg. von Ernst Rudolf Huber u. Wolfgang Huber. – Berlin 1990. – Nachdr. Darmstadt 2014.

b) Darstellungen

Huber, Ernst Rudolf: Deutsche Verfassungsgeschichte seit 1789: Bd. 1. Reform und Restauration: 1789 bis 1830. – Nachdr. d. 2., verb. Aufl. – Stuttgart 1975.
Nipperdey, Thomas: Deutsche Geschichte 1800–1866: Bürgerwelt und starker Staat. – 5. Aufl. – München 1991.
Grimm, Dieter: Deutsche Verfassungsgeschichte 1776–1866: Vom Beginn des modernen Verfassungsstaats bis zur Auflösung des Deutschen Bundes. – Frankfurt am Main 1988.
Siemann, Wolfram: Vom Staatenbund zum Nationalstaat: Deutschland 1806–1871. – München 1995. – (Neue Deutsche Geschichte; 7).
Ruppert, Karsten: Bürgertum und staatliche Macht in Deutschland zwischen Französischer und deutscher Revolution. – Berlin 1997. – (Schriften zur Verfassungsgeschichte; 51).

Wirtschaft und Gesellschaft

a)   Quellen

Quellen zur Geschichte der deutschen Bauernbefreiung (1767–1849) / hrsg. von Werner Conze. – Göttingen 1957. – (Quellensammlung zur Kulturgeschichte; 12)

Quellen zur sozialgeschichtlichen Entwicklung in Deutschland von 1815–1860. – Paderborn 1977.

Quellen zur Bevölkerungs-, Sozial- und Wirtschaftsstatistik Deutschlands 1815–1875. – 5 Bde. / hrsg. von Wolfgang Köllmann u. a. – Boppard 1980–1995. – (Forschungen zur deutschen Sozialgeschichte; 2, 1–5).

Quellen zur deutschen Wirtschafts- und Sozialgeschichte im 19. Jahrhundert bis zur Reichsgründung / hrsg. von Walter Steitz. – Darmstadt 1980. – (Ausgewählte Quellen zur deutschen Geschichte der Neuzeit; 36).

Sozialgeschichtliches Arbeitsbuch. – Bd. 1: Materialien zur Statistik des Deutschen Bundes 1815–1870 / bearb. von Wolfram Fischer, Jochen Krengel u. Jutta Wietog. – München 1982.

Sozialgeschichte: Dokumente und Skizzen. – Bd. 1: 1815–1870 / hrsg. von Werner Pöls. – 4. Aufl. – München 1988.

Die Petitionen an den Deutschen Handwerker- und Gewerbe-Kongreß in Frankfurt 1848 / hrsg. von Werner Conze u. Wolfgang Zorn; bearb. von Rüdiger Moldenhauer. – Boppard 1994. – (Forschungen zur deutschen Sozialgeschichte; 7).

b)   Darstellungen

Handbuch der deutschen Wirtschafts- und Sozialgeschichte 2: Das 19. und 20. Jahrhundert / hrsg. von Knut Borchardt. – Stuttgart 1976.

Bergmann, Jürgen: Ökonomische Voraussetzungen der Revolution von 1848: Zur Krise von 1845 bis 1848 in Deutschland. – In: 200 Jahre amerikanische Revolution und moderne Revolutionsforschung / hrsg. von Hans-Ulrich Wehler. – Göttingen 1976. – (Geschichte und Gesellschaft: Sonderheft; 2). – 254–287.

Abel, Wilhelm: Agrarkrisen und Agrarkonjunktur: eine Geschichte der Land- und Ernährungswirtschaft seit dem hohen Mittelalter. – 3. Aufl. – Hamburg 1978.

Spree, Reinhard: Wachstumstrends und Konjunkturzyklen in der deutschen Wirtschaft von 1820 bis 1913: Quantitativer Rahmen für eine Konjunkturgeschichte des 19. Jahrhunderts. Mit 58 Schaubildern und 30 Tafeln. – Göttingen 1978.

Dipper, Christof: Die Bauernbefreiung in Deutschland: 1790–1850. – Stuttgart 1980.

Sozialer Protest: Studien zu traditioneller Resistenz u. kollektiver Gewalt in Deutschland vom Vormärz bis zur Reichsgründung / hrsg. von Heinrich Volkmann u. Jürgen Bergmann. – Opladen 1984. – (Zentralinstitut für Sozialwissenschaftliche Forschung <Berlin, West>: Schriften des Zentralinstituts für Sozialwissenschaftliche Forschung der Freien Universität Berlin; 44).

Handwerker in der Industrialisierung: Lage, Kultur und Politik vom späten 18. bis ins frühe 20. Jahrhundert / hrsg. von Ulrich Engelhardt u. Werner Conze. – Stuttgart 1984. – (Industrielle Welt: Schriftenreihe des Arbeitskreises für moderne Sozialgeschichte; 37).

Fremdling, Rainer: Eisenbahnen und deutsches Wirtschaftswachstum: 1840–1879; ein Beitrag zur Entwicklungstheorie und zur Theorie der Infrastruktur. – 2., erw. Aufl. – Dortmund 1985.

Bergmann, Jürgen: Wirtschaftskrise und Revolution: Handwerker und Arbeiter 1848/49. – Stuttgart 1986.

Wehler, Hans-Ullrich: Deutsche Gesellschaftsgeschichte. – 2. Bd.: Von der Reformära bis zur industriellen und politischen „Deutschen Doppelrevolution" 1815–1845/49.

Henning, Friedrich-Wilhelm: Deutsche Wirtschafts- und Sozialgeschichte im 19. Jahrhundert. – Paderborn 1996. – (Handbuch der Wirtschafts- und Sozialgeschichte Deutschlands; 2).

Berger, Helge [u. a.]: Nicht Ideen, sondern Hunger?: Wirtschaftliche Entwicklung in Vormärz und Revolution 1848 in Deutschland und Europa. – In: Demokratiebewegung und Revolution 1847 bis 1849: Internationale Aspekte und europäische Verbindungen / hrsg. von Dieter Langewiesche. – Karlsruhe 1998. – 140–183.

Deutsche Revolution 1848: Gesamtdarstellungen und Sammelbände

a) Archivalien/Quellen

Bundesarchiv Berlin, Biografische Sammlung zur deutschen Einheits- und Freiheitsbewegung im 19. Jahrhundert (FSG 1).

Quellensammlung zum deutschen öffentlichen Recht seit 1848: 2 Bde. / hrsg. von Paul von Roth u. Heinrich Merck. – Erlangen 1850, 1852.

Dokumente zur deutschen Verfassungsgeschichte. – Bd. 1: Deutsche Verfassungsdokumente 1803–1850 / hrsg. von Ernst Rudolf Huber. – Stuttgart 1961.

Die deutsche Revolution 1848/49 in Augenzeugenberichten / hrsg. u. eingel. von Hans Jessen. – Düsseldorf 1968.

Flugblätter der Revolution: eine Flugblattsammlung zur Geschichte der Revolution von 1848/49 in Deutschland / hrsg. von Karl Obermann. – Berlin 1970.

Vormärz und Revolution 1840–1849 / hrsg. von Hans Fenske. – Darmstadt 1976. – (Quellen zum politischen Denken der Deutschen im 19. und 20. Jahrhundert; 4).

Die Revolution von 1848/49 / hrsg. von Walter Grab. – München 1980.

Staat und Kirche im 19. Jahrhundert: Dokumente zur Geschichte des deutschen Staatskirchenrechts. – Bd. 2: Staat und Kirche im Zeitalter des Hochkonstitutionalismus und des Kulturkampfs 1848–1890. – Berlin 1990. – Nachdr. Darmstadt 2014.

Quellen zur deutschen Revolution 1848/1849 / hrsg. von Hans Fenske. – Darmstadt 1996. – (Ausgewählte Quellen zur deutschen Geschichte der Neuzeit; 24).

150jähriges Jubiläum der Revolution von 1848/49 und Eröffnung der Ausstellung „1848 - Aufbruch zur Freiheit": Dokumentation der Festveranstaltung in der Paulskirche zu Frankfurt am Main am 18. Mai 1998 / hrsg. von Klaus Peter Möller. – Wiesbaden 1998.

1848: Chronik einer deutschen Revolution / hrsg. von Ulrich Speck. – Frankfurt am Main 1998.

b) Darstellungen

Valentin, Veit: Geschichte der deutschen Revolution von 1848–1849. – 1. Bd.: Bis zum Zusammentritt des Frankfurter Parlaments. – 2. Bd.: Bis zum Ende der Volksbewegung von 1849. – Berlin 1930, 1931. – Nachdr. Weinheim 1998.

Huber, Ernst Rudolf: Deutsche Verfassungsgeschichte seit 1789. – Bd. 2. Der Kampf um Einheit und Freiheit 1830 bis 1850. – 3. wesentl. überarb. Aufl. – Stuttgart 1988.

Die Deutschen und die Revolution: 17 Vorträge für die Ranke-Gesellschaft, Vereinigung für Geschichte im öffentlichen Leben / hrsg. von Michael Salewski. – Göttingen, Zürich 1984.

Siemann, Wolfram: Die deutsche Revolution von 1848/49. – Frankfurt am Main 1985.

Die Revolutionen von 1848/49: Erfahrung; Verarbeitung; Deutung / hrsg. von Christian Jansen u. Thomas Mergel. – Göttingen 1998.

1848: Revolution in Deutschland / hrsg. von Christof Dipper u. Ulrich Speck. – Frankfurt am Main 1998.

Bundesstaaten/Regionen

1 Kaisertum Österreich

a) Quellen

Aus den Briefen des Grafen Prokesch von Osten (1849–1855) / hrsg. von Anton Graf von Prokesch. – Wien 1896.

Kaisertum Österreich 1804–1848: Ausstellung Schallaburg 1996. – Bad Vöslau 1996. – (Katalog des Niederösterreichischen Landesmuseums: Neue Folge; 387).

Die Protokolle des Österreichischen Ministerrates 1848–1867: I. Abteilung: Die Ministerien des Revolutionsjahres 1848: 20. März 1848 – 21. November 1848 / hrsg. von Thomas Kletečka; bearb. und eingel. von Thomas Kletečka. – Wien 1996. – II. Abteilung: Das Ministerium Schwarzenberg. Bd. 1: 5. Dezember 1848 – 7. Jänner 1850 / hrsg. von Thomas Kletečka; bearb. und eingel. von Thomas Kletečka. – Wien 2002.

b) Darstellungen

Friedjung, Heinrich: Österreich von 1848–1860. – Bd. 1: Die Jahre der Revolution und der Reform 1848–1851. – Stuttgart u. Berlin 1908.

Die Habsburgermonarchie 1848–1918 / im Auftrag der Kommission für die Geschichte der Österreichisch-Ungarischen Monarchie (1848–1918) hrsg. von Adam Wandruszka; Peter Urbanitsch u. a. – 12 Bde. – Wien 1973–2021.

Niederhauser, Emil: 1848: Sturm im Habsburgerreich. – Wien 1990.

Höbelt, Lothar: 1848: Österreich und die deutsche Revolution. – Wien 1998.

2 Königreich Preußen

a) Quellen

Stenografische Berichte über die Verhandlungen der zur Vereinbarung der preußischen Staats-Verfassung berufenen Versammlung. – 3 Bde. – Berlin 1848.

König Friedrich Wilhelms IV. Briefwechsel mit Ludolf Camphausen / hrsg. von Erich Brandenburg. – Berlin 1906.

Untersuchungen und Aktenstücke zur Geschichte der Reichsgründung / hrsg. von Erich Brandenburg. – Leipzig 1916.

Joseph von Radowitz: Reden und Betrachtungen: Nachgelassene Briefe und Aufzeichnungen zur Geschichte der Jahre 1848–1853. (Gesammelte Schriften; 2) / hrsg. von Walter

Möring. – Stuttgart, Berlin 1922. – (Deutsche Geschichtsquellen des 19. Jahrhunderts; 11).

Revolutionsbriefe 1848: Ungedrucktes aus dem Nachlaß Friedrich Wilhelms IV. von Preußen / hrsg. von Karl Haenchen. – Leipzig 1930.

Rheinische Briefe und Akten zur Geschichte der politischen Bewegung 1830–1850: Gesammelt und herausgegeben von Joseph Hansen. – Bd. 2, 2 (April–Dezember 1848). Unter Benutzung der Vorarbeiten von Joseph Hansen bearb. von Heinz Boberach / hrsg. von Joseph Hansen. – Köln, Bonn 1976. – Bd. 3: 1849–1850. – Düsseldorf 1998 – (Publikationen der Gesellschaft für Rheinische Geschichtskunde; 36).

Die Protokolle des Preußischen Staatsministeriums (1817–1934/38 / hrsg. von der Berlin-Brandenburgischen Akademie der Wissenschaften. – Bd. 3: 9. Juni 1840 bis 14. März 1848 / bearb. von Bärbel Holtz. – Bd. 4: 30. März 1848 bis 27. Oktober 1858 / bearb. von Bärbel Holtz. – Hildesheim 2000, 2003. – (Acta Borussica: Neue Folge; Reihe 1).

König Friedrich Wilhelm IV. und Wilhelm I.: Briefwechsel 1840–1858 / hrsg. von Winfried Baumgart. – Paderborn 2013.

b) Darstellungen

Böhr, Susanne: Die Verfassungsarbeit der preußischen Nationalversammlung 1848. – Frankfurt am Main 1992.

Barclay, David E.: Anarchie und guter Wille: Friedrich Wilhelm IV. und die preußische Monarchie. – Berlin 1995.

Canis, Konrad: Konstruktiv gegen die Revolution: Strategie und Politik der preußischen Regierung 1848–1850/51. – Paderborn 2022.

Hachtmann, Rüdiger: 1848: Revolution in Berlin. – Berlin 2022.

3 Königreich Hannover

a) Quellen

Briefwechsel zwischen Stüve und Detmold in den Jahren 1848 bis 1850 / hrsg. von Gustav Stüve mit Einleitung von Georg Kaufmann. – Hannover u. Leipzig 1903. – (Quellen und Darstellungen zur Geschichte Niedersachsens; 13).

Haenchen, Karl: Briefe König Ernst Augusts von Hannover an König Friedrich Wilhelm IV. von Preußen (1849–1851). – In: Niedersächsisches Jahrbuch für Landesgeschichte 10 (1933) 135–196.

Hannoversche Außenpolitik 1815–1866: Quellensammlung mit Einleitung / hrsg. von Bert Böhmer. – Hildesheim, Zürich, New York 2003.

b) Darstellung

Bethmann, Anke; Dongowski, Gerhard: Der steinige Weg zur Freiheit: Revolutionäre Volksbewegungen 1848/49 im Königreich Hannover. – Bielefeld 2000.

4 Königreich Sachsen

a) Quelle

Revolution in Sachsen 1848/49: Darstellung und Dokumente / hrsg. von Jörg Ludwig u. Andreas Neemann. – Dresden 1999.

b) Darstellungen

Weber, Rolf: Die Revolution in Sachsen: Entwicklung und Analyse ihrer Triebkräfte. – Berlin 1970. – (Deutsche Akademie der Wissenschaften zu Berlin: Schriften des Zentralinstituts für Geschichte; II, 11).

Rupieper, Hermann-Josef: Sachsen. – In: 1848: Revolution in Deutschland / hrsg. von Christof Dipper u. Ulrich Speck. – Frankfurt am Main 1998. – 69–81.

Neemann, Andreas: Landtag und Politik in der Reaktionszeit: Sachsen 1848/50–1866. – Düsseldorf 2000. – (Beiträge zur Geschichte des Parlamentarismus und der politischen Parteien; 126).

5 Königreich Bayern

a) Quelle

Die Memoiren König Maximilians II. von Bayern: 1848–1864 / mit Einführung u. Kommentar von Achim Sing. – München 1997. – (Schriftenreihe zur bayerischen Landesgeschichte; 112).

b) Darstellungen

Diezel, Gustav: Baiern und die Revolution. – Zürich 1849.

Doeberl, M[ichael]: Bayern und die deutsche Frage in der Epoche des Frankfurter Parlaments. – München u. Berlin 1922.

337

Hummel, Karl-Joseph: München in der Revolution von 1848/49. – Göttingen 1987. – (Bayerische Akademie der Wissenschaften. Historische Kommission: Schriftenreihe der Historischen Kommission bei der Bayerischen Akademie der Wissenschaften; 30).

König Maximilian II. von Bayern: 1848–1864 / hrsg. vom Haus d. Bayer. Geschichte. [Red.: Rainer A. Müller]. – Rosenheim 1988.

6 Königreich Württemberg

a) Quellen

Klüpfel, K[arl]: Aus Johannes Fallati's Tagebüchern und Briefen: Ein Beitrag zur Geschichte des Jahres 1848. – In: Württembergische Vierteljahrshefte für Landesgeschichte 8 (1885) – 1–36.

Reichsminister Robert von Mohl und seine Wähler 1848/49: Neunzehn Briefe aus der deutschen Nationalversammlung / hrsg. von Bernhard Mann. – In: Zeitschrift für Württembergische Landesgeschichte 30 (1971) – 325–381.

b) Darstellungen

Back, Nikolaus: Dorf und Revolution: Die Ereignisse von 1848/49 im ländlichen Württemberg. – Ostfildern 2010. – (Schriften zur südwestdeutschen Landeskunde; 70).

Handbuch der baden-württembergischen Geschichte. – Bd. 3: Vom Ende des alten Reiches bis zum Ende der Monarchien. – Stuttgart 1992.

7 Südwestdeutschland

a) Quellen

Das Großherzogtum Baden zwischen Revolution und Restauration 1849–1851: Die Deutsche Frage und die Ereignisse in Baden im Spiegel der Briefe und Aktenstücke aus dem Nachlaß der preußischen Diplomaten Karl Friedrich von Savigny / hrsg. von Willy Real. – Stuttgart 1983. – (Veröffentlichungen der Kommission für geschichtliche Landeskunde in Baden-Württemberg; A 33, 34).

Struve, Gustav: Geschichte der drei Volkserhebungen in Baden 1848/1849: Unveränderter Nachdr. der Ausg. Bern 1849 mit einem Vorwort von Wolfgang Kuhlmann und 30 eingefügten zeitgenössischen Abbildungen. – Freiburg 1980.

b) Darstellungen

Hippel, Wolfgang von: Revolution im deutschen Südwesten: Das Großherzogtum Baden 1848/49. – Stuttgart 1998. – (Schriften zu politischen Landeskunde Baden-Württembergs; 26).

Die großen Revolutionen im deutschen Südwesten / hrsg. Hans-Georg Wehling; Angelika Hauser-Hauswirth. – Stuttgart 1998. – (Schriften zur politischen Landeskunde Baden-Württembergs; 27).

Engehausen, Frank: Kleine Geschichte der Revolution 1848/49 in Baden. – Leinfelden-Echterdingen 2010.

8   Mitteldeutschland

a) Quelle

Denkwürdigkeiten aus den Papieren des Freiherrn Christian Friedrich von Stockmar / hrsg. von Ernst Freiherr von Stockmar. – Braunschweig 1872.

b) Darstellungen

Die Revolution von 1848/49 in Thüringen: Aktionsräume – Handlungsebenen – Wirkungen / hrsg. von Hans-Werner Hahn; Werner Greiling. – Rudolstadt 1998.

Parlamente und Parlamentarier Thüringens in der Revolution von 1848/49 / hrsg. von Harald Mittelsdorf. – Weimar 1998.

Hintergründe, Ereignisse und Auswirkungen der Revolution von 1848/49 in deutschen Klein- und Mittelstaaten: Vorträge des wissenschaftlichen Kolloquiums am 23./24. Okt. 1998 in Köthen / hrsg. von Ulrike Höroldt. – Köthen 1999. – (Mitteilungen des Vereins für Anhaltische Landeskunde; 7).

9   Schleswig-Holstein

a) Quellen

Baudissin, Adalbert Graf: Geschichte des Schleswig-Holsteinischen Kriegs. – Hannover 1862.

Aufzeichnungen des Prinzen Friedrich von Schleswig-Holstein-Noer aus den Jahren 1848 bis 1850. – Zürich 1861.

b) Darstellungen

Nielsen, Johannes, u. Christensen, Jens Ole: Die schleswig-holsteinische Erhebung 1848–1850. – Kopenhagen 1993.

Stolz, Gerd: Die schleswig-holsteinische Erhebung: Die nationale Auseinandersetzung in und um Schleswig-Holstein von 1848/51; mit einem Beitrag von Inge Adriansen. – Husum 1996.

Geisthövel, Alexa: Eigentümlichkeit und Macht: Deutscher Nationalismus 1830–1851; der Fall Schleswig-Holstein. – Stuttgart 2003. – (Historische Mitteilungen: Beiheft; 50).

Bezold, Andreas von: Die Schleswig-Holsteinische Erhebung 1848–1851: Im Spannungsfeld zwischen Deutschland und Dänemark. – Hamburg 2014.

Verfassung/Nationalversammlung

a) Quellen

Reden für die deutsche Nation 1848/1849: Stenographischer Bericht über die Verhandlungen der Deutschen Constituirenden Nationalversammlung zu Frankfurt am Main. – 9 Bde. u. 1 Registerbd. / hrsg. von Franz Wigard. – Frankfurt am Main 1848–1850. – Neudruck 1988.

Verhandlungen der Deutschen Verfassunggebenden Reichsversammlung zu Frankfurt am Main 1848-1849. – Bde. 1–6 / hrsg. auf Beschluß der Nationalversammlung durch die Redactions-Commission und in deren Auftr. von Konrad Dieterich Haßler. – Frankfurt am Main 1848/49.

Biedermann, Karl: Erinnerungen aus der Paulskirche. – Leipzig 1849.

Laube, Heinrich: Das erste deutsche Parlament: In drei Bänden. – Leipzig 1849. – Neuauflage Leipzig 1910.

Aktenstücke und Aufzeichnungen zur Geschichte der Frankfurter Nationalversammlung aus dem Nachlass von Johann Gustav Droysen: Neudr. 1924 / hrsg. von Rudolf Hübner. – Osnabrück 1967. – (Deutsche Geschichtsquellen des 19. Jahrhunderts; 14).

Die Grundrechtsdiskussion in der Paulskirche: Eine Dokumentation / hrsg. von Heinrich Scholler. – Darmstadt 1973. – (Texte zur Forschung; 11).

Biographisches Handbuch der Abgeordneten der Frankfurter Nationalversammlung 1848/49 / hrsg. von Heinrich Best u. Wilhelm Weege. – Düsseldorf 1996. – (Handbücher zur Geschichte des Parlamentarismus und der politischen Parteien; 8).

b) Darstellungen

Eyck, Frank: Deutschlands große Hoffnung: die Frankfurter Nationalversammlung 1848–49. – München 1973.

Botzenhart, Manfred: Deutscher Parlamentarismus in der Revolutionszeit: 1848–1850. – Düsseldorf 1977.

Fenske, Hans: Die Verfassung des Deutschen Reiches vom 28. März 1849: Entstehung, Inhalt, Wertungen. – In: Zeitschrift des Vereins für hessische Geschichte und Landeskunde 90 (1984/85) – 253–312.

Hildebrandt, Gunther: Politik und Taktik der Gagern-Liberalen in der Frankfurter Nationalversammlung 1848/1849. – Berlin (DDR) 1989.

Provisorische Zentralgewalt

a) Archivalien/Quellen

Bundesarchiv Berlin. – Reichsministerien der Provisorischen Zentralgewalt: DB 52–59.

Haus-, Hof- und Staatsarchiv, Wien. – NL Bienerth-Schmerling.

Duckwitz, Arnold: Denkwürdigkeiten aus meinem öffentlichen Leben von 1841–1866: Ein Beitrag zur bremischen und deutschen Geschichte. – Bremen 1877.

August von Jochmus' gesammelte Schriften: Bd. 3. Beitrag zur aktenmäßigen Darstellung des Deutschen Reichsministeriums von 1849. – Bd. 4. Briefwechsel Seiner Kaiserlichen Hoheit des Erzherzogs Johann von Österreich vom Jahre 1850 bis 1859 / hrsg. von Georg Martin Thomas. – Berlin 1883, 1884.

Oechelhaeuser, Wilhelm: Erinnerungen aus den Jahren 1848 bis 1850. – Berlin 1892.

Anton Ritter von Schmerling: Episoden aus seinem Leben 1835, 1848–1849 / hrsg. von Alfred Ritter von Arneth. – Prag, Wien, Leipzig 1895.

Aus dem Nachlaß von Karl Mathy: Briefe aus den Jahren 1846–1848 mit Erläuterungen / hrsg. von Ludwig Mathy. – Leipzig 1898.

Bassermann, Friedrich Daniel: Denkwürdigkeiten. – Frankfurt am Main 1926.

Obermann, Karl: Zur Tätigkeit von Ludolf Camphausen als preußischer Bevollmächtigter in Frankfurt am Main: Juli 1848 bis April 1849. Mit unveröffentlichten Briefen. – In: Jahrbuch für Geschichte 8 (1973) – 407–457.

b) Darstellungen

Jacobi Helmut: Die letzten Monate der provisorischen Zentralgewalt für Deutschland: (März–Dezember 1849). – Frankfurt am Main 1956.

Heikaus, Ralf: Die ersten Monate der provisorischen Zentralgewalt für Deutschland (Juli bis Dezember 1848): Grundlagen der Entstehung – Aufbau und Politik des Reichsministeriums. – Frankfurt am Main 1997. – (Europäische Hochschulschriften; 3 / 739).

Die Exekutiven der Revolutionen: Deutschland 1848/49 / hrsg. von Karsten Ruppert. – Paderborn 2023.

Reichsverweser

a) Archivalien/Quellen

Landesarchiv Graz, Archiv Meran.

Schlossar, Anton: Ungedruckte Briefe Erzherzog Johanns aus Frankfurt am Main von 1848 und 1849. – In: Deutsche Revue 35 (1910) 1, 2, 1: 96–102; 354–358. 2: 87–95.

Briefwechsel zwischen König Friedrich Wilhelm IV und dem Reichsverweser Erzherzog Johann von Österreich: (1848–1850) / hrsg. von Georg Küntzel. – Frankfurt am Main 1924. – (Historisch-politische Bücherei; 4).

Hoor, Ernst: Erzherzog Johann von Österreich als Reichsverweser: Der unveröffentlichte Briefwechsel mit Felix Fürst zu Schwarzenberg aus den Jahren 1848 und 1849. – Wien 1981.

b) Darstellungen

Küntzel, Georg: Der Reichsverweser Erzherzog Johann von Österreich und Fürst Karl Leiningen. – In: Zeitschrift für die Geschichte des Oberrheins 26 (1911) – 283-343.

Ableitinger, Alfred: Erzherzog Johann und Wessenberg 1848. – In: Zeitschrift des Historischen Vereins für die Steiermark 65 (1974) – 161–189.

Erzherzog Johann von Österreich: Beiträge zur Geschichte seiner Zeit; [Landesausstellung 8. Mai bis 31. Oktober 1982 Schloß Stainz, Steiermark]. – Bd. 1: Katalog; Bd. 2: Beiträge zur Geschichte seiner Zeit / hrsg. von Klingenstein Grete. – 2. Aufl. – Graz 1982.

Ableitinger, Alfred: Der „Reichsverweser“ Erzherzog Johann 1848: Einige Präzisierungen zu seinem Amt und Amtsverständnis. – In: Blätter für Heimatkunde 72 (1998) – 78-85.

Hirschmüller, Tobias: „Freund des Volkes", „Vorkaiser", „Reichsvermoderer": Erzherzog Johann als Reichsverweser der Provisorischen Zentralgewalt von 1848/1849. – In: Jahrbuch der Hambach-Gesellschaft 20 (2013) – 27–57.

Reichsmarine

a)   Quellen

Duckwitz, Arnold: Über die Gründung der deutschen Kriegsmarine. – Bremen 1849.
Die Deutsche Marine-Verwaltung unter Herrn Duckwitz aus Bremen. – Hamburg 1849.

b)   Darstellungen

Bär, Max: Die deutsche Flotte von 1848 – 1852: nach den Akten der Staatsarchive zu Berlin und Hannover dargestellt. – Leipzig 1898.
Petter, Wolfgang: Deutsche Flottenrüstung von Wallenstein bis Tirpitz. – In: Handbuch zur deutschen Militärgeschichte 1648–1939 / hrsg. vom Militärgeschichtlichen Forschungsamt. – Bd. 4. – München 1979. – 1–262.
Die erste deutsche Flotte 1848–1853 / hrsg. von Walther Hubatsch. – Herford, Bonn 1981. – (Schriftenreihe der Deutschen Marine-Akademie und des deutschen Marineinstituts; 1).
Salewski, Michael: Die „Reichsflotte" von 1848: Ihr Ort in der Geschichte. – In: Die Deutschen und die See: Studien zur deutschen Marinegeschichte des 19. und 20. Jahrhunderts / hrsg. von Jürgen Elvert u. Stefan Lippert. – Stuttgart 1998. – (Historische Mitteilungen: Beiheft; 25). – 24–39.

Bürgerkrieg um die Reichsverfassung

1 Allgemein

a) Quelle

Engels, Friedrich: Die deutsche Reichsverfassungskampagne. – In: Karl Marx u. Friedrich Engels: Werke 7 / hrsg. von Institut für Marxismus-Leninismus beim ZK der SED. – Berlin (DDR) 1973. – 109–197.

b) Darstellung

Klessmann, Christoph: Zur Sozialgeschichte der Reichsverfassungskampagne von 1849. – In: Historische Zeitschrift 218 (1974) – 283–337.

2 Sachsen

a) Quellen

Waldersee, Friedrich von: Der Kampf in Dresden im Mai 1849: mit besonderer Rücksicht auf die Mitwirkung preußischer Truppen. – Berlin 1849.

Der sächsische König und der Dresdner Maiaufstand: Tagebücher und Aufzeichnungen aus der Revolutionszeit 1848/49 / hrsg. von Josef Matzerath unter Mitarb. von Thomas Barth. – Köln 1999. – (Quellen und Materialien zur Geschichte der Wettiner; 1).

b) Darstellungen

Weber, Rolf: Die Revolution in Sachsen: Entwicklung und Analyse ihrer Triebkräfte. – Berlin 1970. – (Deutsche Akademie der Wissenschaften zu Berlin: Schriften des Zentralinstituts für Geschichte; II, 11).

Dresdner Maiaufstand und Reichsverfassung 1849: Revolutionäres Nachbeben oder demokratische politische Kultur? / hrsg. von Martina Schattkowsky u. John Uwe. – Leipzig 2000. – (Schriften zur sächsischen Landesgeschichte; 1).

3 Baden

a) Quellen

Goegg, Armand: Nachträgliche authentische Aufschlüsse über die Badische Revolution von 1849, deren Entstehung, politischen und militärischen Verlauf; Nebst einem Nachtrag und als Einleitung eine gedrängte Darstellung der politischen Vorgänge in Baden von 1818 an, unter Hinweisung auf die Hauptereignisse in den übrigen Theilen Deutschlands. – Zürich 1876.

Häusser, Ludwig: Denkwürdigkeiten zur Geschichte der badischen Revolution. – Heidelberg 1851.

Revolution der deutschen Demokraten in Baden; [Landesausstellung im Karlsruher Schloß vom 28.2.1998–2.8.1998] / hrsg. vom Badischen Landesmuseum. – Baden-Baden 1998.

b) Darstellungen

Bauer, Sonja-Maria: Die verfassunggebende Versammlung in der badischen Revolution von 1849: Darstellung und Dokumentation. – Düsseldorf 1991. – (Beiträge zur Geschichte des Parlamentarismus und der politischen Parteien; 94).

Frei, Alfred Georg; Hochstuhl, Kurt: Wegbereiter der Demokratie: Die badische Revolution 1848/49; Der Traum von der Freiheit. – Karlsruhe 1997.

4 Bayern/Pfalz

a) Quellen

Fenner von Fenneberg, Ferdinand Daniel: Zur Geschichte der rheinpfälzischen Revolution und des badischen Aufstandes. – Zürich 1849.

Bamberger, Ludwig: Erlebnisse aus der Pfälzischen Erhebung im Mai und Juni 1849. – Frankfurt am Main 1849.

Der bayerische Hochverratsprozeß 1850/51 in Zweibrücken nach französischem Recht gegen 333 Revolutionäre in der Pfalz im Frühjahr 1849: Nachdruck der wichtigsten zeitgenössischen Dokumente überwiegend in Privatbesitz. Gesammelt, geordnet, mit kurzen Erl. in Gestalt von Vorbemerkungen und einer Nachbemerkung vers. von Pirmin Spieß und Karl Richard Weintz / hrsg. von Pirmin Spieß. – Neustadt an der Weinstraße 2006. – (Stiftung zur Förderung der Pfälzischen Geschichtsforschung: Reihe D: Nachdrucke; 1).

b) Darstellungen

Fleischmann, Otto: Geschichte des Pfälzischen Aufstandes im Jahre 1849: nach den zugänglichen Quellen geschildert. – Kaiserslautern 1899.

Die Pfälzische Revolution 1848/49 / hrsg. im Auftrag der Stadt Kaiserslautern u. des Bezirksverbands Pfalz von Erich Schneider u. Jürgen Keddigkeit. – Kaiserslautern 1999.

Die Pfalz und die Revolution 1848/49 / hrsg. von Hans Fenske, Joachim Kermann u. Karl Scherer. – 2 Bde. – Kaiserslautern 2000. – (Beiträge zur pfälzischen Geschichte; 16, 1, 2).

Seidl, Klaus: „Gesetzliche Revolution" im Schatten der Gewalt: Die politische Kultur der Reichsverfassungskampagne in Bayern 1849. – Paderborn 2014.

Ziegler, Hannes: Der Weg zur Pfälzischen Mairevolution von 1849. – In: Jahrbuch der Hambach-Gesellschaft 26 (2019) – 13–74.

Schneider, Regina. M., u. Ziegler, Hannes: Die Provisorische Regierung der Pfalz: Ihre Einsetzung und Zusammensetzung, Innen- und Außenpolitik. (17. Mai–15. Juni 1849). – In: Mitteilungen des Historischen Vereins der Pfalz 118 (2020) – 157–249.

Meyer, Markus: Die Revolution von 1848/49 in der Pfalz: Kampf um Grundrechte und Reichsverfassung. – Neustadt an der Weinstraße 2020. – (Stiftung zur Förderung der pfälzischen Geschichtsforschung; Reihe B: Abhandlungen zur Geschichte der Pfalz; 21).

Abbildungsverzeichnis